馬場萬夫
飯澤文夫
古川絹子

東京都の図書館

23区編

東京堂出版

凡例

一、本書は東京都二三区の地域に属する公共図書館、国公私立大学図書館、同短期大学図書館、専門図書館、私立図書館、及び郷土資料館・博物館等の類縁機関の中から、特色ある蔵書、固有のコレクションを有する図書館を紹介するものである。

二、配列は、区名の五十音順とし、その中を、機関名の五十音順とした。

三、記載は、設置母体及び図書館の沿革と蔵書の概要、個々のコレクション、蔵書目録等の刊行書誌、その他の特色ある事項からなる。

四、利用の便宜を図るため脚注として、㊢、㊤、Ⓕファクス番号、Ⓗホームページのアドレス、㊫最寄りの交通機関と経路、㊎開館時間、㊡休館日、㊫利用の資格・条件、㊣複写の可否、を付した。

なお、休館日は通常の定期休館日のみ記載し、蔵書点検や入学試験期間中などを含む臨時的な休館日や、年末年始等の一般的な休館日は省略してある。また、利用資格・条件の「限定」は館によって資格や手続きの内容が異なるので、事前に照会が必要である。複写で「可」とある場合でも、資料によっては複写できないことがある。

五、蔵書数等は注記を除いて概ね一九九六年三月末現在のデータに拠っている。

六、巻末に、図書館及び類縁機関の一覧（五十音順）と、コレクションの索引（コレクション名の五十音順）を付した。

東京都の図書館　23区編

目次

品川区

渋谷区

新宿区

台東区

豊島区

港区

目黒区

東京都の図書館

23区編

足立区立郷土博物館

沿革

開館は昭和六一年十一月三日。足立区の古代から現在までの歴史資料や民俗資料、写真などを収蔵展示するほかに、復元模型等を展示している。また足立の歴史的資料の調査研究施設としての機能をもっている。常設展示中には、江戸時代の千住宿のおもかげが偲ばれる千住宿町並復元模型（五〇分の一）や足立のまつりをテーマにした山車、千住の絵馬、じんがんなわなど興味深い内容となっている。ほかに千住馬車鉄道資料もある。特別展は年四回程度で、郷土資料に限定せず、幅広い展示を行っており、区民から期待されている。

出版物

「足立区立郷土博物館紀要」第一号（昭六一）〜、『収蔵品目録浮世絵』（平三）、『足立のあゆみ　古代・中世・考古・歴史資料展』（昭六三）、『足立と北斎展』（昭六一）、『千住宿開館記念』（昭六一）、『千住の酒合戦と江戸文人展　特集』（昭六二）、『絵馬民衆の祈り展』（昭六二）、『広重名所江戸百景展　特集』（昭六二）、その他多くの展示会図録が刊行されている。なお同館を紹介したものとして『足立区立郷土博物館総合案内』（昭六一）がある。

㊟〒120—0001
足立区大谷田五—二〇—一
㊞〇三—三六二〇—九三九三
Ⓕ〇三—五六九九—〇〇八三
㊫JR常磐線亀有駅北口から東武バス六ッ木都住行バスで郷土博物館前下車歩一分
㊐午前九時〜午後五時（入館は午後四時三〇分まで）
㊡月曜（祝日の場合は翌日）、資料整理日
㊓有料（特別展期間は別途料金）
㊗なし

板橋区立郷土資料館

概要

東京二三区で最初の郷土資料館として昭和四七年に開館した。板橋区に関する考古・歴史・民俗資料を収集収蔵する。文献資料は約二万冊、逐次刊行物三〇種、ほかにマイクロフィルム、ビデオ、スライドなど。旧石器時代から平安時代までの区の歴史を「生きる」「暮らす」「戦う」というテーマで常設展示し、紹介。四葉地区遺跡群、赤塚城址貝塚などの資料も展示する。古民家・庚申塔等の石造物などもある。

コレクション

中山道板橋宿関係の絵図・文書類、都指定文化財の安井家文書（『徳丸本村名主（安井家）文書目録』）、松月院に伝わる中世文書、豊田コレクション、新藤楼コレクション、高島秋帆関係資料、煎茶関係資料、地図・絵馬・和装本、明治以降の教科書、関東大震災の写真などを展示収蔵する。

刊行物

展示会目録としては、『中山道板橋宿　平尾宿―脇本陣豊田家』（平三）、『板橋の絵図・絵地図』（平六）、『川越街道展　板橋から川越まで』（平四）、『集論高島秋帆』（平七）、『高島秋帆　西洋砲術家の生涯と徳丸原』（平六）、『長崎唐人貿易と煎茶道　中国風煎茶の導入とその派生』（平八）等があり、興味深い展示となっている。ほか、『板橋の学童集団

㊟175―0092
　板橋区赤塚五―三五―二五
㊐〇三―五九九八―〇〇八一
Ⓕ〇三―五九九八―〇〇八三
㊋地下鉄都営三田線西高島平駅歩一五分
　または東武東上線下赤塚駅歩二三分
㊊午前九時～午後四時三〇分
㊡月曜（祝日の場合は翌日）、祝日
㊓無料

疎開』（板橋区立郷土資料館資料集第一集、平九刊）がある。

定期刊行物――――

「板橋区立郷土資料館年報」（年刊）、「板橋区立郷土資料館紀要」（一〜一二年刊）、「文化財シリーズ」（現在、第七五集〈平五〉まで発行）。

板橋区立美術館

沿革

東京二三区で最初の区立の美術館として、昭和五四年五月二〇日に開館。収蔵品には、狩野探幽作「富士山図」、狩野栄川院典信作「唐子遊図」、酒井抱一作「白梅図」など約六〇〇点に及ぶ絵画がある。近世絵画、板橋区の在住作家、大正から戦中の日本シュルレアリスムの三つの柱を収蔵方針としている。特に、近世絵画、狩野派を中心とした江戸時代の古美術は貴重なコレクションとして知られている。ほかに、「池袋モンパルナス」を確立した、井上長三郎、寺田政明、古沢岩美らの板橋区内在住作家の作品も注目されている。

出版物

展示会図録を中心とした出版物をこれまでに五〇点以上刊行しているが、例示すると、「板橋区立美術館所蔵品図録」一九九〇年版・一九九五年版（平二、七）、「一九九一年度新収蔵作品展」（平四）、『浮世絵名品展　新庄コレクション』（昭六〇）、『河辺昌久文庫』（平四）、『山下菊二文庫』（平三）。

㊟〒175―0092
板橋区赤塚五―三四―二七
㊢〇三―三九七九―三二五一
Ⓕ〇三―三九七九―三二五二
Ⓗhttp://www.cis.dnp.co.jp/museum/itabashi/ita.html
㊛都営地下鉄三田線西高島平駅歩一五分、または地下鉄有楽町線営団赤塚駅・東武東上線下赤塚駅歩二〇分、成増発国際興業バス（赤羽・志村車庫行）赤塚八丁目下車歩五分
㊐午前九時～午後四時三〇分
㊡月曜（祝日の場合は翌日）、展示替期間中
㊖通常無料（展示により異なる場合あり）

大東文化大学図書館

沿革――――

大正一二年に設立された六年制の大東文化学院専門学校が前身で、文政大学などを経て、昭和二八年に現校名に改称。文学、経済学、外国語学、法学、国際関係学、経営学の各学部をもち、一、二年の課程と国際関係学部は埼玉県・東松山校舎に置かれている。専門学校設立と共に図書館が設置された。

蔵書数は六六万六〇〇〇冊、うち洋書一七万九〇〇〇冊、継続受入れ和雑誌三〇八五種、同外国雑誌九五九種。

コレクション――――

市川任三先生寄贈図書　中国文学科の非常勤講師で立正大学名誉教授、無窮会図書館長、漢文学者市川任三（一九一八～）の蔵書のうち、明治から昭和期にわたる漢詩文関係資料で、和装本三〇四七冊、洋装本四六〇冊。『大東文化大学図書館所蔵市川任三先生寄贈図書目録　明治以来漢詩文』（平四）。

マン文庫　ドイツの経済学者フリッツ・カール・マン（Frits Karl Mann　一八八三～一九七九）の旧蔵書とマンの著作五〇〇〇冊、抜き刷り多数。経済学書を中心に、マンの思想形成に影響を与えたプラトン、アリストテレス、ロック、ヒューム、コント、ヘーゲルなどの哲学書を含む。『大東文化大学図書館所蔵マン文庫目録』（平五）。

㊟〒175―8571
板橋区高島平一―九―一
㊢〇三―五三九九―七三二一
Ⓕ〇三―五三九九―七三三七
Ⓗhttp://www.daito.ac.jp
㊌地下鉄都営三田線西台駅より徒歩一〇分。東武東上線東武練馬駅より徒歩二〇分
㊐午前九時～午後八時三〇分（土曜は午後四時三〇分まで）
㊡日曜、祝日
㊟限定
㊕可

その他のコレクション　杉村文庫、高島蔵書、ヘルレ文庫、前川蔵書など。

江戸川区郷土資料室

概要

昭和四〇年一二月に設立された。江戸川区内の歴史文化・自然・経済および歴史一般に関する七六〇〇冊の図書、マイクロフィルム・ビデオ・映像記録を所蔵する。

コレクション

古文書（須原義夫家文書一八四三点、足立郡笹ヶ崎村名主文書―江戸中期～明治）をもつ。ほかに和装本、写真。また、海苔養殖と傘に関する資料も珍しいもの。

刊行物

「江戸川区文化財調査報告書」「江戸川区の文化財」「江戸川ブックレット」「江戸川区資料集」「江戸川文化叢書」等。

利用に際しては、目録により検索。レファレンスにも応じている。

㊟〒132―0031
江戸川区松島一―三八―一
（グリーンパレス内）
㊫〇三―三六五三―五一五一
（内三三一）
㊮JR総武線新小岩駅南口下車都営バス江戸川区役所前下車
㊐午前九時～午後四時三〇分
㊡祝日
㊇無料
㊑可
㊓不可

大田区立郷土博物館

沿革

日本考古学の発祥地「大森貝塚」をはじめ、遺跡、遺物の豊富な地域として、また本場浅草海苔の生産地としてよく知られている大田区内の歴史資料を収集・保存し、区民の文化・教育・学術の発展に寄与することを目的として、昭和五四年十一月に開館した。

収蔵品

大森貝塚、久ヶ原遺跡などの考古資料（古代人の生活）、伝統的産業であった浅草のり漁業関係の用具・資料。ほかに近世古文書、絵図、浮世絵、武具及び「馬込文士村」関係資料など、大田区と周辺に関する歴史資料約五〇〇〇点を収蔵展示している。郷土資料が重点収集の対象となっている。

出版物

展示会図録を中心として、これまでに三〇点以上刊行している。選んで列挙すると、『大田区立郷土博物館友の会一〇周年記念誌』（平五）、『大田区立郷土博物館収蔵品目録考古部門資料目録二』（昭六三）、『大田区地図集成』（平一二）、『大昔の大田区　原始・古代の遺跡ガイドブック』（平九）、『馬込文士村ガイドブック』（平八）、『私たちのモース　日本を愛した大森貝塚の父』（平一二）、『絵画にみる海苔養殖　特別展「絵画にみる海苔養殖」図録』（平一二）。なお機関誌として「博物館だより」「博物館ノート」「博物館紀要」。

㊟〒143—0025　大田区南馬込五—一一—一三
㊫〇三—三七七七—一〇七〇
Ⓕ〇三—三七七七—六六三五
㊮ＪＲ京浜東北線大森駅より東急バス荏原町行か万福寺行で万福寺下車歩二分、または都営地下鉄浅草線で西馬込駅歩七分
㊍午前九時～午後四時三〇分
㊡月曜（祝日の場合は日曜も休館）、特別整理期間（二月中に一週間以内）
㊇無料
㊎調査研究者
㊋なし

紙の博物館図書室

沿革

明治六年（一八七三）、渋沢栄一の呼びかけで日本で初めて洋紙の生産会社「抄紙会社」が王子に設立された。昭和八年（一九三三）に「王子製紙」となる。昭和一七年王子工場内に紙業史料室が成田潔英（後の初代館長）によって設置された。昭和二四年、同社が三社（王子・十條・本州製紙）に分かれたのを機に、それまで収集した文献の散逸を防ぎ、広く一般に紙のPRをすることを目的に、翌二五年わが国初の産業博物館として製紙記念館が設立された。そのなかに図書室も設置された。昭和四〇年、紙の博物館と改称、平成九年、高速道路建設のため飛鳥山公園に移転した。現在は全国の製紙業各社、紙販売会社など数社で運営されている。

収蔵品

平成一二年には創立五〇周年をむかえ収蔵品は二万五〇〇〇点にのぼる。「百万塔と陀羅尼」、雁皮紙に書かれた「大般若経五百四十七巻」（奈良時代）「若一《にゃくいち》王子縁起」絵巻（江戸時代）、「製紙勤労之図」絵巻（江戸時代）など重要な収蔵品をはじめ、パピルス、日本・世界の手漉き紙、製紙機械の実物や模型、紙製品、見本帖、紙衣《かみこ》、紙布《しふ》など紙でできた衣料品。襖紙、扇子、ちり紙など生活用品としての紙。折り紙、紙人形、かるたなど紙工芸品などを展示している。また企画展や日曜紙漉き教室、ビデオ上映等も開催してい

(住)〒114－0002　北区王子一－一－三　飛鳥山公園内
(電)〇三－三九一六－二三二〇
(F)〇三－五九〇七－七五一一
(H)http://www.alpha-web.ne.jp/papermuseum/
(交)JR京浜東北線王子駅南口下車徒歩五分。営団地下鉄南北線西ケ原駅・王子駅下車徒歩一〇分。都電荒川線飛鳥山停留所下車徒歩四分・王子停留所下車徒歩八分
(開)午前一〇時～午後四時五〇分（正午～午後一時休）
(休)月曜（祝日の場合は翌日休館）
(利)入館料大人三〇〇円、小中高生一五〇円
(複)可

る。

図書室――――

蔵書は紙に関する図書を中心に、手漉き紙、洋紙の技術、歴史書、各製紙会社社史、紙工芸関係および、和装古書、洋書など八〇〇〇冊、雑誌三〇〇種を所蔵している。また国内外の和・洋紙の見本帳や旧王子製紙所蔵技術文献・報告書、製品パンフレット、製品見本、新聞切り抜き等は他に見られないコレクションである。貴重書には『紙譜』（安永七）、『紙漉重宝記』（寛政一〇）、『和紙景観』（昭和一四）、『古今和紙譜』（昭和二九）、『手漉和紙大鑑全五巻』（昭和四八〜四九）などがある。

刊行物――――

『図書目録』（上・昭六三）（下・平元）、『紙の知識』（平八）、創立五〇周年記念オールカラー『紙の博物館収蔵品図録』（平一一）、機関紙「百万塔」

東京外国語大学アジア・アフリカ言語文化研究所図書室

沿革

日本学術会議の勧告により、昭和三九年に人文・社会科学系としては我国で初めて設置された共同利用研究所である。アジア・アフリカの諸言語研究を通じて、当該地域の歴史・社会・文化を直接研究し、それらの言語による資料の利用を容易にするための辞書を作成、さらに、それらの言語修得を助けるために言語研修を実施することを目的としている。なお、平成一三年～一四年頃に東京都府中市のキャンパスへの移転が予定されている。

蔵書数は九万一〇〇〇冊、うち洋書は七万四〇〇〇冊、継続受入れ和雑誌二三二種、同外国雑誌三七五種。

コレクション

浅井文庫　国立国語学研究所研究員浅井恵倫（一八九五～一九六九）の旧蔵書で、マライ、フィリピン、ポリネシア語に関する研究書、辞典類一九一冊と、台湾アイヤラ語古文書一八点。

アジア・アフリカ諸国国語教育資料　国語教育資料調査専門委員会の収集になるもので、モンゴル語、ベトナム語、タイ語、ヒンディー語、ベンガル語、ウルドウ語、ペルシャ語、アラビア語の教科書からなる。韓国語、中国語、カンボジア語、トルコ語、スワヒリ語についても収集をおこなっている。『アジアアフリカ諸国国語教育資料目録』（昭四二）。

㊟〒114―8580
北区西ヶ原四―五一―二一
㊫〇三―五九七四―三七〇〇
Ⓕ〇三―五九七四―三八三八
Ⓗhttp://www.aa.tufs.ac.jp

㊋都電荒川線西ヶ原四丁目より徒歩三分
㊐午前九時～午後五時
㊡土・日曜、祝日
㊓限定
㊖なし

山本文庫　言語学者、音声学者で『満州語文語形態論』などの著作がある山本謙吾（一九二〇〜六五）の旧蔵書。満州、ツングース語関係図書三四七冊からなる満文関係の貴重なコレクションである。

東京外国語大学ヒンディー語研究室

沿革――――――

以下は研究室所蔵資料のため、事前の照会が必要である。

コレクション――――――

ナワル・キショール文献　一九世紀後半のウルドゥ語、ヒンディー語図書三一七冊。インド・ラクナウ市の出版社ナワル・キショール社の社主ラジートクマル・バールグヴァの旧蔵書で、大学が昭和四六年におこなった「インド・パキスタンにおけるヒンドゥ＝ムスリム両教徒の宗教生活に関する実態調査」に際して、現地で購入したものである。『ナワル・キショール文献目録』(昭四七)。

インド・パキスターン宗教調査関係文献　プラーナ、ヴェーダなど現代インドの宗教、風俗、社会を中心とするヒンディー語、ウルドゥ語の図書七六八冊とテープ資料からなる。昭和四六年に実施した東京大学東洋文化研究所との合同海外学術調査の際に収集したものである。『インド・パキスターン宗教調査関係文献』(昭四六)。

㊟〒114－8580
北区西ヶ原四―五一―二一
㊔〇三―三九一七―六一一一
㊎都電荒川線西ヶ原四丁目より徒歩三分
㊡土・日曜・祝日
㊒限定
㊞不可

東京外国語大学附属図書館

沿革

明治三〇年に設立された東京高等商業学校（現一橋大学）を前身とし、同三二年に東京外国語学校として独立、東京外事専門学校を経て、昭和二四年に新制大学となった。外国学部のみを置く。図書館は東京外国語学校の図書閲覧所として設置された。

蔵書数は四九万九〇〇〇冊、うち洋書二九万冊、継続受入和雑誌一六七一種、同外国雑誌九一五種。大学が外国の言語とそれを基底とする文化一般について研究教授することを理念としていることから、日本語と英語図書が合わせて四〇％、ヨーロッパ系言語三〇％、日本語以外のアジア系言語図書三〇％といった特色ある蔵書構成になっている。

なお、平成一二年に大学が東京都府中市のキャンパスへ移転したことから、附属図書館も移され、一〇月から新図書館でのサービスが開始される。

コレクション

維新前後外国語図書　明治維新前後に日本で出版された外国事情、外国研究書と、一九世紀中葉以前に発行されたイギリス、ドイツ、フランス、ロシア、ポルトガル、オランダ、清国、台湾、朝鮮、アイヌ、琉球、ローマ字などの字典、入門書、読本一二六二冊。『悉曇速声集』（寛文一三＝一六七三）、わが国最初の蘭学入門書である大槻玄沢の『蘭学階梯』（天明八＝一七八八）、森島中良の蘭語単語集『蛮語箋』（寛政一〇＝一七九八）、桂川甫周

㊟〒114―8580
北区西ヶ原四―五一―二一
㊒〇三―三九一七―六一一一
Ⓕ〇三―五九七四―三三二四
Ⓗhttp://www.tufs.ac.jp/library
㊋都電荒川線西ヶ原四丁目より徒歩三分
㊍午前九時～午後八時（土曜は午後四時三〇分まで）
㊡日曜、祝日
㊑限定
㊎可

の『和蘭字彙』（安政五＝一八五八）など貴重な初版本を含む。『維新前後外国語図書目録』（昭五）。

冠木文庫　主にチェコ語図書八八〇冊。

蒲生文庫　主にウルドゥー語、ペルシャ語図書一二〇〇冊。

故M・J・ドレスデン教授所蔵インド・イラン言語学コレクション　ドレスデン（Mark J. Dresden）の旧蔵書で、古代インド・イランの言葉、文化、中世期イラン系諸語、イスラム期以降の及び近代イランの言語、文化など二九四七冊。『故M・J・ドレスデン教授所蔵インド・イラン言語学コレクション目録』。

諸岡文庫　元講師で、漢文、中国文学史の諸岡三郎（一八七七～一九四二）の旧蔵書。文学、歴史、地理、哲学、宗教、教育、社会、心理など八三三五冊。会社勤めをしていた明治後期に赴任先の天津で集めたものが主で、稀覯書も含まれる。『諸岡文庫目録』（昭五三）。

八杉文庫　元教授で、明治・大正・昭和期のロシア語学者八杉貞利（一八七六～一九六六）の旧蔵書で、ロシア語の語学書、辞書、文学書などの和・洋書九四一冊。『八杉文庫目録』（昭四八）。

吉原文庫　主にロシア語図書八六四冊。

その他のコレクション――

「ペルシャ研究基本文献コレクション」はイラン学研究の基本文献一六四冊（『ペルシャ

研究基本文献コレクション目録』)。「モンゴリアン・カジュアル」はサンスクリットから翻訳されたモンゴル語文大蔵経のリプリント版一〇八冊。「アラビア現代史料」はイギリス支配期から現在にいたるアラビア語版の雑誌・新聞五種三七六冊(『アラビア現代史料目録』)。「ブラジル・コレクション」は一八〇〇年以前の植民地時代の出版物、独立関係史料、辞書、文献目録など二一九冊(『ブラジルコレクション目録』)。他にマイクロフィルム版で「朝鮮日報」の創刊号からの揃い、「ロシア・ナロードニキ研究史料集成」、「朝鮮近代民族・文化運動資料コレクション」などがある。

東京ゲーテ記念館

沿革

実業家でゲーテ研究家の粉川忠（一九〇七～八九）が設立した記念館で、前身は昭和七年、三五冊の蔵書からはじめた「粉川ゲーテ文庫」である。昭和三九年、東京渋谷に記念館を造り、昭和六二年に現在の地に移り開館した。師範学校時代に病床で読んだ「ファウスト」をきっかけにゲーテのとりことなり、ゲーテ文献の徹底収集を始めた。

蔵書

ゲーテ自身が監修した「全集」（コッタ版）をはじめとする七六種の全集、日本に初めてゲーテの名を紹介した中村敬太郎訳「自由之理」（J・S・ミル原著・明四）、ドイツ語版「ヘルマンとドロアテ」とその初訳本（草野柴二訳・明三四）など、ゲーテ関係和洋図書七万冊におよぶ。演劇、音楽、講演記録、ポスターなどゲーテに関する資料が約一五万点、国内外の新聞記事の切り抜きなど「ゲーテの没後から現在、さらに未来に向けて、日本および東洋に与えた影響を知る」ことを目的に収集。また、これらの文献すべてに詳細な文献カードを作成し、あらゆる角度から検索が可能となっている。ただし閉架式のため事前予約が必要。平成二年よりギャラリースペースを設け、書籍の常設展（年二回）を開催している。

㊟〒114—0024
北区西ケ原二—三〇—一
㊫〇三—三九一八—〇八二八
㊯営団地下鉄南北線西ケ原駅下車徒歩七分、京浜東北線王子駅下車徒歩一〇分
㊲午前一一時～午後五時三〇分
㊡日・月曜・祝日
㊒可　要予約
㊐可

東書文庫

沿革

昭和一一年、東京書籍株式会社創立二五周年の記念事業として、わが国最初の教科書専門の図書館として開館。同社発行の教科書を中心に、江戸時代の藩校や寺子屋で使用されていた「往来物」二一〇〇冊、明治時代の検定教科書四万冊をはじめ、現代にいたるまでの小学校、中学校、高等学校の教科書がほとんど揃っている。科目を中心とした独自の分類をしていて、図書目録、書名、著者名による分類カード目録で検索することができる。蔵書数約一五万冊にのぼる。資料はすべて閉架式である。

国定教科書を中心に、教科書の移り変わりを示す展示室も併設されている。

刊行書誌

『東書文庫所蔵教科用図書目録 第一〜四集』（昭一二〜一七）『教科用図書目録第一〜三』（昭五四）

㊟〒一一四―〇〇〇五
北区栄町四八―一二三
㊔〇三―三九二七―三六八〇
Ⓕ〇三―三九二七―三八〇〇
Ⓗhttp://www.tokyo-shoseki.co.jp/
㊋京浜東北線王子駅南口下車徒歩七分、都電荒川線栄町駅下車徒歩三分
㊐午前一〇時〜午後四時三〇分（正午〜午後一時休）
㊡土・日曜・祝日
㊒可　要電話予約
㊫不可

農業総合研究所分館［農林水産省図書館］

沿革

分館は、昭和二一年一一月、農業総合研究所設立時に「資料部図書室」が置かれて、図書類を取り扱ったことに始まる。同四九年三月、農林水産省図書館の分館となり、農業経済学関係の専門図書館としての期待、要請に応えるための関連の図書・資料を収集し、広く一般にも公開されている。開館時間中（平日の午前一〇時～正午と午後一時～午後四時三〇分）は誰でも自由に書庫内で資料を閲覧することができる（但し貸出・複写はできない）。

蔵書

社会科学系農学分野、特に農業経済学を中心にした研究機関の図書館として、農業経済、農業政策、農村社会に関する国内外の文献を中心とするほか、実証的研究の基礎となる各種統計資料類に重点をおいて収集している。蔵書数は和洋図書約三二万冊、和雑誌約一一〇〇種、洋雑誌二〇〇種、ほかにマイクロ資料（ロール一八〇〇リール、フィッシュ一万八〇〇〇枚）にのぼる。

コレクション

荷見文庫　元農林政務次官、初代全国農協中央会会長・荷見安（一八九一～一九六四）の収集による大正末期から昭和三〇年代におよぶ米穀関係資料であり、和書五五九冊、洋

㊟〒114－0024 北区西ヶ原二－二－一
㊢〇三－三九一〇－三九四六（内六〇八）
Ⓕ〇三－三九四六－〇二三二
㊕JR京浜東北線上中里駅歩五分、または営団地下鉄南北線西ヶ原駅歩五分
㊐午前一〇時～午後四時三〇分（除く正午～午後一時）
㊡土曜、日曜、祝日
㊫限定（図書課長の許可を得た者）
㊭不可

書七四〇冊、委員会資料、新聞切抜など一六四二冊を収める。

エイメリー（Amery）**文庫**　元オックスフォード大学講師G. D. Ameryの収集による、一八世紀から二〇世紀前半までのイギリスおよびヨーロッパの農業関係の洋書一六四八冊、新聞雑誌八三一冊。『エイメリー文庫蔵書目録』（昭三四）に詳しい。紹介文献として『「エイメリー」文庫―わが館の特色コレクションを語る―』（「びぶろす」四八巻九号）がある。

東畑文庫　東京大学教授・農業総合研究所所長・アジア経済研究所所長・東京農業大学教授などを歴任した東畑精一（一八九九～一九八三）所蔵の洋書を主体とした経済学・農業経済学関係の図書資料であり、和書一一八二冊、洋書三八八六冊、雑誌六一冊。『東畑文庫目録』（昭六一）に詳しい。

和田文庫　元農林大臣・和田博雄（一九〇三～六七）が収集していた農業経済・政治など社会科学を中心とした図書資料で、和書四六八三冊、洋書九〇六冊。

日本農研文庫　日本農業研究所浜田山分室に所蔵されていた昭和二〇年以前の図書で、旧外地関係資料・満鉄関係資料が多く含まれている。和書一万六三三二冊、洋書三二九三冊、雑誌一九二六冊。

その他のコレクション―
漢籍の中には、元の三大農書のひとつに数えられている元魯明善撰『農桑衣食撮要』二巻の貴重本を始め、『斎民要術』一〇巻（四部双刊子部）の善本や『欽定古今図書集成』

等の古書を所蔵している。

刊行書誌――

『農業総合研究所図書目録―昭和二四年三月現在―』『農業総合研究所図書目録　追録』一～九号迄（昭和二四年四月～三九年三月迄）、『農業総合研究所洋書目録―昭和二七年三月末現在』『農業総合研究所洋書目録　追録』一～六号（昭和二八年三月～三八年三月迄）、『農業総合研究所洋書目録露文編　昭和四二年三月末現在』、「収書速報」（昭和六三年～平成八年度版』等の書誌類を多数刊行。

教科書研究センター附属教科書図書館

沿革

昭和五一年、教科書発行業界、出版社により同センターが設立された。その目的は教科書および関連教材の研究調査とその成果の提供によって、教科書の質的向上と充実を図ることとしている。図書館は翌五二年に開館した。

蔵書

戦後の検定制度以後の教科書を収集しており、復刻版をあわせると、ほぼ全てが揃う。また、諸外国の小学校段階の教科書や、教科書編集、研究、教育方法研究に必要な一般図書、参考図書も所蔵している。蔵書数は和書七万九〇〇〇冊、洋書一万四〇〇〇冊、雑誌五二種、新聞五種。

㊟〒135―0015
江東区千石一―九―二八
㊐〇三―五六〇六―四三一四
Ⓕ〇三―五六〇六―三〇四四
㊛ＪＲ総武線錦糸町駅下車南口よりバス「千石二丁目」下車徒歩
㊍午前九時三〇分～午後四時三〇分
㊡木・金・土・日曜・祝日
㊑一九歳以上
㊤可

江東区芭蕉記念館

沿革

同記念館は、松尾芭蕉（一六四四〜九九）関係資料の収集及び展示を行い、俳句等文学活動の振興を図ることにより区民の文化的向上に資するため、昭和五六年四月一九日に開設した。つづいて、平成七年四月六日に隅田川と小名木川の隣接地に分館（芭蕉庵史跡展望庭園）を開館した。江東区は、松尾芭蕉のゆかりの地で、延宝八年（一六八〇）、それまでの宗匠生活を捨てて、深川の草庵に移住。この庵を拠点に新しい俳諧活動を展開。多くの名句、『おくのほそ道』等の紀行文を残している。草庵は門人から贈られた芭蕉の株が生い茂ったところから「芭蕉庵」と呼ばれた。江東区がこのゆかりの地に、芭蕉の業績を顕彰して設置したもの。

収蔵品

芭蕉の書幅、短冊（含む複製）、書簡をはじめ、門人の白雄、栄兆、鳳郎らの短冊や俳文学等に関する資料からなる。主なものに、元禄四年（一六九一）正月三日付句空宛芭蕉書簡、延宝八年（一六八〇）吟の「枯枝に」句短冊、与謝蕪村筆の「芭蕉坐像図」（安永八年）等がある。蔵書数は和図書約五〇〇〇冊、和雑誌約一七〇種（うち現在継続九〇種）、俳諧関係資料のマイクロフィルム化したもの（書冊一五〇〇冊、軸・短冊等一五〇〇点）、展示会カタログ二〇〇冊にのぼる。館内には、展示室のほかに図書室、研修室、会議室が

㊟〒135—0006
江東区常盤一—六—三
㊫〇三—三六三一—一四四八（代）
Ⓕ〇三—三六三四—〇九八六
㊦地下鉄新宿線森下駅歩七分または地下鉄東西線門前仲町駅歩二五分
㊤午前九時三〇分〜午後五時（入館は午後四時三〇分まで）
㊡月曜（祝日は除く）
㊇大人一〇〇円・団体二〇名以上七〇円、小中学生五〇円・団体二〇名以上三〇円
㊥一般図書（明治以降の刊行物）は公開（図書室利用者は入館料を支払いの上、受付けに申し出る）
㊢可

ある。

俳諧関係資料――

芭蕉研究家・真鍋儀十寄贈資料（松尾芭蕉を中心とした）九六一点がある。

刊行物――

『芭蕉記念館所蔵資料目録』一〜八（昭六二〜平八）、『芭蕉記念館所蔵本　甲子吟行』（昭六二）、『芭蕉記念館所蔵本　かわすあわせ』（平三）、『芭蕉記念館所蔵本　蕉門奥秘二十五ヶ条』（平六）、『芭蕉記念館所蔵本　狂歌江戸砂子集』（平七）、『芭蕉記念館ジュニア俳句集』第一〜四集（平五〜八）、「芭蕉記念館年間俳句集」昭和六一年〜（年刊）、「時雨忌全国俳句大会句集」昭和五六年〜（年刊）。

江東区立深川図書館

㊟〒135–0024
江東区清澄三―三―三九
㊫〇三―三六四一―〇〇六二
Ⓕ〇三―三六四三―〇〇六七
㊮地下鉄東西線門前仲町駅歩一〇分
㊓午前九時〜午後八時（日曜は午後五時まで）
㊡月曜、第三日曜、祝日
㊚可
㊐可（区内在住・在勤・在学者）
㊗可

沿革

当館の前身・東京市立深川図書館は、東京市の一五の行政区に、それぞれ通俗図書館建設の構想があり、その一つとして明治四二年東京の通俗図書館として、日比谷図書館に次いで二番目に古く、深川公園に開設された。もともと隅田川以東の地域には、図書館はもとより文化施設は全く存在せず、工業立地をもって任ずる深川区、本所区の住民からは、図書館開設が渇望されていた。同館は、児童の利用は優遇されており活発であったが、一般市民にも歓迎された。当時の新聞には「開館以来日尚浅き市立深川図書館は通俗図書館と云ひ場所がらと云ひ閲覧人は学生、職人、商家の手代小僧と云ふ風に各階級に渉り日々平均百名に上り」と下町の図書館の情景を紹介している。ちなみに、開館時の蔵書は六〇〇〇冊余り、児童室の閲覧は無料のほかは、一回一銭を徴収していた。開館からの一年間の閲覧者は四万人、一日平均一三四人を数えていた。大正一二年関東大震災で蔵書のほとんどを失ったが、昭和三年九月工業地域を背景にもつ同館は、工業の専門図書館としての特色を加味した公共図書館として、清澄庭園に移り再建された。

蔵書

蔵書数は、一九万四〇〇〇冊（うち児童資料四万一〇〇〇冊。開架資料は一七万一〇〇〇冊）、雑誌二四〇種、新聞二三種、CD三〇〇〇枚、ビデオ一九〇〇巻を数える。

コレクション――――

街頭紙芝居　主として昭和三〇年代前半に作成された大型の街頭紙芝居で、詳しくは「江東区立図書館報」一九五号（昭五六）に掲載されている。それらは製作者にゆかりのある人から寄贈されたもの。

戦前図書　明治四二年の開設以来、昭和二〇年までの間に刊行されたものを「戦前図書」と称し、一般図書とは別に保存している図書資料群。現在二万一七五冊所蔵している。ただ、同館の蔵書は関東大震災において、ほとんどが焼失している。『江東区立深川図書館蔵戦前図書目録一八六八〜一九四五』全四冊（平三）に詳しい。

刊行書誌――――

『東京都江東区立深川図書館郷土資料目録』No.一〜四（昭三八〜五〇　三冊）、『東京都江東区立深川図書館郷土資料総目録　昭和五八年三月現在』『江戸絵図展覧会出品目録』（昭二五）。

東京都現代美術館美術図書室

沿革

同館は、東京都美術館（別掲）の収蔵品三〇〇〇点を引き継いで、平成七年三月に開館した。わが国の本格的な現代（一九四五年以降）美術館である。館内設備は大きく分けると、企画展示室と常設展示室から構成されており、映像ギャラリー、美術図書室などを含む美術情報センターからなる大きな施設で、総展示面積は日本最大の規模となっている。この広いスペースに三六〇〇点の収蔵作品のうち約一五〇点常設展示し、現代美術の流れを体系的に紹介している。同館付設の美術図書室は、美術に関する専門図書室として、近・現代の美術関係図書資料を中心に収集、保存し、広く一般に公開している。

蔵書

日本の近・現代美術関係書・カタログ、明治以降刊行の美術雑誌、全国の美術館刊行物が中心。蔵書数は、美術関係図書三万四〇〇〇冊（うち洋書六一〇〇冊）、展覧会カタログ四万一〇〇〇冊（うち洋カタログ四一〇〇冊）、逐次刊行物（約二〇〇〇種うち洋雑誌一五〇種）、ポスター（二万枚）、ほかにマイクロ資料、チラシ、美術関係新聞切り抜き（一九八八年四月〜現在）がある。

コレクション

石井柏亭文庫（展示会カタログ・案内状・ハガキ等）、岡本唐貴文庫（プロレタリア美

㊟〒135—0022　江東区三好四—一—一（都立木場公園内）
㊡〇三—五二四五—四一一一
㊋営団地下鉄東西線木場駅歩一五分、または都営地下鉄新宿線菊川駅歩一五分
㊏午前一〇時〜午後六時（入室は午後五時三〇分まで、資料出納は午前一〇時〜正午、午後一時〜午後五時）
㊡月曜（祝日の場合はその翌日）、特別整理期間
㊕可（図書室の利用は無料、展示場は有料）
㊗可（午前一〇時〜正午、午後一時〜午後五時）

術資料等）、奥瀬英三文庫（大正三〜昭和期の展覧会カタログ等）、諏訪兼紀文庫（版画誌・版画集等）、前田藤四郎文庫（版画誌・版画集等）、実篤美術文庫（洋書の画集等）、柳瀬正夢文庫（装丁・挿絵資料・プロレタリア美術運動資料等）、山尾薫明文庫（二科会資料等）、渡辺進文庫（渡辺進関係資料・農民美術関係資料等）。

刊行物

「東京都現代美術館紀要」（年刊）、「美術館ニュース」（月刊）、『東京都美術館所蔵美術雑誌目録　一九九二年二月現在』『マイクロ資料所蔵リスト』（一六ミリフィルム、三五ミリフィルム）等。

国文学研究資料館

沿革

同館は、日本学術会議の勧告及び学術審議会の報告に基づいて、昭和四七年、現在地に既設の文部省史料館を組織的に併合する形で、開設された。国文学関係文献等の古典籍の調査研究、収集、整理及び保存を行い、広く国文学研究者等の利用に供することを目的としている。

蔵書

所蔵資料は、マイクロ資料、図書、逐次刊行物からなるが、主体はマイクロ資料である。全国の各地に散在する江戸時代以前の国文学関係の写本・版本を調査しマイクロ化したもの。年間五〇〇〇点を目標にマイクロ資料の収集が進められている。図書は国文学関係の写本・版本の収集のほか、影印本、校本、注釈本、参考図書等を主に収集している。逐次刊行物は年々収集数を増し、欠号の補充にも力を入れている。蔵書数は、和図書八万七〇〇〇冊（うち、写本・版本は約一万六〇〇〇冊）、洋図書二〇〇〇冊、和雑誌三五〇〇種、洋雑誌一九〇種、国文学古典関係資料のマイクロフィルム（ロールフイルム二万五九〇〇リール、マイクロフィッシュ三万八〇〇〇枚、紙焼写真本五万九〇〇〇冊）等の古典籍資料を所蔵する。この中には、高松宮家の資料一二〇〇点が含まれている。原本では、江戸時代前期の大型絵本『からいと』（全二冊）、西鶴『好色一代男』（天和二年刊）等が含ま

㊟〒142―0042　品川区豊町一―一六―一〇
㊫〇三―三七八五―七一三一
Ⓕ〇三―三七八五―七二六六
㊂地下鉄都営浅草線戸越駅歩八分または東急大井町線戸越公園駅歩八分
㊌午前九時〜午後五時
㊡土曜、日曜、祝日、月末日、年度末一週間・四月末〜五月上旬五日間
㊙可（日本文学研究者・大学生以上）
㊢可

れている。

コレクション――

国学者自筆稿本等（国民精神文化研究所旧蔵本が中心）、初雁文庫（西下経一旧蔵書、古今集が中心、『初雁文庫主要書目解題』）、杉浦梅潭文庫（梅潭旧蔵のコレクション。日記・備忘類・詩稿類・書簡類・来簡・詩箋類・写真類・文具類等約一二〇〇点）、諸大名著作コレクション（福井久蔵旧蔵書）等がある。

刊行書誌――

『国文学研究資料館蔵マイクロ資料目録』（昭和五一年版から毎年刊行）、『国文学研究資料館蔵和古書目録』（既刊六冊）、『国文学研究資料館蔵逐次刊行物目録』（年刊）、『国文学研究文献目録　昭和一六年~昭和三七年』（昭五九）、『国文学年鑑』（昭五一年までは「国文学研究文献目録」、年刊）、『古典籍総合目録』第一~三巻（平二）等多数。

定期刊行物――

「国文学研究資料館報」一号（昭四七・一二）~、「国文学研究資料館紀要」（年刊）、「国文学研究資料館講演集」（年刊）その他。

国文学研究資料館史料館［国立史料館］

沿革

戦後の混乱の中で、消滅・散逸の危機にあった近世以降の文書・記録類を調査、収集して、学術史料として広く研究者や一般の利用に供する目的をもって、昭和二六年に文部省直轄の「文部省史料館」として現在地に設置された。その後、同四七年に国文学研究資料館創設に際し、同史料館はその一部に改組され、「国文学研究資料館史料館」（通称国立史料館）と改称し、大学共同利用機関として現在に及んでいる。また事業の一つに、アーキビスト養成や大学院教育のための史料管理学研修会を毎年実施している。

蔵書

収蔵史料は、一九五〇年代から六〇年代前半にかけて、史料の原蔵者、古書店、故紙業者等から購入したもの。勿論原蔵者から寄贈されたものもある。一九六〇年代中頃からは、全国各地に文書館が設立されて、史料は現地で保存されるようになった。史料館では、一部寄託史料や館蔵史料の片割れ史料を除いては原物史料の収集は行われなくなり、専らマイクロ撮影による史料収集に切り替えられた。蔵書数は、図書約六万四〇〇〇冊、雑誌約一六四〇種、近世近代史料三五五件（約五〇万点）、受託史料一四件（約八〇〇〇点）、マイクロフィルム収集史料一三七件（二八三二ニール）、民俗資料一件（約五〇〇〇点）等。

㊟〒142—0033　品川区区豊町一—一六—一〇
㊢〇三—三七八五—七一三一
Ⓕ〇三—三七八五—四四五六
㊋都営浅草線戸越駅歩八分または東急大井町線戸越公園駅歩八分
㊐午前九時三〇分〜午後五時
㊡土曜、日曜、祝日、四月末〜五月上旬
㊟限定（満一八歳以上の近世史料読解可能な者）
㊋可

コレクション――

祭魚洞文庫旧蔵水産史料　祭魚洞渋沢敬三（一八九六～一九六三）主宰のアチックミューゼアム（昭和一五年に日本常民文化研究所と改称）が、昭和七年以降に収集したコレクション「祭魚洞文庫」のうち、史料館が昭和二四年に引き継いだ古文書のうちの、「祭魚洞文庫旧蔵水産史料」約七〇〇〇点。近世から昭和初期までの、旧樺太・旧台湾を含む日本全国にわたる文書・筆写史料。「鯨絵巻」等の各種魚類や漁業関係の絵画史料類が含まれている。

日本実業史博物館準備室旧蔵史料　渋沢栄一の遺徳を顕彰するために計画された「日本実業史博物館」のために、昭和一七年以降の主として生活用具関係の史料収集を行っていたが、博物館建設が中止となり、昭和二六年管理していた㈶竜門社から旧蔵史料を史料館に移し、同三七年に寄贈されたもの。約二万点以上にのぼる。幕末から明治期の錦絵約七〇〇〇点、地図約三〇〇点、番付約二〇〇点、商業器具としての看板約二〇〇枚、ほかに古紙幣、書籍、写真等が含まれている。目録に、『史料館所蔵史料目録』第一一、五七集（昭四〇、平四）、『明治開化期の錦絵』（「史料館叢書別巻一」（平一）が刊行されている。

文部省調査局宗務課引継文書　昭和三六年に宗務課から引き継いだ文書。主内容は、神社寺院明細帳、寺院財産調査、社寺取調類纂や内務省神社局文書として伊勢神宮社家荒木田家旧蔵本の写本等を含む。

竹森文庫　竹森一則旧蔵の明治時代の政治経済に関連した書籍約一五〇〇冊。

その他のコレクション――

　国田家文書（約二〇〇点）、山田家文書（約二〇〇〇点）、「諸礼書」（写本約七〇〇点）、近世・近代文献情報資料（史料目録・地方史誌類）、鋳物師史料（二件）、展示会カタログ等を所蔵している。

刊行書誌――

『史料館所蔵史料目録』（第一集～第六三集、年刊）、『史料館所蔵目録一覧［近世史料・郷土資料の部］』（昭五五）、『近世・近代史料目録総覧』（平四）、『史料館所蔵民俗資料図版目録』（既刊一～五巻）、『史料館収蔵史料総覧』（平八）等が発行されている。

定期刊行物――

「史料館研究紀要」第一号（昭四三）～、「史料館報」第一号（昭四〇）～

品川区立品川歴史館

概要

日本考古学発祥地と知られる大森貝塚史跡の隣接地に、博物館・歴史資料館の機能と行政資料の保存をはかる文書館の特徴をもった施設として、昭和六〇年五月に開設された。図書資料室、児童図書コーナー、マイクロフィルム室、資料準備室、収蔵庫の設備をもっている。なお、大森貝塚の発見者モース（Morse, Edward Sylvester. 一八三八～一九二〇）博士の生誕地アメリカポートランド市と品川区との姉妹都市提携を記念し、付属庭園として「大森貝塚跡庭園」が開園されている。

収蔵品

品川に関する錦絵、地図、近世から近代の地域文書等がある。平成元年刊行『品川歴史館資料目録　行政資料編（1）』には、昭和七年から同二一年までの旧品川区の「品川区会資料」が収蔵されている。

刊行書誌

『品川歴史館資料目録―三田用水普請水利組合文書―』（平九）、『同―民俗資料編（二）建具・指物師の道具―』（平一〇）、『品川の集団学童疎開資料集』（昭六三）。

定期刊行物

「品川歴史館紀要」（年刊）、「品川歴史館年報」（隔年）。ほか特別展図録を多数刊行。

㊟〒140―0014
品川区大井六―一一―一
㊫〇三―三七七七―四〇六〇
Ⓕ〇三―三七七八―二六一五
㊬京浜東北線大井町駅歩一五分または大森駅歩一〇分
㊮午前九時～午後五時（入館は午後四時三〇分）
㊡月曜、祝日（月曜の場合は開館）
㊤有料
㊢可

立正大学大崎図書館

㊟〒141―8602
品川区大崎四―二―一六
㊫〇三―三四九二―六六一五
Ⓕ〇三―五四八七―三三四九
Ⓗhttp://www.ris.ac.jp

㊇JR山手線五反田又は大崎駅より徒歩一〇分。都営地下鉄浅草線五反田駅より徒歩一〇分。東急池上線大崎広小路駅より徒歩五分
㊕午前九時三〇分～午後九時三〇分（土曜は午後八時三〇分まで）
㊡日曜、祝日
㊚限定
㊒可

沿革

天正八年（一五八〇）に僧侶の学問修業道場として開設された壇林を起源とする。明治五年に設立された宗教院から日蓮宗大学林を経て、大正一三年に立正大学と改称した。地球環境学部、社会福祉学部、法学部、経営学部（同一部）、経済学部（同一部）、文学部（同一部）、仏教学部（同二部）をもち、昼間コースの一、二年次と地球環境学部、社会福祉学部、法学部は埼玉県の熊谷校舎でおこなわれている。図書館は大崎図書館と熊谷図書館で構成される。

蔵書数は五〇万五〇〇〇冊、うち洋書一一万冊、継続受入和雑誌二一九九種、同外国雑誌三七三種。歴史、地理、仏教関係資料が充実している。

コレクション

島田文庫 神奈川県川崎市溝の口宗隆寺の島田家旧蔵の、日蓮宗の版本、写本を含む仏教関係書。『溝之口宗隆寺島田文庫目録』（昭四五）。

清水文庫 東洋大学教授、社会科学者清水博の旧蔵書で、社会科学関係の和洋書一七〇冊。

高見沢文庫 高見沢栄寿《ひでとし》の旧蔵書で、ドイツ、ギリシャ中世哲学の和書八〇〇冊、洋書二六八八冊。『高見沢文庫和漢図書目録』（昭四四）、“A Classical catalogue of the

Takamizawa collection in the Rissyo University, 1969"。

田中啓爾文庫　名誉教授で地理学者田中啓爾（一八八五〜一九七五）の旧蔵書で、地理学関係の和書五八〇〇冊、洋書一七〇〇冊、地図類六一二〇点。地図類には古地図多数を含む。『立正大学図書館田中啓爾文庫目録　第一巻・和書の部、第二巻・洋書の部、第三巻・地図の部』（昭五五〜六一）。

富坂文庫　校友富坂泰世の旧蔵書で、地理学関係の和書三〇〇冊。『富坂文庫和漢書目録』（昭四四）。

中村文庫　元成城大学教授中村清一から寄贈された近代日蓮主義関係文献一五〇〇冊。

ブリンクリー文庫　教授Johan R. Brinkly（一八八七〜一九六四）の旧蔵書で、仏教学、印度哲学、宗教関係書。マニュスクリプトを含んでいる。『ブリンクリー文庫目録』（昭四四）。

明代南蔵本　中国明王朝における大蔵経の開版は北京（北蔵）と南京（南蔵）で行なわれているが、同館では南蔵版（南京報恩寺版）の一部を所蔵する。野沢佳美解説『立正大学図書館所蔵明代南蔵目録』（平元）。

青山学院資料センター

沿革――

昭和五三年の開設。大学図書館の新築に伴い、それまで図書館として使用していた建物（青山学院大学図書館の項参照）に改修を加え、名称も間島記念館と改め、図書館機能の一部であった特別資料関係部門を独立させた。学院の教育の基本理念であるキリスト教に関するコレクションを収集し利用に供すること、学院史に関する資料を収集・保管し公開展示や閲覧等に供することを目的としている。展示室は三室からなり、次掲の学院史関係資料がテーマ別に陳列されている。

コレクション――

青山学院史関係資料　明治七年創立以来の歴代校長・院長、理事長など経営者や教育者の伝記資料から、各年代の学制、教育方針、校地・校舎、学生生活に至る記録類、学内出版物、新聞、写真、アルバムなど。

明治期キリスト教関係図書　幕末から明治にかけて（一七一一年から一九三九年頃までを含む）わが国で出版された新旧約聖書、讃美歌集のほか、キリスト教史、教義、神学、儀式、教会に関する各種報告、記録、新聞・雑誌などの和書、洋書からなる。『明治期キリスト教文献目録―翻訳文学その他特別資料』（平四）がある。

本邦メソジスト教会資料　美以、カナダ、南の各派合同以前から第二次世界大戦中まで

㊟〒150―8366
渋谷区渋谷四―四―二五
青山学院間島記念館内
㊞〇三―三四〇九―六七四二
Ⓗhttp://www.bb.aoyama.ac.jp
㊋ＪＲ山手線ほか鉄道各線の渋谷駅より徒歩一〇分。営団地下鉄各線表参道駅より徒歩五分
㊐午前九時三〇分～午後四時三〇分（土曜は午前一一時三〇分まで）
㊡日曜、祝日
㊢可（許可が必要）

の本邦メソジスト教会の総会議事録、東西年会記録、条例集のほか、地域別部会資料、教会史資料、教育、出版、社会事業、宣教師関係資料。

本邦明治初期英語・英文学関係図書　わが国英語、英文学の黎明期である安政四年（一八五七）から明治末年までに出版された英語辞書、英語教育用図書、翻訳書を含む英文学関係書を中心に、地理、歴史、道徳書など。稀覯書を含む。

全国キリスト教主義学校史　日本全国のキリスト教主義学校のうち、プロテスタント系、カトリック系各校で刊行された年史、学校史。

キリスト教会史、信徒・教役者の伝記　わが国のプロテスタント、主として旧メソジスト系キリスト教会史、キリスト教信徒・教役者の伝記を収集している。

刊行書誌――

『飯久保貞次旧蔵安藤太郎関係文書目録』（平六）は明治時代の外交官安藤太郎（一八四六～一九二四）宛の諸家書翰を収録。

青山学院大学図書館

沿革――――――

明治七年にアメリカのメソジスト教会の宣教師によって設立された女子小学校を前身とする青山女学院と、同一一年設立の耕教学舎と同一二年設立の美会神学校の男子系二校が合併してできた青山学院が、関東大震災を契機に合同、戦後に新制大学となった。文学部(同二部)、経済学部(同二部)、法学部、経営学部(同二部)、国際政治経済学部、理工学部からなる。厚木と世田谷にキャンパスをもち、教養科目などの授業が行われている。

図書館の起源は青山学院に大正七年に設けられた書庫・閲覧室で、初代図書係にクリスチャンで考古・民俗学者の山中笑(共古)が就任した。昭和四年に校友間島弟彦の寄付により、コリント式の円柱をもち、その後学院のシンボルとなる間島記念図書館が建設された。昭和五一年に新図書館が竣工し、現在の名前に改称された。蔵書数は一〇〇万五〇〇〇冊、うち洋書四一万八〇〇〇冊、継続受入和雑誌四六四五種、同外国雑誌一七〇三種で、学園創設以来、キリスト教精神にもとづく一環教育をめざしていることや英語教育を重視していることから、キリスト教や英語・英文学関係の資料が充実している。コレクションは次のものを含め何種類かあったが、現在はすべて一般の蔵書に組み入れて利用に供されている。

㊟〒150―8366
渋谷区渋谷四―四―二五
㊒〇三―三四〇〇―三四二九
Ⓕ〇三―三四〇七―四四七二
Ⓗhttp://www.agulin.aoyama.ac.jp
㊋JR山手線ほか鉄道各線の渋谷駅より徒歩一〇分。営団地下鉄各線表参道駅より徒歩五分
㊊午前九時～午後九時三〇分(火・金曜は午後九四〇分、土曜は午後九時まで)
㊡日曜、祝日
㊖限定
㊓可

コレクション――

別所文庫　元教授で『聖書動物学』『聖書民俗学』などの著作がある牧師別所梅之助（一八七一～一九四五）の旧蔵書で、民俗学、国文学、山岳、登山関係図書一万七七〇〇冊。

デンマーク文庫　卒業生で北欧文化・文学研究家の平林広人（一八八六～）から寄託されたデンマーク紹介資料六一九冊。

川尻文庫　元学院中学部長川尻正脩（一八八九～一九三七）の旧蔵書で、キリスト教関係書四〇一〇冊。

若宮文庫　若宮卯之助（一八七二～一九三八）の旧蔵書で、社会哲学、西洋史学図書五四〇〇冊。

加藤蔵書　教授で商学者加藤由作（一八九四～一九七八）の旧蔵書で、海上保険関係二七〇〇冊。

刊行書誌――

『青山学院大学図書館蔵書目録　和漢書第一～五巻、洋書第一～五巻』（全一二冊、昭五二～五三）。平成二年からはCD-ROM版の蔵書目録『AURORA ON CD-ROM 和書、洋書・キリスト教文献目録』（オーロラ）を毎年刊行してきたが、オンライン目録検索システムが稼動したことにより第八版（一九九七年版）をもって打ちきりとなった。

國學院大學図書館

沿革

明治一五年設立の皇典講究所を前身とし、二三年に國學院を設置、大正九年に大学となった。渋谷キャンパスには文化部、法学部、経済学部の三、四年と各学部の二部が置かれ、横浜市のたまプラーザキャンパスに教養課程がある。図書館は皇典講究所に置かれた「文庫」に始まる。現在は本館とたまプラーザ図書館の二館からなる。

蔵書数は一一六万六〇〇〇冊、うち洋書三〇万冊、継続受入和雑誌二七九四種、同外国雑誌一〇〇七種。

コレクション

甘露堂文庫 登山家伊藤孝一の旧蔵書で、江戸時代の浮世草紙、洒落本、滑稽本、役者評判記、遊里評判記などの稀覯書二七八冊。尾崎久弥『甘露堂文庫稀覯本攷』（昭八）に紹介。

金田一文庫 教授で大正・昭和期の言語学者金田一京助（一八八二〜一九七一）の旧蔵書で、蝦夷関係の写本類、江戸時代以降刊行のアイヌ民族の言語、風俗、地理、並びに一般言語学の和書四三〇冊、洋書六三冊。『金田一文庫目録』（昭五〇）。

久我家古文書 侯爵久我（こが）家に伝来した平安末期から幕末に及ぶ久我家の所領に関わる古文書など九五五五点。

㊟〒150―8440
渋谷区東四―一〇―二八
㊕〇三―五四六六―〇一五七
Ⓕ〇三―五四八五―〇九一五
Ⓗhttp://www.kokugakuin.ac.jp/lib
㊋JR山手線ほか鉄道各線の渋谷駅より徒歩一三分
㊐午前九時〜午後九時一五分
㊡日曜、祝日
㊚限定
㊢可

黒川文庫　江戸後期の国学者黒川春村（一七九九～一八六六）、幕末・明治前期の国学者・美術史家の真頼（一八二九～一九〇六）、真道（一八六六～一九二五）の三代にわたる旧蔵書のうち、江戸時代から明治期にかけての神祇、神道書七〇四冊。未刊の写本が多い。『國學院大學図書館収蔵神道書籍解説目録　第一・黒川文庫』（昭三五）。

梧陰文庫　明治時代の官僚、文相として欽定憲法綱領の作成や教育勅語の制定にあたった井上毅（梧陰は号、一八四三～九五）の旧蔵書と関係文書で、和書六〇〇冊、漢籍一七〇点、文書五六〇〇点。明治憲法や各法令草稿などが含まれる。寄託資料。

佐々木家本　幕末・明治前期の政治家佐々木高行（一八三〇～一九一〇）の旧蔵書。江戸時代から明治期の政治・思想、国史、神道などの和書二三七一点、洋書二三四点。寄託資料。

畠山健記念文庫　大学創立期の功労者である畠山健の名前で、その子で心理学者波多野完治（一九〇五～）・児童文学者勤子（一九〇五～七八）夫妻が寄贈した心理学、教育学関係の和書六〇九冊、洋書六三八冊。『畠山健記念文庫目録』（昭四九）。

ペツォルト旧蔵書　ドイツの仏教学者 Bruno Petzoldt（一八七三～一九四九）の旧蔵書で、哲学、宗教、東洋文化に関する洋書二八〇〇冊。

往来物　昭和三二年以来収集を続けているもので、江戸時代から明治初期にかけての、語彙、消息、教訓、歴史、地理、実業など数十種からなる。内容は、『國學院大學図書館収蔵特別蒐書目録　第一・往来物』（昭三二）。

その他のコレクション――

未整理あるいは一般書と混配している特色ある蔵書として次のものがある。昭和期の東洋史学者石田幹之助（一八九一～一九七四）旧蔵の洋装本。大正・昭和期の国文学者・歌人折口信夫（一八八七～一九五三）旧蔵の洋装本と手帳類。小柴値一旧蔵の江戸後期の版本。大正・昭和期の国文学者武田祐吉（一八八六～一九五八）の旧蔵書。その他に、岩崎文庫、榎本文庫、河村又助文庫など。マイクロフィルム版で『神社所蔵資料』がある。

河野博士記念室　図書館棟の三階に設置。学長で、神道や国学の分野で活躍した河野省三（一八八二～一九六三）の学問的業績の顕彰と、継承を目的とする。神道、国学関係の旧蔵書、江戸末期の写本・版本など一万四〇〇〇冊を収蔵。

武田博士記念室　図書館棟の三階に設置されている。初代文学部長で、万葉集研究の第一人者であった武田祐吉（一八八六～一九五八）を記念し、古典文学研究の継承と発展を目的とする。旧蔵書三四〇〇冊を収蔵。

刊行書誌――

『國學院大學図書館収蔵稀覯解題』（昭三二）。『國學院大學図書館収蔵特別蒐書目録　第一・往来物』（昭三二）。『國學院大學図書館収蔵神道書籍解説目録　第一輯・黒川文庫、第二輯、第三輯・座田家旧蔵書』（昭三五、三九、五九）。『國學院大學図書館図書分類目録　和漢書の部　宗教一　宗教・神道』（昭六三）

国連広報センター

沿革

昭和三三年、国連事務局広報部直属の機関として設置され、日本国内における国連の理解を深めるために、国連の活動についての広報活動を行っている。主な活動はプレスリリースの作成とマスメディア等への配布、日本語資料の作成、セミナーの開催などである。

蔵書

資料室では国連主要機関の会議録、統計、年鑑、ドキュメント（謄写刷文書）など五〇〇〇冊を所蔵。開架式で利用でき、「国連全般」「世界経済」「軍縮・原子力」「統計」といった分類をしている。国連紹介のビデオやスライド、写真等も所蔵している。

㊟〒150—0001 渋谷区神宮前五—五三—七 国連大学ビル八階
㊟〇三—五四六七—四四五一
Ⓕ〇三—五四六七—四四五五
Ⓗhttp://www.unic.or.jp/
㊟地下鉄銀座線・半蔵門線表参道駅下車徒歩五分
㊟午前一〇時～午後五時三〇分（午後一二時三〇分～一時三〇分休）
㊡土・日曜・祝日
㊟可
㊟可

国連大学ライブラリー

沿革

国連大学設立の構想は昭和四四年、ウ・タント国連事務総長によって提唱され、日本政府は国連大学基金へ一億ドルの拠出と、東京に本部施設建設の用意があることを表明。平成四年、渋谷区神宮前に本部施設が完成し、同八年、国連大学高等研究所として正式に活動を開始した。

国連大学では、国連本部、ユネスコ、国連諸機関、世界各国の国連大学研究・研修センターと密接な連携のもと、学際的アプローチを取り入れて、「平和とガバナンス」「開発」「環境」「科学技術」の四領域での活動を行っている。国連大学は複数のネットワークで組織されており、国連大学本部は、世界各地で展開される国連大学の研究や研修のプロジェクトの総括中枢としての役割を果たしている。

コレクション

ライブラリーでは国連出版物、ドキュメント、UNITAR（国連研修研究センター）出版物など英文資料を基本に、国際連合システム、グローバル・ガバナンス、世界平和および人権、環境と持続する開発、開発途上国の政治・経済・科学技術と開発、科学技術の進歩・発展と開発への影響に関する研究資料、図書四〇〇〇〇冊、学術論文一万五〇〇〇〇点、雑誌五一八種、ニュースレター四〇〇種所蔵。

㊟〒150—8925
渋谷区神宮前五—五三—七〇　国連大学ビル二階
㊐〇三—三四九九—二八一一
（内一三五九）
Ⓕ〇三—五四六七—一三六〇
Ⓗhttp://www.unu.edu/hq/japanese/library-j.htm
㊦地下鉄銀座線表参道駅下車徒歩五分
㊌午前十時～午後五時三〇分
㊡土・日曜・祝日
㊕限定　要事前連絡
㊗可

渋谷区立白根記念郷土文化館

概要

昭和五〇年六月に開館。自然史資料五〇点、考古資料約一五〇点、地図五〇〇点、図書約六〇〇〇冊、写真約二五〇〇枚、絵画三三〇点等を収蔵展示する。ほかに、宮益町、渋谷小学校などに関する資料・スライド等も所蔵する。古代、この地が海であったことを証する資料も興味深い。古文書は、近世・近代文書を九〇点蔵する。主なものとしては、加藤家文書（江戸時代精米業に関する資料）、和田家文書、鈴木家文書等がある。

なお同館は、渋谷区議会議員として同区に功績のあった故白根全忠から宅地・邸宅の寄贈を受け、これまで区立中央図書館の一画にあった「郷土資料室」を移転して、現在の名称となった。

刊行書誌

『渋谷区立白根記念郷土文化館資料目録　絵画書跡の部　昭和五七年三月現在』『同　写真の部　昭和五五年三月一日現在』『同地図の部　昭和六〇年三月現在』『同　図書の部　昭和五八年一月三一日現在』。

㊟〒150―0011　渋谷区東四―九―一
㊫〇三―三四〇四―八六一五

㊡渋谷駅南口より都バス日赤医療センター行で国学院大学前下車歩二分
㊤午前九時～午後五時
㊡月曜、第二・第四日曜、祝日
㊇無料
㊋不可

聖心女子大学図書館

沿革

明治四一年にカトリックの女子修道会である聖心会が設立した聖心女学院を起源とし、大正四年に聖心女子高等専門学校、昭和二三年に新制大学となった。同二七年には女子大として最初の大学院が設置された。文学部のみの単科大学で、キリスト教精神に基づく国際性豊かな女子教育を理念としている。図書館は高等専門学校図書館に始まる。

蔵書数は三二万五〇〇〇冊、うち洋書一三万一〇〇〇冊、継続受入和雑誌三八六種、同外国雑誌四三七種。ディケンズ、シェイクスピアなど英米文学書の収集に力を入れている。

コレクション

武島文庫　元教授で詩人、歌人、国文学者武島又次郎（一八七二〜一九六七）の旧蔵書で、詩歌、詩論を中心とする国文学、英文学書一万冊、自筆原稿一〇〇点。

柿衞文庫　俳諧関係の書籍、軸物。

岩下文庫　わが国におけるカトリック神学研究の先駆者で、救ライ復生病院院長としてライ病事業に尽力した神父岩下壮一（一八八七〜一九四〇）の旧蔵書で、神学、西洋中世哲学の洋書一五〇〇冊。

カトリック文庫　昭和二〇年以降刊行のカトリック関係の和書で、継続収集している。

キリシタン文庫　江戸期から現在にわたるキリシタン史関係の和・漢・洋書で、昭和二

㊟〒150−8938
渋谷区広尾四−三−一
㊟〇三−三四〇七−五八一一
Ⓕ〇三−三四九八−五二二六
Ⓗhttp://www.u-sacred-heart.ac.jp/slim-oak
㊋地下鉄日比谷線広尾駅より徒歩五分
㊊午前九時〜午後六時（土曜は午後一時まで）
㊡日曜、祝日
㊏限定
㊋可

三年から収集を開始し、現在も継続している。

刊行書誌――

『聖心女子大学図書館所蔵和漢書図書解題』（昭二九）

日仏会館図書室

沿革

大正一三年（一九二四）、駐日フランス大使で詩人ポール・クローデル（一八六八～一九五五）と、実業家・渋沢栄一（一八四〇～一九三一）によって日仏文化交流のために設立され、翌二五年にフランス政府からの寄贈図書をもとに図書室が開設された。平成七年に神田駿河台から恵比寿に移転した。

蔵書

蔵書は人文・社会科学を中心に、フランス語図書四万六〇〇〇冊、雑誌二〇〇種、新聞は「ル・モンド」「リベラシオン」「フィガロ」の三紙を収集。「ル・モンド」は創刊号からマイクロフィルムで所蔵している。また、会員向けにフランスのパリ国立図書館貸出しセンターから文献借用サービスも行っている。

刊行書誌

『日仏会館所蔵東洋関係蔵書目録』（昭五三・五四）、『日仏会館所蔵定期刊行物目録』（昭五一・五二）

㊟〒150—0013
渋谷区恵比寿三—九—二五
㊫〇三—五四二一—七六四三
Ⓕ〇三—五四二一—七六五三
Ⓗhttp://www.mfj.gr.jp/index-j.html
㊤ＪＲ山手線・地下鉄日比谷線恵比寿駅東口下車徒歩一〇分
㊐午前一〇時三〇分～午後六時
㊡日曜・祝日・七月一四日・七月一五日～八月三一日の土曜／クリスマス
㊓可
㊔可

文化女子大学図書館

沿革

大正一二年に設立された文化学園を前身とし、昭和二五年に短期大学を開学し、同時に図書館も開館、同三九年に四年制大学となった。服飾学部、造形学部と文学部（小平キャンパス）からなる。図書館は本館と小平図書館で構成される。

蔵書数は一九万二〇〇〇冊、うち洋書三万一〇〇〇冊、継続受入和雑誌八八〇種、同外国雑誌一九九種。

コレクション

服飾関係資料　開館以来、大学の建学の精神に沿って服飾・造形分野に重点を置いた収書をおこなってきており、特に西洋ファッションについての稀覯書多数を所蔵する。『文化女子大学図書館所蔵西洋服飾関係文献解題・目録』（昭五五）は、開館三〇周年を記念して編集されたもので、西洋服飾関係の貴重資料一九〇〇点を網羅した解題書誌である。さらに四〇周年記念でその後に収集した三〇〇〇点を収録する『同　続』（平二）、学園創立七〇周年記念で『文化女子大学図書館蔵民族衣装欧文文献目録』（平五）が刊行されている。また、邦文文献については、服飾のほか、手芸、文様、色彩、風俗、民族、民俗、家政学などの関連文献五一〇〇点を収録した『文化女子大学図書館所蔵服飾関係邦文文献目録』（昭六〇）がある。

㊟〒151―8521
渋谷区代々木三―二二―一
㊫〇三―三二九九―二三九五
Ⓕ〇三―三二九九―二六〇四
Ⓗhttp://www.bunka.ac.jp/lib/toshokan.htm
㊋地下鉄都営新宿線新宿駅より徒歩三分。JR中央線ほか鉄道各線の新宿駅より徒歩八分
㊐午前九時三〇分～午後六時三〇分（土曜は午前九時三〇分〜午後一時まで）
㊡日曜、祝日
㊒限定
㊢可

刊行書誌

『文化女子大学図書館所蔵欧文貴重書目録　解題・目録　開館五十周年記念』（平一二）は、服飾、美術、工芸、文学など五一〇点を収録し、図版と解題を加えた詳細な目録。

印刷局記念館

沿革

大蔵省印刷局が政府の現業機関として、長年にわたってお札、切手等の有価証券類、官報等の政府刊行物を製造してきた歴史、業務の変遷、その製品、技術等を広く国民に紹介するため、昭和四六年に設立したもの。有価証券類、政府刊行物類に関する珍しい資料、展示物が、その大部分を占めていた。平成六年に印刷局記念館の愛称を「お札と切手の博物館」と定め、印刷局の歴史や日本のお札、切手に限らず、広く世界のお札、切手を含めて紹介すると共に製造技術面においてビジュアルな解説、展示が行えるよう施設改修を行い、平成七年五月からリニュアル・オープンするようになった。

収蔵品

展示品やコレクションの大部分は、記念館の創設の際に、印刷局の各地の工場や工芸部門等に分散して収蔵されていた明治初期の印刷局創業時から現代までの資料を収集したもの。その数は約二万点に及ぶ。

コレクション

お札・切手類　明治初期から一貫して大蔵省（一時期は内閣に所属）印刷局が製造してきたお札・切手類。いわば企業博物館としての特色を持ったコレクション。ついでながら、大正一二年九月の関東大震災、昭和二〇年二月の東京大空襲で火災に遭い、貴重な資料・

㊟162―0845
新宿区市谷本村町九―五
㊫〇三―三二六八―三二七一（代）
㊯JR中央線市ヶ谷駅歩一二分、または地下鉄有楽町線市ヶ谷駅歩一〇分。（駐車場あり）
㊡午前九時～午後四時三〇分
㊡月曜、創立記念日（十一月一日）
㊖無料

文献がかなり焼失したが、その後関係者の尽力によって収集されてきた。

明治期からの印刷見本類　紙幣国産化を図るため、明治七年以降、多数のお雇い外国人が来日し、新技術を駆使して印刷文化史に多くの足跡を残した印刷見本類。特に、イタリア人の凹版彫刻者・エドアルド・キョッソーネが手がけた「国立銀行紙幣・新券」「神功皇后札」「大黒札」「日本銀行兌換銀券」「小判切手」等のお札、切手類のデザイン、彫刻、製版は貴重。また、キョッソーネは、明治一五年に多色・石版印刷の印刷見本「国華余芳」を出版しており、当時の優れた石版印刷技術を今日に伝えるもので、同館の代表的な収蔵品となっている。ほかにキョッソーネは、明治初期の宮廷画家、肖像画家として活躍し、同館では岩倉具視、大久保利通、三条実美、木戸孝允らの大型の銅版画を蔵している。さらに、昭和二年の金融恐慌時に製造・発行した粗末なお札「裏白二〇〇円券」や未発行の「裏白五〇円券」、戦後の未発行となった五〇〇円券、一〇〇〇円券等の多くの切手・印紙・国債等の大判の作業用の貴重見本が保管されている。

官報類　官報創刊前後の資料や官報、職員録、法令全書の創刊号から現代までのすべてを収蔵している。ほかに、政府の発行した各種の政府刊行物を収蔵している。

日本最初の紙幣と藩札　日本における最初の紙幣とされる「伊勢山田羽書」や江戸時代、各大名家が領内通用の紙幣として発行した「藩札」を数多く収蔵しており、その一部を展示している。

その他のコレクション——

明治一〇年代の人物写真二〇〇〇枚収蔵。ほかに、印刷機械類として、オランダ政府から徳川幕府に寄贈された日本最古の印刷機である平庄式のスタンホープ凸版印刷機、明治期に使われていたお札の複雑な図柄を描くための旧型の彩紋彫刻機等の実物から、新しいお札印刷用のドライオフセット凹版輪転印刷機等の模型までが展示されており、お札の印刷の仕組みが分かるようになっている。

学習院女子大学図書館

㊟〒162-8650
新宿区戸山三-二〇-一
㊖〇三-三二〇三-一九七七
Ⓕ〇三-三二〇五-五九三六
㊛JR山手線、西武新宿線高田馬場駅より九段下行バス、学習院女子短大前下車。営団地下鉄東西線早稲田駅から徒歩一五分
㊡午前八時五〇分~午後六時(土曜は午後三時まで)
㊡日曜、祝日
㊕限定
㊗可

沿革――

昭和二五年(一九五〇)に学習院大学短期大学部として設置され、平成四年に大学となった。国際文化交流学部をもつ。昭和五七年に新築された図書館は、日本図書館協会建築賞を受賞している。蔵書数は一五万一〇〇〇冊、うち洋書二万五〇〇〇冊、継続受入和雑誌一三七三種、同外国雑誌一〇四種。

コレクション――

富永惣一文庫 学習院大学名誉教授で美術評論家、美術史家、国立西洋美術館初代館長富永惣一(一九〇二~八〇)の旧蔵書で、美術書の和書二〇九一冊、洋書一三六八冊。『学習院女子大学図書館所蔵富永惣一文庫目録』(昭五九)。

林友春文庫 教育学関係図書

学習院短大図書館叢刊――

いずれも鈴木和生編で次のものがある。一~二『展望 執筆者名総索引 創刊―二〇〇号(昭和二一年一月―五〇年八月)』(昭五三~五四)、三~五『与謝野晶子全集 総索引その一~二』(昭五五~五六)、九『明星・スバル・我等 執筆者名総索引』(昭五八)、一〇~一一『芸術新潮 総索引 創刊号~第三〇〇号(昭和二五―四九)』(昭五九~六〇)、一二『日本児童文学 執筆者名総索引』(昭六〇)

慶應義塾大学医学メディアセンター・北里記念医学図書館

〒160―8532
新宿区信濃町三五
電〇三―五三六三―三七二五
Ｆ〇三―五三六三―三八五九
Ｈhttp://www.lib.med.keio.ac.jp
交ＪＲ総武線信濃町駅より徒歩三分
開午前九時〜午後九時（土曜は午後六時）
休日曜、祝日
利限定
複可

沿革

昭和一二年の開館。大正六年に開設された医学部の初代学部長北里柴三郎を記念して、全国の篤志家から寄せられた拠金により建設され、昭和一九年に慶應義塾に寄付された。医学関係の専門図書館としてわが国有数の機関である。

蔵書数は三〇万四〇〇〇冊、うち洋書一九万一〇〇〇冊、継続受入れ和雑誌一八六四種、同外国雑誌一九一七種。

コレクション

古医書資料寄贈本集成　上田揆一、内野仙一郎、医師で歌人の杉田つる（一八八二〜一九五七）、鈴木諒爾、瀬尾賓三の旧蔵書及び大学から移管された、江戸期から明治年間の古医書を中心に自然科学、工学、オランダ関係の和書八一九冊、漢籍五七二冊、洋書二冊、文書三点。『古医書目録』（昭四八）に収録。

石黒文庫　明治時代の軍医で、日本赤十字社長、日本薬局方調査会長、勅撰貴族院議員石黒忠悳（一八四五〜一九四一）の旧蔵書で、幕末から大正年間にかけての陸軍軍医制度、赤十字に関する和書八六冊、洋書三冊、文書二七点、自筆稿本と写真類八五冊。『古医書目録』（昭四八）に収録。

富士川文庫　講師で、医学者、医史学者、自ら日本医史学会を創立し、『日本医学史』

（明三七）はじめ多くの著述をもつ富士川游（一八六五～一九四〇）の旧蔵書で、『解体新書』などの古医書を中心とする江戸期から明治年間の医学、薬学書で、和書一九六八冊、洋書一六冊、文書九七点、その他二七点。『古医書目録』（昭四八）に収録。なお、富士川の旧蔵書の一部は京都大学に収蔵される。

刊行書誌――

『古医書目録』（メディカル出版販売、昭四八）は、富士川游の旧蔵書三六三二冊、石黒忠悳の旧蔵書二〇一点、その他、三田本塾からの移管本、上田揆一、内野仙一郎、杉田つる、鈴木諒爾、瀬尾賓三の旧蔵書を収録する。

現代マンガ図書館

沿革――――――

　昭和五三年、貸本業をしていた現館長の内記稔夫が、個人蔵書のマンガ二万七〇〇〇冊と、寄贈本三〇〇〇冊をもとに設立した。マンガを庶民文化の一つとして捉えて、資料の収集、分類、保存、公開をしており、国内初の本格的なマンガ専門の図書館である。

蔵書――――――

　蔵書は『楽天全集』（昭五）から現代の最新刊マンガまで約一三万冊で、特に昭和三〇年代の貸本漫画が貴重な資料である。雑誌では「ガロ」「COM」「ビックコミック」などが創刊号から揃っている。ほかに同人誌、入門書、評論などマンガに関するあらゆる資料を収集している。作家別、雑誌別の目録により検索が可能で利用に便利である。作家別リストは手塚治虫から現代人気作家まで網羅している。

㊟〒162―0041
新宿区早稲田鶴巻町五六五
ビルデンスナイキ二階
㊫〇三―三二〇三―六五二三
Ⓕ〇三―三二〇五―〇九一〇
Ⓗhttp://www.naiki-collection.com/
㊛地下鉄有楽町線江戸川橋駅下車徒歩五分、地下鉄東西線早稲田駅下車徒歩八分
㊑正午～午後七時
㊡火・金曜（祝日の場合開館）
㊓入館料一般三〇〇円、中学生以下二〇〇円、閲覧料一回一冊につき一〇〇円
㊗可

国際協力事業団図書館

沿革――――――

国際協力事業団（ＪＩＣＡ）は国際技術協力業務を中心に行う特殊法人で、同事業団の報告書、研修テキストをはじめ、現地収集の政府資料を和書四万五〇〇〇冊、洋書六万六〇〇〇冊所蔵。また海外移住事業団から引き継いだ、海外移民関係資料二三〇〇冊もある。ほかに、雑誌二〇〇〇種、地図一万五〇〇〇点、視聴覚資料一〇〇〇点所蔵。なお所蔵資料の目録はＣＤ―ＲＯＭ化されていて、検索可能である。

㊟〒162―8433　新宿区市ヶ谷本村町一〇―五　国際協力総合研修所内
㊢〇三―三二六九―二三〇一
Ⓕ〇三―三二六九―二四二一
Ⓗhttp://www.jica.go.jp/interest/index.html
㊛ＪＲ中央線市ヶ谷駅下車徒歩一〇分
㊚午前一〇時～午後六時
㊡土・日曜・祝日・八月一日
㊞可
㊜可

国立科学博物館図書室

㊟〒169―0073
新宿区百人町三―二三―一
㊫〇三―三三六四―七一〇八
Ⓕ〇三―三三六四―七一〇四
㊯ＪＲ山手線新大久保駅歩八分
㊮午前九時三〇分～午後四時三〇分（正午～午後一時閉館）
㊡土曜、日曜、祝日
㊖限定（調査研究を目的とする者）
㊒可

沿革

同館の歴史は古く、明治一〇年に教育博物館として発足したのに始まる。昭和一〇年に東京湯島から現在地（台東区上野公園）に移って東京科学博物館と改称。同二四年に国立科学博物館となり今日に及んでいる。当図書室は、普及部普及課の図書係に属し、新宿地区（分館）で図書館サービスを行っている。

蔵書

自然史科学、科学技術、博物学を中心とした図書資料を収集している。蔵書数は和図書約四万二〇〇〇冊、洋図書三万八〇〇〇冊、和雑誌約三七〇〇種、洋雑誌四六〇〇種、ほかに非印刷物としてＭ／Ｆ五〇〇〇枚九〇リールなどがある。

コレクション

太平洋文庫　元日本郵船会社船長、東京科学博物館蒐集委員・長田亮春（一八八五～一九三九）が収集した海洋探検、航海、地理学関係の和書一〇四六冊、洋書一二三四冊、雑誌九〇冊、地図七三枚、海図三九八枚。寄贈されたもの。内容は『東京科学博物館所蔵太平洋文庫目録（長田亮春氏蒐集）』（昭一六）に詳しい。

亀高文庫　理学博士・亀高徳平旧蔵の工業・工学、科学一般、化学、化学工業関係の和書二二二冊、洋書二三一冊、和洋雑誌四四冊等合計六五八冊。中には、明治三一年から昭

和一〇年までの旧制中学校、女学校、師範学校の化学、理科教科書一一四種があり、科学教育及び理科教育史の資料として貴重である。内容は『東京科学博物館付属図書館所蔵亀高文庫目録』(昭一一)に詳しい。

岡嶋文庫　岡嶋乙三郎が収集した和洋数学書四三三冊。特に会田安明の著作物が網羅されている。目録は未刊行。

シーボルト将来文献　シーボルト(一七九六～一八六六)が安政六年、日本に再渡来した際に携行した蔵書及び渡来後収集した蔵書。文久二年刊行の目録に記載のある洋書の一部、約三〇〇〇冊を収める。動物、植物関係文献を中心とした自然科学書であり、明治一七年、アレキサンダー・シーボルト(シーボルトの息子)から外務省に納められ、さらに東京国立博物館へ移管されたもの。

その他のコレクション――

橋本文庫(窯業等、書目に『国立科学博物館橋本文庫目録』)、須田文庫(人類学関係書、書目に『国立科学博物館須田文庫目録』)、黒田文庫(鳥類学関係書、書目『国立科学博物館黒田文庫目録』)、西脇文庫(海棲哺乳類、目録に『国立科学博物館西脇文庫目録』)等が蔵されている。

刊行書誌――

『国立科学博物館所蔵逐次刊行物目録』(昭五四)、『国立科学博物館蔵書目録』和文編、和文編索引(昭五九)等。

新宿区立女性情報センター

概要

昭和五八年、女性の地位向上及び社会参加促進を目的に開設された。女性問題・女性の社会活動に関する資料・図書を所蔵。雑誌（復刻版を含む）、新聞切抜き（六三種）、女性団体グループ資料等にも力を入れる。蔵書数は図書約一万三七四〇冊、新聞・雑誌約四八種を数える。以上は『蔵書目録　一九八六年三月現在』『資料目録　一九八九年三月現在』により検索できる。閲覧は開架制。ほかにミニコミ媒体七九タイトル、一六ミリフィルム、ビデオなども所蔵する。復刻版雑誌には「婦選」「青踏」「婦人戦線」「以良都女」などがある。ほかに、女性史講座、婦人問題セミナー、秋の連続講座などを開催している。

刊行物

「女性情報」（季刊）

㊟〒160—0007
新宿区荒木町一六
㊔〇三—三三四一—〇八〇一
Ⓕ〇三—三三四一—〇七四〇
㊮地下鉄丸ノ内線四谷三丁目駅歩一〇分、または都営地下鉄新宿線曙橋駅歩三分
㊮午前九時～午後八時（日曜は午後五時まで）
㊡月曜、祝日（月曜の場合は翌日）、毎月一五日（祝日の場合は前日）
㊒可
㊫可（一回三冊二一日間）
㊮可

新宿区立新宿歴史博物館

概要――――――

大都市への変貌を続ける都心新宿の歴史を文化の拠点となるよう平成元年一月に開館した。所蔵資料は和図書二万一〇〇〇冊、マイクロフィルム約四〇〇〇リールがある。館内は、図書閲覧室、ビデオコーナーのほか、講座・講演会用の講堂もある。

コレクション――――――

中村家文書　武蔵国豊嶋郡戸塚村、大久保新田の兼帯名主・中村家の寛永一四年から大正二年までの旧蔵資料約三〇〇〇点が、昭和四二年に寄託されたもの。近世中期～明治初期のものを中心とする村方文書と尾張藩江戸屋敷出入関係文書が主内容。『武蔵国豊嶋郡戸塚村中村家文書目録』（昭四七）、『同補編』（昭四九）に詳しい。

渡辺家文書　武蔵国豊嶋郡角筈村の名主・渡辺家の寛永一六年から明治期までの旧蔵資料三四七七点を、複製化し整理したもの。江戸時代中期近郊農村の実態や特徴を考えるのに重要な文書が多数あることが大きな特色。内容は『武蔵国豊嶋郡角筈村名主渡辺家文書目録』（昭六三）に詳しい。

その他のコレクション――

新宿区の歴史、地理、文化、社会事象、事件、行政資料などを可能な限り網羅すると同時に、東京都全域に関するもの、各道府県の地誌、関連目録にも及び、十進分類法に基づ

㊟〒160―0008
新宿区三栄町二二
㊫〇三―三三五九―三七四一
Ⓕ〇三―三三五九―五〇三六
㊇地下鉄新宿線曙橋駅歩八分、または地下鉄丸ノ内線四谷三丁目駅歩八分
㊐午前九時～午後五時
㊡月曜（祝日の場合はその翌日）
㊀無料
㊉可
㊋可

く一般書も所蔵する。

事業――――――

常設展示は、旧石器時代―江戸時代にかけて新宿の地下に埋もれていた文物を紹介したり、中世、江戸期のくらし、内藤新宿宿場の復原模型、夏目漱石、小泉八雲、坪内逍遥、林芙美子ら新宿を舞台に活躍した文学者の資料などの展示や、昭和初期の新宿のにぎわいなどといったテーマで行われている。現物資料として再現された「文化住宅」、実物大の市電の模型、発掘されたナウマン象の臼歯など珍しいものも多い。なお、一部資料の利用については事前連絡が必要。

定期刊行物――――――

「新宿歴史博物館研究紀要」「新宿歴史博物館報」がある。

総務庁統計図書館

沿革

同館は、明治一四年五月、太政官統計院の第九課に「書籍掛」が新設されたのに始まる。その後数次の変遷を経て、昭和五九年七月、総務庁の発足に伴い現在の名称となった。同館は、統計の専門図書館として統計に関する図書、資料類を主体に収集を行っている。大正一三年からは広く国民一般の統計利用者への図書資料を公開している。また、昭和二一年三月からは統計相談部門を設け、統計に関する種々の相談を含めたレファレンス業務を開始しており、同館の大きな特色となっている。なお、平成一三年一月から省庁改革施行法の再編によって「総務省統計図書館」となる。ちなみに、統計局創設一二〇年にあたる平成三年一〇月一八日、「統計の日」に「統計資料館」が開設された。館内には、わが国の統計の歴史や統計古資料、第一回国勢調査関係資料・集計機器などを展示してある。

蔵書

明治四年太政官政表課創設以来、内外の統計資料を主体として収集し蓄積してきた。和書は、太政官時代の和装本を中心とした「統計古資料」(明治初期の統計書)や明治初期からの中央各省庁、都道府県、市町村及び旧外地の統計資料類から構成されている。また、洋書では、一八九〇年代以降の、欧米を中心に世界一一〇か国以上の統計年鑑、人口センサス等の統計資料や国際機関の各種統計資料が中心となっている。蔵書数は、和図書約一

㊟〒162―8668　新宿区若松町一九―一(総務庁第二庁舎一階)
㊫〇三―五二七三―一一三三(統計相談室は〇三―五二七三―一一三三)
Ⓕ〇三―三二〇三―八二六七
Ⓗhttp://www.stat.go.jp/
㊛JR新大久保駅歩一五分、または地下鉄東西線早稲田駅歩一五分
㊐午前九時一五分～午後四時四五分
㊡土曜、日曜、祝日
㊓可

二万冊、洋図書約七万冊、和雑誌約七万一〇〇〇冊、洋雑誌約三万冊にのぼる。

コレクション――――

明治初期の統計書　明治初期の各種統計書、調査報告書、統計学書、記録文書などで、「統計古資料」と呼ばれている。その中で代表的なものとして「辛未政表」（明治四年辛未）がある。太政官が編纂した我が国初めての統計総合統計書であり、明治四年（辛未）現在の官員の族籍、官禄月給、諸費用等を収載するのにとどまっているが、現在の統計年鑑の基になる資料として重要な意義をもっている。翌五年は「壬申」の年であったので「壬申政表」を刊行。その後は全国人員、男女、出生、死亡、年齢、海外貿易、教育などを加えた内容を充実させた「日本政表」が明治六年から一一年まで毎年刊行された。『甲斐国現在人別調』（明治一二）は、現在実施されている全国規模の人口センサスに先立って、杉亨二が立案計画して試験的に甲斐国で実施した人口調査の結果をまとめたもので、明治前期の唯一の近代的調査の記録とされている。『全国県分戸籍表』（明治五年調）は明治以後の人口統計中最古の原表。ほかに東京第一国立銀行編集「東京物価表」（明治一三～一六年）、西南戦争で新政府側の戦費をまとめた『九州地方賊徒征討費決算報告』（明治一三年）などがあり、その数は約一三〇〇冊にのぼる。内容は『統計関係古資料目録（邦文の部）』（昭一三）に詳しい。

日本統計年鑑　我が国の基本的な総合年次統計で、明治一五年に創刊された「日本帝国統計年鑑」。戦時中中断したが、昭和二四年に「日本統計年鑑」と改題して復刊し、現在継続刊行中のもの。

各都道府県統計書　各都道府県が刊行している統計書。全都道府県にわたって創刊号から、ほぼ完全に収集されている。

刊行書誌――『総理府統計局主要統計解題および刊行統計資料目録』（昭三八）、『総理府統計局刊行資料総目録』（昭四一）、『総理府統計局図書館蔵書目録　和書の部』（昭四七）、『同　増補改訂版』和書の部、洋書の部、著者名索引（昭四八～昭五二）、「増加図書年報」（昭和二四年創刊～）、『総理府統計局図書館都道府県統計書目録』（昭五六）、『総理府統計局図書館マイクロフィルム目録　昭和五四年三月現在』（昭五四）、『総務庁統計局刊行物一覧』（年刊）。そのほかに、「新着資料速報」（月二回発行）、総務庁統計図書館「利用のご案内」等多数。

秩父宮記念スポーツ博物館（図書館）

沿革

秩父宮雍仁親王殿下のスポーツ界に対する功績を記念して、展示室、図書館等の施設を備えた秩父宮記念スポーツ博物館を、昭和三四年一月、㈶秩父宮記念館、日本体育協会が国立競技場と協力して設立した。日本のスポーツ記念資料を収集、展示する一方、体育・スポーツ関係文献を収蔵して閲覧に供して、体育の普及、振興に役立っている。

収蔵品

展示室には「秩父宮遺品室」をはじめ、オリンピック、アジア大会、明治神宮大会、国民体育大会などをその記念品、メダル、写真等で解説している。

図書館は、日本で唯一のスポーツ専門図書館として、体育・スポーツ関係資料の保存をはかり、永く後世に伝えようという趣意のもとに、昭和三四年四月に開館した。蔵書数は和図書約二万一〇〇〇冊、洋図書二〇〇〇冊、和雑誌二二〇種、洋雑誌五〇種、和洋新聞五種。特殊資料が約二万～三万点ある。図書の中には一九〇〇年刊『内外遊戯全書』の貴重書も含まれている。特色ある資料としては、東京オリンピック関係資料、各スポーツ団体の機関紙（誌）・パンフレット、団体史、スポーツ用品などの業界が発行する新聞などがある。なお、ほかにスポーツ雑誌のバックナンバーを揃えてあり特色となっている。同館蔵書には、蔵書印のかわりに蔵書票を用いている。山好きであった故秩父宮にちなんで、

㊟〒160―0013
新宿区霞ヶ丘町一〇
㊫〇三―三四〇三―一一五一
Ⓕ〇三―三四〇三―七七六四
Ⓗhttp://www.ntgk.go.jp
㊋ＪＲ中央線千駄ヶ谷駅歩五分、または地下鉄銀座線外苑前駅歩一〇分
㊊午前一〇時～午後五時（第一、三、五　土曜は正午まで）
㊡第二、四土曜、日曜、祝日
㊇有料
㊎限定
㊌なし

宮家の紋章に山とピッケルをあしらったユニークなデザインとなっている。

刊行書誌――

『秩父宮記念スポーツ図書館蔵書目録』（昭三四〜三九）。

㈳著作権情報センター

沿革

昭和三四年著作権資料研究所として設立。同三六年社団法人著作権資料協会の設立許可を得て、平成四年著作権情報センターと改称。同九年資料室を開設した。著作権思想の普及のために、講演会、セミナー、研修会などの開催や、国内外の著作権に関する情報収集と出版物刊行などの活動をおこなっている。

資料室には著作権審議会の報告書をはじめ、著作権関連文献五〇〇〇冊を所蔵。インターネット上での蔵書検索も可能である。

刊行物

『市民のための著作権講座講演録』（平一二）、『著作権ハンドブック』（同）、『著作権法逐条講義』（同）、『著作権法百年史』（同）、『著作物の利用と著作権制度』（同）など多数。

㊟〒163―1411
新宿区西新宿三―二〇―二
東京オペラシティタワー一一階
㊊〇三―五三五三―六九二一
Ⓕ〇三―五三五三―六九二〇
Ⓗhttp://www.cric.or.jp/plofile/main.html
㊋京王新線初台駅下車徒歩一分
㊐午前一〇時～午後五時
㊡土・日曜・祝日
㊢可　要身分証明書
㊣可

都民情報ルーム

沿革

平成三年四月、新宿新都庁舎内に開設した。都民情報ルームは、都民の都政や東京に関する多様な情報ニーズに応えるため、都政の各分野にわたる幅ひろい情報を印刷物や写真、ビデオ、OA機器等で提供している。主業務として、都政刊行物と区市町村・国及び地方自治体刊行物の閲覧・貸出し、都刊行物の販売、公文書開示請求の案内・相談・受付、個人情報の開示・訂正請求の案内・受付、都が保有しているデータベースによる情報提供、都政関係の記録写真・映画・ビデオ等の視聴・貸出しがある。主設備として、資料閲覧コーナー、資料閲覧席、刊行物販売コーナー、データー検索コーナー、映像コーナーがあり、ほかに文字多重放送の端末機を設置する。所蔵資料数は、図書三万六八〇〇冊、雑誌四〇〇種等を所蔵している。

収蔵資料

東京都が発刊する都政資料を中心に、都内の区市町村および政府・道府県の資料を展示している。刊行物・広報紙誌・ヴィデオ・フィルム・その他（地図など）に大別。さらに各々の中を業務別に五～二五位に分類し整理されてある。東京の歴史に関しては、『東京府資料』（一～五、昭三四～六）、『東京百年史』（全七）、「都史紀要」（一～三二）など。公害問題については、都公害研究所の「年報」「年史」と各調査報告書。社会福祉方面で

㊟〒163―0023
新宿区西新宿二―八―一
（都庁第一庁舎三階）
㊫〇三―五三八八―二二七五
Ⓕ〇三―五三八八―一二二四
㊕ＪＲ山手線新宿駅歩一〇分、または都営地下鉄大江戸線都庁前
㊎午前九時～午後五時
㊡土曜、日曜、祝日
㊓可
㊥可（一枚二〇円）

は、「統計年報」(昭五五〜)、「事業概要」、「社会福祉施設調査報告」(一九号〜)。山谷対策の資料など。概してこの分野は手薄のようだ。都議会については、『議会史』(一〜六巻、一二冊)、特別区・市町村の部では、各区史・市町村史が揃っている。このほかに、古い資料では、「東京市一五区区分地図」「東京府管内全図」「東京府一五区全図」などを所蔵する(複製)。

刊行物――――――

「資料もくろく」(年刊)、「有償刊行物の図書目録」(年四回刊)。

東京都議会図書館

沿革

昭和一八年七月、都制施行に伴い、東京市会事務局の図書室を受け継いだが、戦災で焼失し、一時閉室（昭和二〇年三月）。同二二年一〇月に再開設した。昭和二四年四月条例制定に伴い図書館となり、現在に及んでいる。都議会議員の調査、研究のための図書館サービスを行っている。

蔵書

図書・資料六万五〇〇〇冊、雑誌九〇種、新聞九紙。都議会本会議の議事録、都議会各種委員会の議事録、東京都の刊行物、官報、公報、国会議事録、地方自治関係の資料。ほかに法律経済、財政、労働各分野の図書資料をもっている。なお利用に関しては、議員の調査研究のための図書館であるために制限がある。本会議開会以外の日には一般の利用は可。（一二〇席）

鈴木文庫

元市会議員鈴木堅次郎の収集した会議録など。

刊行物

『東京都議会図書館図書目録』第二四（昭四六・四・一〜四七・三・三一）〜三九号（昭六一・四・一〜六二・三・三一）一六冊（年次目録）、「図書館月報」（昭和四五年五月創

㊟〒163―0023
新宿区西新宿二―八―一
㊫〇三―五三二一―一一一一
（内五三六〇）
Ⓕ〇三―五三八八―一七七三
㊡JR山手線新宿駅歩一〇分
㊎午前九時〜午後五時
㊡土曜、日曜、祝日、毎月二五日、定例会開催中
㊖限定
㊕不可

刊、月刊)、「地方自治関係新聞記事索引」(昭和三三年七月創刊、月刊)、「地方自治関係雑誌記事索引」(昭和三三年七月創刊、年四回刊、当館備付雑誌七九種から採録)、「図書館のあらまし」(昭和二七年一二月創刊、年刊)、「近着図書ニュース」(昭和四六年七月創刊、月刊)等がある。

㈶東京都公園協会・緑と水の市民カレッジ緑の資料室

沿革

都立戸山公園内の一角に昭和六二年、緑に関する情報センターとなることを目指して、神代植物公園に設置されている「緑の相談所」、あるいは日比谷公園内の「公園資料館」をさらに発展させる形で、都営の「東京都緑の図書室」を開室したが、平成一二年三月末日で業務を終了した。つづいて同四月一日、現在の名称に改め、㈶東京都公園協会が業務を継承し、運営している。一般公共図書館とは異なり、都市公園の教養施設として位置づけられ、緑に関する日本ではじめての専門図書館。二階が「資料室」で、図書閲覧を行っている。環境問題に対する関心の高まりと供に、ここ数年利用者は増加しているという。

蔵書

対象分野は植物、園芸、都市公園、自然公園、庭園等を中心とし、都市計画、環境、動物及びこれら周辺関連分野である。ほか、明治時代からの公園・庭園の図面を収蔵している。蔵書数は日本語二万五〇〇〇冊、洋書七〇〇冊、雑誌二三六種、図面一万七八八二点（平成一〇年度末現在）を数える。図書の分類は当室独自のもので、蔵書は原則として開架式になっており利用しやすい。

コレクション

針ヶ谷文庫　造園史の基礎となる図書が多く含まれている。内容は『東京都緑の図書室

㊟〒169―0072
新宿区大久保三―五―一
（戸山公園内）
㊢〇三―五五三三―一三四六
㊮ＪＲ高田馬場駅下車歩一二分
㊠午前九時～午後五時
㊡土曜、日曜、祝日
㊫可
㊩不可
㊗可

針ヶ谷文庫目録』(平一)、『同 追録』(平二) に詳しい。

祖庭長岡安平翁遺品 東京市の公園事業に多くの足跡を残した長岡安平の遺品関係。内容は『東京都緑の図書室祖庭長岡安平翁遺品目録』(平三) に詳しい。

刊行書誌――

『東京都緑の室蔵書目録図書の部』その一~その二 (平三)、『東京都緑の図書室蔵書目録平成九年三月末現在 追録』(平九)、『同 平成一〇年三月末現在 追録』(平一〇)、『東京都緑の図書室蔵書目録図面の部』(平三)、『同 追録』(平五) 等。

定期刊行物――

「グリーナリー」(季刊、別標題・緑の図書室だより)、「都市公園 (City Parks)」(季刊)。

日本点字図書館

沿革

現理事長本間一夫が昭和一五年、豊島区雑司が谷の二階建ての借家で、七〇〇冊の点字図書からはじめた日本盲人図書館が前身で、翌一六年には現在の高田馬場に移り、昭和二三年に日本点字図書館に改称。平成一〇年に新館が完成した。図書館創立の経緯については『指と耳で読む』本間一夫著 岩波新書（昭五五）に詳しい。

蔵書

蔵書は点字図書一六万冊と録音図書四三万冊で、点字図書は一般書店で手に入らないため、図書館自ら点字図書も作成している。さらには点訳等ボランティアの養成をも行っている。利用方法は郵便方式をとっており、登録者数は海外在住者も含め一万人以上にのぼる。

このほか、中途失明者のための点字教室、相談や情報提供、用具事業部では各種盲人用具の開発、販売、斡旋をしている。また平成五年からアジア盲人図書館間協力事業を始め、アジアの盲学校職員等にパソコンによる点訳技術指導を行っている。

運営経費の約三割が個人からの寄付によって支えられており、企業に「ワンブック・プレゼント運動」を呼びかけたり、書き損じはがきの収集「愛のポスト・カード運動」や、チャリティーコンサートを開催している。

㊟〒169―8586 新宿区高田馬場一―二三―四
㊫〇三―三二〇九―〇二四一
Ⓕ〇三―三二〇四―五六四一
Ⓗhttp://www.nittento.or.jp/
㊌JR山手線、西武新宿線高田馬場駅下車徒歩四分、地下鉄東西線高田馬場駅下車徒歩五分
㊐午前九時〜午後五時
㊡日曜・祝日・八月の土曜
㊓登録制 視覚障害者のみ
㊢不可

蔵書目録は点字図書目録は点字版、録音図書目録は活字版・録音版・点字版がある。新製作図書は「点字ニュース」「テープ・ニュース」(年六回)に掲載される。

刊行物――

『視聴障害関係図書・資料目録』(昭五六・五八年)『都内各図書館視聴障害者用図書(点字図書・録音図書)目録』(昭五九~平一一、年刊)『録音図書目録』(昭五六、六二、平五)『点訳のしおり』(平一〇)

俳句文学館

概要

昭和三六年俳人協会が発足。現代の句集、雑誌を完全に後世に遺す、過去の資料の収集、調査、研究をする、俳句の普及の場を提供するなどの目的のため、昭和五一年俳句文学館を設立した。国内だけでなく、国外の俳句団体や個人との交流や俳誌、俳書の収集も行っており、外国人来館者も増加している。蔵書は寄贈図書が多く、句集三万七〇〇〇冊、俳誌二一万四〇〇〇冊、歳時記、事典など基本図書が一〇〇〇冊ある。明治三〇年創刊の「ホトトギス」、碧梧桐の「碧」、水原秋櫻子の「馬酔木」、松根東洋城の「渋柿」などはほぼ全号がそろっており、高浜虚子、水原秋櫻子などの色紙、短冊などの作品も多数所蔵している。書庫は閉架式で、資料の検索はカード検索による。書名、著者名、序・跋文から検索でき、レファレンスや複写サービスも行っている。

刊行物

『俳句文学館蔵書目録』(昭五三)『俳句文学館蔵書目録 追補』(昭五五)『俳句文学館蔵書目録 三』(昭五八)『俳句文学館蔵書目録 四』(昭六三) 機関紙「俳句文学館」(月刊)

㊟〒169―8521
新宿区百人町三―二八―一〇
㊔〇三―三三六七―六六二一
Ⓕ〇三―三三六七―六六五六
㊋JR中央線大久保駅下車徒歩五分、JR山手線新大久保駅下車徒歩一〇分
㊐午前一一時～午後四時
㊡水・木曜
㊕一〇〇円
㊜可

ブリティッシュ・カウンシル情報センター

沿革

ブリティッシュ・カウンシルは英国王室憲章に基づいて、一九三四年に設置された非営利団体で、文化、教育、科学、技術分野における諸外国との永続的な協力関係を促進し、英国に関する理解を深める目的で英国政府の援助を受け、世界約一〇〇カ国にセンターを置いている。日本では昭和二八年に東京事務所が開設された。

蔵書

情報センターでは英国に関する基本情報をはじめ、英国留学、英会話学習などの最新情報も提供している。資料は図書、新聞、雑誌のほか視聴覚資料も揃っている。会員制度（年会費四〇〇〇円）もある。

㊟〒162―0825 新宿区神楽坂一―二
㊫〇三―三二三五―八〇三一
Ⓕ〇三―三二三五―五四七七
Ⓗhttp://www.uknow.or.jp/bc/fs-wap.htm
㊇JR総武線・地下鉄有楽町線・南北線・東西線飯田橋駅下車徒歩三分
㊊午前一一時〜午後八時（土曜午前一〇時〜午後五時）
㊡日曜・祝日
㊒可
㊝可（英国著作権の範囲）

防衛庁図書館

沿革

昭和二九年三月、保安庁総務課に「図書室」を設置。同七月保安庁は防衛庁と改称。昭和三一年三月、霞ヶ関新庁舎への移転と共に、陸上幕僚監部総務課図書室及び航空幕僚監部の図書を統合し防衛庁図書館となった。同三五年一月港区赤坂に移転、さらに、平成一二年四月、現在地に移転開始し、同五月八日に再館した。国防軍事に関する専門図書館として、該分野における内外の図書・資料を中心として収集し、庁内職員の業務の参考に供している。原則として一般には非公開であるが、防衛庁において国防軍事（旧軍及び戦史等）についての図書資料の一般公開は、防衛庁防衛研究所図書館（別掲）で実施している。なお、省庁改革法によって、防衛施設庁図書館の防衛庁図書館への統合は、二〇〇〇年四月一日付で施行された。

蔵書

防衛行政事務に必要な参考資料として、軍事行政、国防史、戦略、戦術、軍人伝記、戦記の図書資料を主体に収集管理している。蔵書数は和図書六万五〇〇〇冊、洋図書八〇〇〇冊、和雑誌一七〇種、洋雑誌二〇種を数える。

コレクション

戦史叢書（一〇二冊、防衛庁防衛研究所著作）、旧軍の記録映画（ビデオ、一二二巻）、外

㊟〒162―0845
新宿区市谷本村町五―一
㊫〇三―五三六六―三一一一
（代表）
㊋JR・地下鉄市ヶ谷駅から
歩一五分
㊕午前九時～午後五時
㊡土曜、日曜、祝日
㊒限定（防衛庁職員、館長が
特に許可した者。「国立国
会図書館資料相互貸出票」
持参した各省庁職員）
㊭可（一人一〇枚まで）

国軍事関係図書（「ジェーン航空機年鑑」「ジェーン軍艦年鑑」「ミリタリー・バランス」「シプリ年鑑」等）

刊行書誌──

『防衛庁図書総合目録』昭和三一、三三年度（昭和三一、三三）、「防衛庁図書目録」（年刊）、「新著図書案内」（月間）等

宮城道雄記念館

沿革

筝曲家、作曲家・宮城道雄（一八九四〜一九五六）は、九歳の時の失明により筝曲の道に入り、大正九年（一九二〇）吉田晴風、本居長世らと、邦楽と洋楽の手法をとりいれた音楽活動「新日本音楽」を開始。昭和四年（一九二九）作曲の「春の海」は、彼の代表作である。また、新楽器の開発も手がけ、二階展示室には考案楽器をはじめ遺品二〇〇点が展示してある。

蔵書

資料室では三曲（筝曲、地歌、尺八楽）関係資料を網羅的に収集しており、日本音楽に関する図書三〇〇〇冊、楽譜三〇〇〇点、録音資料三〇〇〇点を所蔵している。ほかに吉川英史旧蔵の三曲関係資料、藤田久太郎旧蔵の斗南文庫がある。

出版物

「宮城道雄記念館館報」（年刊）『宮城道雄の世界』（平五）『地歌、筝曲の免状展目録』（平六）『宮城道雄記念館蔵 吉川文庫目録』（平九）

㊟〒162―0835
新宿区中町三五
㊒〇三―三二六九―〇二〇八
Ⓕ〇三―三二六〇―〇七二〇
㊌JR総武線・地下鉄有楽町線飯田橋駅下車徒歩一〇分
㊐午前一〇時三〇分〜午後四時三〇分（正午〜午後一時休）
㊡月・火曜・第二、四、五日曜・祝日
㊫可　入館料四〇〇円
㊑可

早稲田大学坪内博士記念演劇博物館図書室

沿革

関東大震災後に坪内逍遥（一八五九〜一九三五）から寄贈された、シェークスピア関係の洋書一万冊、和漢の演劇書五〇〇〇冊、錦絵・浮世絵などの古書画二万枚を基に、逍遥の古稀と『シェイクスピア全集』全四〇巻の翻訳刊行完成を記念して、昭和三年に開館した。建物はシェークスピア時代のフォーチュン座を模したもので、正面の舞台では時折にシェークスピア劇の上演もされている。演劇資料を収集・展示する博物館と図書館機能を併せもった施設としては世界で唯一である。

蔵書数は一二万七〇〇〇冊、うち洋書二万五〇〇〇冊、継続受入和雑誌一四八種、同外国雑誌三二種で、シェークスピア関係はもとより、歌舞伎・能・狂言など我国の古典演劇・芸能、映画シナリオ・台本類が充実している。

コレクション

伊原文庫　歌舞伎史家伊原敏郎（一八七〇〜一九四一）旧蔵の、歌舞伎年表稿本・脚本、芝居番付、狂言本など六〇〇〇点。

河竹文庫　歌舞伎脚本一万点。

川上文庫　明治時代の新劇派俳優川上音二郎（一八六四〜一九一一）貞奴（一八七二〜一九四六）夫妻の使用台本六四種。他に、端場もの一五種、劇梗概数種、音二郎・貞奴の

㊟〒169―8050
新宿区西早稲田一―六―一
㊨〇三―三二〇四―三三四六
Ⓕ〇三―五二七三―四三九八
Ⓗhttp://www.waseda.ac.jp/enpaku/index-j.html
㊛ＪＲ山手線ほか鉄道各線の高田馬場駅より早稲田大学正門行バス。営団地下鉄東西線早稲田駅より徒歩七分
㊕和漢書は午前一〇時〜午後五時（火・金曜は午後七時まで）洋書・貴重書は午前一〇時〜午後五時（土曜は午後〇時三〇分まで。日曜は休室）ＡＶブースは午後一時三〇分〜四時（土・日曜は閉室）
㊡連休となる日曜、祝日
㊓無料公開

書抜、一座の興行成績報告書などがある。

ポール・グリーン文庫　ノース・カロライナ大学教授で劇作家のPaul Green（一八九四～一九八一）から贈られた四七一冊の演劇書で、グリーンの演劇書一一冊をはじめ、ユージン・オニール、テネシー・ウイリアムズ、アーサー・ミラーらの作品、『ベスト・プレイズ年鑑』の一八九九～一九五〇年までの揃い、演劇史、評論・理論書など。グリーンは一九五一年に来日し、同館に戦争の空白で外国の演劇書が少ないことに同情して寄贈した。

安田文庫　安田財閥の創設者で、能楽資料の収集家としても知られた安田善次郎（一八三八～一九二一）の旧蔵書で、能楽資料三七〇〇冊のほか、芝居役者評判記七〇〇冊、六合新三郎旧蔵の長唄合本九〇冊、歌舞伎台本七〇〇冊。能楽資料には、世阿弥『花鏡』の明和五年（一七六八）の写本、古活字版の光悦謡本などが含まれる。

刊行書誌――

『演劇博物館所蔵浄瑠璃本目録　付早稲田大学図書館所蔵浄瑠璃本目録』（昭四三）、『演劇博物館図録　第一～二集』（昭四八、五三）。『演劇博物館五十年―昭和の演劇とともに』（昭五三）。『二世豊澤新左衛門朱入り浄瑠璃本目録』（昭五九）。図録『歌舞伎絵馬』（昭六一）は芸能絵馬文献目録、芸能絵馬所在目録を併載。『演劇博物館資料ものがたり』（昭六三、早稲田大学出版部）

早稲田大学図書館

沿革

明治一五年に大隈重信が小野梓に諮り、高田早苗らの助力を得て設立した東京専門学校を母体とし、同三五年に早稲田大学と改称した。政治経済、法学、第一文学、第二文学、教育学、商学、理工学、社会科学、人間科学の九学部からなり、文学部は新宿区戸山キャンパス、理工学部は同大久保キャンパス、人間科学部は埼玉県所沢キャンパスに置かれている。図書館は東京専門学校の設立と同時に図書館として開設された。現在は創立百周年記念事業の一環として平成三年に新築された中央図書館をセンター館とし、戸山、理工学館、所沢、高田早苗記念の各図書館と戸山分館、その他各学部教員図書室など二六の部局で構成される。蔵書数は一九五万八〇〇〇冊、うち洋書六二万三〇〇〇冊、継続受入和雑誌四三四五種、同外国雑誌一七四七種。図書館の歴史とコレクション等は『早稲田大学図書館史—資料と写真で見る一〇〇年』(平二)に詳しい。

コレクション

会津文庫　元教授で美術史家、歌人、書家会津八一（一八八一～一九五六）の旧蔵書で、戦後に収集した(戦前収集の蔵書は焼失)書画、金石、建築など美術関係、仏教、歴史学の和書五九二一冊。『会津文庫目録（早稲田大学図書館文庫目録　第三輯）』(昭三七)。

伊地知鐵男文庫　元教授伊地知鐵男（一九〇八～九八）が収集した連歌資料コレクショ

㊟〒169‐8050
新宿区西早稲田一‐六‐一
㊢〇三‐三二〇三‐四一四一
Ⓕ〇三‐五二七二‐二〇六一
Ⓗhttp://www.wul.waseda.ac.jp

㊡JR山手線ほか鉄道各線の高田馬場駅より早稲田大学正門行バス。営団地下鉄東西線早稲田駅より徒歩五分
㊫午前九時～午後九時（日曜は午前一〇時～午後五時。学外者の受付時間は月～金の午前九時～午後六時三〇分）
㊙限定
㊥可

ンで、室町時代の連歌師飯尾宗祇（一四二一〜一五〇二）をはじめ、心敬、宗牧、兼載などの連歌書の原本と写本、肖柏、実隆、紹巴の書状、智仁親王の自筆本など一一二二点（明治以後の刊本、複製・影印本二四七冊を含む）。『伊地知鐵男文庫目録（早稲田大学図書館文庫目録　第一五輯）』（平四）。

今井卓爾文庫　名誉教授で平安朝日記文学の研究者今井卓爾（一九〇九〜九七）が収集した近代日本詩歌書のコレクション一〇七九点。自身のコレクションにもとづく、今井の『明治・大正詩歌書影手帳』（昭五四、早稲田大学出版部）はこの分野の書誌的研究書として高い評価を得ている。『今井卓爾文庫目録』（平成一二）

入江文庫　元客員教授で国際法学者、ジャーナリスト入江啓四郎（一九〇三〜七八）の旧蔵書で、国際法を中心に、歴史、外交、政治、経済の和漢書・中国文図書四三七三冊、洋書三四七三冊、雑誌二五種、論文抜刷四四点、論文掲載誌三二八点。『入江文庫目録（早稲田大学図書館文庫目録　第一〇輯）』（昭六二）。

大隈文書　大学の創設者大隈重信（一八三八〜一九二二）の旧蔵書で、生前に関わった官庁関係、内外諸家からの書簡など一万二一七九点（官公庁関係文書五一〇〇部、和文書簡五五〇〇部、欧文・報告等一〇〇〇部）。大正一一年と昭和二四年の二回に分けて寄贈されたものであるが、大学は昭和二五年にこの文書整理のため大隈研究室（後の社会科学研究所）を設置し、整理後に図書館に移管した。『大隈文書目録、同補遺（早稲田大学図書館和漢書分類目録　特刊一、同追冊）』（昭二七、五〇）。マイクロフィルム版『早稲田

大学所蔵大隈文書　一〜一八六、補遺』（雄松堂フィルム出版、昭五二）がある。

荻野研究室収集文書　元教授・図書館長で、日本史学者、日本古文書学会創設者荻野三七彦（一九〇四〜九二）が教材用に収集した日本各時代の標本となる各種の古文書一一一七点で、昭和四九年に文学部から移管された。『早稲田大学所蔵荻野研究室収集文書　上、下巻』（吉川弘文館、昭五三、五五）、『早稲田大学蔵資料影印叢書古文書集』に収録。

小倉文庫　明治から昭和期の数学家、数学史家小倉金之助（一八八五〜一九六二）の旧蔵書で、わが国および中国の算学書一二六〇部三〇五〇冊（うち洋書四八冊）。和算書の『塵劫記』は各版が揃っている。『小倉文庫目録（早稲田大学図書館和漢書分類目録　特刊之二）』（昭三二）、「小倉文庫目録補遺」（「早稲田大学図書館月報」第二四九号、昭五六）。

ガウ文庫　元ケンブリッジ大学教授 A.S.F.Gow（一八八六〜一九七八）の旧蔵書で、テオクリトスを中心とする詩文学に関わるテキストを主体に、ホメロス、ヘシオドスや古典期の悲劇・喜劇詩人のテキストなどギリシャ、ラテン文学関係の洋書二〇五二冊。『GOW文庫目録（早稲田大学図書館文庫目録　第九輯）』（昭五六）。

衣笠詩文庫　ミツワ石鹸丸見屋元副社長、日本広告会理事長衣笠静夫（一八九五〜一九六二）の旧蔵書で、明治から昭和にわたる詩集、詩書四五〇六部四九〇六冊（うち洋書四七冊）。『衣笠詩文庫目録（早稲田大学図書館文庫目録　第五輯）』（昭三八）。

教林文庫　滋賀県の元天台宗教林坊の旧蔵書。住職辻井徳順（一八六四〜一九五二）の収集になる。天台宗関係書一九〇二冊。「早稲田大学図書館蔵教林文庫目録稿」（「国文学研究資料館文献調査研究報告」第六号収載）。

久保田文庫　元教授で経済学者、経済史学会初代代表幹事、日仏経済学会会長久保田明光（一八九七～一九七二）の旧蔵書で、西欧経済史、経済学史の洋書一五〇八部一八一一冊。なお、和書は大学院経済学研究科に収蔵されている。『久保田文庫目録（早稲田大学図書館文庫目録　第七輯）』（昭五二）。

小寺文庫　校友で神戸市の実業家、衆議院議員、神戸市長小寺謙吉（一八七七～一九四九）が、大正一二年から昭和二一年の二〇余年間にわたって寄贈した、社会科学の洋書三万六五七〇冊。『早稲田大学図書館洋書目録　第三～五編』（昭一四～四〇）に収録。

ゴルドン文庫　名誉講師で東洋研究、仏教・景教研究家 Elizabeth A.Gordon（一八五一～一九二五）の旧蔵書で、仏教書、経典、画像などの洋書一二七九部一四八五冊、五八六点。明治四一年から数次にわたって寄贈されたもの。『早稲田大学図書館洋書目録　第一～二編』（大正一一、昭一〇）と『早稲田大学図書館和漢書分類目録　宗教之部』（昭一五）に収録。

清水文庫　元教授で東洋史学者清水泰次（一八九〇～一九六〇）の旧蔵書で、東洋史、中国関係図書一二四部一二八三冊。『津田文庫・清水文庫目録（早稲田大学図書館文庫目録　第四輯）』（昭三七）。

下村文庫　校友で京都大丸呉服店主下村正太郎（一八五三～八九）が明治四四年に同家伝来の漢籍を寄贈したもので、明版史書類を中心に、哲学、文学九三部一八四六冊。『早

稲田大学図書館和漢書分類目録　総類之部』（昭一一）に収録。

逍遥文庫　元教授で評論家、小説家、英文学者坪内逍遥（一八五九〜一九三五）の旧蔵書のうち、演劇と地誌関係を除く六三八八冊（うち洋書一二七五冊、和雑誌六九部一九二冊、同外国雑誌二部二冊）で、昭和二四年に国劇向上会から寄贈されたもの。なお、演劇関係は演劇博物館に、伊豆・駿河・相模関係の地誌は熱海市立図書館が収蔵する。

杉捷夫文庫　東京大学名誉教授、元東京都立日比谷図書館長で仏文学者、日本フランス語フランス文学会会長の杉捷夫（一九〇四〜九〇）から寄贈されたフランス文学、言語学関係資料一万八〇〇〇冊に、ソルボンヌ大学教授ルベック収集の文学書、ストラスブール大学教授インブス収集の言語学資料を含む。現在整理中であるが、仮目録がある。

千厓文庫　元教授・副館長加藤諄（一九〇七〜）の旧蔵書で、金石文とくに仏足石、古鐘銘についての研究資料をはじめ、韻鏡など文字音韻関係、書道史、聖徳太子関係、奈良など各地の社寺名所図絵・縁起など四五〇〇点。同氏手拓の拓本は会津記念東洋美術陳列室に収蔵されている。『千厓文庫目録（早稲田大学図書館文庫目録　第一六輯）』（平七）。

艸翁文庫　元教授、副館長で西洋経済史学者、社会経済史学会代表小松芳喬（一九〇六〜）から、昭和四一年以降継続的に寄贈されている英国経済史を中心とした経済学、経済史学、歴史学関係の洋書で、現在までに三〇〇〇冊を超えている。『艸翁文庫目録（早稲田大学図書館文庫目録　予備版）』（昭五一）と「艸翁文庫目録予備版」（『早稲田大学図書館史』、平二）。

津田文庫　元教授で大正・昭和期の歴史学者津田左右吉（一八七三〜一九六一）の旧蔵書で、歴史、文学の和・洋書、雑誌二四五七部一万三七五冊（うち洋書七四八冊）。このうち、草稿とメモ類は「津田左右吉伝記資料」として別置している。『津田文庫・清水文庫目録（早稲田大学図書館文庫目録　第四輯）』（昭三七）。

土岐文庫　元講師で、明治から昭和期の歌人、国文学者土岐善麿（一八八五〜一九八〇）の旧蔵資料で、近代詩歌関係の図書、雑誌、書幅六五三七冊（うち洋書七三冊）。

中村俊定文庫　元教授中村俊定（一九〇〇〜八四）の旧蔵書で、江戸時代の連歌、初期の貞門から近世後期までの俳諧の版本、松江重頼、建部綾足、大島蓼太関係資料、七部集資料など一四三二冊。中村氏の手写になる稀覯書の写本も含まれる。『中村俊定文庫目録（早稲田大学図書館文庫目録　第一四輯）』（平二）。

中村進午文庫　元教授で明治・大正期の国際法学者中村進午（一八七〇〜一九三九）の旧蔵書で、江戸時代後期の版本八三五九冊。昭和一四年に法学部に寄贈され、戦後になって図書館に移管されたもの。

西垣文庫　広告事業家、元日本新聞資料協会会長の西垣武一（一九〇一〜六七）が収集した新聞関係資料で、明治から昭和にわたる新聞、ジャーナリズム関係の和洋図書六七一二冊、和同外国雑誌五七七種、和洋新聞一二九種、江戸時代の引札、錦絵などの一枚物四七九二点、貼込帖九四点、軸物・看板六五点。『西垣文庫目録（早稲田大学図書館文庫目録　第一一輯）』（昭六一）、『幕末・明治のメディア展―新聞・錦絵・引札』（昭六二）に収録。

寧斎文庫　明治時代の漢詩人野口寧斎（通称一太郎、一八六七〜一九〇五）の旧蔵書で、清朝の詩文集、書画、金石、史伝、地誌など多岐にわたる漢籍六三五部五一五九冊。『早稲田大学図書館和漢書分類目録　総類之部』（昭一一）に収録。

服部文庫　江戸中期の儒学者服部南郭（一六八三〜一七五九）以下五代一五〇年にわたる歴代の家伝図書資料。漢詩文・経学の版本・写本、歴代著書、幕末維新期の世上風説書、寛政から明治まで書き継がれた日記など二二一一部七九一七冊。昭和二〇年に講師で遺族の服部元文氏から寄贈された。『服部文庫目録（早稲田大学図書館文庫目録　第八輯）』（昭五九）。

花房文庫　明治・大正期の統計学者で、初代内閣統計局長として第一回の国勢調査を実施するなど政府統計行政の立役者である花房直三郎（一八五七〜一九二一）の旧蔵書で、内外の統計書、各種官庁統計資料一三九九部四二四八冊（うち洋書二八六部六〇三冊）。『早稲田大学図書館和漢書分類目録　総類之部』（昭一一）に収録。

原田織維文庫　校友で大日本紡績会社監査役、南興物産会長原田忠雄の旧蔵書で、紡績、織維関係図書一五九六部二二五九冊（うち洋書五〇七冊）。昭和一八年に商学部に寄贈され、戦後になって図書館に移管されたもの。『原田織維文庫目録（早稲田大学図書館文庫目録　第六輯）』（昭五〇）。

風陵文庫　中国文学者で元教授澤田瑞穂（一九一二〜）が、戦前に中国で収集した中国の近世通俗文学、民間宗教、社会史など八四〇〇冊。中国の語り物である明版を含む二〇〇巻の『宝巻』や、俗曲・南曲、年画などの民俗資料一〇〇〇冊は特に貴重である。『風陵文庫目録（早稲田大学図書館文庫目録　第一七輯）』（平一一）には、漢籍一〇〇〇部、中文書一三〇〇部、民俗資料一五〇〇部、中文雑誌一一〇種を収録。

福島文庫　元客員教授、法学者福島正夫（一九〇六～八九）の旧蔵書で、民法を中心とする日本近代法制史、中国、ロシア法など。現在整理が進められている。中国書一五〇〇冊についてのみ収録した『福島文庫（文庫二三）目録　中国語図書の部』（平五）。

フランス経済・社会・思想文庫　通称コルヴァア文庫。イタリア出身のジュゼッペ・ニコラ・コルヴェア男爵（Giuseppe Nicola Corvaia　一七八五～一八六〇）の旧蔵書を核にその一族により収集された蔵書で、フランスの一六世紀から一九世紀にかけての、政治、経済、法律、哲学、歴史、思想等社会科学全般にわたる原典一万点。『フランス経済・社会・思想文庫（通称コルヴァア文庫）展示資料解題』（平三）。

宝㲉室文書　元陸軍大将、満州国最高顧問多田駿（宝㲉室は号、一八八二～一九四八）の旧蔵書で、中国明清代の兵法書六三部一二五三冊。

本間久雄文庫　元教授で「早稲田文学」を主宰した英文学者、近代文学研究家本間久雄（一八八六～一九八一）の旧蔵資料で、近代文学者や作家の書簡、書幅、自筆原稿七六二点、図書一八九五冊。「本間文庫目録」（「早稲田大学図書館月報」第二三六号、昭五四）、『本間久雄文庫目録（早稲田大学図書館文庫目録　第一三輯）』（平一二）。『明治大正文学資料真跡図録』（講談社）に収録。

柳田泉文庫　元教授、近代文学研究家、翻訳家柳田泉（一八九四〜一九六九）の旧蔵書で、明治期刊行関係図書三四九〇冊、大正・昭和期刊行図書三二六四冊、漢籍一九九八冊、洋書八三〇冊、雑誌四三九種のほか自筆稿本、抜書類、新聞切抜等を含む。中でも新詩体関係資料や草双紙に見るべきものが多い。『柳田泉文庫目録（早稲田大学図書館文庫目録第一二輯）』（昭六三）。

洋学文庫　江戸中期の洋学者大槻玄沢（一七五七〜一八二七）家伝来の資料、教授・図書館長で英文学者岡村千曳（一八八二〜一九六四）の旧蔵書、教授で英語学、英文学者勝俣詮吉郎（一八七二〜一九五九）の旧蔵書を基礎に、岡落葉（岡泰安、研介関係）、秋山義方、山岸光宣、池田良輔の各旧蔵書を加えた英学、洋学書四〇〇〇冊（うち洋書五〇〇冊）。現在も継続して収集している。大槻家旧蔵書には市川岳山画「芝蘭堂新元会図」、大槻玄沢重訂・筆『重訂解体新書』、岡村旧蔵書には宇田川玄随自筆の『西説内科撰要』、勝俣旧蔵書にはハルマ撰『蘭仏辞典』、岡旧蔵書には「シーボルト医学証明書」などが含まれる。『洋学文庫目録（稿）』（昭四六）。柴田光彦「早大の洋学文庫」（「日本古書通信」第三九巻六号、昭四九・六）に紹介。

叢書類　曲亭叢書（滝沢馬琴関係資料。『南総里見八犬伝』自筆稿本）等、写本・刊本二二六種。国書刊行会叢書草稿。玉晃叢書（小島玉晃の筆写本で史書、文学書等二四五種）、市島春城資料（日記、家伝資料等一〇〇〇点）、二葉亭四迷資料（自筆原稿、手帳、書簡等八八点）。松屋資料（小山田与清関係資料。自筆本、草稿類等三七冊）。島村抱月資料（自筆日記等三五種）。平田家資料（朝廷の出納役平田家の家伝資料。公家古記録、有職書等二七三冊）。三条西家資料（歌論、歌書注釈草稿等七八点）。洒落本・黄表紙集（山口剛旧蔵の洒落本二二五種、黄表紙二二一種）。維新志士遺墨（田中光顕等旧蔵の書簡類一四三軸、遺墨二三軸）。古短冊集（水口豊次郎等旧蔵の二九二八枚）。津田左右吉伝記資料（草稿、遺品等）。宇垣一成宛諸家書簡（軍人・政治家。一七九三点）。本間叢書（本間百里収集の有職故実関係の写本四五六点）。南大曹旧蔵名家書簡集（明治維新期を中心に三〇〇巻、一軸、二帖）。大西祝資料（元東京専門学校講師、哲学。書簡、自筆原稿・草稿、旧蔵書等）。伊原青々園宛書簡（日本演劇研究家。四四〇〇点）

近世・近代文書　山本家文書（出雲国神門郡知井宮村地主。六万九一三点）。方広寺関係文書（京都市左京区南梅屋町・方広寺寺内町の町年寄旧蔵文書一三六二点）。成内家文書（武蔵国多摩郡八王寺横山宿問屋・名主。四九〇点）。原家文書（伊勢国鈴鹿郡小岐須村庄屋。九八点）。市島家文書（越後国北蒲原郡水原村地主。四七〇点）。井崎家文書（近江国甲賀郡水口藩士。一二三点）。頼母子講関係文書（徳島県名西郡石井町他。六七点）。廻船関係文書（旧大坂港両組問屋伝来文書八点）。鍋島主水家文書（肥前国神崎郡続命院、鍋島藩主家分家。一六九五点）。依田家文書（信濃国佐久郡八幡村地主。一万四〇〇〇点）。藤田家文書（信濃国小県郡本海野村庄屋。一三〇〇点）。中御門家文書（旧公家。一五三二点）。外家平田家文書（旧公家。六五〇二点）。新井家文書（埼玉県吉見町地主。二万点）。

東寺文書（京都市下京区七条東寺門前町伝来文書一〇点）。甲州関係地方文書（甲斐国内四ヵ村。一一九点）。小島家文書（美濃国方県郡小西郷村庄屋。一三四五点）。有賀村名主文書（信濃諏訪郡有賀村。五一三点）。彦根藩三浦家文書（旧彦根藩士。一四七点）。田中平八文書（生糸、洋銀売買の実業家。一六一点）。池田村関係文書（北海道中川郡池田村開拓関係。一〇〇〇点）。滝川政次郎収集文書（地方史料、木製制札。八四七点）。斎藤家文書（京都市中京区御射山町、旧戸長。一五〇八点）。名倉村文書（相模国津久井郡名倉村伝来文書五四点）。深江家文書（肥前国松浦郡平戸、平戸松浦藩士一六六点）。

国宝・文化財　国宝二点、重要文化財五件一八七点がある。国宝は、官僚で陸軍軍人田中光顕（一八四三～一九三九）から寄贈された光明皇后旧蔵と伝えられる梁の皇侃撰、陳・鄭灼補訂の『礼記子本疏義』と同じく田中から寄贈された唐抄本の『玉篇』、重要文化財は正治元年（一一九九）の「仏師運慶自筆置文」「東大寺文書」などである。

明治期資料マイクロ化事業――

明治期の資料を紙の劣化から防ぎ、また利用に供することを目的に昭和六二年からマイクロ化し、刊行化する事業に着手。翌年から『明治期刊行物集成』として、第一期文学・言語編から頒布を行っている。

刊行書誌――

『早稲田大学図書館洋書目録　第一～七編、露文図書篇・第一～二編』（大一一～昭五六）。

『早稲田大学図書館和漢書分類目録　法律之部、哲学之部、経済之部、政治之部、歴史之部、交通之部、文学之部上・下、総類之部、伝記之部、商業之部、芸術之部、統計之部、宗教之部、地理之部、語学之部、法律の部二、教育の部二』（大正一四〜昭五〇）。『早稲田大学図書館文庫目録　第一〜一二輯』（昭二七〜六三）。『二葉亭四迷資料　目録・解説・翻刻（早稲田大学図書館紀要別冊　第一冊）』（昭四〇）。『古短冊集目録二種（早稲田大学図書館紀要別冊　第二冊）』（昭四二）。なお、「古短冊集目録続編」は「早稲田大学図書館紀要」第一四号（昭四八）に登載。『洋学資料展図録』（昭四三）。『早稲田大学図書館文書目録　第一〜五集』（昭四八〜平九）。『早稲田大学図書館逐次刊行物資料目録　和漢在籍之部』（昭五二）。『中国文・朝鮮文図書目録　一〜七（早稲田大学図書館月報別冊）（昭五二〜六一）。『早稲田大学図書館所蔵往来物分類目録』（電子複写、昭五三）。『OECD出版物所蔵目録　一〜三（早稲田大学図書館月報別冊）』（昭五三〜五七）。『早稲田大学欧文雑誌総合目録　一九八〇年八月現在』（昭五五）。『創立百周年記念貴重書展図録』（昭五七）。『露文図書目録　一〜一〇（早稲田大学図書館月報）』（昭五七〜平五）。『早稲田大学図書館マイクロ資料目録　露文篇、欧文篇』（昭六一）。『館蔵本マイクロフィルム一覧』（昭六一）。『早稲田大学和文雑誌総合目録　昭和六一年四月現在』（昭六二）。『幕末・明治のメディア展』（昭六二）。『三好十郎—没後三十年記念展図録』（昭六三）。『早稲田大学図書館視聴覚資料目録　一九八三—一九八九年度分』（平一）。『早稲田大学図書館館蔵資料図録』（平二）。『早稲田大学・慶応義塾大学欧文雑誌総合目録　一九九八年一二月現在一：A—Z、二：K—Z・ギリシャ文字編・キリル文字編』（早稲田大学図書館・慶応義塾大学研究・教育情報センター、平二)。『早稲田大学図書館所蔵漢籍分類目録、同索引』(平三、八)は明治一五年の図書室開設以来収集して来た漢籍九万八二〇冊と準漢籍三六七九冊、朝鮮書二三七六冊を収録する。『早稲田大学図書館蔵大西祝資料目録』(平三)。『早稲田大学図書館蔵伊原青々園宛書簡目録』(平一〇)。

杉並区立郷土博物館

沿革

杉並区の文化遺産の保存、活用をはかって、地域文化の一層の発展を期するとともに、明日の杉並区を考える施設として、平成二年五月に開館した。

収蔵品・展示

原始時代から現代までの杉並区の歴史に関する資料を展示した常設展示室、歴史を中心とする図書やビデオを気軽に見られる情報普及コーナーが常時利用できる。特別展示室では、期間を区切り、毎回一つのテーマに沿った特別展、企画展を開催。視聴覚室では、そのような特別展、企画展にちなんだ講演会や古文書講座、郷土史講座等が開催されている。敷地内には江戸時代後期の古民家・主屋と長屋門が復元され、長屋門は博物館自体の正門として利用されている。館外の付属施設としては、松の木遺跡に古墳時代の住居が復元され、竪穴式住居跡が保存されている。このほか、杉並区の歴史、民俗、考古、文学、特に阿佐ヶ谷界隈の文士関係資料などに関する資料を積極的に収集、整理、保存し、さまざまな調査・研究活動を行っている。

出版物

『杉並の古文書目録』Ⅰ、Ⅱ（昭四八、四九）、『阿佐ヶ谷界隈の文士展　井伏鱒二と素晴らしき仲間たち』（昭六四）、「杉並区の指定登録文化財」昭和六二年度〜など。

㊟〒168―0061
杉並区大宮一―二〇―八
（都立和田堀公園内）
㊂〇三―三三一七―〇八四一
㊋京王井の頭線永福町駅歩一五分、またはバス松の木住宅行都立和田堀公園下車歩三分
㊐午前九時〜午後五時（入館は午後四時三〇分まで）
㊡月曜、毎月一四日
㊇有料
㊅不可

杉並区立中央図書館

㊟〒167―0051
　杉並区荻窪三―四〇―二三
㊢〇三―三三九一―五五七四
Ⓕ〇三―三三九一―七八〇三
㊡JR中央線・地下鉄丸ノ内
　線荻窪駅南口歩八分
㊐午前九時～午後八時（日
　曜・祝日は午後五時まで）
㊡月曜、第三木曜（祝日の場
　合は翌日）
㊕可
㊖可

沿革――――

戦災によって都心部はほとんどが焼失した。外郭地域には、焼け出された住民が移住し人口が増大した。このような状況の中で東京都教育局では、中田邦造日比谷図書館長の建言を入れて、人口急増地域の杉並区、世田谷区、板橋区、江戸川区及び多摩地域の中心都市の立川市と青梅市に都立図書館を新設した。その一つとして、昭和二二年四月一日、阿佐谷青年学校内に本館の前身である都立杉並図書館が開館された。開館時の蔵書数は二〇三六冊であったが、開館に備えて購入したのが二五六八冊で、蔵書の大半の四四六八冊は、休館中の四谷図書館、氷川図書館の蔵書の一部と終戦直後に日比谷図書館が譲渡を受けた旧海軍大学校図書館の蔵書の一部とであった。開館三年目の昭和二四年度の都立図書館の年次報告によれば、一日平均の閲覧利用者は一一九人、閲覧図書冊数は一九二冊で都立図書館中トップの利用率となっている。昭和二五年一〇月一日、特別区に移管されて杉並区立図書館としてスタートした。翌年には、文士や芸術家達が多く居住する文化の街杉並にふさわしい図書館計画が進められ、昭和二七年、モダンな図書館が完成した。更に、昭和五七年一〇月、区制施行五〇周年記念施設の区立七図書館中の中央館としての機能とサービスの提供の要となる杉並区立中央図書館が開館し、現在に及んでいる。

蔵書

東京の区立図書館としては施設や蔵書数など最大規模を誇る同館には、杉並区及び区市、東京都に関する資料を収集した「杉並資料室」、児童図書の復刻版や研究書を揃えた「児童資料室」や映画フィルム・スライド・録音テープ・レコード・写真・絵画などを集めた「視聴覚コーナー」がある。蔵書数は、四四万七五三七冊（うち児童資料七万五七五六冊、外国資料五八七三冊。開架資料は二〇万冊）、雑誌四六一種、新聞四二種、レコード一二七九枚、カセット二三五四巻、CD一万六五一六枚、LD一一五二枚、フィルム一七六九本、ビデオ一七七二巻（『平成八年度東京都公立図書館調査』）の多数にのぼる。

コレクション

阿佐ヶ谷文士村文庫　大正一二年の関東大震災以後、杉並区には多くの若手の文化人が住み、井伏鱒二を中心に「阿佐ヶ谷会」という交遊の場が持たれていた。区民に当時の文化の様子を伝え、杉並資料として保存するために、初版本を主に収集している。図書（初版本）、雑誌・写真約三〇〇〇点を所蔵。目録に『阿佐ヶ谷文士村資料目録』（平一一）がある。

吉村証子記念文庫　科学読物研究会から寄贈された故吉村証子の蔵書を中心とした児童向け科学読み物約五〇〇〇点。ほかに児童図書の雑誌復刻版がある。同研究会は、科学読み物の研究・普及・創造に生涯をかけた吉村が創設した。なお、同館では、この科学読物と、既蔵の科学読物、児童図書及び雑誌の復刻書などを統合して「児童資料室」を設置した。

東京女子大学図書館

沿革

明治四三年にプロテスタント六派によってイギリスのエジンバラで開催されたキリスト教世界宣教大会で、アジアにキリスト教主義にもとづく大学設立の議がおこり、それにもとづいて大正七年にアメリカとカナダの信者の寄付により創設されたもの。初代学長に新渡戸稲造、二代学長に安井てつが就任し、キリスト教精神による自由学芸教育の学風を築いた。杉並キャンパスに文理学部、三鷹キャンパスに現代文化学部を置く。図書館は昭和六年の開館。

蔵書数は四四万八〇〇〇冊、うち洋書一五万七〇〇〇冊、継続受入和雑誌一七四四種、同外国雑誌六一八種。

コレクション

新渡戸稲造記念文庫 大学の創設者で、初代学長新渡戸稲造（一八六二〜一九三三）旧蔵の洋書三三〇〇冊で、ジャンヌダーク関係図書一〇三部、リンカーン関係図書七六部、その他に欧米人の日本研究書などからなる。『東京女子大学図書館所蔵新渡戸稲造記念文庫目録』（平四）。同文庫目録および新渡戸関係の画像データ九六種を加えた、CD-ROM版の『新渡戸稲造記念文庫目録』（平四）が出されている。

㊟〒167―8585
杉並区善福寺二―六―一
㊫〇三―三三九五―一二一一
（内二六二五）
Ⓗwww.twcu.ac.jp/library/
㊡JR中央線・総武線西荻窪駅より徒歩一二分。西荻窪駅北口より吉祥寺行バス、女子大前下車
㊎午前九時〜午後七時（土曜は午後一時）
㊑日曜、祝日
㊖限定
㊗可

東京女子大学比較文化研究所

沿革

昭和二九年に、世界文化の交流関連に重点をおき、かつ人文科学を中心として東洋文化を研究することを目的に設置され、活動を続けてきたが、内外の環境変化に対応して研究所の発展を図るため、平成元年に研究所規程の一部を改定し、人文・社会・自然の諸科学にまたがる世界文化の交流関連に重点をおいた比較文化研究と、日本キリスト教史を中心とする資料の収集をおこなって国内外の学術交流に貢献することとした。

コレクション

植村記念佐波文庫 大森協会牧師でキリスト教伝道者植村正久の娘婿にあたる佐波宣（一八八一～一九五六）の旧蔵書で、明治キリスト教史、文化史などの和・洋書一七〇〇冊、文書一二〇〇点、雑誌三〇種。佐波著『植村正久とその時代　全六巻』（昭一二～一三、昭五一に復刻）の編纂のために収集された関係資料、「福音新報」、「女学雑誌」、日本最初の協会である横浜公会関係日誌などを含む。一部は図書館に収蔵されている。『植村記念佐波文庫目録』（昭四〇）。『植村正久とその時代』に紹介。

隅谷文庫 元学長、所長、労働経済学者隅谷三喜男（一九一六～）が収集した各種聖書を中心とする日本キリスト教史関係資料五五七点。アメリカ・バプテスト派の方針を実行したわが国最初の口語訳聖書で、キリシタン禁制下の明治四年に秘密出版されたジョナサ

㊟〒167―8585
杉並区善福寺二―六―一
㊐〇三―五三八二―六四一三
Ⓕ〇三―三三九六―七四四二
Ⓗhttp://www.twcu.ac.jp/icsc/
㊌JR中央線・総武線西荻窪駅より徒歩一二分。西荻窪駅北口より吉祥寺行バス、女子大前下車
㊍午前一〇時～午後四時
㊡土・日曜、祝日
㊊限定

ン・ゴーブル訳『摩太福音書』などの稀覯書を含む。なお、単行書は原則として図書館登録としている。『隅谷文庫目録』（平四）。

野口文庫　二葉幼稚園創設者野口幽香（一八六六〜一九五〇）旧蔵の野口家関係文書、日記、書簡、修学文書三〇〇〇点。『野口家文書分類目録』（昭四四）。

丸山真男文庫　東京大学名誉教授、政治思想史学者・丸山真男（一九一四〜九六）が学内関係者との交流があったことなどから、旧蔵書三万冊と自筆資料三万ページ分の寄贈の申し入れが遺族からあり、平成一〇年九月に譲り受けの覚書が交わされた。館内に文庫設置のための準備委員会がつくられ、受入、目録作成等について検討が進められている。文庫の公開時期は未定。

刊行書誌

『比較文化研究所蔵書目録』として、Ⅰ・Ⅳ・Ⅵ欧米語による日本および東洋研究(1)〜(3)（昭四六、四八、五四）、Ⅱ日本近代詩集（昭四八）、Ⅲ明治期刊行雑誌(1)（昭四八）、Ⅴ日本における大学沿革史（昭五三）、Ⅶ欧米辞書の系譜（昭五七）、Ⅷ Books on Japan and Other Asian Countries in Western Language; Acuisition List, 1954-1984（昭五九）がある。「十和田市立新渡戸記念館収蔵図書調査報告　和装本書名一覧」（「東京女子大学比較文化研究所紀要」五〇、平元）は、研究所の共同研究「新渡戸稲造研究」として行なわれた調査の成果。なお、洋装本目録は昭和四三年に記念館から刊行。

江戸東京博物館図書室

沿革

同図書室は、平成五年三月二八日、博物館の開館と同時に開室された。江戸東京博物館は、江戸東京の歴史や文化につき、常設展示、企画展示、映像ホール、図書室等の施設を通して、楽しみながら学ぶことを目的に設立された。図書室は、図書を中心とした江戸東京の歴史、文化等に関する博物館資料の保存と公開およびレファレンスを行う。

蔵書

同館の特色に合わせ、図書室では、歴史、社会科学、芸術分野関係のもの、江戸東京の地域範囲に属するもの、近世・近代に関するもの、博物館・美術館の展覧会図録や紀要類、東京都域を中心に各自治体が発行した区史・市史や文化財報告書類などを、主として収集している。現蔵書数は約九万冊で、毎年約七・八千冊ずつ増加している。現在図書室で閲覧できる資料は、大正時代以降に発行された洋装本と、第二次世界大戦終結後に発行された逐次刊行物などである。博物館の七階にあり、入室・閲覧は無料。

刊行物

「江戸東京博物館ニュース」（年四回）、「江戸東京博物館　催し物のご案内」（年一二回）、「江戸東京たてもの園だより」等の定期刊行物のほかに、『江戸東京博物館総合案内』『やさしく楽しい江戸東京博物館案内』や各種企画展図録を多数発行している。

㊟〒130—0015
墨田区横網一—四—一
㊔〇三—三六二六—九九七四
Ⓕ〇三—三六二六—八〇〇一〜二
Ⓗhttp://www.edo-tokyo-museum.or.jp/
㊋JR総武線両国駅歩三分
㊐午前一〇時〜午後六時
㊡月曜
㊎無料、可（常設展示・企画展示観覧は有料）
㊓可

大宅壮一文庫

沿革

長くマスコミ界で評論家として活躍した大宅壮一（一九〇〇〜七〇）が、世田谷区八幡山の私邸に、「雑草文庫」と名づけられた資料室を昭和二六年に創設。時代の世相を映す大衆雑誌を情報源として収集し、また必要なときにすぐ利用できるようカード目録を作成していた。昭和四五年、七〇歳で死去後「日本のマスコミ全体に還元したい」という遺志により、翌四六年財団法人大宅文庫を設立し、旧蔵書を一般に公開しはじめた。平成七年に雑誌記事索引コンピュータ検索を文庫館内で開始。平成九年に埼玉県越生町に越生分館を建設、開館した。

蔵書

明治から現在までの一万種の雑誌を所蔵する。週刊誌、女性誌など、大衆雑誌が大部分をしめるのが特徴で、約一〇〇〇種の雑誌はバックナンバーもそろっている。また五〇〇〇種の雑誌の創刊号も所蔵。現在も出版社、個人から寄贈を受け、毎年二万冊ずつ増加しており、総蔵書数は五二万冊にのぼる。また図書は政治、経済、世相、戦記などのさまざまな分野にわたり四万冊を越生分館に所蔵している。

大宅文庫の大きな特徴は大宅式分類法で、一般図書館の分類法とは異なる、独特で実用的な人名索引と件名索引とがある。雑誌の記事ごとに執筆者だけでなく、記事に書かれた

㊟〒156—0056　世田谷区八幡山三—一〇—二〇
㊁〇三—三三〇三—二〇〇〇
Ⓗhttp://www.people.or.jp/~oyabunko/
㊇京王線八幡山駅下車徒歩八分
㊎午前十時〜午後六時
㊡日曜・祝日
㊑入館料 五〇〇円
㊓可

人物、対談、座談の出席者まで人名で検索できるように記録されている。昭和六三年以降はデータベース化され、平成四年からの索引はCD—ROMも刊行されている。

刊行書誌——

『大宅壮一文庫雑誌記事索引総目録 一九八八〜一九九五 人名編、件名編』『大宅壮一文庫雑誌記事索引総目録 一九八八〜一九八七 追補』『大宅壮一文庫雑誌記事索引総目録CD—ROM版一九九二—一九九六』『大宅壮一文庫雑誌記事索引総目録CD—ROM版一九九七』『大宅壮一文庫雑誌記事索引総目録CD—ROM版一九九八』 機関誌「大宅文庫ニュース」

国士舘大学附属図書館中央図書館

〒154―8515 世田谷区世田谷四―二八―一
電〇三―五四八一―三三二六
Ⓕ〇三―五四八一―三三一四
Ⓗhttp://www.kokushikan.ac.jp/
交東急世田谷線松陰神社前駅より徒歩六分。小田急線梅ヶ丘駅より徒歩一五分
開午前九時二〇分〜午後八時四〇分（土曜は午後六時四〇分まで）
休日曜、祝日
利限定
複可

沿革――――

柴田徳次郎らによって設立された青年大民団を前身として、大正六年に私塾国士舘を創立、昭和三三年に大学となった。政経学部（同三一部）、工学部、法学部、文学部、体育学部（多摩市の多摩校舎）をもち、教養課程は町田市の鶴川校舎でおこなわれている。昭和四年に国士舘専門学校図書館を設置。現在は中央図書館と鶴川図書館、多摩分館で構成される。

蔵書数は四八万二〇〇〇冊、うち洋書一五万三〇〇〇冊、継続受入和雑誌三〇八四種、同外国雑誌七九〇種。

コレクション――――

神川文庫 元教授で大正・昭和期の国際政治学者神川彦松（一八八九〜一九八八）の旧蔵書で、国際政治における民族問題を扱った和書七九七冊、洋書二五五九冊。

楠本文庫 幕末・維新期の儒学者で山崎闇斎学派の三宅尚斎の学統に属する楠本端山（一八二八〜八三）、海山（一八七三〜一九二一）、正継（一八九六〜一九六三）の三代及び、端山の弟で同じく儒学者の碩水（一八三二〜一九一六）の旧蔵書で、宋・明学の和書五三〇冊、漢籍五九七二冊、洋書一〇八冊。『楠本文庫漢籍目録』（昭四八）。なお、楠本家の蔵書はこのほかに、九州大学附属図書館、同中国哲学研究室、長崎県立長崎図書館、

佐世保市立図書館に収蔵されている。

黒板文庫　元教授で城郭・都市史学者黒板昌夫（一九〇六〜七八）の旧蔵書で、二〇九一冊。

東京国際軍事裁判関係資料　昭和四五年に法務省から大学に譲渡されたダンボール一〇二個（重量二トン）に及び、起訴状、検察側・弁護側両冒頭陳述、検察側最終論告、弁護側最終弁論、法廷速記録、判決及び個別意見、証拠資料等の第一次資料で、現在、和文二八二冊、英文四八六冊に分類・整理されている。そのうち、英文速記録、和文証拠資料、判決および英文の個別意見が、『国士舘大学附属図書館所蔵極東国際軍事裁判関係資料集第一期』（マイクロフィルム版一六一リール、柏書房、平六）として刊行され、別冊に奥原敏雄教授による資料解題と裁判関係主要年表、リール編成一覧が付されている。

陶軒文庫　元教授で中国哲学者高田真治（陶軒は号、一八九三〜一九七五）の旧蔵書で、宋学関係の和書七四七冊、漢籍五一一五冊、洋書一〇八冊。

その他の貴重書　カール・マルクス著『資本論』の初版本、アダム・スミス著『国富論』の初版本など。

駒澤大学図書館

沿革

文禄元年（一五九二）年に曹洞宗が僧侶の学問修業場として創設した旃壇林を起源とする。明治一五年に曹洞宗大学林となり、大正二年に現在地に移り、同一四年に移転地の地名をとって大学となった。仏教学部、文学部、経済学部（同二部）、法学部（同二部）、経営学部（同二部）をもち、岩見沢市に北海道教養部を置く。図書館は明治一五年に設置された図書室に始まる。現在は本館と、北海道教養部図書館の二館からなる。

蔵書数は九九万六〇〇〇冊、うち洋書二九万五〇〇〇冊、継続受入和雑誌四四三一種、同外国雑誌一一五五種。

コレクション

岩井文庫　元教授でモリソン文庫長（現国立国会図書館支部東洋文庫）岩井大慧（一八八六～一九六五）の旧蔵書で、東洋史関係の和書一五七二冊、洋書二〇一冊。『岩井文庫図書目録』（昭四二）。

梅津文庫　元山形市長大内有恒（一八九〇～一九五四）の旧蔵書で法律書など和漢書三三四冊。創価大学講師梅津博道から寄贈された。『梅津文庫目録』（昭五七）。

衛藤文庫　元学長で曹洞宗僧侶、仏教学者衛藤即応（一八八八～一九五八）の旧蔵書で、仏教関係の和書二一六一冊、洋書六八五冊。『衛藤文庫目録』（昭三四、四八）。

㊟〒154―8525
世田谷区駒沢一―二三―一
㊫〇三―三四一八―九一五四
Ⓕ〇三―三四一八―九一六二
Ⓗwww.komazawa-u.ac.jp
㊕東急新玉川線駒沢大学駅より徒歩八分
㊐午前九時～午後九時（土曜は午後八時まで）
㊡日曜、祝日
㊚限定
㊔可

岡本文庫　元総長で曹洞宗僧侶、宗教哲学者岡本素光（一八九八〜一九七八）の旧蔵書で、哲学、東洋思想、西洋思想、仏教、キリスト教などの和漢書一一九五冊、外国書八〇冊。『岡本文庫目録』（昭五七）。

笠森文庫　元教授笠森伝繁（一八八七〜一九七〇）の旧蔵書で、農業関係の和書一八八〇冊、洋書二八三冊。『笠森文庫』（昭四〇、四五）。

熊本文庫　元早稲田大学教授で法学者熊本謙二郎（一八六七〜一九三八）の旧蔵書で、英文学関係の和書四七冊、洋書一二三三冊。

沢木文庫　名誉教授で曹洞宗僧侶沢木興道（一八八〇〜一九六五）の旧蔵書で、仏教学、禅学関係図書二二四九冊（うち漢籍六六二冊）。『沢木文庫目録』（昭一八、四二）。

沼沢文庫　国文学者沼沢龍雄（一八七九〜一九四五）の旧蔵書で、国文学関係書五〇五七冊（うち和書二四六一冊）。

高村文庫　元教授で『日本文法提要』などの著書がある高村禅雄（一八九八〜一九七六）の旧蔵書で、仏教、文学などの和漢書六六五冊。『高村文庫目録』（昭五七）。

濯足文庫　元教授で言語学者、国語学者、『辞林』『広辞林』の編者として知られる金沢庄三郎（一八七二〜一九六七）の旧蔵書で、文学・語学を中心に各分野にわたる和漢書一九二二冊、洋書一〇四冊、逐次刊行物一二四冊。金沢は駒澤大学には昭和三年から二五年まで奉職したが、その縁で地所を永平寺に寄進、永平寺は麻布の東京別院内に濯足（そくたく）庵を建て金沢の終生の住居として提供した。死後、蔵書も同寺に寄贈されたが、六〇年に大学に寄贈された。『濯足文庫目録』(昭六二)。

永久文庫　永久俊雄の旧蔵書で、禅籍を主とする仏教学関係図書。『永久文庫目録、同追補編』(昭五六、六二)。

多田文庫　元教授で国際地理学連合副会長、日本第四紀学会会長多田文男(一九〇〇～一九七八)の旧蔵書で、地理、地球科学、地学、地質学、工学・技術を中心とする和漢書三三九四冊、洋書四二九冊、和雑誌五二五冊、同外国雑誌一九七冊。『多田文庫目録　第一～二分冊』(昭五七、五九)。

永田文庫　元教授で『景気変動と季節変動』などの著作がある永田数夫(一九二二～七六)の旧蔵書で、経済書を中心とする和漢書六〇六冊、外国書二一一冊。『永田文庫目録』(昭五七)。

永田正臣文庫　元教授、図書館長で『経済団体発展史』などの著作がある永田正臣(一九二一～八五)の旧蔵書で、経済史・事情、経済体制を中心とする和漢書六四五冊、洋書三六二冊、和雑誌五種八三冊。『永田正臣文庫目録』(平二)。

沼田文庫　元教授、会計学者沼田嘉穂(一九〇五)の旧蔵書で、財務会計、企業会計、財務管理など会計学の和漢書七七三冊、洋書九八冊。『沼田文庫目録』(昭六二)。

保坂文庫　元総長で曹洞宗僧侶、仏教学者保坂玉泉(一八八七～一九六四)の旧蔵書で、仏教関係の和書九二二冊、洋書九冊。『保坂文庫目録』(昭三七、三九～四〇)。

前田文庫　元教授で『平城の歴史地理学的研究』などの著作がある前田正名(一九二二

〜八四）の旧蔵書。アジア・東洋史などの和漢書一一五五冊。『前田文庫目録』（昭六三）。

宮本文庫　元教授で仏教学者、日本印度仏教学会名誉理事長宮本正尊（一八九三〜一九八三）の旧蔵書で、仏教史を中心に東洋思想、西洋哲学、神道、歴史、社会科学、文学にわたる和漢書五七四〇冊、洋書一六一六冊。『宮本文庫目録』（昭六一）。

矢島文庫　元帝室博物館鑑査官、東京国立博物館考古課長、文化庁文化財保護審議会専門委員などを歴任した矢島恭介（一八九八〜一九七九）の旧蔵書で、哲学、日本史、芸術などの和漢書一〇二四冊、洋書二九冊。『矢島文庫目録』（昭五七）。

山上文庫　元学長で曹洞宗僧侶、仏教学者山上曹源（一八七八〜一九五七）の旧蔵書で、印度学関係の和書七冊、洋書四二〇冊。『山上文庫目録』（昭三九）。

山名文庫　元日本大学、帝京大学教授山名寿三（一八九三〜）の旧蔵書で、国際法関係の和書三〇五冊、洋書七一冊、雑誌二六四冊。『山名文庫図書目録』（昭三九）。

魯山文庫　曹洞宗大学（駒沢大学の前身）教授で仏教学者大森知言（一八六八〜一九三五）の旧蔵書で、仏教関係書九二三冊（うち漢籍六九四冊）。

忽滑谷文庫　元学長で仏教学者忽滑谷快天の旧蔵書で、仏教学書などの和書二六三冊、漢籍二一三一冊、洋書五二五冊。

その他のコレクション――

伊藤高順の旧蔵書、森荘三郎の旧蔵書、酒井欣朗文庫など。

刊行書誌

『伊藤高順師寄贈図書目録』。『森荘三郎先生寄贈図書目録』（昭三九）。『駒沢大学図書館所蔵個人文庫索引　昭和四九年〜六〇年受入分』（昭六三）。『酒井欣朗文庫目録』（平三）

昭和女子大学近代文庫

沿革

昭和三三年の創設。次掲の「日本近代文学資料」をもとに編集・刊行が開始された『近代文学研究叢書』が、第六回菊池寛賞を受賞したことが創設の契機となった。

コレクション

日本近代文学資料　大学の創設者である詩人の人見円吉（東明と号す。一八八三～一九七四）が昭和二〇年以降に収集を始めた日本近代文学関係資料をもとに、和図書六万七〇〇〇冊、和雑誌四〇〇〇種、新聞一〇〇種と、近代文学者索引カード一五〇万枚を所蔵する。図書は、詩集、歌集、句集、小説、戯曲、随筆、児童文学など、文学すべてのジャンルにわたる作品の単行書、全集、叢書、研究書、評論からなる。また、文学者の自筆書簡、原稿多数がある。この他、明治九年以降の源氏物語研究の文献カードを編集し備えている。

与謝野文庫　明治・大正期の詩人、歌人与謝野鉄幹（一八七三～一九三五）、晶子（一八七八～一九四二）の著作、研究書一八二冊と自筆原稿、書簡二〇点のほか、雑誌「明星」「冬柏」など鉄幹主宰の機関誌を創刊号から揃えている。杉本邦子・大塚豊子編『昭和女子大学近代文庫所蔵与謝野晶子未発表書簡（昭和女子大学女性文化叢書　第一集）』（昭和女子大学女性文化研究所　平三）がある。

㊟〒154―8533
世田谷区太子堂一―七―五七
㊇〇三―三四一一―五〇六三
Ⓕ〇三―三四一一―五七二八
㊋東急新玉川線、同世田谷線三軒茶屋駅より徒歩五分。
ＪＲ渋谷駅南口よりバス、昭和女子大前下車
㊐午前九時～午後四時
㊡土・日曜、祝日
㊓限定
㊞可

刊行書誌

『近代文学研究叢書』は、明治から昭和期にわたって活躍した文学者・詩人、思想家、評論家の生涯、業績、著作リスト、研究資料年表を収録するもので、昭和三一年以来すでに三八九名、通巻七五冊（明治期一二冊、大正期一三冊、昭和期五〇冊）巻を刊行する。この基盤となったのは、人見が収集した近代の文学者、思想家八〇〇名の伝記、業績に関する文献資料と、日本文学科の学生を総動員して作成した厖大な索引カードである。発行所ははじめ光葉会、三巻から昭和女子大学光葉会、一八巻から昭和女子大学。

昭和女子大学図書館

沿革――――

大正九年に詩人人見円吉（東明）によって設立された日本女子高等学院が前身。昭和二四年に大学となった。文学部と生活科学部を置く。図書館は二一年に日本女子専門学校図書館として設置された。本館と近代文庫で構成される。

人見円吉は、詩人として知られているが、古書に対する高い見識をもっていた。終戦直後、大学はどこも財政が逼迫して、資料の収集どころではなかったが、人見は名家等から流失した古典籍を盛んに購入した。古書肆反町茂雄はその著『天理図書館の善本稀書』で、当時の状況を振り返り、私立大学において相当な購買力を発揮した極めて希少な例外として、岡村千曳を中心とした早稲田大学図書館、阿部隆一を牽引力とした慶應義塾大学とともに、人見東明に指導された昭和女子大学の名をあげている。

蔵書数は三〇万五〇〇〇冊、うち洋書五万五〇〇〇冊、継続受入和雑誌二三一八種、同外国雑誌四六九種。

コレクション――――

ウマル・ハイヤーム文庫　大正・昭和期の詩人で英文学者矢野峰人（一八九三〜一九八八）の旧蔵書。ペルシャの天文学者で数学者、詩人 Umar Khayyam（一〇五〇頃〜一一二二頃）の作品とされる「ルバイヤート」（四行詩集）の各国語訳を中心とする和書二六

㊟〒154―8533
世田谷区太子堂一―七―五七
㊢〇三―三七八四―五一二八
Ⓕ〇三―三四一一―五七二八
㊛東急新玉川線、同世田谷線三軒茶屋より徒歩五分。JR渋谷駅南口よりバス、昭和女子大前下車
㊐午前八時四〇分〜午後七時（土曜は午後五時まで）
㊡日曜、祝日
㊓限定
㊫可

冊、洋書一七三冊と雑誌、パンフレット、写真、スクラップ等からなる。なお、近年の研究では「ルバイヤート」はアンソロジーでありウマルの詩は殆ど入っていないといわれている。

岩谷泰作文庫　内科医で、漢文学者としても知られた岩谷泰作（一八八八〜一九七二）の旧蔵書で、漢文、漢詩文を中心とする中国語図書と、それらに関する日本人の評釈、作品、並びに国文学、医書など四六三三冊。柳秀子・高橋良枝編『昭和女子大学図書館蔵岩谷文庫目録　国書編』（平八）、同編『同　漢籍編』（「漢籍―整理と研究」第六号、平八）。

桜山文庫　歴史、文学を中心とする江戸期の写本・刊本

佐々木文庫　中世文学

女性文庫　学母と称される人見緑（一八八七〜一九六一）の遺徳を後世に伝える目的で、人見の旧蔵書である女性関係の和書一九〇七冊、洋書三三冊をもとに、昭和三七年に設置されたものである。女性に関する内外のあらゆる資料を継続収集している。昭和女子大学女性文化研究所と共同作業で編集された『昭和女子大学女性文庫目録』（平三）に、和書五四三七冊、洋書一四三四冊、和雑誌一六五誌、同外国雑誌一九誌、マイクロ資料四点を収録。

玉井文庫　元学長で国文学者、日記文学研究の第一人者であった玉井幸助（一八八二〜一九六九）の旧蔵書で、日本の古典文学書を含む。

吉田文庫　国語、教育関係

㈶静嘉堂文庫

沿革

明治二五年、三菱を興した岩崎彌太郎の弟、彌之助（二代目三菱社長）により創立された。静嘉堂の名は詩経、大雅の既酔編「籩豆静嘉」の句からとったもので彌之助の堂号である。明治の西欧文化偏重による東洋固有の古典籍、文化財の散逸を防ぐため、明治二五、六年から本格的な収集を開始した。嗣子小彌太（四代目社長）により拡充され、現在約二〇万冊におよぶ和漢の古典籍と、古美術品を所蔵する。文庫は当初駿河台の岩崎邸内に構えられ、次いで高輪の邸内（現開東閣）に移り、大正一三年、弥之助一七回忌に当たり現在の地に文庫を建築した。昭和二五年、建国「二六〇〇年」を記念して財団法人静嘉堂を設立。昭和二三年には国立国会図書館支部図書館となるが、同四五年財団の経営に復帰した。平成四年、文庫開設百周年を記念して、新たに美術館を建築した。

収蔵品

国宝七点、重要文化財八二点を含む（中国陶器、絵画、書跡など）東洋古典美術品を約五〇〇〇点収蔵している。主なものに「曜変天目茶碗」（南宋時代・国宝）、俵屋宗達「源氏物語関屋澪標図屏風」（国宝）、「色絵桐鳳凰文大徳利」（重要文化財）などがある。美術館では年に数回企画展覧会を開催している。展覧会期間外は休館である。

㊟〒157―0076
世田谷区岡本二―二三―一
㊫〇三―三七〇〇―二二五〇
Ⓕ〇三―三七〇〇―二二五三
Ⓗhttp://www.mitsubishi.co.jp/kanren/seikado.html
㊇東急新玉川線二子玉川学園下車バス東急コーチ静嘉堂文庫下車徒歩三分
㊐午前一〇時～午後四時二〇分（土曜～午後四時）
㊡日・月曜・祝日
㊒限定 一八歳以上研究者 要事前連絡

コレクション――――

陸心源旧蔵書　清国末年の大蔵書家・陸心源（一八三四～一八九四）が収集した、宋・元時代の旧刻五〇〇〇冊を中心とする中国典籍コレクション、四万三二一八冊。明治四〇年に購入。目録は『静嘉堂文庫漢籍分類目録』（昭五）に収録。

大槻文庫　和漢洋学者・大槻如電（一八四五～一九三一）旧蔵の江戸時代の洋学関係和書一九八〇冊。昭和一八年に寄贈された。目録は『静嘉堂文庫国書分類目録再続』（昭三一）に収録。

中村敬宇旧蔵書　元東京大学教授、教育者・中村敬宇（一八三二～九一）旧蔵の和漢籍一万三一八一冊。明治三一年購入。目録は『静嘉堂文庫国書分類目録』（昭四）に収録。

色川三中旧蔵書　江戸時代末期の国学者・色川三中（一八〇一～五五）旧蔵の国語・国文学を中心とする和書四九三九冊を明治三七年購入。目録は『静嘉堂文庫国書分類目録』（昭四）に収録。

竹添井井旧蔵書　明治時代の外交官、漢学者・竹添進一郎（号・井井　一八四一～一九一七）旧蔵の漢籍七二〇四冊を明治四〇年購入。目録は『静嘉堂文庫漢籍分類目録』（昭五）に収録。

青木信寅旧蔵書　明治時代の司法官・青木信寅旧蔵の古写本を中心とする和書一〇三三冊を明治二七年に購入。目録は『静嘉堂文庫国書分類目録』（昭四）に収録。

楢原陳政旧蔵書　明治時代の外交官・楢原陳政旧蔵の漢籍四八一一冊を明治三四年に購

入。目録は『静嘉堂文庫漢籍分類目録』(昭五)に収録。

松井文庫　元東京文理科大学教授、国語国文学者・松井簡治(一八六三～一九四五)が収集した国語国文学関係和書一万七〇一六冊を、昭和一〇年に購入。目録は『静嘉堂文庫国書分類目録・続(松井本)』(昭一四)に収録。

百国春秋楼書　元静嘉堂文庫長、漢学者・諸橋轍次(一八八三～一九八二)収集の中国典籍・経書のうち春秋学関係漢籍一二〇〇冊が寄贈された。

刊行書誌――――

『静嘉堂文庫漢籍分類目録』(昭五)『同続』(昭二六)『静嘉堂文庫国書分類目録』(昭四)『同続』(昭一四)『同再続』(昭三一)

成城大学図書館

⓪〒157–8511
世田谷区成城六–一–二〇
㊐〇三–三四八二–一一八一
Ⓕ〇三–三四八二–七二二一
Ⓗhttp://weblib.seijo.ac.jp/
㊦小田急線成城学園前駅より徒歩三分
㊐午前九時〜午後七時（土曜は午後四時まで）
㊡日曜、祝日
㊞限定
㊢可

沿革

大正六年開設の成城小学校に始まる。同一五年に澤柳政太郎が旧制七年生の成城高等学校を設立し、昭和二五年に大学となった。経済学部、文芸学部、法学部をもつ。

蔵書数は五七万六〇〇〇冊、うち洋書二四万五〇〇〇冊、継続受入和雑誌二二六二種、同外国雑誌八八八種。

コレクション

ナルトプ文庫　マルブルグ学派新カント主義の創設者であるドイツの哲学者 Paul Gerhard Natorp（一八五四〜一九二四）の旧蔵書で、プラトン、カントを中心とする哲学書、教育関係の洋書四四五四冊、ナルトプあての書簡二八七通、ナルトプの手稿、デスマスクなど。ナルトプと成城学園の創設者澤柳政太郎、学園総長の小西重直とが関係が深かったことから没後の大正一四年に遺族から購入したものである。"Bucherverzeichnls der Bibliothek Paul Natorp. 1938"。

成城大学民俗学研究所

沿革

昭和四八年の設置。昭和二四年に民俗学者柳田國男（一八七五〜一九六二）が自宅の書斎を開放して設立した財団法人民俗学研究所は同三二年に閉鎖されたが、当時新図書館を建築中であった成城大学からの要請で、同年にその蔵書二万冊が学園中央図書館（現大学図書館）に寄託された。翌年大学は財団法人民俗学研究所代表理事の大藤時彦を文芸学部教授に迎えて文化史コースを開設、柳田も文芸学部顧問としてしばしば講演や講義を行っている。同三七年に柳田が亡くなると、遺言によってすべての蔵書が改めて大学に寄贈され、図書館に「柳田文庫」と「民俗学研究室」（閲覧室）が置かれた。柳田は寄贈に当たっては、研究者に公開することと、沖縄研究を継続して欲しいとの二つの希望を持っていたという。四八年に大学の付置機関として、日本民俗文化と関連する研究、調査、資料の収集を行うことを目的に民俗学研究所が発足、これに伴って、文庫が図書館から移管された。初代所長には柳田の女婿堀一郎が就任した。以降今日まで、委託研究、プロジェクト研究、公開講座・講演会、『諸國叢書』の刊行など、活発な活動がされている。蔵書は民俗学関係を中心に、柳田國男の研究書、全国の郷土誌目録、郷土玩具や民具関係図書、地方の民俗関係雑誌など、和書三万五〇〇〇冊、洋書三〇〇〇冊、和雑誌二六〇〇種、同外国雑誌二〇〇種である。他に、映像資料、民具・玩具の標本資料多数を収蔵する。同研究

㊟〒157―8511　世田谷区成城六―一―二〇
㊟〇三―三四八二―一一八一（内五二五〜八）
Ⓕ〇三―三四八二―七七六三
㊋小田急線成城学園前駅より徒歩三分

㊎午前九時〜午後四時三〇分（午後〇時三〇分〜一時三〇分は閲覧休止）（土曜は午後〇時三〇分まで）
㊡日曜、祝日
㊞限定
㊝可

所の成立や活動については『成城大学民族学研究所二〇年の歩み　同資料』(平五)に詳しい。

コレクション――――――

柳田文庫　柳田國男の旧蔵書で、各地の調査報告書を含む和書一万五五〇〇冊、洋書一五〇〇冊、後に寄贈を受けた柳田隠居宅の蔵書二〇〇〇冊、和雑誌一一〇〇種、同外国雑誌八〇種。柳田の自筆稿本「三倉沿革」(大学院時代のノート)や「高野山文書研究」(七冊、書写資料)、『諸國叢書』(一一六冊)、山村、沿海、食習、離島の各「採集手帖」、「南方来書」(一〇冊)、「南島文献」(六〇〇冊)は特に貴重である。『柳田文庫蔵書目録』(昭四二)。

佐伯文庫　元教授で所員、歴史学者佐伯有清(一九二五〜　)の旧蔵書で、日本文化史、日本古代史、陵墓関係の和書七七〇〇冊、洋書五〇冊、和雑誌八四種、外国雑誌七〇種。

日本民俗学会寄贈資料　昭和六二年に大学に置かれていた同会の移転に際して収蔵していた図書二〇〇〇冊、雑誌六〇〇種が寄贈され、その後も継続的に寄贈されており、文庫扱いして別置している。

野口武徳教授寄贈図書　元教授で同研究所主事野口武徳(一九三三〜八六)の旧蔵書で、民俗学関係の和書八〇〇冊、洋書六〇〇冊、和雑誌五〇種、外国雑誌四〇種。

堀文庫　元教授、初代所長で日本宗教史学者、宗教民俗学者堀一郎(一九一〇〜七四)の旧蔵書で、仏教を中心とする宗教学が主で、和漢書三七〇〇冊、洋書八〇〇冊、和雑誌四二〇種、同外国雑誌八〇種。『堀文庫蔵書目録』(昭五二)。

世田谷区区政情報センター

概要

平成元年設立。総務部区政情報室に属する。政府刊行物（白書、統計書）、道府県概要、東京都の刊行物、特別区（二三区）市町村の概要書を収集している。和図書約一万二冊、逐次刊行物一六種、新聞七紙。ほかにビデオテープなど。なおレファレンスにも応じている。

刊行物

当センター及び関連機関で発行するものとして、「世田谷区政概要」（年刊）、「文芸せたがや」（年刊）、「統計書」（世田谷、年刊）、「世田谷区のあらまし」（不定期）がある。

㊟〒154―0017
世田谷区世田谷四―二一―二七（世田谷区民会館一階）
㊔〇三―五四三二―一一一一（内二〇九九）
Ⓕ〇三―五四三二―三〇〇八
㊋東急世田谷線松陰神社駅歩五分
㊏午前八時三〇分〜午後五時
㊡土曜、日曜、祝日
㊑可
㊜可

世田谷区立郷土資料館

沿革

同館は、昭和三九年九月、東京二三区で初めて地域博物館として、旧世田谷代官大場家の好意により、同代官屋敷内に開設された。以降二〇数年にわたり、地域文化財の保護、普及に努めてきたが、所蔵資料の増加と利用者の多様化により、施設が手狭となったため、昭和六一年から六二年にかけて増改築工事を実施し、新たに企画展示室、ビデオブース、閲覧室を設置し、集会室を拡充した。

収蔵品

区内を中心にした歴史資料では、縄文、弥生、古墳時代の土器・武器類などの考古学資料をはじめとして、古文書、民俗資料、絵図、写真資料、図書等がある。主な資料としては、区指定有形文化財の稲荷塚古墳出土品、「北条氏康判物」（一五六一年）、「北条幻庵覚書」（一五六二年）、「楽市掟書」（一五七八年）、都指定有形文化財「大場家文書」（代官史料）等がある。ほかに和図書約四万冊、スライド約二〇〇〇点、M／F一〇〇〇枚。『新修世田谷区史』編纂のために収集した古文書・古記録等がある。

事業

普及活動としては、歴史に興味のある人がいつでも利用できるように、常設展示、テーマ展示、特別・企画展示を催している。ほかに、歴史講座、野外歴史教室、区内文化財の

㊟〒154―0017
世田谷区世田谷一―二九―一八（大場代官屋敷地内）
㊫〇三―三四二九―四二三七
Ⓕ〇三―三四二九―四九二五
㊯東急世田谷線上町駅歩五分
㋐午前九時～午後五時（入館は午後四時三〇分まで）
㊡月曜、祝日（月曜が祝日の場合はその翌日も）
㊇無料
㊑可
㊎可

調査研究、報告書の刊行も行っている。また文化財ビデオ製作など、さまざまな事業を実施している。

刊行書誌――『都指定有形文化財　世田谷代官大場家文書目録』(昭五三)、『旧荏原郡太子堂村名主森家文書目録』(昭五六、同家文書補遺は『世田谷諸家文書目録』に収録)、『旧荏原郡上野毛村名主田中家文書目録』(昭五七)、『旧多摩郡鎌田村名主橋本家文書目録』(昭五八)、『世田谷諸家文書目録』(昭五九)、『世田谷区社寺史料』第一〜一一集(昭五七〜平八)等のほか、『玉電』『豪徳寺』『世田谷の河川と用水』『世田谷の中世城塞』、「史料館だより」「館報」等を多数刊行している。

世田谷区立世田谷美術館アート・ライブラリー

概要

世田谷美術館は、砧公園の一画に、昭和六一年三月開館した。親しまれる美術館を目指して、世田谷区内在住の日本画の高山辰雄、洋画の向井潤吉、彫刻の舟越保武、陶芸の北大路魯人らの作品約三五〇〇点を収蔵展示している。付属施設の「アート・ライブラリー」では、当美術館の企画展関連等の活動方針に沿った図書・資料や世田谷在住作家関係及び現代美術関係の諸分野を対象とした資料収集を行っている。蔵書数は、和洋図書約二二〇〇冊、和雑誌一九種、展示会カタログ（日本語）七〇冊、ビデオ資料二四〇点を数える。定期刊行物として、「世田谷美術館年報」昭和六〇・六一年度～（年刊）、「世田谷美術館紀要」一号（一九八八～）、ほかに『田園と住まい展』（平一）が刊行されている。

㊟〒156―0075
世田谷区砧公園一―二
㊥〇三―三四一五―六〇一一
Ⓕ〇三―三四一五―六四一三
㊌東急新玉川線用賀駅歩一七分、または小田急線成城学園前駅から渋谷行きバス砧町下車歩七分
㊎午前一〇時～午後六時（土曜は午後八時まで）
㊡第二と第四月曜
㊯可（アート・ライブラリーのみ利用は無料）
㊐可

世田谷文学館

沿革

世田谷区には、明治以降、今日まで多くの文学者・作家が住み、創作活動・研究を行ってきたが、当館は文学を中心とした新たな地域文化創造の拠点とすべく、世田谷美術振興財団を母体に、平成七年四月に開館した。主な活動としては、展覧会活動を始めとして、講演・講座の開催、文学資料の収集、ライブラリー、講義室の利用、世田谷文学賞の設定、刊行物活動（図録を含む）など多岐に及んでいる。現在まで、青鞜と女人芸術、芹沢光治良、遠藤周作、時代小説のヒーローたち、吉行淳之介、龍口修造と武満徹などの展示会を開いている。

同館では、展示室のほか、文学サロン（映画会、朗読会、コンサートなどに利用）、ライブラリー（図書資料の閲覧、映像資料視聴など）、講義室のほかビデオブース・映像コーナーなどが整っている。ライブラリー、講義室の例でみると、利用者は前者が六七〇〇人、後者が七五団体一二〇〇人にも上る（平成八年度）。

コレクション

日本の近・現代文学に関する第一次資料の中に貴重なものが多く見られる。里見淳、佐藤紅緑、海野十三などの作家の原稿があるが、中でも小栗虫太郎「黒死館殺人事件」の原稿五〇〇枚と赤字校正刷二九枚は重要なものといえよう。森茉莉文学資料（四七点）、雑

㊟〒157−0062
世田谷区南烏山一−一〇−一〇
㊟〇三−五三七四−九一一一
Ⓕ〇三−五三七四−九一二〇
㊋京王線蘆花公園駅下車
㊝午前一〇時〜午後六時
㊡月曜（祝日の場合は翌日）
㊓有料
㊇可（ライブラリー利用は無料）
㊓可（一〇円）

誌「キネマ旬報」（大正一三〜昭和一五、三九二冊）、同（昭和二一〜五九）、同（昭六〇〜）も他には見られぬもの。夏目漱石・安倍能成らと交遊した小松庵馬場一郎の資料（主に漱石・岩波茂雄・中谷宇吉郎・安倍能成らの書）、横溝正史旧蔵書、書簡約一万点、進藤純孝旧蔵文学全集・作品・書簡、画家緑川廣太郎旧蔵の書簡（志賀直哉・網野菊・野尻抱影ら）、挿絵原稿・下書き・スケッチブックなど質量ともに秀れた資料を擁する。

刊行物

「文学館ニュース」（一〜一五号）、「文芸せたがや」一号（昭和五七・三）〜。ほかに、近年刊行の展示会の図録として、『文学のまち世田谷』（平七）、『横溝正史と「新青年」の作家たち』（平七）、『世田谷ゆかりの作家たち』（平七）、『映画と世田谷』（平八）、『坂口安吾展』（平八）、『時代小説のヒーローたち展』（平九）等が発行されている。

大東急記念文庫

沿革

文庫の大部分を占める久原《くはら》文庫は、地質学者で農商務省鉱山局長であった和田稚四郎が政友会総裁・久原房之助に要請して収集したもので、京都大学附属図書館に寄託されていた。昭和二三年、東急社長・五島慶太が一括購入して海外流失分散を防ぎ利用に供するために、翌二四年、財団法人大東急記念文庫を設立。同三五年、上野毛に五島美術館が設立され、文庫はこれに併設された。

蔵書

久原文庫は奈良時代からの古写本、名家自筆本、書幅、古版本、赤本、黒本、黄表紙など江戸文学書、古版絵図録、仏書、漢籍など一万七〇〇〇点で、国宝、重文をも含む貴重な資料が多い。さらに国文学者・井上通泰（一八六六〜一九四一）旧蔵の懐紙、書幅、短冊等八二点と、新たに購入した資料も合わせ、所蔵古典籍は三万冊におよぶ。

刊行書誌

『大東急記念文庫書目Ⅰ』（昭三〇）『大東急記念文庫書目Ⅱ』（昭五三）『貴重書解題 漢籍の部』（昭三一）『貴重書解題 仏書の部』（昭三一）『貴重書解題 国書の部』（昭五六）

㊟〒158—0093 世田谷区上野毛三—九—二五
㊟〇三—三七〇三—〇六六二
Ⓕ〇三—三七〇三—〇四四〇
㊕東急大井町線上野毛駅下車徒歩五分
㊟午前一〇時〜午後四時
㊡月曜（祝日の場合は翌日）
㊝限定 要紹介、予約
㊢不可

日本大学商学部図書館

沿革

明治三七年に商科として設置され、商経学部、経済学部商業科を経て、昭和三八年に分離独立した。商業学科、経営学科、会計学科を置く。現図書館は昭和五六年に創設七五周年を記念して建築された。

蔵書数は、三三万四〇〇〇冊、うち洋書一一万八〇〇〇冊、継続受入和雑誌八二六種、同外国雑誌四一三種。

コレクション

商学関係貴重書　会計学の父といわれるルカ・パチョーリ（Pacioli, Luca　一四四五〜一五一七）が執筆した世界最初の簿記書といわれる"Summa de arithmetica geometria: proportioni & proportionalitia"（『ズンマー算術・幾何・比および比例全書』、一四九四）、同くパチョーリが一五〇八年に翻訳出版した『ユークリッド幾何学』のラテン語訳をはじめとする、商学、会計学、経営学に貴重書多数を収蔵する。図書館落成記念に編纂された『日本大学商学部所蔵貴重書目録（欧文編）』（昭五六）は、西洋簿記・会計史関係を中心に、二七三点を収録する。

刊行書誌

『日本大学商学部図書館所蔵逐次刊行物目録　一九九一年一二月現在』（平四）

㊟〒157—8570
世田谷区砧五—二—一
㊆〇三—三七四九—六七一六
Ⓕ〇三—三四一六—九一七九
Ⓗhttp://www.bus.nihon-u.ac.jp/f13html
㊇小田急線祖師谷大蔵駅より徒歩一二分。小田急線成城学園前から東急又は小田急バス、日大商学部前下車
㊐午前八時五〇分〜午後八時三〇分（土曜は午後六時三〇分まで）
㊡日曜、祝日
㊕限定
㊌可

日本ロシア語情報図書館

沿革――

昭和二八年（一九五三）創立の旧日ソ図書館が平成八年に改称した。それ以前は、旧ソビエト代表部の図書室。ロシア語図書六万五〇〇〇冊、和書六〇〇〇冊を所蔵。人文・社会科学関係が中心で、美術書、絵本、写真集なども収集している。「アガニョーク」「コムニスト」「ロシア文学」などロシア語雑誌三〇〇種、新聞三〇種も所蔵。

堀江文庫――

経済学者・堀江邑一の旧蔵書。マルクス・レーニン主義の基本文献、国際関係の文献、パンフレット類等一万数千点。

その他のコレクション――

除村吉太郎文庫、郡山良光文庫、丸山政男文庫

㊟〒156―0052
世田谷区経堂一―一一―二
東京ロシア語学院一階
㊫〇三―三四二九―八二三九
Ⓕ〇三―三四二五―八六一六
Ⓗhttp://www.246.ne.jp/~biblio/
㊂小田急線経堂駅南口下車徒歩五分
㊎午後一時～午後五時
㊡土・日曜・祝日
㊓入館料二〇〇円（会員無料）
㊬可

上野学園大学音楽学部図書館

㊟〒110―8642
台東区東上野四―二四―一二
㊫〇三―三八四二―一〇二一
Ⓕ〇三―三八四二―〇一六二
㊯JR山手線、営団地下鉄銀座線上野駅又は稲荷町駅、同日比谷線上野駅又は入谷駅より徒歩一〇分
㊐午前九時～午後五時（土曜は午後〇時三〇分まで）
㊡日曜、祝日
㊑限定
㊔可

沿革

明治三七年創立の上野女学校が前身で、昭和二七年に短期大学開設、三三年に短大音楽科を発展改称して大学音楽部を設置した。音楽学部と国際文化学部（埼玉県草加市）をもつ。

蔵書数は八万五〇〇〇冊、うち洋書四万八〇〇〇冊、継続受入和雑誌三二誌、同外国雑誌四四誌。

コレクション

ヨーロッパ一九世紀以前の貴重楽譜　J・S・バッハの自筆譜、ベートーベンの初版譜等一〇〇冊、

兼常清佐氏寄贈文庫　音楽学者で平家琵琶、音響学、ベートーベンから石川啄木、与謝野晶子研究まで幅広く活躍した兼常清佐（一八八五～一九五七）の旧蔵書で、二〇世紀前半に出版されたドイツの音楽書など二〇〇〇冊と、自身の原稿、草稿、遺品。

小松耕輔文庫　作曲家で音楽評論家、大日本音楽著作権協会の設立者でもある小松耕輔（一八八四～一九六六）の旧蔵書で、音楽書、楽譜、雑誌、パンフレット類、文学書、自身の草稿、手稿、書簡など二〇〇〇点からなる。明治大正期の童謡譜、戦前和雑誌の創刊号などが多い。

上野学園日本音楽資料室

沿革――――――

日本音楽の研究および資料の収蔵機関として昭和四八年に設置されたものであるが、資料の収集はそれよりも一〇年余以前から開始している。日本音楽を中心に芸能、歴史、文学、民俗など関係領域を含む、中世から近世にわたる古文書・和装本三万冊、近代の洋装本一万五〇〇〇冊、日本・東洋音楽に関する外国書二五〇冊、その他、レコード、録音資料、マイクロフィルム等の複製資料、楽器などからなる。この中には、宝治元年（一二四六）の尊信筆『維摩会表白』、至徳元年（一八三四）写『音律肝要音律条々』、古活字版『謡抄守清版』、宇治加賀掾関係資料などの貴重資料がある。この分野でのわが国有数の機関として海外にも知られている。

コレクション――――――

窪寺旧蔵楽書類　南部方篳篥本家伝来の雅楽文献で、室町期の古写本を含む写本三〇〇冊。

圓満院門跡旧蔵楽書類　江戸期の雅楽関係の写本一〇〇冊。

平戸藩楽歳堂文庫旧蔵本　雅楽関係の江戸期の写本二〇〇冊と、能楽関係として江戸期刊の謡本三〇〇冊。

稲葉与八氏旧蔵雅楽関係文献　江戸期から近代にかけての写本三五〇冊。

㊟〒110―8642　台東区東上野四―二四―一二
㊫〇三―三八四二―一〇二一
㊯JR山手線、営団地下鉄銀座線上野駅又は稲荷町駅、同日比谷線上野駅又は入谷駅より徒歩一〇分
㊚午前九時～午後四時三〇分（土曜は午前一時三〇分まで）
㊡日曜、祝日
㊨限定（予約制、大学院を含む研究者のみ）
㊰可

観世新九郎流小鼓伝　江戸末期から明治期の写本。

マイクロ資料　他家・他機関所蔵の重要な日本音楽コレクションのマイクロファイル化による収集に力を注いでおり、宮内庁楽部蔵雅楽譜、京都大学図書館蔵四天王寺楽人林家楽書類、天理図書館蔵綾小路家旧蔵楽書、春日大社蔵春日楽書ほか多数を収蔵。

刊行書誌――

福島和夫著『日本音楽資料室展観目録―昭和五十年〜六十三年』(平二)は昭和五〇年以来毎年行っている所蔵資料展示会の目録を合冊したもので、内容は、雅楽資料展出陳目録、日本の歌謡資料出陳目録、能楽資料展下掛系統の謡本出陳目録、声明資料展出陳目録、江戸浄瑠璃河東節資料展出陳目録、声明資料展声明集特集出陳目録、日本の楽譜展天平琵琶譜から幕末の鼓笛譜まで解題目録、声明資料展講式解題目録、中世の音楽資料鎌倉時代を中心に解題目録、楽歳堂旧蔵の楽書平戸藩主静山公松浦清の文庫解題目録、琴楽資料展解題目録からなる。『特別展観解題目録』(昭六一)

国際子ども図書館

沿革・概要

国立国会図書館の前身である旧上野図書館の建物を利用し改修を施して、平成一二年（二〇〇〇）五月に国会図書館の支部図書館として第一期部分（全体の三分の一）開館した。改修工事の進捗に合わせて段階的にサービスを開始したもの。全面開館は二〇〇二年春を予定している。子どもの読書環境を整備し、全国の児童図書館を支援する。また専門家向けの児童書のナショナルセンターを設けることなども目的としている。建物は、安藤忠雄の設計支援を受け、東京都選定の歴史的建造物となっている。一階は「カフェテリア」、二階に「資料室」がある。資料室（一八歳以上が利用可）では、閲覧・複写・レファレンスサービスを行っている。国内外の児童書約四万冊、研究書・参考図書約四〇〇冊、雑誌六五〇種を収蔵。最終的には一三万冊程が追加所蔵されるという。三階は「ミュージアム」（イベント用）、四階に「子どもの部屋」がある。ここには絵本を中心とした国内外の児童書約三〇〇〇冊が置かれ、子どもたちが手にとって親しむことができる。継続中の改修は二年間で終わり、完成の暁には四〇万冊が収容可能となる予定。この事業のコンセプションは、「旧建物の意匠、構造を最大限保存する」ことにあるという。

㊟〒110―0007 台東区東上野公園一二―四九
㊫〇三―三八二七―二〇五三（録音による利用案内〇三―三八二七―二〇六九）
Ⓕ〇三―三八二七―二〇四三
Ⓗhttp://www.kodomo.go.jp
㊋JR上野駅下車歩一〇分
㊑午前九時三〇分～午後五時
㊡月曜、祝日（こどもの日を除く）、資料室は日曜日休館
㊓閲覧・催事とも無料

台東区立一葉記念館

概要

樋口一葉の文学的業績を顕彰し、広く研究者・学生に資料を提供すべく、昭和三六年に設立された。樋口悦の旧蔵資料をもとにし、塩田良平、和田芳恵らの協力により資料収集された。『たけくらべ』『闇桜』『花ごもり』の自筆草稿、日記、和歌、恩師半井桃水、斎藤緑雨らと交した手紙などのほか、雑誌「武蔵野」「文学界」「文芸倶楽部」「太陽」「都の花」「国民之友」「めさまし草」(盛春堂)、初版『一葉全集』(博文館・明三〇)、露伴、孤蝶編『一葉全集』、須原屋板『江戸名所図会』などの重要資料など約一〇〇〇点と、翻訳本三〇数冊を収めている。このほかには、一葉が住んでいた旧下谷区竜泉町「大音寺前」の町並みや一葉旧宅の模型、木村荘八・鏑木清方の『にごりえ』『たけくらべ』のさし絵原画、愛用のすずり、机、着物、髪飾り、仕入帳など多くの遺品・原資料を擁する。全容は『一葉記念館』(台東区発行)に詳しい。レファレンスには応じている。

刊行物

『一葉記念館資料目録』(昭三六)、「一葉記念館しおり」「一葉記念館だより」(定期)。

㊟〒110—0012
台東区竜泉三—一八—四
㊤〇三—三八七三—〇〇〇四
Ⓕ〇三—三八七三—五九四二
㊯地下鉄日比谷線三ノ輪駅歩七分
㊎午前九時〜午後四時三〇分
㊡月曜日、祝祭日の翌日
㊇有料(一〇〇円)
閲可
複可

東京藝術大学音楽学部小泉文夫記念資料室

沿革

教授で、民族音楽学の第一人者として内外に知られながら研究途上で急逝した小泉文夫（一九二七〜八三）の遺族から寄贈された旧蔵書、資料をもとに、民族音楽、東洋音楽史、日本音楽史、楽器学などの研究の発展に寄与することを目的で昭和六〇年に設立された研究施設。

コレクション

小泉文夫旧蔵資料　楽器七〇〇点、書籍（日本語三五三〇冊、外国語一八〇〇冊）、雑誌（日本語四三〇種、外国語五〇種）、楽譜六七〇冊、レコード、録音テープ二三二四点、写真・絵がはき一万点、映像資料八〇点、LPレコード三三七七点（国内盤二五一七点、外国盤八六〇点）、カラー・スライド一万三〇〇点、民族衣装五八点、その他フィールドノートなどの研究資料一六〇〇ファイルなど多数の音楽資料からなる。

刊行書誌

『東京藝術大学音楽学部小泉文夫記念資料室蔵書目録　I　日本語』（平八）は、平成四年以来、『東京藝術大学音楽学部小泉文夫記念資料室蔵書目録同　一　和書一　日本音楽関係書』、『同　二　和書二　日本音楽関係書を除く和書』、『同　三　和書三　和漢古書』として刊行してきた三冊を合冊し、追加修正したもので、日本語で書かれた明治以降の刊

㊟〒110—8714
台東区上野公園一二—八
㊫〇三—五六八五—七七二五
Ⓕ〇三—五六八五—七七八四
（音楽学部庶務課内）
Ⓗhttp://www.geidai.ac.jp/labs/koizumi/
㊋JR山手線ほか鉄道各線上野駅より徒歩一〇分。JR山手線鶯谷駅より徒歩一〇分。営団地下鉄千代田線根津駅より徒歩一〇分。京成線博物館・動物園駅より徒歩一分
㊑午後一〜四時三〇分（水曜は午前一〇時三〇分から）
㊡金・土・日曜、祝日
㊓限定
㊔原則不可

本三四四三冊と和漢古書一〇一点を収録する。

東京藝術大学各研究室

沿革――――――――

以下は、研究室所蔵につきいずれも事前の照会が必要である。建築学研究室には左記の他に、建築関係の文化財調査報告書多数を所蔵する。

コレクション――――――

村田文庫　美学研究室所蔵。名誉教授で美学者、神奈川県立近代美術館長村田良策（一八九五〜一九七〇）の旧蔵書で、美術、美学関係の和書一一九七冊、洋書九四〇冊。

吉岡文庫　建築学研究室所蔵。建築ジャーナリストで新建築社社長吉岡保五郎（一八八八〜一九七二）の旧蔵書で、美術、建築関係の和書七四一冊、洋書六三〇冊と、雑誌「新建築」の創刊号以来のバックナンバーが揃う。

㊟〒110―8714　台東区上野公園一二―八
㊔〇三―五六八五―七五〇〇
㊫JR山手線ほか鉄道各線上野駅より徒歩一〇分。JR山手線鶯谷駅より徒歩一〇分。営団地下鉄千代田線根津駅より徒歩一〇分。京成線博物館・動物園駅より徒歩一分
㊙限定

東京藝術大学附属図書館

沿革

音楽学部と美術学部の二学部からなる。音楽学部は明治一二年創立の音楽取調掛、美術学部は一八年の図画取調掛を母体とし、二〇年にそれぞれ東京音楽学校、東京美術学校となり、昭和二四年に統合して新制大学となった。図書館は明治二一年に東京音楽学校図書掛に始まり、翌年に図書館を開館した。

蔵書数は四一万二〇〇〇冊、うち洋書二〇万八〇〇〇冊、継続受入和雑誌三七一種、同外国雑誌三九三種。教育関係和古書、音楽学校関係史料が充実している。

コレクション

大田文庫 元東京音楽学校教授大田太郎（一九〇〇～四五）・綾子（一九〇一～四四）の旧蔵書で、音楽の和書五一七冊、洋書四一五冊、楽譜一三三〇点。

岡田文庫 元東京美術学校教授で、明治・大正期の建築家として大阪市中之島公会堂（大正元年）の設計などで知られる岡田信一郎（一八八三～一九三二）の旧蔵書で、古代を中心とする世界歴史一般、古代オリエント・西アジア・エジプトの美術史、西洋の古代・中世の建築史関係の洋書四八〇冊と、雑誌類。

音楽学位論文集 University Microfilms International社刊の"Disertation Abstracts International: A. The Humanities and Social Science"から選定した音楽美学、音楽理論、

㊟〒110―8714
台東区上野公園一二―八
㊢〇三―五六八五―七五〇〇
Ⓕ〇三―三八二八―八二九八
Ⓗhttp://www.lib.geidai.ac.jp/
㊇JR山手線ほか鉄道各線上野駅より徒歩一〇分。JR山手線鶯谷駅より徒歩一〇分。営団地下鉄千代田線根津駅より徒歩一〇分。京成線博物館・動物園駅より徒歩一分
㊐午前九～午後八時（土曜は午後五時まで）
㊡日曜、祝日
㊔限定
㊉可

音楽教育、音楽史など音楽学全般にわたる二三〇〇冊に及ぶ学位論文集成。

榊文庫　元九州帝国大学医学部教授で、アマチュアのヴァイオリン奏者、指揮者として活躍した榊保三郎の旧蔵書で、ヴァイオリンを主とした楽譜一九六〇点。

島田文庫目録　元東京美術学校教授島田佳矣（一八九四～一九六二）の旧蔵書で、美術、デザイン関係の和書五二冊、洋書六一冊。

ジョン・ラントウェール・コレクション　オランダの書誌学者John Landwehrの収集になる、ラテン語、イタリア語、フランス語、英語で書かれた一六・一七世紀の寓意図像集や標章図像集である「ルネッサンス寓意図像稀覯本コレクション」四二冊と、オランダ・フランドル文化の黄金期にアムステルダムとアントワープで出版された「バロック（オランダ・フランドル）寓意図像稀覯本コレクション」三七冊。

広瀬誠一旧蔵書　元美術学部講師（科学塗装）で、関西ペイント研究所長広瀬誠一（一八九四～）の旧蔵書一七四三冊。『広瀬誠一旧蔵図書目録』（昭五〇）がある。

目黒文庫　元音楽之友社社長目黒三策（一九〇四～七四）からの寄贈図書で、主に音楽之友社出版の書籍八八〇冊、楽譜一二五点。このうち別置された和古書（明治以降の和装本若干を含む）と特に選定された洋装の手沢本、ならびに脇本奨学金による受入れ図書を合わせた二六三四冊を収録する『目黒文庫目録』（昭四二）がある。

脇本文庫　名誉教授で、美術史家脇本十九郎（一八八三～一九六三）の旧蔵書で、東洋および日本の美術関係の和書二五五九冊。

東京国立博物館資料館

沿革

資料館は、東京国立博物館が保管している日本を中心とする東洋諸地域の美術、工芸、考古遺物に関する各種学術情報資料を内外の研究者に公開・提供し、美術史研究資料センターとしての役割を果たすことを目的として、昭和五九年二月一日に開館した。

蔵書

図書、古文献および写真という三つの資料群に大分される。図書には、一般図書(八万五〇〇〇冊)、国内埋蔵文化財発掘調査報告書(一万六〇〇〇冊)、国内展覧会カタログ(一万五〇〇〇冊)、売り立て目録(九〇〇〇冊)の他、内外の逐次刊行物と漢籍・洋書類も含まれている。古文献資料には、徳川幕府の旧蔵書を引き継いだ書籍館関連の蔵書および主として帝室博物館時代の収書からなる「帝室本」(四〇〇〇件、二万部)、昭和一八年に徳川宗敬氏より寄贈された一橋学問所旧蔵書を含む、江戸時代の和書を中心とする「徳川本」(二万件、五万部)ならびに、同館旧歴史課保管の拓本・絵図・地図・美術資料の模写模本、諸建築図面、近代美術関係資料など(三〇〇〇件、一万部)がある。

写真には幕末から明治期にかけての古写真および古文献資料類を中心とするマイクロフィルムのほか、同館保管の美術工芸品・考古遺物・歴史資料などを中心にモノクロ写真一八万枚、カラー写真五万枚などがある。これらの写真カードをキャビネットに分類配架し

㊟〒一一〇—〇〇〇七
台東区上野公園一三—九
㊎〇三—三八二二—一一一一
Ⓕ〇三—三八二二—一一一六
Ⓗhttp://www.tnm.go.jp/
㊋JR・営団地下鉄上野駅歩一〇分
㊐午前九時三〇分〜午後五時(閉架資料の請求は正午〜午後一時と午後四時以降を除く)
㊡土曜、日曜、祝日、毎月末日(休日・週末にあたる場合はその前日)
㊙可(正門からではなく、敷地西側の通用門から入る)
㊞可(学術研究用に限る)

ており、自由に閲覧できる。ほかに、古代から近代の中国、日本の印譜を集めた横田漢南収集印譜約一〇〇〇件、明治期内外博覧会関係文献資料約五三〇件がある。

事業――――――――

美術史・考古学および周辺領域の図書・写真資料などの収集につとめ、約八万九〇〇〇件にのぼる当館保管の文化財全てについては、モノクロ写真原版提供を目指し、分野別図版目録の刊行を継続している。またわが国に伝来した動産文化財の総合的なデータベース構築の中心的役割を果たすべく、鋭意努力中であるという。

刊行書誌――――――――

『東京国立博物館蔵書目録(和書二)』(昭三二)、『東京帝室博物館美術工芸部目録』(大七~一〇、全八冊)、『東京帝室博物館美術課列品書蹟目録』(大八)、『東京帝室博物館美術課列品写真目録』(大八)、『東京帝室博物館美術課列品建築目録』(大一〇)、『東京帝室博物館歴史部目録』(大八~一一、全一三冊)、『東京帝室博物館美術課列品絵画彫刻目録』(大九)、『東京国立博物館図版目録』アイヌ民族資料編(平四)、古墳遺物編近畿I(昭六三)、中国陶磁篇I・II(昭六三~平二)、仏画篇(昭六二)、仏具篇(平二)、やまと絵篇(平五)等。

定期刊行物――――――――

「国立博物館ニュース」(月刊)、Museum(月刊)、「東京国立博物館紀要」(年刊)、「東京国立博物館年報」(年刊)等がある。

東京都美術館美術図書室

沿革

各分野の美術団体の公募展会場として、大正一五年に「東京府立美術館」として発足したのに始まる。その後、昭和一八年に「東京都美術館」と改称。同五〇年に現在の新館が完成した。「現代美術」をテーマとして、戦後の美術の流れを積極的に紹介している。広い館には、公募展示室、企画展示室、アトリエ、図書室、収蔵庫、講堂等の整った施設をもち、幅広い文化活動を行っている。収蔵品展示、特別展示や従来の各種美術団体の展覧会場提供等のほかに、都民のための文化施設として、「美術図書室」を昭和五一年から公開している。

蔵書

開架式の美術図書室には、同館の自主事業のための調査研究の参考文献として、現代美術、近代美術を主体とした美術全集、絵画、版画、彫刻等の諸分野の図書・資料を収集している。蔵書数は、和図書一万三〇〇〇冊、洋図書一四〇〇冊、和雑誌一五〇〇種、洋雑誌八〇種、展覧会カタログ（日本語）二万七〇〇〇冊にのぼる。

コレクション

武者小路実篤旧蔵の美術書（約七〇〇冊、洋書が中心。書目『実篤美術文庫目録』〈昭五八〉）、石井文庫（洋画家・石井柏亭及び子息・石井潤旧蔵の日本近代美術資料、約二〇

㊟〒一一〇―〇〇〇七
台東区上野公園八―三六
㊟〇三―三八二三―六九二一
Ⓕ〇三―三八二三―六九二〇
Ⓗhttp://www.ueno.or.jp/ueno/park6.htm
㊋ＪＲ山手線上野駅歩七分、または営団地下鉄銀座線上野駅歩一〇分
㊎午前一〇時～午後五時（入室は午後四時三〇分まで）
㊡第三月曜、その月の一四日
㊑外部利用者も可
㊓限定（撮影許可願を出して承諾書を発行したもの）

○○冊、展覧会カタログが中心、書目『石井文庫目録』〈昭五九〉）、奥瀬文庫（洋画家・奥瀬英三旧蔵の展覧会カタログ約三〇〇冊、主に帝展・二科展など、書目『奥瀬文庫目録』〈昭六〇〉）、岡本文庫（洋画家・岡本唐貴旧蔵の図書・カタログ約四〇〇冊、雑誌約六〇〇冊、書目『岡本文庫目録』〈昭六一〉、そのほかに、謝訪文庫（書目『謝訪文庫目録』）、前田文庫（書目『前田文庫目録』〈昭六三〉）、渡辺文庫（書目『渡辺文庫目録』〈昭六四〉）、山尾文庫（『山尾文庫目録』〈平二〉）、柳瀬文庫（書目『柳瀬文庫目録』〈平三〉）等。

刊行物――

『東京都美術館美術雑誌目録』（平四）、「東京都美術館紀要」（年刊）、「東京都美術館友の会ニュース」「東京都美術館ニュース」（月刊）、「東京都美術館年報」（年刊）等がある。ほかに『日本銅版画史展』（昭五七）などの特別展図録を多数刊行。

東京文化会館音楽資料室

㊟〒110―0007
台東区上野公園五―四五
㊫〇三―三八二八―二一一一
（内三二一三）
Ⓕ〇三―三八二八―六四〇六
㊕JR山手線上野駅歩二分
㊊正午～午後八時（日曜は午後五時）
㊡月曜
㊒可
㊗可

沿革

昭和三六年、東京都が遷都五〇〇年の記念事業として開設した。それと同時に、都民の情操教育の場として、また成人教育・社会教育の一環としての意図のもとに「音楽資料室」が、四階に付帯施設として開室された。国内では最初の音楽専門図書館として、音楽関係図書を収集し、一般の利用に供している。

蔵書

所蔵資料は、国内で出版された音楽関係図書、特にクラシック音楽を重点的に収集し、洋書では、国内で出版された図書ではカバーできない分野の収集を行っている。蔵書数は、和洋図書約二万冊、和洋雑誌約三七〇種、楽譜二万八〇〇〇タイトル、レコード約四万枚、ほかに、昭和三六年四月の文化会館開館以来の演奏会プログラムや音楽に関する主要な新聞記事のスクラップの備え付けなどがある。音楽関係者以外の利用者も多く、上野駅前ということもあって、ふらりと立ち寄られる人も多いという。

刊行物

『レコード目録　洋楽』第一集～第五集（昭四二～昭六三）、『レコード目録　邦楽』第一集～第六集（昭六二～平三）、『楽譜目録個人全集音楽叢書篇』（昭六二）、『楽譜目録総譜劇音楽篇』（平二）、『図書目録　和書篇』（昭六〇）等多数。

印刷図書館

沿革

昭和二二年、日本印刷学会が図書館設立を計画し、印刷業界の賛同を得て大日本印刷営業所にて開館。昭和二六年から休館したが、同三八年、日本印刷会館ビルの建替えを機に再開した。

蔵書は国内外の印刷関係図書、和書四〇〇〇冊、洋書三〇〇〇冊、雑誌三〇〇種。明治以降に出版された印刷に関する資料が揃っている。なかでも一四六〇年にグーテンベルクによって印刷されたラテン語の文法書、「カトリコン」のオリジナルペーパーは貴重である。明治二四年創刊の「印刷雑誌」や「ペンローズ年鑑」のバックナンバーも所蔵。

コレクション

伊東記念文庫　元日本印刷学会会長、伊東亮次（一八八七～一九六四）が収集した印刷技術技術書、一般書など、和書二〇一冊、洋書四六一冊。「伊東記念文庫目録」（昭四二）がある。

光村文庫　郡山幸男（印刷雑誌社社長）が収集し、元光村原色版印刷株式会社社長、光村敏之（一八九六～一九七一）が引き継いで所蔵し、当館に寄贈したもの。明治末年から昭和一〇年までの印刷関係図書、一般図書など和書一五〇冊、洋書三〇〇冊、その他一〇〇冊。目録は「印刷図書館所蔵書目録」（昭四〇）に掲載。

㊟〒104―0041
中央区新富一―一六―八
日本印刷会館三階
㊔〇三―三五五一―〇五〇六
㋭http://www.jfpi.or.jp/library/index.htm
㊫地下鉄有楽町線新富町駅下車徒歩二分。地下鉄日比谷線八丁堀駅下車徒歩一〇分
㊐午前九時～午後五時（正午～午後一時休）
㊡土・日曜・祝日
㊖会員制（会員以外閲覧料一回五〇〇円）
㊋可

刊行物

「印刷図書館ニュース」

海上保安庁図書館水路部分館

㊟〒104―0045
中央区築地五―三―一
㊫〇三―三五四一―三六八六
（内五三六）
Ⓕ〇三―三五四一―四三九七
（企画課内）
㊋地下鉄日比谷線東銀座駅歩五分
㊒午前九時三〇分～午後四時三〇分
㊡土曜、日曜、祝日
㊑限定（職員、図書館長の承認を受けた者）
㊓なし

沿革

同分館は、明治四年、水路部の前身、兵部省海軍部第四局に水路局が設置されて以来、『日本沿岸水路誌』等の刊行物をはじめ、当時の諸外国からの購入、寄贈図書を集めて水路業務の参考資料として役立ててきた。大正一二年、それら蔵書は関東大震災により一切を焼失し、さらに今次大戦による戦災のため、蔵書の大半を焼失した。現在残っている特殊コレクションには、伊能忠敬の日本全図実測図、柳文庫、肝付海図がある。終戦後、海軍に所属していた水路部は、昭和二〇年一一月、運輸省水路部とかわり、同二三年五月、海上保安庁法が施行されて、海上保安庁水路部となった。そして昭和二七年、国立国会図書館支部海上保安庁図書館発足と同時に水路部分館としての、図書館業務を開始し現在に至っている。

蔵書

水路業務の参考となる内外図書・資料類を中心に収集しているため、蔵書内容は専門的な図書・資料が多く、特色になっている。主分野としては、海洋関係の物理学・化学・地質学、測地学、地図学、天文学、暦学等の諸分野、ならびに各国の水路誌、灯台表、航海用諸暦、その他水路業務関係の図書・資料や国際水路機関（ＩＨＯ）の刊行などがあげられる。蔵書数は和洋図書約一〇万冊、和洋雑誌一一種、重点収集資料の対象は地図となっている。

コレクション――

伊能忠敬の日本全国実測図の謄写図　伊能忠敬（一七四五～一八一八）が寛政一一年から文化一二年までの一六年間を費やして完成させた日本全国実測図からの謄写図六葉と同実測図を平面図に転換したり、そのまま縮図したもの一四〇葉からなる。

柳文庫　海上保安庁水路部の前身である海軍水路部の初代部長であり、元海軍少将でもあった柳楢悦（一八三二～九一）が、約一七年の在職期間中に収集した水路測量、航海学および気象観測に関する貴重な和洋の文献一五七冊からなる。手書きの写本・図面も多い。旧蔵者の没後、遺族より受贈。「水路部参考品目録」がある。

肝付海図　海上保安庁水路部の前身である海軍水路部の第二代、第四代の部長であった肝付兼行（一八五三～一九二二）旧蔵の海図六〇二枚。いずれも、明治中期に刊行されたわが国沿岸、およびアジア地区のもので、稀少価値がある。『肝付兼英氏寄贈部版海図目録』がある。遺族肝付兼英が、関東大震災で、水路部蔵書を焼失したので寄贈したもの。

松竹大谷図書館

沿革

「松竹」の名の起こりは、松竹の創立者、大谷竹次郎（一八七七〜一九六九）と双子の兄で白井家の養子になっていた白井松次郎（一八七七〜一九五一）の名前の一字ずつをとり、明治三五年（一九〇二）に松竹合資会社をおこしたことにはじまる。いくつかの変遷を経て、昭和三七年に松竹株式会社と改称した。

財団法人松竹大谷図書館は、大谷竹次郎が文化勲章を受章したのを記念して、昭和三三年に開館した。

蔵書

歌舞伎、新派、新喜劇の台本をはじめ、文楽関係など演劇資料や、映画、テレビなどに関する台本、文献、雑誌、写真、プログラム、ポスターなど約三三万点所蔵。特に、重文指定で約三〇〇年前の浄瑠璃正本、阿国歌舞伎の様子を伝える「かぶきのさうし」（元禄時代）をはじめ、直筆台本や和紙番付など古文献や、演劇雑誌「演芸画報」（明四〇〜昭一八）、第一次「歌舞伎」（明三三〜）など、貴重な資料が多い。

市販されていない資料が大半のため、開館以来閉架式だが、整備されたカード目録が備えられている。

㊟〒104—0045
中央区築地四—一—一東劇ビル一階
㊐〇三—五五五〇—一六九四
㊍地下鉄日比谷線東銀座駅下車徒歩三分
㊡午前一〇時〜午後五時（正午〜午後一時休）
㊗土・日曜・祝日・五月一日・一一月二三日
㊎可
㊏可

聖書図書館

沿革

世界のベストセラーである聖書は、一九九六年現在、その翻訳言語数が二一六七になるという。聖書図書館は昭和五五年、財団法人日本聖書協会がそれまでに収集していた聖書を広く一般に公開するために設立された聖書専門図書館である。

蔵書

約五〇〇種の言語の五〇〇〇冊の聖書と、聖書に関する辞典、コンコーダンス、研究書などを所蔵している。なかでも日本語訳聖書は、現存する最古のもので、ドイツ人ギュッラフ訳『約翰福音之傳』天保八年（一八三七）や、琉球語訳でベッテルハイム訳の『路加傳』『約翰傳福音書』『聖差言行傳』『保羅寄羅馬人書』安政二年（一八五五）、バチュラー訳『アイヌ語新約聖書』明治三〇年（一八九七）など貴重な資料が多い。英語の聖書も古代英語で書かれたものを含め多数所蔵。

また、春と秋の聖書セミナー開催や、国内外の学者を招いての講演会なども行っている。

㊟〒104―0061
中央区銀座四―五―一聖書館七階
㊮〇三―三五六七―一九九五
Ⓕ〇三―三五六七―四四三六
Ⓗhttp://www.bibile.or.jp
㊜JR山手線有楽町駅下車徒歩一〇分、地下鉄丸の内線・日比谷線・銀座線銀座駅下車徒歩二分
㊐午前一〇時～午後五時
㊡土・日曜・祝日・クリスマス
㊕可
㊯可

中央区立京橋図書館

概要

歴史は古く、明治四四年に開設された。区民や在勤者にとって親しみやすく、気軽に利用できて、内容の充実した図書館を目標にしている。蔵書数は二七万五一八八冊（うち児童資料三万四五八〇冊、洋図書六一〇冊。開架資料は七万九七〇三冊）、雑誌二四二種、新聞一六種、カセット二七九四巻、CD四九七五枚、フィルム四二九本、ビデオ二〇五四巻（平成八年四月現在）を数える。特色としては、長年にわたって収集された中央区の歴史・民俗・自然科学関係の資料を豊富に蔵していることが挙げられる。また、明治年間から昭和二〇年までに出版された全分野の単行本（資料を含む）も約二万一四〇〇冊を擁し、近代史研究の一助となっている。

コレクション

尾島文庫　元中央区教育委員長・尾島栄太郎の寄贈による基金で、昭和四七年に収集したもの。美術書・郷土関係・特殊資料・一般図書など二一二七冊を収蔵するが、中でも歌舞伎関係資料、絵番付、芝居番付に珍しいものを含む。内容は『尾島文庫分類目録』（昭四八）に詳しい。

松屋文庫　「松屋」が創業百年を記念して贈った寄金をもとにして、昭和四四年に購入した図書八八五七冊。各県の県史を中心とし、他に美術書などを含む。内容は『松屋文庫

㊟〒104―0045
中央区築地一―一―一
㊕〇三―三五四三―九〇二五
Ⓕ〇三―三五四六―九五五三
㊌地下鉄日比谷線築地駅歩五分
㊒午前九時～午後八時（土曜、日曜は午後五時まで）
㊡月曜、第二・四日曜、祝日
㊔可
㊢可（但し参考図書・郷土資料の一部は不可）
㊣可

分類目録』（昭四六）に詳しい。

刊行書誌

『東京都中央区立京橋図書館所蔵郷土資料目録　増補改訂版』（昭四四）、『中央区立京橋図書館郷土資料室所蔵地域資料目録』（昭五九）。『東京都中央区立京橋図書館蔵戦前図書目録　和漢図書・洋書　一九八三』、ほかに『中央区年表』『中央区沿革図集』や「郷土室だより」（季刊、現在九八号まで）、等を発行している。

東京国立近代美術館フィルムセンター図書室

沿革

東京国立近代美術館（別掲）の一部として昭和四四年四月に設立。現在の建物は、美術館が現在地の北の丸公園に移転したあと、旧美術館を改装し、翌年四月に開館した。国立の唯一の映画専門の博物館で、内外の名画上映、映画関係資料の展示、映画研究者への図書室の公開を行っている。

蔵書

図書室は、フィルム・ライブラリー協議会（現・川喜田記念映画文化財団）から寄贈された映画関係の一六九二冊をもとにして、昭和四三年一一月に開設した。寄贈本は、辻恭平の旧蔵書が主体。同氏の著書『事典映画の図書』（凱風社、昭和六二）の中で使われた図書資料などで、戦前の貴重本をはじめ、教育映画関係の図書が網羅されている。その後、新刊書、年鑑、社史類及び内務省映画検閲資料や戦時下の映画政策資料等を加えて補完。明治期より現代にいたるまでの映画関係書の約八割を所蔵し、充実した内容となっている。蔵書数は和図書約八〇〇〇冊、洋図書約一五〇〇冊、和雑誌二〇〇種、洋雑誌一〇〇種、シナリオ二万二〇〇〇冊、映画スチール写真一万五〇〇〇タイトル、映画ポスター二〇〇〇枚、ほかに、特殊コレクションとして、一九一九年以降発行の「キネマ旬報」の合冊や吉田智恵男文庫等がある。

住〒104—0031
中央区京橋三—七—六
電〇三—三五六一—〇八二三
Ⓕ〇三—三五六一—〇八三〇
交地下鉄銀座線京橋駅歩一分、または都営新宿線宝町駅歩一分
開午前一〇時三〇分～午後六時（受付は午後五時三〇分まで）
休土曜、日曜、月曜、祝日、特別整理期間
利可（図書のみの利用）
複可

刊行書誌

『東京国立近代美術館フィルムセンター所蔵映画目録』Ⅰ日本劇映画、Ⅱ外国映画（昭五一〜昭五五）、「ＮＦＣニューズレター」（年六回、上映映画の解設書）等。

丸善本の図書館

沿革

明治二年（一八六九）、福沢諭吉の門下生であった医師、早矢仕有的（一八三七〜一九〇一）が横浜で丸屋書店を開業。店主名義を善八といい、丸屋善八を略して丸善となったという。翌三年（一八七〇）日本橋に書店を開設。同一三年（一八八八）丸善商社となった。昭和二九年（一九五四）丸善の創立八五周年記念事業の一環としてかねてより構想のあった「本の図書館」を日本橋本店の一室に設立した。創業以来、国内外出版物の取り扱いと自社出版物の刊行の事業展開の必要上「本」に関する文献資料を収集してきたが、明治四二年（一九〇九）の近火と大正一二年（一九二三）の関東大震災で焼失した。その後、再び収集蓄積に努め、戦前には「学燈文庫」として社員の研鑽に開放。第二次大戦の時はこの文献資料を山梨に疎開させて被災から守り、このコレクションをベースに収集活動を積極的に行い一般開放に踏み切り現在にいたる。

蔵書

蔵書数は洋書一万冊、和書一万五〇〇〇冊。大別すれば、出版物に関する文献、丸善に関する資料、及び稀覯書。出版物関係の中心は目録類で、大英図書館の蔵書目録をはじめとして主要国のナショナル・ビブリオグラフィ、分野別専門書目録、各図書館目録を所蔵。また最新の出版情報では「これから出る本」「トーハン週報」「日販速報」などの冊子やオ

㊟〒103−8245
中央区日本橋二−三−一〇
（丸善日本橋店七階）
㊢〇三−三二七二−七二一一
（代）
Ⓕ〇三−三二七三−三二五八
㊋JR山手線東京駅下車徒歩七分、地下鉄銀座線、東西線日本橋駅下車徒歩三分
㊊午前一〇時〜午後六時
㊡土・日曜・祝日
㊒可
㊕可

ンラインデータベースがある。その他、出版事情関連では印刷、装丁、本の歴史、出版社社史などもそろっている。稀覯書では、現在世界最古の印刷物といわれる「百万塔陀羅尼」、活版印刷の最古「グーテンベルク四二行聖書」(ファクシミリ版)他十数点の貴重本を所蔵している。

創業の精神をふまえて「本に関するあらゆる相談に応ずる」をモットーに丸善の文化活動の役割を担っている。

㈶ラスキン文庫

沿革

ラスキン文庫は真珠王といわれる御木本幸吉の長男・隆三（一八九三―一九七一）の収集した蔵書・資料をもとに始められた。隆三は京都大学在学中に河上肇のもとでラスキン（イギリスの芸術批評家・John Ruskin　一八一九～一九〇〇）を研究し、一九二〇年から二九年にかけて英国にラスキンの遺族等を訪ね、遺稿、書簡、著作等を広く収集。一九八四年に遺族により財団法人ラスキン文庫が設立された。

蔵書

コレクションは、ラスキン全集の完全本といわれる三九巻（一九〇三―一二、ロンドン刊）をはじめとするラスキンの著作、ラスキン研究書等四五〇〇冊など。さらに『ムネラ・プルベリス』等の肉筆原稿の一部八点、書簡六七通、「イタリアの橋」等の画一四点、ラスキンの胸像（高村光太郎作）他を所蔵している。

図書館の運営を基本としながら、毎年講演会や読書会を開催している。ほかにヴィクトリア朝時代に関する図書等も充実している。『ラスキン文庫蔵書目録』（昭六一）『ジョン・ラスキン書簡集』（平六）「ラスキン文庫たより」（年二回）が発行されている。

㊟〒104―0045
中央区築地二―一五―一五
セントラル東銀座ビル一階
㊫〇三―三五四二―七八七四
Ⓕ〇三―三五四二―三六五五
㊬地下鉄日比谷線築地駅下車
徒歩三分
㊊午前一一時～午後五時
㊡日・月曜・祝日・講座開催日
㊙一六歳以上
㊖不可

運輸省図書館

沿革

明治二八年、逓信省鉄道局に図書室を開室したのが、この図書館の始まりである。昭和二四年六月一日、運輸省設置法に伴い、従来の運輸省図書館は、蔵書、施設、その他が日本国有鉄道に所属することになったので、同日付で発足した運輸省図書館が、国立国会図書館支部の名称を引き継ぎ、同年八月一日に開館した。なお、中央省庁等改革関係法施行法によって、平成一三年一月から「国土交通省図書館」に再編改称される（予定）。

蔵書

運輸行政に関する専門図書館として、主として運輸行政関係の図書資料及び統計類を収集している。蔵書数は、和洋図書約四万一〇〇〇冊、和洋雑誌三〇〇種、ほかに電子出版物、ビデオ、CD-ROM等である。蔵書構成は、社会科学三八パーセント、技術・工学二〇パーセント、産業三三パーセント、その他九パーセントになっている。

コレクション

「時の法令」創刊号（昭二五～）、「ジュリスト」創刊号（昭二七～）、「朝日年鑑」（昭和一三年～）、「交通年鑑」（昭和二二年～）、「六法全書」（昭和二四年～）、「朝日新聞縮刷版」（昭和二六年～）等。

㊟〒100−0013
千代田区霞が関二−一−三
（合同庁舎第三号館内）
㊫〇三−三五八〇−三一一一
（内五八二九）
Ⓕ〇三−三五八〇−七八四一
㊯地下鉄丸ノ内線霞が関駅歩三分
㊐午前九時三〇分～一二時、午後一時～午後四時三〇分
㊡土曜、日曜、祝日、月末
㊒限定（運輸省職員及び館長が許可した者）
㊗可（㈶運輸経済研究センターが閲覧者用に複写機（有料）を設置、利用者各自が行う）

刊行書誌

「運輸省図書館新着書ニュース」（月刊）、「運輸省図書館収書目録」（昭和二五・七創刊、年刊）、『運輸省図書館蔵書目録』上、下巻二冊（昭四九）、同索引（昭五一）など。

大蔵省文庫

沿革

明治四年、大蔵省に開設した記録寮に旧幕府時代の関係文書・図書類が保管されたのに始まる。その後、財政関係資料等の収集整備を行い、大正七年七月に大蔵省文庫と改称された。大正一二年九月の関東大震災により、それら旧幕府の引継図書・文書、大蔵省開設以来の全蔵書約三六万冊が全焼した。小野則秋著『日本文庫史』によれば、当時、官庁図書館としては、質、量とも内閣文庫を上回る最高の図書館であったという。その後、文庫再建のために総力をあげて図書資料等の収集整備が図られてきた。昭和一五年、大蔵省の全庁舎は落雷によって被災したが、蔵書は幸い焼失を免れた。再建された文庫は、同一四年大臣官房文書課に文庫係として所属し、昭和二三年八月には、国立国会図書館支部と併せ称することになった。なお、中央省庁等改革関係法施行法によって、平成一三年一月六日から財務省図書館となる（予定）。

蔵書

所管行政に必要な財政、経済、金融、法律関係の分野にわたる重要な図書資料をもれなく収集。経済関係の専門図書館としての蔵書内容となっている。蔵書数は、和図書約一三万四〇〇〇冊、洋図書約二万三〇〇〇冊、和雑誌七〇〇種、洋雑誌一〇〇種、そのほか和洋新聞となっている。なお所蔵図書のうち、戦前のものは約三万八〇〇〇冊が含まれてい

㊟〒100―0013
千代田区霞が関三―一―一
㊊〇三―三五八一―四一一一
（内二二四八～二二四九）
Ⓕ〇三―五二五一―二二七七
（情報システム部）
㊋地下鉄霞が関駅歩一分
㊏午前九時三〇分～午後五時
㊡土曜、日曜、祝日
㊍限定（大蔵省職員及び文庫長が許可した者、相互貸借票を持参する者）
㊞可（一人原則として二〇枚以内）

る。

コレクション

台閣手翰集　後藤新平、山形有朋、桂太郎ら明治時代から大正期にかけての顕官の書翰（公用文）を収集したもの。二五巻一一八点。大正一二年関東大震災で、大蔵省が震災対策本部を永田町の大臣官舎に設置した際に発見し、収集したもの。内容は『台閣手翰』に詳しい。

渡辺誠記念文庫　元大蔵省国際金融局長・渡辺誠（一九一四〜）が収集した、主としてロシア語の経済関係図書および和書計一二四七冊が、昭和四九年に寄贈されたもの。内容は『渡辺誠氏寄贈図書目録』（昭五〇）、「ファイナンス」（昭四九・七）に紹介がある。

石渡荘太郎記念文庫　元大蔵大臣・石渡荘太郎（一八九一〜一九五〇）の石渡荘太郎伝記編纂会から昭和三一年に基金を受け順次図書の購入を行っている。図書は財政、経済、金融に関わる洋書に限定され、約一五〇〇冊を蔵する。内容は『「石渡（荘太郎）さんを忍ぶ会」寄贈図書目録』（昭五八・四）、『石渡記念文庫図書目録』に詳しい。

国際復興開発銀行寄贈図書　昭和二六年から同三七年にかけての経済開発関係文献の洋書三四七冊を、昭和三九年に国際復興開発銀行経済研究所長から寄贈の申入れがあり、それを受けて納められたもの。内容は『国際復興開発銀行寄贈図書目録』（昭二六〜三九）に詳しい。

長沼弘毅記念文庫　主として社会科学、文学関係図書約五一〇〇冊。『長沼弘毅氏寄贈図

書目録』(昭五五)に詳しい。長沼は、シャーロックホームズの研究家としても著名。

その他のコレクション――

「予算書」明治六年～、「決算書」明治元年～、「日本外国貿易年表」明治一五年～、「法令全書」明治元年～、「官報」明治一六年～、「国会議事録」第一回帝国議会～、「職員録」明治二二年～、「エコノミスト」大正一二年～、『大日本貨幣史』(全二七巻)、『大日本租税志』(全三〇巻)、『大蔵省沿革志志科』(「大蔵省沿革志書類」七九冊及び「貨幣改鋳書類」を集めたもの)、『大蔵卿年報書』(明七～同一八年)、『明治前期財政経済史料集成』(全二一巻)、「松方正義関係文書」(財政金融が中心、六七冊と目録、その一部が『松方正義関係文書』第一七、一八巻〈平七～八年刊〉に収録)、『吹塵録』等多数があり、歴史的に貴重なものが多い。

刊行書誌――

『大蔵省文庫目録　旧蔵和書』上、下巻(昭五六～五七)、『大蔵省文庫蔵書目録　洋書』(昭六二)、『旧大蔵省文書』(大蔵省財政史編纂掛　昭五、和装一八〇頁、膳写)、『大蔵省文庫所蔵戦後財政金融史参考文献目録』(昭四五)、「大蔵省文庫新着図書案内」(月刊)、「大蔵省関係出版物目録」昭和二五年～(年刊)、「省内受入欧文逐次刊行物目録」(年刊)。

お茶の水図書館

〒101−0062
千代田区神田駿河台一−六
お茶の水スクエアB館9階
電 〇三−三二九四−二二六六
F 〇三−三二九一−一八三六
交 JR御茶ノ水駅下車徒歩五分、営団地下鉄丸の内線お茶の水駅下車徒歩八分、営団 地下鉄千代田線新お茶の水駅下車徒歩五分
開 午前一〇時〜午後六時
休 日曜・祝日・第一月曜
利 一八歳以上女性、入館料一〇〇円
複 可

沿革

大正六年（一九一七）に雑誌「主婦の友」を創刊し、主婦の友社を創業した石川武美（一八八七〜一九六一）が昭和一六年（一九四一）に創立した女性利用者専用の図書館。「主婦の友」からの利益を愛読者へ還元したいという思いと、かねてよりの図書館設立の夢から、女性のための図書館という構想が生まれた。

女性および女性文化に関するテーマを重点に、育児、料理などの実用書や文学、美術書など、和書一四万冊、洋書三〇〇〇冊を所蔵。平成一〇年度から一般図書の無料登録貸し出し制度をはじめた。雑誌は国内外の女性誌、生活誌が充実して、和雑誌六〇〇種、洋雑誌二〇〇種、新聞三〇種を所蔵し、「主婦の友」は創刊号から全号を所蔵する。

また昭和四二年からはじめた「お茶の水図書館・教養の集い」では、一年に五回、各界の専門家、識者を招いて講演会を行っていて、男女とも参加できる。

コレクション

成簣《せいき》堂文庫　思想家・ジャーナリスト徳富蘇峰（一八六三〜一九五七）の旧蔵書で、古書、古文書など七万一四一四点、和洋書二万二〇〇〇冊からなる。宋刊本、五山版本、古活字版本などの刊本や、奈良・興福寺大乗院文書を中心に信長、秀吉、家康の文書、書簡、太閤検地関係記録などの古文書、奈良・平安・鎌倉時代の仏典写本の重要美術品、古写本

では平安初期の百科事典『秘府略』や十世紀の医学書『医心方』は重要文化財に指定されている。目録は『成簣堂善本書目』（昭一七）『成簣堂古文書目録』（昭一一）『「大乗院文書」の解題的研究と目録―お茶の水図書館蔵』（昭六〇、六一）『武家文書の研究と目録―お茶の水図書館蔵』（昭六三）『成堂文庫洋書目録』（昭六一）『新修成簣堂文庫善本書目』（平四）がある。

竹柏園本　歌人佐佐木信綱（号竹柏園・一八七二〜一九五七）旧蔵の万葉集関係文献二〇三九冊である。なかでも、西本願寺本『万葉集』（二〇冊）は仙覚による新点本のうち最古の写本である。また契沖自筆稿本の「万葉代匠記」「大矢本万葉集」「桂本万葉集」「天治本万葉集」などの完本、断簡、荷田春満、賀茂真淵、本居宣長らの自筆稿本も含まれる。これらの古文献は継続して整理中である。特別図書は、性別を問わず研究者に限り閲覧でき、事前に文書で申し込む。

会計検査院図書館

沿革

明治二二年五月、会計検査院法が制定され、翌年六月、官房庶務科記録掛において書籍の保存事務を掌ったのが図書館の始まりである。大正一二年九月、会計検査院庁舎は関東大震災により全壊し類焼に遭い、これまで収集整備に努めてきた全蔵書を失っている。再建に着手した大正一三年四月三〇日現在の蔵書数はわずか二九二冊であったが、そのうちの七一冊は、職員や他官庁からの寄贈であったという（「会計検査院図書館小史」（I）（II）（「びぶろす」三二巻四、五号所収）。

蔵書

会計検査院の業務は、国の財政に関わるすべてを対象としているために、各省庁担当の諸分野に及んでいるのが特色である。このような広汎で複雑な業務を遂行するための専門図書館として、会計検査業務に役立つ財政、経済、法律、会計学、工学、建築等の図書、専門誌等を収集している。また内外の財政監督資料類についても収集整備を期している。ほかに会計検査院百年史編集のために収書された貴重な資料類の散逸を防ぐための整理保存事務も行っている。蔵書数は和図書約三万七〇〇〇冊、洋図書約二五〇〇冊、和雑誌七五〇種、洋雑誌一二種、その他和洋新聞などからなる。

㊟〒100-0013 千代田区霞が関三-二-一
㊆〇三-三五八一-三二五一（内二二一〇～二二一二）
Ⓕ〇三-三五九二-一八〇七
㊋地下鉄霞が関駅歩五分
㊐午前九時四五分～午後四時三〇分
㊡第四月曜（第四月曜が休日の場合は翌日）
㊫限定（職員、ただし部外者でも館長の承認あれば事務に支障のないかぎり利用できる）
㊇不可（職員のみ）

コレクション

「決算検査報告」明治一九年度～、「予算書」大正三年度～、「決算書」大正元年度～、「法令全書」慶応三年～、「決算統計」昭和六年度～、「官報」明治一六年～、などのほかに、小峯保栄（一九〇五～八一）元院長の寄贈図書（専門図書及び教養図書）が昭和四一年以降継続して約六〇〇〇冊にのぼっている。

刊行書誌

収書案内として昭和二六年八月創刊の「会計検査院図書館図書月報」（昭和三〇年四月「会計検査院図書月報」と改題）。目録としては『会計検査院蔵書目録　昭和三〇年一一月現在』があり、その追録として『増加図書目録』（昭和三五年六月～一二月、昭和三六年一月～一二月、昭和三七年一～五月）が刊行されている。ほか『逐次刊行物総目録　昭和六一年九月』がある。

海事資料センター

沿革

船に関する専門図書館。海事産業研究所の一部門として昭和四九年、「国際的視野のもとに、海運、造船、港湾その他の海事諸産業のための調査研究を行い、これら諸産業の発展に寄与し、国民経済の向上に貢献すること」を目的に、誰でも利用できるライブラリーとして開館した。

蔵書

蔵書は、海運関係図書として、海運政策・経済・事情、海運史、海上保険、海上労働など。港湾、造船、海事法規、石油・鉄鋼等の関連産業に関する図書や国際貿易に関する基本的研究書、海運関係の国際会議の出版物などや、社史、団体史、アニュアルレポートも所蔵。蔵書数は和書二万冊、洋書一万四〇〇〇冊、和雑誌五二〇種、洋雑誌二三〇種。なかでも船の名前、等級、寸法、持ち主等を記載している『船名録』は日本のものは明治二三年版からある。脇村義太郎文庫には世界を代表する船名録である「Lloyd's Register of Shipping:Register of ships」が一七六四年版から一八三三年までを所蔵。ほかに元大同海運株式会社社長・田中正之輔旧蔵の田中正之輔文庫、三五〇〇〇冊もある。

出版物

『蔵書目録』（昭五四）『逐次刊行物目録』（昭六二）『便宜置籍船に関する文献目録』（昭

㊟〒102−0093　千代田区平河町二−六−四　海運ビル九階
㊂〇三−三二六五−五二三五
Ⓕ〇三−三二六五−五〇三五
㊇地下鉄有楽町線・半蔵門線永田町駅下車徒歩二分、地下鉄丸の内線赤坂見附駅下車徒歩七分
㊕午前一〇時〜午後四時三〇分
㊡土・日曜・祝日・月末最終日・五月二一日・七月二〇日
㊓可　登録制
㊖可

五〇）『海事関係社史・団体史・労働組合史・伝記目録』（国内編・昭五八）（国内編補遺版・昭六〇）（国内補遺版二・平二）『海事関係社史・団体史・伝記目録』（国外編・昭六〇）『海外海事統計索引』（昭五七）『社史で語る日本海運史』（昭六〇）『シリーズ・海事参考図書案内』（昭六三創刊）

海上保安庁図書館

㊟〒100−0013
千代田区霞が関二−一−三
㊢〇三−三五九一−六三六一
（内二六〇、二六一）
Ⓕ〇三−三五九一−九七八〇
（広報室一般電話供用）
㊫地下鉄霞ヶ関駅歩五分
㊊午前九時三〇分〜正午、午後一時〜午後四時三〇分
㊡土曜、日曜、祝日
㊖限定（許可制、要事前連絡）
㊗限定（館長が許可した者に限る）

沿革

海上保安庁は、昭和二三年五月、海上の安全を確保することに直接関係のある各種の行政事務を統合して創設された。それから四年後の同二七年一二月、総務部政務課の所管の下に、国立国会図書館の支部として設置され、水路部（別掲）に分館が設けられた。庁内にある図書資料は、図書館が一元的に管理することになった。創館時の各部局が保存していた資料については、水路部が旧海軍省時代からの取扱手続を踏襲して文献を保存していたが、その他部局は戦災によっては保存資料の大半が失われた。現在の蔵書は、水路部業務を除いた海上保安業務の遂行に必要な参考図書、資料類や海事関係の図書類を主に収蔵しており、特色となっている。蔵書数は和図書約三万五〇〇冊、洋書約四三〇種、和雑誌約一二〇種、洋雑誌二種、その他新聞六種、映像フィルム三四リールとなっている。

コレクション

「官報」昭和二三年一月〜、「朝日新聞縮刷版」昭和二四年一月〜、「憲法類編」（明治六年明法寮編纂、全二八巻）、「日本海難防止協会調査研究報告書」「造船協会雑纂（会報）」（大正一二年一〇月〜昭和一八年一月）等。

刊行物

収書案内として「海上保安庁図書館だより」（昭二八・一二創刊、月刊）

外務省図書館

沿革

同館は、明治二年、外務省設置後の翌年四月、外務省記録事務を担当する編輯掛が、図書関係の業務を取り扱うことになったことに始まる。図書館は、大正一二年関東大震災、昭和一七年庁舎火災により大きな被害を受けた。さらに昭和二〇年五月の戦災では、庁舎は全焼し、本省に保管されていた図書類、カード目録、原簿などはすべて焼失した。幸いに疎開されてあった図書類約一万九〇〇〇冊は焼失を免れた。

蔵書

外交業務全般の参考となる内外の図書・資料を収集しており、特に外国について書かれたものが多いのが特色になっている。蔵書数は、和図書約一〇万冊、洋図書四万六〇〇〇冊、和雑誌約四〇〇種、洋雑誌一〇〇種、和洋新聞九種などからなる。このうちの図書収集の主分野としては、諸外国の百科事典・語学辞典・年鑑・年報類、諸外国の政治・経済・社会事情・歴史・地誌類、国際法・条約・外国法令類など多岐の内容にわたって集められている。

コレクション

ロシア第一次革命以前のものも含む古い露文図書、ＯＥＣＤ（経済協力開発機構）の主要出版物、南満州鉄道株式会社の刊行物八六八冊、語学関係ビデオテープ約一六〇〇本、

㊟〒100―0013
千代田区霞が関二―二―一
㊝〇三―三五八〇―三三一一
（内二七四一〜二七四三）
Ⓕ〇三―三五八〇―九八〇八
㊋地下鉄日比谷線霞ヶ関駅歩五分
㊍午前九時三〇分〜午後五時四五分（昼休みも開館）
㊡土曜、日曜、祝日、毎月第四木曜（図書整理日）
㊙限定（館長の許可）
㊗限定（禁帯出図書、新聞、官報、国会議事録に限り一人一〇枚まで）

外国地図約六万七三〇〇枚、日米文庫（日米友好基金寄贈、邦語アメリカ研究書）、先輩コーナー（昭和六二年度から省員あるいは外務省関係者及び退職者の著作物を網羅的に収集し、「先輩コーナー」を特設）、和装本（主に外国との関係史）。

刊行書誌――『外務省図書館利用の手引』（随時刊行）、「新着図書案内」（週刊）、「省内逐次刊行物所在目録（和・洋別）」（年刊）、『語学ビデオテープ目録』（随時刊行）、『外務省関係者図書目録 平成五年一一月三〇日現在』（平五）、『外国地図目録Ⅰ（昭和六二年度）』（昭六四）、『政府調達外国図書目録 昭和六二年度』第一～三部（昭六四、三冊）等。

科学技術庁図書館

沿革

同館は、昭和三一年五月、科学技術庁発足と同時に、工業技術院図書館の蔵書の一部を移管して調査普及課内に図書室を設けたのに始まる。なお、平成一三年一月から省庁改革法施行法によって「文部科学省図書館」に再編、改称される（予定）。

蔵書

科学技術の行政業務に必要な図書資料を中心に収集を行っている。蔵書数は、和図書約二万三八〇〇冊、洋図書約一二〇〇冊、和雑誌約六二〇種、洋雑誌二六種を蔵する。それらの内容は、主として社会科学系の一般図書や海外資料としてNSF、OECD等の科学技術関係資料類、調査研究成果報告書・白書・年報（官庁・研究機関等）類、国内外逐次刊行物（科学技術関係の和洋雑誌、官庁・銀行・研究機関等の月報・ニュース・民間企業の技報等）類、各種辞典・名鑑等の参考図書類、科学技術庁編集・監修の図書・資料類などがあげられる。構成は科学技術関係が七〇パーセントで圧倒的に多く、次いで統計を含む社会学関係が二〇パーセント、その他一〇パーセントの割合となっている。

刊行物

「新着図書・資料リスト」（月刊）、「逐次刊行物目録」「科学技術庁図書館利用案内」

㊟〒100―0013
千代田区霞が関二―二―一
㊫〇三―三五八一―五二七一
（内三三九、七四九）
Ⓕ〇三―三五八一―二四一三
㊋地下鉄霞ヶ関駅歩三分
㊐午前九時三〇分～一二時、午後一時～午後五時（ただし、外部利用は午前一〇時～一二時、午後一時～午後四時三〇分）
㊡土曜、日曜、祝日、毎月末日
㊓限定（職員、館長が特に許可した者）
㊌不可

環境庁図書館

沿革

昭和四六年七月に設置された環境庁の図書類の管理は、当初総務課文書係を中心に各局に分散して保管されていた。環境行政の拡大にしたがって環境問題に関する図書利用が増大したため、総務課内に「図書室」が設けられ、同五〇年四月により積極的な収集を図るために、国立国会図書館支部環境庁図書館となった。

蔵書

環境、公害問題の専門図書館として、地球環境、自然保護、大気汚染、水質汚濁、環境保健、野生生物等を主体にした内外の図書・資料を収集しているほかに、関連分野の法律学、政治学、経済学など多岐にわたって集めている。蔵書数は和図書二万八七〇冊、洋図書二三四八冊。主な集書としては、地方公共団体が発行する白書類、雑誌等のバックナンバー（かんきょう、科学、科学朝日、環境朝日、環境研究、環境情報科学、公害研究、自然保護、廃棄物、エネルギーと環境、ＰＰＭ、グリーンパワー、JOURNAL OF TOXCOLOGY AND ENVIRONMENTAL HEALTH、インセクタリウム、官公庁公害専門資料、クリーンジャパン、資源と環境、環境管理、生活と環境、全国公害研究誌、大気汚染学会誌、地域開発、水処理技術、都市と廃棄物、野鳥、用水と排水、私達の自然、ヘドロ、国立公園、環境技術）等。

㊟〒100—0013
　千代田区霞が関一—二—二
㊫〇三—三五八一—三三五一
　（内六七七二）
Ⓕ〇三—三五八〇—二五一七
㊯地下鉄丸ノ内線霞ヶ関駅歩
　三分
㊐午前一〇時〜一二時、午後
　一時〜午後五時
㊡土曜、日曜、祝日
㊜限定（館長の許可）
㊝なし

なお、同館では、和洋書とも日本十進分類法により分類しているが、環境関係については独自の分類法を使用。(E〇〇からE一〇〇まで環境・公害一般から大気汚染、水質汚濁、環境保健、都市問題、地球環境等に細分)

刊行物

「図書案内」(月刊)、「国立環境研究所ニュース」、「地域環境研究センターニュース」。

気象庁図書館

沿革

明治八年、気象庁の前身である東京気象台が創立されてから現在まで、気象に関する内外の図書資料を中心に収書した専門図書館である。図書業務についての起源は明らかではないが、明治三三年の『中央気象台一覧』には、すでに「図書掛」の分掌が記されて「図書室」名が見える。昭和一五年、同掛は総務部図書課となり、同二六年一一月中央気象台図書館となった。さらに、三二年四月、気象庁図書館と改称された。大正九年にコンクリート三階建ての書庫を建造、大正一二年の関東大震災をまぬがれた。また、昭和一五年の雷災、昭和二〇年の戦災では、庁舎に大きな被害を受けたが、書庫は焼失をまぬがれ蔵書は確保された。

蔵書

気象学、海洋学、地震・火山学の分野を中心とした地球物理学、ならびに気象部門に関連のある化学、農学、数学、天文学、物理学等の諸分野の図書資料を対象に、購入、内外の類縁機関との資料交換及び受贈等によって収集している。また、気象庁創立以来集積された気象観測資料をはじめ、伝来の「古書」を所蔵している。蔵書数は、和図書約七万冊、洋図書約一二万冊、和雑誌四〇〇種、洋雑誌八〇〇種にのぼる。利用者はコンサルタント会社が一番多く、続いて学生で、卒業論文やレポート作成のために利用することが多いと

㊟〒100―0004
千代田区大手町一―三―四
㊫〇三―三二一二―八三四一
（内二二四九―二二五三）
Ⓕ〇三―三二一六―六四七〇
㊇地下鉄東西線竹橋駅歩二分
㊐午前九時三〇分〜午後一一時三〇分、午後一時〜午後四時三〇分
㊡土曜、日曜、祝日、毎月一日（土・日・祝日の場合は翌平日）、その他館長が定めた日（図書整理等）
㊓限定（館長の許可）
㊎限定（部外者はセルフコピー機による複写〈昭和三〇年以後の気象庁刊行物の複写〉と日本気象協会による複写〈前記以外の図書資料の複写〉の二本立てで実施）

いう。ほかに、気象業務に関連して作成された写真・スライド資料類一万三二〇〇枚、アルバム約七〇〇冊がある、利用者は出版社が断然多く、次が報道関係の順という。

コレクション――――

ヘルマン文庫 元ベルリン・プロイセン気象台長、元ベルリン大学教授Gustav Hellmann（一八五四～一九三九）旧蔵の気象学関係の洋書一九四冊、雑誌・抜刷八八三冊。一六世紀以後の降雨現象地球磁気、地電流、空中電気等に関するものが中心。大正後期に購入したもの。

天気図等気象観測資料 世界気象機関（WMO）に加盟している約一二〇ヵ国の気象機関との寄贈交換によって図書資料の収集を行っている。外国気象資料（一八〇〇年代から）、WMO刊行物、天気図・気象月報・気候表・気候図などが主なもの。天気図は明治一六年三月から所蔵。毎年気象記念日が近づくと、日本初の天気図（明治一六年三月一日）は報道関係の取材や閲覧申込みが急に多くなるという。

古書・古地図類 気象庁の淵源が置かれた明治初期の内務省地理寮（のちの地理局）の前身が、工部省測量司で、その歴史は旧幕府天文方にさかのぼることができる。同館蔵書中には、創立時伝来の古書及び古地図類が「古書」として保存されている。古書は江戸から明治までの災害記、災害絵図、測量指南書など、主なものをあげると、『量地伝習録』（渡辺慎編）、『測地度説』（伊能忠敬著）、『伊能忠敬地図凡例並びに各地緯度里程表』（伊能忠敬著）、『測量用算範』（荒井都之助著）、『雪華図説』（土井利位著）、『大地測量書』

『和漢運気指南後編』『暦日諺解』『弘化四未年大地震届書写』『江戸大地震方角絵図』(「安政二年冬一〇月二日」とあり)等がある。また、古地図類は歴史的価値が高い貴重なもの。間宮林蔵(一七七五〜一八四四)の実測とされる『間宮氏実測　元蝦夷地図』『間宮氏実測　北蝦夷(樺太)地図』(以上二点の裏書きに「間宮氏実測」とあり)、『元蝦夷地図』、伊能忠敬(一七四五〜一八一八)らによる『江戸府内図』、ほかに『日本全国暗射指南譜』(大槻修二)、『横浜実測千分之一写図』(十一枚組)等がある。これら「古書」について、同館が昭和三〇年代に作成された古書リストには全部で三三九点の書名が記載されている。このうちの一部が平成九年三月に国立国会図書館へ移管された。地図、災害関係一枚刷り、書籍、合せて九八点である。この中には、伊能忠敬による『大日本沿海輿地全図』のうち大図四三枚の写本が含まれている。伊能図の集大成を現代に伝える第一級資料として、新聞報道や国会図書館開館五〇周年記念貴重書展に陳列されて話題に上った。これらの移管図書は、整理、保存のための手当てなどを経て利用に供する予定であり、現在はまだ公刊されていない。

刊行書誌

『気象庁図書館蔵書目録』和書の部、索引の部(昭五一〜五三、二冊)、『気象庁図書館蔵書目録　洋書の部・逐次刊行物の部』(昭五二)。

ほか、収書案内書として「気象庁図書月報」(「中央気象台図書月報」の改題、昭三〇、一創刊)がある。

共立女子大学図書館（中央図書館）

沿革

明治一九年に設立された共立女子職業学校を前身とし、昭和三年に共立女子専門学校を開設、同二四年に新制大学となった。わが国最初の女子職業学校の流れをくむ家政学部と文芸学部、国際文科学部（八王子校舎）からなる。図書館は神田一ツ橋キャンパスの中央図書館と文科系図書室、八王子図書館の二館一室で構成。

蔵書数は二六万五〇〇〇冊、うち洋書八万四〇〇〇冊、継続受入和雑誌一二八四種、同外国雑誌一八二種。

コレクション

イソップ寓話コレクション　和書・洋書合わせて四〇点。英国ものの絵入りイソップが特に充実しており、Ogilbyの一六五一年版、Barlowの一六八七年版などの元版が含まれる。「図書館だより」第七号（平一〇・四）に内田市五郎文科教授の解説がある。

西洋蔵書票コレクション　個人が収集した二件のコレクション。一はニューヨークの弁護士の旧蔵になるヨーロッパの紋章蔵書票を中心とする古典的蔵書票七九六点で、一五・六世紀のドイツ蔵書票、フランス革命に関する蔵書票など貴重な作品を含む。二はオランダ蔵書票教会会長レーベルゲンの旧蔵品で、現代ヨーロッパの作品七八五点。「図書館だより」第二号（平七・一〇）に内田市五郎文科教授の解説がある。

㊟〒101―8433
千代田区一ツ橋二―二―一
七　神田一ツ橋キャンパス
四号館
㊫〇三―三二三七―二六三〇
Ⓕ〇三―三二三七―二七七四
Ⓗhttp://www.kyoritsu-wu.ac.jp
㊦営団地下鉄東西線竹橋駅又は九段下駅より徒歩五分。都営地下鉄三田線・同新宿線神保町駅より徒歩五分。JR総武線水道橋駅より徒歩一五分
㊐午前九時〜午後六時（土曜は午後四時まで）
㊡日曜、祝日
㊫限定
㊕可

銀行図書館

沿革

明治三〇年東京銀行集会所内に経済文庫として開設され、昭和四一年銀行図書館と改称した。社団法人東京銀行協会加盟の銀行役員、職員ための調査、研究図書館として、国内外の経済・金融関係図書の収集を行っている。明治以来の日本の銀行の設立、統合、改称などを知ることのできる銀行変遷史データベースを作成した。蔵書数は図書一五万冊、雑誌一〇〇〇種。その内二万冊は経済文庫時代に収集されたもので、明治以降の経済、金融関係の図書、資料、統計、定期刊行物等を所蔵している。

刊行書誌

『銀行図書館蔵書目録 上巻 戦前図書の部』(昭四三)『本邦銀行変遷史』(平一〇)

㊟〒100―8216
千代田区丸ノ内一―三―一
銀行会館七階
㊔〇三―五二五二―三七八七
Ⓕ〇三―五二五二―三七九七
Ⓗhttp://www.zenginkyo.or.jp/library/library.htm
㊇地下鉄千代田線・東西線・半蔵門線・都営三田線大手町駅下車徒歩一分、東京駅丸の内北口下車徒歩五分
㊐午前九時三〇分〜午後四時三〇分(正午〜午後一時休)
㊡土・日曜・祝日・銀行休業日
㊒限定
㊓可

宮内庁書陵部

㊟〒一〇〇─〇〇〇一
千代田区千代田一─一
㊟〇三─三二一三─一一一一
（内四四〇（閲覧）、四四六
（資料内容））
㊟地下鉄東西線竹橋駅歩七分
㊟午前九時〜午後四時三〇分
㊟土曜、日曜、祝日
㊟限定
㊟業者に委託

沿革

書陵部の前身の図書寮は、大宝令の古制にならって、明治一七年八月二七日、太政官達により宮内省の一部局として、皇室の系譜及び記録の編集、内外の書籍、古器物、書画などの保存を目的として設置された。さらに、昭和二四年六月一日宮内庁官制の制定にあたり、さきに廃止された諸陵寮の事務を図書寮に併せ、新たに書陵部が設置された。所管業務は、皇室に関する記録の編修、図書管理・利用・陵墓、正倉院管理、宮内庁図書館（別掲）の運営などである。

蔵書

書陵部の蔵書数は、和漢書約三八万二〇〇〇冊、洋書約四〇〇〇冊に及ぶ古典籍を所蔵している。それらは、皇室の伝来本のほか旧宮家、旧公家、旧武家等からの移管本や国学者、漢学者等の学者の旧蔵本から構成されており、それらがまとまりのある書籍群として伝来してきている点に大きな特色がある。

コレクション

飛鳥井家本（飛鳥井雅四旧蔵の和書一七五冊）、新井家本（新井白石旧蔵の和漢書三四七冊）、桂宮本（四親王家の一つ桂宮家歴代の親書、同家伝来の歌書を中心とする文学書九七二〇冊）、御所本（朝廷歴代の収集書で、一万九四二六冊）、九条家本（五摂家の一つ

九条家歴代の日記、記録、所領関係文書、和書等一万一八八九冊）、古賀家本（江戸期の儒家古賀精里、古賀侗庵、古賀茶渓の収集した和書・漢籍一万四八七六冊）、久我家本（七清華の一つ久我家伝来の日記、記録など四〇一冊）、国分家本（漢学者国分高胤旧蔵の詩文を中心とする漢籍九七一二冊）、四条家本（四条流膳部料理の家元四条家伝来の包丁料理の来歴及び有職故実など七三冊）、白川家本（白川家伝来の神祇関係の記録文書と所領文書一一二八冊）、仙石家本（旧但馬出石藩仙石家伝来の大坪流・日置流の馬術関係和書二三三冊）、鷹司家本（五摂家の一つ鷹司家の朝儀・故実・勅答等の歴代記録七〇六九冊）、高辻家本（高辻宣磨旧蔵の漢籍九四九冊）、谷森家本（国学者谷森善臣旧蔵の和書四二五一冊）、土御門家本（土御門家伝来の土御門神道、所領に関する記録文書五〇三冊）、徳山本（旧徳山藩主毛利家伝来の和書・漢籍二万九〇一冊）、庭田家本（庭田家伝来の宮中諸儀式関係文書一八一二冊）、野宮家本（野宮家伝来の文書・記録七八八冊）、橋本家本（橋本家伝来の有職故実・儀式関係文書一五七四冊）、葉室家本（葉室家歴代の記録文書四〇〇〇冊）、日野家本（日野家伝来の文書八八〇冊）、日野西家本（日野西家伝来の文書五九九冊）、平田家本（平田出納家歴代の日記、家伝の有職故実関係文書八一一冊）、藤波家本（藤波家伝来の伊勢神宮関係文書、歴史書、名家自筆本等四三六冊）、伏見宮本（四親王家の一つ伏見家歴代の家記、記録文書等一六六六冊）、松岡家本（江戸後期における松岡家歴代の撰著、写本、稿本、有職故実関係書など約一万二〇〇〇冊）、松平家本（旧松江藩主松平斉貴旧蔵の鷹書九三一冊）、壬生家本（壬生宮務家歴代の日記、記録文書など四一〇冊）、柳原家本（柳原紀光の収集した記録文書など歴史関係和書三六六八冊）、山内家本（旧土佐藩主山内容堂旧蔵の漢籍三七六三冊）、浅草文庫本（東京浅草で開設された官立図書館旧蔵書五〇冊）、阿波国文庫本（徳島藩主蜂須賀家の旧蔵書一六二一冊）、御歌所本（御歌所の旧蔵書七八八〇冊）、梶井宮本（三千院門跡に伝来した旧蔵書一九点）、木戸本（木戸孝允の関係資料五四〇件）、久世本（久世家伝来の旧蔵書三六八冊）、黒川本（国学者黒川春村、その嗣真頼、真道の旧蔵書四〇九冊）、水野本（水野忠央旧蔵書一一一六冊）、山科本（山科家伝来の旧蔵書五一一冊）、佐伯毛利本（佐伯藩第八代毛利高標の旧蔵書約五〇〇〇冊）、三条公行実編輯掛本（三条実美の伝記編纂のために収集された書籍一八三七冊）、三条西本（三条西家伝来書八九冊）、諸陵寮本（諸陵寮の旧蔵書約一万点）、多紀本（多紀氏の旧蔵書五四五冊）。

刊行書誌

『宮内庁書陵部和漢書目録』上下巻、索引、増加第一（昭和二七〜四三、全四冊）、『伏見宮家御蔵書雅楽関係目録』（邦文タイプ、昭一五）、『帝室和漢図書目録』（大五）、『図書寮漢籍善本書目』（昭六）、『図書寮典籍解題』（昭二三〜三五、全五冊）、『桂宮本叢書』（全二三冊、昭四三完）、『図書寮叢刊』（現在刊行中）等。ほかに「書陵部紀要」（昭二六創刊）がある。

宮内庁図書館

沿革

同館は昭和二三年八月、宮内府図書室を母体として、宮内府図書寮の一部の図書と旧宮内省参事官室の図書とを合せて、図書寮内に国会図書館支部の「宮内府図書館」として設置された。母体となった宮内府図書室は、昭和一一年五月職員の教養娯楽のための利用を目的として設けられていたもの。その後、宮内府は昭和二四年六月宮内庁となり、図書寮は諸陵寮と合併して書陵部（別掲）と改称された。

蔵書

同館は、皇室に関する専門図書館として、図書、雑誌記事をはじめとする皇室関係の諸資料が網羅的に収集されており、蔵書の特色となっている。蔵書数は、和図書約九万五〇〇〇冊、洋図書約二九〇〇冊、和雑誌約一七〇種、和新聞二二種に及んでいる。内容は歴史、有職故実、文学など業務上多岐にわたっている。主要図書としては、皇室に係る直接的な資料、宮廷と日本文化との関係資料、日本古文研究資料などが比較的多く集められており、全蔵書の約二四パーセントを占めている。

コレクション

東宮御学問所資料　小笠原長勝氏から昭和四一年四月に寄贈されたもの八〇冊。昭和天皇が学ばれた東宮御学問所の教科書である。東宮御学問所は、昭和天皇が、大正三年四月

㊟〒一〇〇―〇〇〇一
千代田区千代田一―一
㊫〇三―三二一三―一一一一
（内四三六八）
Ⓕ〇三―三二一四―二七九二
㊯地下鉄東西線竹橋駅歩八分
㊓午前九時～午後四時三〇分
㊡土曜、日曜、祝日
㊖限定（館長が特に許可した者）
㊕限定

から大正一〇年三月までの七年間、中等学科、高等普通科と勉学された学校である。蔵書については、「東宮御学問所資料（昭和天皇の教科書）―わが館の特殊コレクションを語るシリーズ⑤宮内庁図書館―」（「びぶろす」四七巻一一号）に紹介されている。

刊行物――――

『宮内庁図書館収書目録』（年刊）、「収書月報」（月刊）等が発行されている。

経済企画庁図書館

〒100−0013
千代田区霞が関三−一−一
電〇三−三五八一−〇二六一
（内五六三四）
Ⓕ〇三−三五八一−〇六五四
交地下鉄霞ヶ関駅歩五分
開午前九時三〇分〜一二時、
午後一時〜午後五時
休土曜、日曜、祝日、毎月第
四月曜（休日の場合はその
翌日）
利限定（館長の許可）
複なし

沿革

昭和二一年八月、経済安定本部設置とともに、庶務課庶務係の一部業務として図書その他資料関係を取り扱ったのに始まる。翌年九月官房調査課に移り、翌二三年八月に経済安定本部図書館となった。その後、経済安定本部に物価庁が吸収されたのにともない、昭和二七年四月に物価庁図書館を合併、さらに同年八月経済安定本部は経済審議庁に改組。そして、昭和三〇年七月経済企画庁と改称。図書館も同じ経過を経て現在におよんでいる。なお、平成一三年一月からは、省庁改革法施行法によって「内閣府図書館」に再編、改称される（予定）。

蔵書

同庁の業務は経済全般にわたっているため、国内刊行の経済関係書だけでなく、世界各国の政府、中央銀行及び経済団体の経済関係の刊行物等の周辺資料をも体系的に収集している。蔵書数は、和書約五万九六〇〇冊、洋書約一万冊、和雑誌約三〇〇種、洋雑誌四〇種等を数える。統計類が重点収集資料の対象となっている。

コレクション

経済企画庁発行資料　企画庁内で次々に発表、刊行されている全庁内資料約五万七〇〇〇冊を所蔵。特設コーナーを設置、このうち経済白書、経済計画、GNP統計年報等はバックナンバーを一括して揃えており、一般に公開されている。

経済安定本部関連資料　庁内で「戦後資料」と呼ばれている経済安定本部発足以来の資料類約一〇万点が保管されている。

刊行書誌――『経済企画庁発行資料目録』（昭三五〜三八、三冊）、『経済企画庁受入逐次刊行物目録』（昭四〇）、「新着図書案内」（月刊）、「収集目録」（昭和五〇年五月以降不定期で刊行）、「図書館利用のしおり」。

警察庁図書館

沿革

昭和二九年七月、国家地方警察本部が警察庁として発足して間もなく、同三一年四月、警察庁図書館として設置、翌年三月から図書業務を開始した。

蔵書

警察関係の図書、特に法律関連分野の図書資料に重点をおいて収集している。現在の蔵書数は和図書約二万四〇〇〇冊、洋図書約一〇〇〇冊。全体の約四五パーセントが法律関連分野の図書資料で占められている。ほかに雑誌四二タイトルがあり、主なものは、「法令全書」（大正一三年~昭和一九年、二二年~）、「月刊交通」（三巻八号~）、「判例タイムズ」（一八九号~）、「判例時報」（一号~）、「法学セミナー」（四六号~）、「法律のひろば」（一一巻一号~）、「法律時報」（二二巻一号~）、「法曹時報」（一巻一号~）、「警察学論集」（一巻一号~）、「警察公論」（一巻一号~）、「警察時報」（一一巻一号~）、「捜査研究」（一四号~）、「ジュリスト」（一号~）等がある。

刊行書誌

『図書目録』昭和五三~五九年度、昭和六〇~六三年度、平成元年~五年（昭六一~平八、三冊）、『警察庁図書総合目録』昭三三、三五、三七、平四（昭三三~平八、四冊）、『警察関係雑誌記事索引　昭和二〇~三九年』（昭四〇）。

㊟〒100―0013
千代田区霞が関二―一―二
㊫〇三―三五八一―〇一四一
（内二二四一、二二四二）
Ⓕ〇三―三五八一―二〇一九
㊛地下鉄霞ヶ関駅歩五分
㊜緊急な場合を除き、午前一〇時~一二時、午後一時~午後五時
㊡土曜、日曜、祝日、毎月末日、その他館長が特に定める日
㊓限定（図書館長の許可）
㊝なし

憲政記念館

沿革

昭和四五年一一月に議会開設八〇年記念事業の一つとして設立され、同四七年三月に開館した。隣接の尾崎記念会館は廃止され憲政記念館に吸収合併された。同館は、議会制民主主義について国民の理解を深めるため、国会の組織・運営等を紹介した内外の資料と議会政治発展に貢献した人々に関する資料とを収集し展示して、広く一般に公開している。

収蔵書

開館以来、調査研究用図書として、憲法、議会、選挙、政治史、政党、伝記及び国会議員の著書を中心に収集している。ほかに、憲政功労者の書跡、書翰、遺品、絵画、彫塑、議員関係記念物及び模型、レコードなどを収集。蔵書数は、図書約五〇〇〇冊、書跡約七二〇点、工芸約五〇点、遺品・記念物約一〇〇点、レコード約五〇枚などで、全部では一万点以上にのぼる。それらの中には、伊藤博文書簡、大日本帝国憲法（官報）、普選請願書、井上馨・大隈重信会見筆記、各種民間憲法改正草案集、原敬首相演説草稿（第四一回帝国議会の演説）、吉田茂・金森徳次郎寄せ書き、小野梓『国憲汎論』（明一六～一八）等が含まれている。

コレクション

上村耕作文書　元衆議院議員上村耕作（一八七七～一九三六）の遺品・文書など約四〇

㊟〒100―0014
千代田区永田町一―一―一
㊫〇三―三五八一―一六五一
Ⓕ〇三―三五八〇―三四八一
㊛地下鉄有楽町線・半蔵門線
永田町駅歩五～一二分
㊒午前九時三〇分～午後四時三〇分（入館は午後三時三〇分）
㊡土曜、日曜、祝日、月末日
㊮無料
㊑限定（現在閲覧施設なし、希望者は事務室へ）

○点の資料が、遺族から平成元年に寄贈された。文書資料は、選挙運動関係資料、議員在職当時の議員及び政党の配付書類、書状、パンフレット類である。

宇垣一成文書　陸相、朝鮮総督、外相を歴任した宇垣一成（一八六八〜一九五六）の遺品・遺稿等四〇〇余点が、昭和五九年一〇月宇垣家より寄贈されたもの。「一如庵随想録」（いわゆる宇垣日記）の自筆ノート一八冊をはじめ、前述の大命拝辞の経過に関する書類、書状、また、大正一三年の清浦奎吾内閣陸相選任問題での陸軍部内派閥の暗闘を記したものなど、近代政治史にとって極めて重要なものが多い。ほかに宇垣の肖像画、遺墨、収集された山県有朋・寺内正毅らの書跡・写真等、多彩な資料が含まれている。文書（書類・書状）には釈文付き目録『宇垣一成関係文書』（同館刊、昭六〇）があり、全容を解説したものに広瀬順皓「宇垣一成関係文書をめぐって」（「リベリス」三号）がある。

緑風会関係文書　昭和五七年五月、緑風会政務調査会事務局長で、のち『緑風会一八年史』を編纂した野島貞一郎により、憲政記念館に緑風会関係資料が寄贈された。文書資料のほか、図書、録音テープ、選挙ポスター、記念物などで、緑風会事務局に残された資料のほとんどである。この文書資料は『緑風会一八年史』編纂の基となっている。約五〇〇点を所蔵。

その他のコレクション――

尾崎文庫（衆議院議員・尾崎行雄旧蔵図書、一一四四冊）、入江文庫（最高裁判事・入江俊郎旧蔵図書、三八八冊）、稲生文庫（中央大学教授・稲生典太郎収集文書及び図書、三三六点)、末松文書(衆議院議員・末松偕一郎宛政治家書状、四二通)、奥村文書(情報局次長・奥村喜和男宛徳富蘇峰書状、五巻)、矢部文書(東京帝国大学教授・矢部貞治収集文書、約三〇〇〇点)、風間文庫(東京国際軍事裁判弁護団文書課長・風間泰男収集文書、弁護団側の資料と記録で、大部分は謄写印刷物、約七〇〇点)等。

刊行書誌

「憲政記念館所蔵資料目録—書跡・絵画・工芸・遺品・記念物・文書・レコード・(平成四年四月現在)」(『憲政記念館の二〇年』〈平四〉所収)(『憲政記念館の一〇年』にも所蔵資料の目録を収蔵)。ほかに、特別展の開催の都度、図版目録を刊行している。近年のものとしては、『戦後政治と四人の宰相特別展展示目録』(平四)、『日本議会政治の歩み特別展展示目録』第一回、第二回(平六〜七)、『日本の女性と政治特別展展示目録　婦人参政への歩み』(平五)、『日本国憲法と議会政治の歩み特別展展示目録　日本国憲法施行五〇周年記念』(平九)などがある。

事業活動

展示室は一階と二階とに分かれ、常設展示は一一のコーナーを設けて構成。この中に、憲法功労者として特別表彰され、名誉議員の称号を贈られた尾崎行雄の遺品・著作等の関係資料を展示した「尾崎メモリアルホール」がある。特別展は年一回開催。その都度、その主題に関する資料を全国各地から集めて展示。識者から高い評価を得ている。また、講堂や会議室では議会政治関係の各種の催しを行っている。

建設省図書館

沿革

昭和二三年七月の建設省の設置にともない、戦災復興院（昭和二〇年設置）庶務課及び建設院（昭和二三年設置）弘報課で所管していた図書・資料を引きつぎ、三附属機関（土木研究所・建築研究所・地理調査所）の図書室をそれぞれ分館として、同年の翌月に建設省図書館として発足した。なお、平成一三年一月から、省庁改革法施行法によって「国土交通省図書館」に再編、改称される（予定）。

蔵書

建設行政に関する専門図書館として、三分館（昭和五四年三月に筑波研究学園都市へ移転）とも連携を持ちながら、所管業務に必要な内外の図書資料を中心に収集するとともに、省内外に対する図書館サービスを行っている。蔵書の主内容は、都市・住宅・河川・道路・建築・その他国土建設関係書類、法規集・例規集・判例集類、建設関係参考図書類。和図書約三万六〇〇〇冊、洋書約一〇〇〇冊、和雑誌約三五〇種、その他和洋新聞等からなる。特殊コレクションとして山岡文庫（土地及び住宅関係の図書、資料）がある。

刊行物

収書案内として「収書目録」を不定期に刊行しているほかに、新着の図書資料の情報を省内LANによる「新着図書案内」に載せ、図書情報の提供に努めている。

㊟〒100－0013
千代田区霞が関二－一－三
㊫〇三－三五八〇－四三一一
（内四一一〇）
Ⓕ〇三－五二五一－一九三〇
㊜地下鉄霞ヶ関駅歩三～五分
㊐午前九時三〇分～午後四時三〇分（ただし一二時～午後一時閉館）
㊡土曜、日曜、祝日、毎月一日（ただし一日が休日の場合はその翌日）
㊑限定（館長の承認を得た者）
㊢なし

工業技術院図書館［通産省］

沿革

同館は、昭和二三年八月に工業技術庁が商工省の外局として設置された際、調整部調査課の一業務として鉱工業技術関係の国内図書、雑誌、その他の資料の収集整理を行うことになったに始まる。さらに同二五年度からは外国の鉱工業に関する図書・雑誌の収集にも努めてきた。二七年四月、工業技術庁は工業技術院と改称。翌年一二月、工業技術院図書館として発足。昭和三〇年七月、科学技術庁の設置に伴い蔵書の一部などが科学技術庁に譲渡された。

蔵書

鉱工業、工業の科学技術関係の専門図書館として、鉱工業を中心とした科学技術関係図書、和洋雑誌、工業技術院ならびに傘下の試験研究所技術論文、研究成果報告書などの専門分野における各種の文献資料を収集。ほかに、産業技術関係の辞書・ハンドブック類、科学技術史、産業技術史、技術系会社史、九〇年代の新しい科学技術等のイノベーション関連図書を収集している。なお、従来四〇数か国の外国国家規格を保有していたが、昭和四八年日本規格協会の標準資料センターに移譲し、現在は日本工業規格（ＪＩＳ）のみを体系的に保有している。蔵書数は和図書約一万七〇〇〇冊、洋図書約一五〇〇冊、和雑誌約一三〇種、洋雑誌約二一〇種、和洋新聞八種からなる。

㊟〒100-0013 千代田区霞が関一―三―一
㈹〇三―三五〇一―一五一一（内四五七八、四五七一～四五七五）
Ⓕ〇三―三五〇一―七九二〇
㊋地下鉄千代田・丸ノ内線霞ヶ関駅歩一分
㊊午前九時三〇分～一二時、午後一時一五分～午後四時三〇分
㊡土曜、日曜、祝日、毎月第二金曜
㊖一般公開
㊔可

刊行書誌

工業技術院傘下の諸試験研究機関図書室とも密接な連携を保ち、『工業技術院試験研究機関外国雑誌総合目録』（昭四〇、昭和四七改訂再版）、『和雑誌総合目録』（昭四二）を編纂発行している。ほかに『工業技術院外国雑誌目録』（昭二九）がある。

工業所有権総合情報館［特許庁図書館］

沿革——

明治一七年六月、農商務省工務局内の商標登録所に「図書掛」が置かれたのに始まる。その後数次の変遷を経て、昭和二七年七月には、「万国工業所有権資料館」となる。さらに平成九年四月一日付をもって現在名に名称変更された。同館は、我が国で発行された各種工業所有権公報類と、資料の相互交換などによって世界八〇ヶ国の特許公報類を収集、整理し、庁内の調査（審査・審判）資料に供すると共に、第一公衆閲覧室（本庁舎二階）と第二公衆閲覧室（通産省別館一階）では、一般に閲覧に供している。

蔵書——

我が国唯一の工業所有権の専門図書館として公報をはじめとする国内外の工業所有権関係資料を網羅的に収集するほか、審査・審判及び一般事務の遂行に必要な国内外の科学技術関係図書、雑誌類を集めている。蔵書数は、公報類八〇か国（五つの国際機関を含む）、出願書類・審判記録約五〇六万件、和図書約七万二〇〇〇冊、洋図書二万九〇〇〇冊、和雑誌三五〇種、洋雑誌四〇〇種の多数にのぼる。ほかに貴重書として「高橋是清遺稿集」が蔵されている。

工業所有権総合情報館工業所有権参考資料センター（工業所有権制度百周年記念文庫）

昭和五九年七月一日、工業所有権制度百周年を記念して設立（特許庁四階北光庭側）さ

㊟〒100—0013 千代田区霞が関三—四—三
㊫〇三—三五八一—一一〇一（内三八〇一～三八二〇）
Ⓕ〇三—三五八〇—六九五九
㊋地下鉄銀座線虎ノ門駅歩五分、または地下鉄丸ノ内線・千代田線国会議事堂前駅歩五分
㊏午前九時～午後五時（工業所有権参考資料センターは午前九時三〇分から）
㊡土曜、日曜、祝日、年末年始
㊕可（ただし、職員閲覧室は職員のみ）
㊕可（日本特許情報機構が有料で行う）

れたもの。資料内容は、①内外国の工業所有権法制及び周辺法制に関する資料、②工業所有権の理解に必要な関係資料、③工業所有権研究に必要な原資料、④「工業所有権制度百年史」の編纂にあたって収集した資料、からなり、保存、一般の閲覧に供している。ほかに個人文庫、コレクションとして、荒玉義人文庫、佐藤文男文庫、川添不美雄文庫、社本一夫コレクション、橋本良郎コレクション。その他星川和男、鈴木二郎、林貞一（故人）の各氏からの寄贈資料が保存されている。

刊行書誌――――

「特許庁図書・雑誌目録」（年刊）、「資料館報」昭和四九年～、『内外国工業所有権公報類解題目録』（平四）などのほか、『番号対照表（特許・実用新案・商標）』『特許出願処分検索表』『実用新案出願処分検索表』などが刊行されている。

厚生省図書館

沿革

同館は、大正一一年一一月、旧内務省外局として創設された社会局に置かれた図書室が、昭和一三年一月厚生省の設置に伴い、衛生局等の図書資料を併合して、厚生省図書室になったのが母胎である。昭和一五年六月落雷によって図書室はもとより蔵書の大半を焼失した。戦時下のため復旧ははかどらず、戦後に再建されて、昭和二三年八月厚生省図書館になった。なお、平成一三年一月から、省庁改革法施行法によって「厚生労働省図書館」と再編、改称される（予定）。

蔵書

厚生省刊行物をはじめとする関連官公庁の刊行物、民間刊行の厚生行政関係の図書資料を中心として収集している。蔵書数は和図書約七万冊、洋図書約二五〇〇冊。主内容は社会福祉、社会保障及び公衆衛生等の厚生省所管部内に関する図書資料となっている。

コレクション

厚生科学研究報告　厚生科学研究、特定疾患研究、心身障害研究、リュウマチ調査研究、精神・神経疾患研究、糖尿病調査研究等、厚生科学研究費補助金により行われた研究の報告書約二一〇〇点以上を保管している。

ＷＨＯ関係資料　国際世界保健機関（World Health Organization）が刊行する衛生年報、

㊟〒100―0013
千代田区霞が関一―二―二
㊣〇三―三五〇三―一七一一
（内四三六〇～二）
Ⓕ〇三―三五九五―一六三〇
㊛地下鉄丸ノ内線霞ヶ関駅歩一分
㊐午前九時三〇分～午後四時三〇分
㊡土曜、日曜、祝日、第四水曜（祝日と重なるときはその翌日）
㊓限定（館長の許可）
㊙可

テクニカル・リポートを約一〇〇〇点以上が保管されている。

刊行書誌――

収書案内として「厚生省図書館資料月報」（昭二八・六創刊）。書目に『図書目録　昭和二四年七月〜昭和三九年四月』（昭三九序）がある。

公正取引委員会図書館

沿革

同館は、昭和二六年一〇月、これまで内部各課に分散していた図書資料を、整理、保存するため、当時の調査部調査第一課に図書係が設けられたことに始まる。その後図書の管理運営を一元的に行うため図書係は、官房総務課に移管。同四九年四月、公正取引委員会図書館として発足。独占禁止政策全般にわたる分野の専門図書館としての業務を開始した。

蔵書

蔵書は、独占禁止政策関係、法律、経済、統計関係の内外資料を中心に収集している。また、各大学が出版している大学論集の中から独占禁止法に関係する部分を抽出し、整理保存している。蔵書数は和図書約二万冊、洋図書約二〇〇〇冊、和雑誌約三四〇種、洋雑誌二種などからなる、特殊な蔵書としては、財閥解体関係の諸記録（持株会社整理委員会資料）、集中排除法手続記録等がある。ちなみに、公正取引委員会は、札幌等七都市に地方事務所を設けており、それら地方事務所とも連携を持ちながら図書館サービスを行っている。

㊟〒100―0013
千代田区霞が関一―一―一
㊫〇三―三五八一―三三八八
Ⓕ〇三―三五八一―一九六三
（別室、総務課内）
㊕地下鉄丸ノ内線霞ヶ関駅歩五分
㊓午前九時四五分～午後五時
（一二時～午後一時三〇分閉館）
㊡土曜、日曜、祝日
㊓限定（館長の許可）
㊋なし

交通博物館図書室

沿革

明治四四年から鉄道関係資料の収集をはじめ、大正一〇年に鉄道開通五〇周年記念事業として、鉄道博物館を開館したが、大正一二年の関東大震災でその大半を焼失した。昭和一三年交通博物館と改称し、昭和四六年から財団法人交通振興会が運営し、現在は東日本旅客鉄道株式会社から依託をうけ、運営を行っている。

蔵書

図書室は昭和三五年に設置され、蔵書数は和書二万六〇〇〇冊。洋書一〇〇〇冊、和雑誌七〇種、洋雑誌一〇種。鉄道を中心とした、交通関係の技術書、工学書、歴史書、写真集、年鑑・統計類などである。特に明治時代から最新号までの鉄道時刻表約一万四〇〇〇点は貴重な資料である。「鉄道模型趣味」「鉄道ピクトリアル」等専門雑誌のバックナンバーも揃っている。

㊟〒101―0041
千代田区神田須田町一―二五交通博物館四階
㊞〇三―三二五一―八四八一（代）
Ⓕ〇三―三二五一―八四八九
Ⓗhttp://www.kouhaku.or.jp/
㊋JR秋葉原駅下車電気街口より徒歩四分。地下鉄丸の内線淡路町駅・都営新宿線小川町駅下車徒歩四分
㊐午前九時三〇分～午後四時三〇分　図書室は日曜・祝日のみ公開
㊡月曜（祝日にあたる場合は開館）
㊑入館料　大人三一〇円、小人一五〇円
㊜可

国土庁図書館

沿革

国土に関する行政を総合的に推進する機関として、昭和四九年六月、総理府の外局として設置された国土庁では、翌年五月、官房総務課内に図書室を設け、図書業務を行った。その後、図書室の充実強化を図るため、同五一年五月、国土庁図書館として発足した。なお、省庁改革法施行法によって、平成一三年一月から「国土交通省図書館」と再編、改称される（予定）。

蔵書

国土行政の専門図書館として、都市計画、土地政策、国土開発、地震、災害対策等に関する図書資料を中心にして収集しているほかに、一般執務参考図書なども集めている。蔵書数は和図書三万冊。そのうちの土地白書、地価公示、土地分類図、土地分類基本調査、土地利用動向調査、土地利用基本計画書等は、同庁所管の一業務である国土調査法に基づく国土調査の成果資料であり、また地価公示法に基づく地価公示資料であり、逐次納入されて同館の特色あるコレクションとなっている。ほかに、「法令全書」（昭和二〇年八月～）、「官報」（昭和四七年一二月～）、「国会議事録」（昭和四九年七月～）「人と国土」（昭和五〇年九月～）、「国土ジャーナル」（昭和六二年一二月～）、「朝日新聞縮刷版」（昭和五二年一月～）、「日本経済新聞縮刷版」（昭和五二年二月～）等の逐次刊行物を揃えている。

㊟〒100-0013
千代田区霞が関一―二―二
㊔〇三―三五九三―三三一一
（内七一三二）
Ⓕ〇三―三五〇三―二六〇二
㊋地下鉄霞ヶ関駅歩一分
㊐午前一〇時～午後五時
㊡土曜、日曜、祝日
㊒限定（館長の承認）
㊓なし

刊行物――

収書案内として「新着図書・資料案内」「収書目録」を刊行している。ほかに『蔵書目録　昭和五二年一二月末現在』（昭五三）がある。なお、同庁図書館を紹介したものとしては、仲沢勇「支部国土庁図書館の現況」（「びぶろす」二八巻二号）がある。

国土地理院関東地方測量部閲覧室

㊟〒一〇〇―〇〇〇4
千代田区大手町一―三―一
㊓〇三―三二〇一―七五八一―五
Ⓕ〇三―三二〇一―七五八八
㊋営団千代田線・丸の内線・東西線・半蔵門線・都営三田線大手町駅から歩二〜五分
㊑午前九時〜午後四時三〇分（正午〜午後一時閉館）
㊡土曜、日曜、祝日
㊒可（無料）
㊕可

沿革

昭和五四年三月、国土地理院（本院）が筑波研究学園都市へ移転した時期に、関東地方測量部に現在の部署が設置され、サービス部門としての業務が開始された。本部が測量により、日本国土に関するデータを調査し作成した地図を、この閲覧室で一般に公開している。資料の閲覧、レファレンス（口頭、電話、文書）、及び複写（A2版五〇〇円、写真印画はA2版二八〇〇円。いずれも代金相当の収入印紙で支払うこと。空中写真は閲覧のみ）のサービスを行っている。ちなみに、この種のサービスは、つくば市の国土地理院（本院）と全国に一〇か所ある地方測量部でも行っているが、窓口によって利用できる資料の範囲、方法が異っているので注意が必要である。この閲覧室で利用できる主な資料は次掲のとおりである。

コレクション

基準点　地図作成上の位置の基準になる三角点や高さの基準となる水準点などのことで、全国に約一四万点設けられている。地盤沈下等によるデータの変化を測量ごとに更新して帳簿（測量成果及び点の記、二六万五〇〇〇点）や地図（網図、配点図）形式で見られる。

旧版図　国土地理院発行の明治以降の五万分の一地形図約四万三〇〇〇枚を三五ミリのアパーチャカードの形で保存されている。拡大器を使って閲覧できる。

現況図　登山などよく使用されている多色刷り二・五万分の一や五万分の一の地形図で、新刊図が年間約七〇〇枚発行されている。

空中写真（カラー、白黒）　一九六〇年代から国土地理院が撮影した全国の写真約八二万枚が保存されている。なお、旧陸軍（一九三〇年頃）や米軍撮影（一九四六年頃）の空中写真は本院でのみ閲覧できる。

その他のコレクション――「土地利用図」「土地条件型」「人口分布図」等の主題図及び湖底の地形や水中の植生などを示した「湖沼図」、ほかに験潮記録、全国の公共施設を緯度、経度入りで示した『公共施設一覧』等があげられる。

国立劇場図書室

沿革

昭和四一年七月一日、特殊法人国立劇場が発足、劇場の運営は同法人によって行われている。図書室は、劇場開場の翌四二年に開室された。所管は現在、調査養成部資料課に属している。なお、同課は、図書係と図書以外の資料（視聴覚、展示資料）を扱う資料係を置き、各資料は、それぞれ図書室、視聴覚関係諸室、資料展示室において、一般に公開、利用できるようになっている。

蔵書

所蔵資料は、寄贈、購入及び同劇場作成のものなどで構成。なかでも寄贈資料の占める割合は大きく、八世坂東三津五郎寄贈の文化・文政期の芝居版画や花柳章太郎、榎本健一使用の上演台本等から、幕末・明治期の芝居番付、喜多村緑郎・市川翠扇等の遺品類までに及び、収集資料の形態と構成に大きな特色が見られる。蔵書の内容は、民俗芸能、歌舞伎、文楽、大衆芸能、人形劇等の芸能一般に関する図書類、興業記録の基本資料となる筋書類、関係論文掲載の逐次刊行物類、古い資料としては江戸後期から歌舞伎を中心とした芝居版画、辻番付、絵本番付、役者評判記など幅広い伝統芸能の資料からなる。図書・逐次刊行物及び筋書き等約一〇万点、図書以外の資料約一七万点以上にのぼる。芝居や芸能に関心のある人にとっては、どれも見逃せないものばかりで興味深い蔵書である。

(住)〒102—0092 千代田区隼町四—一
(電)〇三—三二六五—七四一一（代）
(交)地下鉄有楽町線・半蔵門線永田町駅歩五分、または半蔵門線半蔵門駅歩三分、または丸の内線国会議事堂前駅歩八分
(開)午前一〇時～午後五時（土曜は午前一〇時～午後一時）
(休)日曜、祝日、月末（視聴を除く）、七月一日
(利)伝統芸能の研究、演技研究の目的を持つ者
(複)可（貴重書は不可）

コレクション――――

緒方奇術文庫　緒方知三郎（一八八三〜一九七三）博士が長年にわたって収集した図書約四一四冊からなる。わが国古来の各種の奇術書が網羅された貴重な資料。主なものとして、奇術伝授の最古の図書『神仙戯術』、江戸時代刊行の主要な奇術文献を収録した『珎術さんげ袋』や『放下筌』『天狗通』、ほかに中国の奇術書も含まれている。内容は『国立劇場演芸資料館所蔵　緒方奇術文庫書目解題』（平四）に詳しい。

落語・講談等関係資料　明治・大正・昭和期に刊行された口演速記本が蔵書の多数を占めている。主なものとしては、明治期の『怪談牡丹燈篭』（三遊亭円朝）、『円遊小さん落語会』（四代三遊亭円遊・二代柳家小さん）、大正期の『円遊落語全集』（四代三遊亭円遊）、『米国みやげ馬生落語集』（五代金原亭馬生）、昭和期の『円窓落語集』（五代三遊亭円窓）、『三遊亭金馬落語全集』（二代三遊亭金馬）、『松鶴落語集』（四代笑福亭松鶴）等がある。

上演記録関係資料　開場以来同劇場で上演された各種公演の上演記録関係資料類。それらを集成した『国立劇場上演資料集』は現在四〇〇冊刊行（継続中）されており、日本の伝統芸能を研究する人にとっては有効な手段となる。上演記録中の『扮装図鑑』は、これまで上演した歌舞伎の主な配役の扮装を外題別に冊子化したもの。いつ、どこで、誰れが、どんな扮装で出演したかということが一目でわかるコメントを付けたスチール写真集で、研究者・愛好者にとっては好個の資料である。

その他のコレクション――

花柳章太郎使用新派台本（『国立劇場所蔵　花柳章太郎使用新派台本目録』〈平五〉）、曽我廼家五郎自筆台本、豊竹山城小掾遺品類、小島貞二文庫（漫才台本）、鈴木十郎演劇コレクション（内容は代々市川団十郎関係資料を主にしたもの）、芝居版画（図版目録として『国立劇場所蔵　芝居版画等目録』〈既刊一〇冊〉がある）、芸能関係誌（紙）のバックナンバー（「演藝画報」「新演芸」「幕間」「歌舞伎新報」等）を揃いで所蔵している。そのほか、所蔵中のものには、和装本や江戸時代からの毛筆の歌舞伎台本等が多数含まれている。

刊行書誌――

『国立劇場三〇年の公演記録』（平八、二冊）、『国立劇場所蔵図書目録』1、2（昭五三～五六、二冊）、『国立劇場公演記録資料目録　視聴覚資料篇』（昭五七）、『演芸レコード発売目録　演芸資料選書』（平二）、『国立劇場所蔵　レコード目録　義太夫節の部（昭和三九年三月現在）』（昭五二、九九五枚収録）等多数を刊行。

国立公文書館・内閣文庫

沿革

昭和四六年七月一日、総理府本府の付属機関として発足した。明治初年より各中央官庁の公文書は、それぞれ内閣、各省庁に保管されてきた。戦後、諸外国のアーカイブArchiveの設立を見習い、公文書の散逸防止と一般利用を促進するために公立公文書館設立の要望が学界から起り、昭和三四年一一月、日本学術会議より政府に設置要望が出された。それを受けて、既設の総理府所管の内閣文庫を吸収して国立公文書館が設置された。内閣文庫は、和漢の古書を豊富に所蔵することで特異な存在として知られている。明治一七年一月太政官達第一一号をもって「太政官文庫」が設置され、各官庁所蔵の図書一切を収集管理する旨達せられたのに始まる。翌年内閣制度開始とともに「内閣文庫」と改称され、内閣に設けられた記録局、のちの記録課の所管になった。以後数次の変遷を経て、同四六年北の丸公園内に設置され国立公文書館に吸収され移転した。なお、同文庫の蔵書は、関東大震災により内閣文庫書庫が大破し、また各省等に貸出中の図書二万四〇四四冊が焼失、さらに昭和二〇年二月の空襲により書庫及び庁舎等に焼夷弾が落下して全焼。独・仏・蘭・伊等の洋書及び洋装和書等四万七〇〇〇余冊が焼失した。なお同文庫では、所蔵図書を広く紹介するため、随時展覧会を開催している。平成一三年一月からは、省庁改革法施行法によって「内閣府図書館」に再編、改称される(予定)。

㊟〒102—0091
千代田区北の丸公園三—二
㊫〇三—三二一四—〇六六四
Ⓕ〇三—三二一二—八八〇六
㊦地下鉄東西線竹橋駅歩五分
㊊午前九時一五分～午後五時
㊡土曜、日曜、祝日
㊕限定(館長の許可を得た満二〇才以上の方)
㊣可

蔵書

蔵書数は、和図書約三四万四〇〇〇冊、洋図書約二三万二〇〇〇冊（内漢籍約一八万六〇〇〇冊、英語約三万八〇〇〇冊、和雑誌九四種など厖大な数にのぼる。なかには、国の重要文化財一五点（一六軸一二七鋪一九〇冊）が含まれており、光彩を加えている。ほかに、「太政類典」約九〇〇冊、「公文書」約四〇〇〇冊、「公文類聚」約三〇〇〇冊はじめ、枢密院関係資料、新旧憲法、法律、法令、政令、「官員録・職員録」など日本近代史の根本資料が収められている。

コレクション

岩倉具視関係文書　岩倉具視（一八二五〜一八八三）に関する資料九三七点。内容は『内閣文庫所蔵岩倉具視関係文書目録』（昭和三）に詳しい。

毛利高標本　豊後佐伯藩主・毛利高標（一七五五〜一八〇一）旧蔵の宋・清時代の経史子集にわたる漢籍約一万二五〇〇冊。内容は『改訂内閣文庫漢籍分類目録』に詳しい。

市橋長昭本　近江西大路藩主・市橋下総守（長昭・一七七三〜一八一四）旧蔵の宋・元・明版の経史子集など漢籍一三〇冊。内容は『改訂内閣文庫漢籍分類目録』に詳しい。

松木家本　伊勢神宮の祠宮松木・春木・檜垣三家旧蔵の伊勢神宮関係の記録であり、一〇五〇冊。内容は『改訂内閣文庫図書分類目録』に詳しい。

明治時代洋装本　明治期とくに初期の洋装活版本を中心として宮庁出版物、統計書、法令集、報告書など二万八三〇〇冊。内容は『内閣文庫明治時代洋装図書分類目録』に詳しい。

明治政府旧蔵洋書　明治政府が収集した英書、フランス書を中心とする一八世紀から二〇世紀の洋書約四万五〇〇〇冊。内容は『内閣文庫洋書分類目録　仏書篇・英書篇』に詳しい。

修史館本　太政官正院歴史課、修史局、修史館などで収集、受継がれてきた古代から近代におよぶ日本史関係史料、記録類の新写本など四六二七冊。内容は『改訂内閣文庫図書分類目録』に詳しい。

内務省地理局本　太政官正院地誌課、内務省地理寮地誌課、内務省地理局において収集され受継がれてきた古代から近世におよぶ日本の地誌・紀行・地図など約六七〇〇冊。内容は『改訂内閣文庫図書分類目録』に詳しい。

大乗院文書　奈良・興福寺大乗院公卿門跡旧蔵の大乗院寺務記録、門跡尋尊自筆本など約六〇〇点。内容は『改訂内閣文庫図書分類目録』に詳しい。

花迺家文庫本　信州須坂藩主・堀直格の旧蔵した天保年間の刊本および写本一二一三冊。内容は『改訂内閣文庫図書分類目録』に詳しい。

釈迦文院本　高野山・釈迦文院旧蔵の明代、経史子集にわたる漢籍八七八〇冊。内容は『改訂内閣文庫漢籍分類目録』に詳しい。

和学講談所本　鎌倉時代から江戸期および明代から清代に至る語学、文学、歴史、地史、神祇、故実及び漢籍、正続群書類従の資料など和書五五〇〇冊、漢籍四〇三冊。内容は

『改訂内閣文庫図書分類目録』に詳しい。

医学館本　江戸幕府の医学校である医学館と医学館創設者・多紀氏の旧蔵した室町時代から江戸末期および宋代から清代に至る和漢古医書。和書五二七冊、漢籍五〇四二冊。内容は『改訂内閣文庫漢籍分類目録』『改訂内閣文庫図書分類目録』に詳しい。

編脩地志備用本　江戸時代文化年間から慶応年間に収集された近世の地誌・紀行・地図類一一六三冊。内容は『改訂内閣文庫図書分類目録』に詳しい。『編脩地志備用典籍解題』（昭四七～四九）に紹介がある。

兼葭堂本　木村孔恭（号・兼葭堂一七三六～一八〇二）旧蔵の経史子集にわたる宋代から清代および江戸期の漢籍の小冊子など和書一八二冊、漢籍一九六八冊。内容は『改訂内閣文庫漢籍分類目録』『改訂内閣文庫図書分類目録』に詳しい。

昌平坂学問所本　昌平坂学問所旧蔵の、宋代から清代および室町時代から江戸時代に及ぶコレクション。林羅山以降林家歴代の収集と学問所独自の収集および経史子集にわたる漢籍と江戸時代の歴史・地誌など、和書二万一一八九冊、漢籍四万四八六四冊。内容は『改訂内閣文庫漢籍分類目録』『改訂内閣文庫図書分類目録』に詳しい。

紅葉山文庫本　江戸幕府・紅葉山文庫、特に徳川家康・徳川吉宗の代において収集所蔵された宋代から清代および室町時代から江戸末期のコレクション。中国地方志・明代戯曲小説・明人詩文集・徳川幕府編纂物・献上本など和書一万二〇〇〇冊、漢籍四万四九〇〇冊。内容は『改訂内閣文庫図書分類目録』に詳しい。『内閣文庫所蔵紅葉山文庫展示目録』

に紹介がある。

その他のコレクション――

公家・武家文書（押小路・広橋・坊城・甘露寺・万里小路等の堂上諸家や朽木・蜷川・豊島氏等の武家に伝来した中世文書）、江戸幕府の記録（日常執務の記録や執務の参考のために編纂されたもの）等多数がある。

刊行書誌――

昭和二一年以降刊行されたものとしては、『改訂内閣文庫図書分類目録』上下巻、索引（昭五〇～五一、三冊）、『改訂内閣文庫漢籍分類目録』（昭四六）、『内閣文庫洋書分類目録』仏書篇、英書篇（上下巻）（昭四三～四八）、『内閣文庫明治時代洋装図書分類目録』（昭四二）、『内閣文庫所蔵昭和前期刊行図書分類目録』（昭五七）等がある。これら以前の所蔵目録については、「蔵書目録一覧表」（『内閣文庫百年史』四二二頁所収）を参照されたい。

主要刊行物――

『改訂増補内閣文庫蔵書印譜』（昭五五）、『内閣文庫百年史』（昭六〇）、ほかに春季展示会目録、「国立公文書館年報」「北の丸」（別誌名・国立公文書館報）など多数。

国立国会図書館

沿革

米国議会図書館を模範にして昭和二三年六月五日開館した。同館の歴史は古く、二つの源流を遡ることができる。ひとつは、明治二三年開設の帝国議会に属していた貴族院、衆議院の図書館と、もうひとつは、明治五年文部省所管の書籍館設置以来の帝国図書館である。戦前の帝国図書館は納本制度であったので、明治以降の出版物が広く集められている。この二館の旧蔵書は、国立国会図書館に引き継がれて、蔵書の重要な基礎になっている。日本を代表する国立の図書館として、文化遺産の保存を行なうと共に、近年急速に発展を遂げつつある情報社会に対応するために、現在「国立国会図書館関西館」（仮称）と「国際子ども図書館」（別掲）を設け、二〇〇二年に開館（後者は二〇〇〇年五月五日部分開館）を目ざして工事、施設整備が進められている。なお、行政・司法各部門の支部図書館は、政府各省庁と最高裁判所に置かれており、収集資料の分担、文献の貸借及び調査活動の協力を行っている。

蔵書

同館は、国内出版物を網羅的に収集するとともに、海外出版物についても、議会・法令部門を含む社会科学関係をはじめ、人文科学、科学技術、基本書誌、参考図書、図書館学資料などが幅ひろく収集されている。なかでも、海外における日本関係の新刊書は重点的

㊟〒100—0013　千代田区永田町一—一〇—一
㊔〇三—三五八一—二三三一（代表）
Ⓕ〇三—三五九七—九一〇四
Ⓗhttp://www.ndl.go.jp/
㊋地下鉄有楽町線・半蔵門線永田町駅歩三分、または地下鉄丸の内線・千代田線国会議事堂前駅歩一〇分
㊊午前九時三〇分～午後五時（資料請求受付は午前九時三〇分～午前一一時五〇分、午後一二時三〇分～午後四時）
㊡日曜、土曜（第一、三は除く）、祝日
㊖可（満二〇歳以上）
㊗可

に集められている。蔵書数は、和図書四五六万冊、洋図書二〇四万冊、国内刊行雑誌・新聞一〇万三〇〇〇種、外国刊行雑誌・新聞五万種、マイクロフィッシュ六〇〇万枚、レコード四二万枚、地図三九万枚、学位論文三二万件、新聞切抜資料二〇一万冊など厖大な数におよぶ。これらの中に、古典籍資料、憲政資料、日本占領関係資料、法令議会資料、レコード、地図、雑誌の創刊号等のさまざまな特色あるコレクションが含まれている。

コレクション――

鶚軒文庫　元東京帝国大学教授、医学者・土肥慶蔵（一八六六～一九三一）旧蔵の日本人の主として漢詩文集、七八三八冊。

伊藤文庫　幕末・明治期の本草学者、元東京帝国大学教授・伊藤圭介（一八〇三～一九〇一）が収集し、孫の篤太郎が所蔵した本草学関係書。多くの貴重書を含む。内容は『国立国会図書館支部上野図書館所蔵本草関係図書目録　上』（昭二七）に詳しい。

青山文庫　幕末・明治期の国学・考古学者、根岸武香（一八三九～一九〇二）旧蔵の和漢書三四六三冊。多岐の内容であると供に貴重なものが多く、同館の代表的コレクション。内容は『青山文庫和漢図書目録』（昭一〇）に詳しい。

亀田文庫　元大谷大学教授、国学学者・亀田次郎（一八七六～一九四四）旧蔵書六九〇〇冊。国語学関係書が中心。貴重書が多い。『亀田次郎旧蔵書目録』（昭三五）に詳しい。

九山山房旧蔵書　『日本百名山』の著者で、作家・深田久弥（一九〇三～七一）の収集による中央アジア、インド、ネパール（ヒマラヤ）、アルプス関係の洋書一七二二冊。『深田久弥旧蔵書目録』(昭五一)がある。

西村文庫　哲学、教育者・西村茂樹(一八二八～一九〇二)旧蔵の教育、蘭学に関する自筆稿本および日記・和書など二〇六冊。『国立国会図書館所蔵西村茂樹先生稿本類目録』(「弘道」七六巻―七八五)に書目を掲載。

白井文庫　元東京帝国大学教授・白井光太郎(一八六三～一九三二)の収集による江戸時代の本草学者の手稿本、手写本、版本などを本草学関係和書六一九七冊。貴重書・善本を多数含む。内容は『国立国会図書館支部上野図書館所蔵本草関係図書目録　上』に詳しい。

新城文庫　元東京帝国大学学長・新城新蔵(一八七三～一九三八)旧蔵の天文・暦学関係のコレクション、和洋書約一万冊。内容は『新城新蔵旧蔵書目録』(昭四五)に詳しい。

榊原文庫　明治時代の国学者・榊原芳野(一八三二～八一)の旧蔵書、一四八七点約六〇〇〇冊。主として江戸時代の和歌・物語・字書・国語国文・歴史・地誌・博物等で、善本・貴重書を多数含む。同館の代表的なコレクション。紹介文献に『国立国会図書館個人文庫展展示会目録　その二』(昭五八)がある。

岡田文庫　国語・国文学者・岡田希雄(一八九八～一九四三)の旧蔵書約五九〇点、一四〇〇冊。『上野図書館和漢書分類目録　古書之部』(昭三四)に収録、紹介文献に『国立国会図書館個人文庫展展示会目録　その二』がある。

蘆原コレクション　バレエ・音楽評論家蘆原英了(一九〇七～八一)が収集したコレク

ション。洋書約五四〇〇点、和書三九〇〇点、レコード約九三〇〇枚、楽譜約五二〇〇点、自筆ノート約二二〇点、録音テープ約二〇〇点、ポスター約二〇〇点など。『蘆原英了コレクション目録』全八冊がある。

鈴木文庫　昭和期の実業家、新聞学者・鈴木秀三郎（一八九三〜一九六二）旧蔵の新聞関係資料二三七点。書目に「鈴木秀三郎氏旧蔵新聞関係資料目録」（「参考書誌研究」六号所収）がある。わが国有数の新聞コレクション。

今泉文庫　明治・大正期の美術史家、鑑識家・今泉雄作（一八五〇〜一九三一）の茶道関係の旧蔵書、一八六部二四八冊二帖三軸。いずれも写本で、ほとんどが未刊。ほかに田券類五一通。目録は「茶道叢書総目録　今泉雄作旧蔵国立国会図書館所蔵」（「茶湯　研究と資料」第二号所収）。

宗家記録　旧対馬藩主宗家に伝わった江戸時代の日本―朝鮮関係の記録一五二七冊。目録は『国立国会図書館所蔵文書目録・慶応大学図書館宗家記録雑集目録抄』（謄写版）がある。

徳川幕府引継書類　幕府の町奉行所管のもので評定所、寺社奉行の記録の副本も含まれ徳川幕府引継文書など約六〇〇〇点。内容は、『旧幕府引継書目録』（昭三四〜刊行中）、『旧幕府引継書第一輯、第四輯解説』（昭四五）、復刻『旧幕府引継書目録細目』2〜6（昭五二、五三　湖北社刊）に詳しい。全体の目録には南和男著『江戸の社会構造』（昭四四）に付編として収録されている。同館の代表的なコレクション。

憲政資料室文書　日本近・現代史の現場に大きく関わりをもつ政治家・軍人・外交官旧蔵の私文書、日記、原稿など約二八万点、三〇〇家を数える。『憲政資料目録』第一（昭三五）～（続刊中）がある。わが国の代表的な憲政史料コレクション。

日本関係図書　欧文で書かれた、主に日本をテーマにした図書を網羅的に収集したコレクション。約二万タイトル。書目は『国立国会図書館所蔵日本関係欧文図書目録』として、「支部上野図書館旧蔵分　一八七二～一九六〇」（昭四一）、「昭和二三年～五十年」（昭五二）、「昭和五一年～六一年」（平四）が刊行されている。

その他のコレクション――

京都円光寺旧蔵書、彌富文庫、小牧文庫、渡辺文庫（渡辺泰三旧蔵）、子規資料、布川角左衛門氏所蔵布川文庫（寄託）、尊徳文庫（寄託）、住友文庫、和辻哲郎自筆稿本、畠山文庫、塩田文庫、小川文庫、千葉文庫、岡田ポスター・コレクション、鮫島文庫、中西文庫、渡辺文庫（渡辺敏夫旧蔵）、堀田文庫（堀田両平旧蔵）、小沢文庫、長谷川文庫、宮田文庫、斑山文庫、播磨文庫、岡田乾州文庫、旧藩校蔵書、発禁図書、日本占領関係資料、移民関係資料等。全部で一二〇件以上のコレクションがある。

刊行書誌――

和洋書の基本的冊子目録としては、「日本全国書誌」（週刊）、『国立国会図書館蔵書目録』の「明治期」全八冊（平六～平七）、「大正期」全五冊（平一〇～一一）、「昭和元年―二四年三月」全八冊（平一〇）等、「洋書編　昭和二三年―昭和六一年八月」全一〇冊（平二

〜五)、「洋図書目録　平成三年―平成七年」全六冊(平八)等。逐刊物の冊子目録では『国立国会図書館所蔵』の「国内逐次刊行物目録　平成九年末現在」全三冊(平一〇)、「外国逐次刊行物目録　一九九八年末現在」(平一一)等。その他、主題冊子目録、機械可読目録が数多く刊行されているが、それらは「国立国会図書館月報」各年二月号掲載「国立国会図書館の編集・刊行物入手案内」を参照されたい。

定期刊行物――――――

「国立国会図書館年報」「外国の立法」(隔月刊)、「日本法令索引」(年刊)、「科学技術文献サービス」(季刊)、「参考書誌研究」(年二回刊)、「アジア資料通報」(月刊)、「レファレンス」(月刊)、「国会会議録総索引」(会期ごと)その他。

コレクション紹介文献―

ＮＤＬ入門編集委員会編『国立国会図書館入門』(三一書房　平一〇)、国立国会図書館百科編集委員会編『国立国会図書館百科』(出版ニュース社　昭六三)、馬場萬夫「国立国会図書館所蔵コレクションの紹介」(『図書館協力セミナー「国立国会図書館のレファレンス・サービスを中心に」Ⅱ昭和六二年度』国立国会図書館　一九八七所収)。

最高裁判所図書館

沿革

同館は、昭和二二年五月、最高裁判所が発足したのにともない、同年一二月旧大審院図書室の蔵書約六〇〇〇冊を引き継ぎ、裁判所図書館として開設。同二四年七月現在の名称となる。現在の庁舎は昭和四九年に竣工されたもの。資料収集は、裁判に必要な内外の法律図書資料を中心に、周辺関係分野の図書資料を対象に行なっている。

蔵書

法律図書資料を中心とした内外の法令集、判例集、法律基本図書、論文集、注釈書のほか、人文科学分野を中心とした統計、事典類である。また、法律雑誌などは網羅的に集められ充実している。蔵書数は和図書一四万二〇〇〇冊、洋図書九万一〇〇〇冊にのぼる。このうち洋書では、英米六〇パーセント、ついでドイツ三〇パーセント、残りの一〇パーセントがフランス及びその他である。法律雑誌は、和文五一五種、欧文二一二種がある。

コレクション

明治文庫　法制史上貴重な明治期刊行物及び書写された法律図書資料を散逸や劣化等から守り、日本の法律文化財として長く保存するため、全国の裁判所の書庫・倉庫に保管されている資料を組織的に収集し、「明治文庫」として設置したもの。全国各裁判所から漸次収集、管理換えして、目録が三回刊行された。はじめの『明治文庫仮目録』（昭和三一

㊟〒102―0092
千代田区隼町四―二
㊟〇三―三二六四―八一一一
（内五一二五）
Ⓕ〇三―三二二一―八九七六
㊟地下鉄有楽町線・半蔵門線
永田町駅歩一〇分
㊟午前九時三〇分～午後四時三〇分
㊟土曜、日曜、祝日
㊟限定（裁判所職員及び館長が許可した者）
㊟限定（財団法人司法協会を紹介）

年二月末現在、七六一タイトル、一九五二冊）、つぎの『明治文庫目録』（昭和四九年三月刊、約一三〇〇タイトル、三五〇〇冊）、第三回目として『明治文庫目録』（昭和五八年一一月刊、約三九〇〇タイトル、五九六五冊）である。主内容は、明治初期の律令法制当時の参考文献、日本に紹介された西洋の近代啓蒙思想関係書、ボワソナード、ブスケ等外国人法学教師の講義類その他である。

正求堂文庫　英吉利法律学校（中央大学の前身）初代校長、弁護士・増島六一郎（一八五七～一九四八）博士が自宅内に「正求律書院」を建設し、長年にわたって収集した、主として英国及び米国の各種判例集類。博士没後の昭和二五年四月その旧蔵書（四三六二冊）が、「財団法人正求堂財団」の小林一郎理事の尽力によって寄託された。その後も逐次補欠増加されて、現在七一六三冊にのぼる。内容はA Catalogue of the Collection in the Supreme Court Library. Appendix 1. Catalogue of Foreign Books in the Sei-Kiu-Do Library, 1959に詳しい。なお文庫名「正求」とは、博士の家業の弓術にちなんで、『礼記』の「射義第四六編」の一節「正求於己」の句を用いたという。

ロックフェラー文庫　昭和三一年、ロックフェラー財団から、米国各州の判例集シリーズＮＲＳ（National Reporter System）のうち、州の裁判所の判例集全巻が寄贈された。その後五年間にわたって継続寄贈を受けた。昭和三七年以降は同館が継続購入し、現在数は八七三八冊に及ぶ。主内容は、イギリスの総合判例集、イギリスの主題別判例集、カナダの判例集、オーストラリアの判例集、アメリカの連邦の判例集、アメリカの州の判例集などである。

極東国際軍事裁判記録　昭和二四年にＧＨＱから寄贈されたもの。後に製本されて一〇九九冊ある。

細野文庫　元大審院長・細野長良（一八八三～一九五〇）の旧蔵書五二六三冊。ドイツを中心とした一九世紀の中期から今世紀の前期にかけての欧文法律書等。

刊行書誌

「最高裁判所図書館月報」（隔月刊）、「最高裁判所図書館邦文法律雑誌記事索引」（年刊）、『最高裁判所図書館法律図書目録』和書の部、洋書の部（平五）、『最高裁判所図書館雑誌目録』（不定期）。

上智大学イベロアメリカ研究所

沿革

昭和三九年に、ラテンアメリカの政治、社会、文化等の諸問題に関する調査、研究を行い、同地域との交流の促進に寄与することを目的に設置された。蔵書数は三万二〇〇〇冊、うち洋書二万九〇〇〇冊、逐次刊行物七三〇種、新聞切り抜き資料、レコード、スライド、ビデオ多数。わが国最大規模のラテンアメリカ専門図書館。

コレクション

井沢文庫　名誉所員でラテンアメリカ研究の先駆者井沢実（〜一九七六）の旧蔵書でラテンアメリカ、スペイン関係書三八〇〇冊。『井沢文庫目録』（昭五五）。

バラヤ文庫　コロンビアの文献収集家ギリエルモ・バラヤが所蔵していた一六世紀以降の南米の歴史、地理、文学等に関する資料五五〇〇冊。

ハーボルドコレクション　ハーボルト教授の旧蔵書で、ペルー、チリ両国の歴史、政治、経済、文化を中心に、一九世紀から現代にいたる学術文献。

刊行書誌

『ラテンアメリカ文献目録　一九七四年版〜』。『ラテンアメリカにおける多国籍企業と外国投資―文献目録』（昭五二）。『所蔵逐次刊行物目録』（昭五七）。『上智大学イベロアメリカ研究所　一九六四―一九八九』（平元）は同研究所の二五年史誌。

㊟〒102―8554　千代田区紀尾井町七―一　中央図書館・総合研究棟六階
㊫〇三―三二三八―三五三五
Ⓕ〇三―三二三八―三二二九
Ⓗhttp://www.info.sophia.ac.jp/ibero/
㊂JR・地下鉄各線の四ッ谷駅より徒歩五分
㊐午前九時〜午後五時（土曜は午前一〇時から）（いずれも正午〜午後一時は休室）
㊡日曜、祝日
㊓登録制（年会費一〇〇〇円）
㊔可

上智大学キリシタン文庫

沿革――――

各研究所の所蔵コレクションで、利用に当たっては事前の照会が必要である。

コレクション――――

元教授でイエズス会士ラウレス（Johanne Laures, S.T　一八九一～一九五九）の収集になる内外のキリシタン研究文献をもとに収集発展させたコレクションで、日本キリシタン関係書八〇〇〇冊。室町から江戸期及びイエズス会の刊行書をはじめ、プティジャン版の原本、明治初年の天主公教会布教書などがほぼ完全に揃っている。なかでも、日本司教ルイス・セルケイラが著した慶長一〇年（一六〇五）長崎刊の『エケレジャのサカラメンタを執り行うための提要』、祈祷書・天使祝詞・使徒信経の三つ折りを記したリーフレットは特に貴重である。"Lawes,Kirishitan Bunko Tokyo,Sophia Univ. 1657"に紹介。

㊟〒102―8554
千代田区紀尾井町七―一
中央図書館・総合研究棟八階
㊫〇三―三二三八―三五三八
㊯JR・地下鉄各線の四ッ谷駅より徒歩五分
㊎午前?時～午後五時（土曜は正午まで）
㊡日曜、祝日
㊖限定
㊢?

上智大学中央図書館

沿革

明治四四年に財団法人上智学院が設立され、大正二年にイエズス会によりカトリックの大学として開学した。キリスト教の世界観に基づく最高の教育・研究機関であることを理念としている。神学部（専門課程は石神井キャンパス）、文学部、法学部、経済学部、外国語学部、比較文化学部（市ケ谷キャンパス）、理工学部をもつ。図書館は中央図書館と市谷分室、石神井分館のほか、国際関係研究所など二六機関で構成される。

昭和五九年に学内所蔵学術資料の集中化と共同利用を図ることを目的に、図書館と一七研究所等および一九の大学院研究室を収容する中央図書館・総合研究棟が建築された。蔵書数は八四万一〇〇〇冊、うち洋書四二万六〇〇〇冊、継続受入和雑誌二四二七種、同外国雑誌二九八三種で、カトリック神学、中世哲学、ドイツ文学等の外国語の学術文献が多い。

コレクション

イエズス会資料　一五四〇年から一九一四年までに刊行されたイエズス会の歴史に関する学術文献六〇三冊と、Expulsion of the Jesuits七九冊五四一件。

ガルシアコレクション　フィリピン人の書誌学者、歴史研究者マウロ・ガルシア（Mauro Garcia 一九〇六〜八二）の旧蔵書で、一八四〇年から一九七〇年代に刊行された

㊟〒102―8854
千代田区紀尾井町七―一
㊓〇三―三二三八―三五一一
Ⓕ〇三―三二三八―三二六八
Ⓗwww.sophia.ac.jp/lib.nsf/
㊋JR・地下鉄各線の四ツ谷駅より徒歩五分
㊏午前九時〜午後八時
㊡日曜、祝日
㊑限定
㊞可

フィリピン関係の書籍、定期刊行物、日本占領期（一九四一年から四五年）関係の一次資料など図書五四九六冊、雑誌二八四種。フィリピン関係では、アテネオ・デ・マニラ大学のドミンゴ・アベリャ・コレクション、オーストラリア国立図書館のオットー・ベイヤー・コレクションと並ぶ世界有数のコレクションである。歴史、伝記、ヨゼ・リサール関係（一九世紀末のフィリピン民族主義思想家）が全体の三割を占める。一九世紀末にスペインから割譲したアメリカ植民地政府刊行の「フィリピン・コミッション・レポート」の原本がほとんど揃っている。ガルシアが日本占領期にフィリピン行政委員会で文書管理に携わっていたことから、フィリピン行政委員会法令のカーボン・コピー版など貴重な資料が多数含まれる。なお、フィリピン関係の歴史資料では、財団法人東洋文庫のベラルデ文庫が、一六世紀後半から一九世紀前半をカバーしている。『ガルシアコレクション目録』（平九）。

シュトットガルト叢書　シュトットガルト文芸協会が一八四三年から刊行したドイツ文学関係文献二三三八冊。

新聞関係資料　元教授で新聞学者、日本新聞学会会長・同名誉会長小野秀雄（一八八五～一九七〇）の旧蔵書で、幕末から現代にかけての新聞原紙、関係図書二〇〇〇冊。幕末から明治初期の新聞各紙は貴重。「総合ジャーナリズム研究」六三（昭四八）に紹介。

生命倫理関係資料コレクション　同大学生命科学研究所が長年にわたって収集してきたもので、昭和五九年の新図書館竣工後は、旧生命倫理資料室で収蔵されていた。『上智大学中央図書館所蔵生命倫理学関係資料コレクション目録』（平三）は、同室に収蔵されていたコレクションに、新たに中央図書館が受け入れた図書を加え、一一一三冊を収録する。引き続き充実が図られることになっている。

Monumenta Germaniae Historica　紀元前五〇〇年から一五〇〇年間の教会史、法律学、議事録などの中世ドイツ関係文献二一八冊。

Patrologia　使徒時代からフロレンス公会議（一四三六年）にいたる教会博士や著述家の著作で、ラテン教父集二二一巻とギリシャ教父集一六二巻。一八五七〜七八年の刊行。

昭和館

沿革――

「第二次世界大戦の戦中・戦後――昭一〇〜三〇年頃――の国民生活上の労苦を後世代に伝える」ことを目的に、平成一一年三月に開館した。歴史資料・情報を収集し公開している厚生省の所管で、㈶日本遺族会が運営している。先の戦争での日本の加害者責任や建物の形状をめぐって色々な論議がなされたこともあり、戦争関係の（直接の）資料は（兵器など）、一切収集・展示しないとしている。

収蔵資料・蔵書――

雑誌・図書資料約七万点、映像資料約一万五〇〇〇点が、自由に利用できる。

図書・雑誌類で珍しいものは以下。樺島勝一（挿絵画家）の作品が載った「少年倶楽部」。「日刊アサヒグラフ」、「大東亜南方圏地図帖」（藤田元春　一九四四）、「最新流行歌集」（一九三九）、「戦史叢書」「写真週報」（第一号　昭一三〜、二九冊）、「アサヒスポーツ」（一巻ノ一　大正一二〜）、「週刊少国民」（一巻ノ一　昭一一〜）、「赤い鳥」（復刻版）、「キング」（七巻ノ一　昭六〜）、「日本防空史」（一九八一）、『帝国陸軍編制総覧』（一九八七、四冊）、「日本都市年鑑」（一巻　昭六〜）など。興味深いものから、研究上の基本資料まで多数がある。このほかに、当時の新聞のダイジェスト版、縮刷版、グラフィック資料の復刻版、事典類も相当ある。

㊟〒102―0074
千代田区九段南一―六―一
㊁〇三―三二二二―二五七七
Ⓕ〇三―三二二二―二五七五
Ⓗhttp://www.showakan.go.jp
㊋営団地下鉄・都営地下鉄九段下駅下車歩五分
㊡月曜日（祝日の場合は翌日）、年末年始、三月三一日、そのほか
㊎午前一〇時〜午後五時（図書請求時間）
㊤無料
㊦不可
㊥セルフサービスにより可（一枚三〇円）。但しコピー不可のものは除く

利用――――

資料のほとんどは開架式（戦前の原資料を除く）。館ではデータベースを採用、約五万三〇〇〇件の所蔵図書の情報が入っており、それぞれの目次も見られるので検索に便利。

刊行物――――

「ぶらりらいぶらりい」（パンフ）、「昭和館常設陳列資料図録」（平成一一）。

人事院図書館

沿革――

同館の前身は、昭和二二年創設の臨時人事委員会の管理部庶務課に所属していたが、翌年「管理部図書課」として運営された。同二四年一月一日付で人事院図書館となり、現在にいたっている。

蔵書――

人事行政関係の内外資料を中心と収集しているほかに、一般業務、一般教養関係図書も備え付けてある。蔵書数は和図書三万八〇〇〇冊、洋図書二〇〇〇冊、和洋雑誌四〇種などからなる。

フーヴァー記念文庫――

アメリカ合衆国・カナダ人事機関連合会（フーヴァーは元会長）及び故フーヴァーの知人らが、ブレイン・フーヴァー（Blaine Hoover）の、現行公務制度の発足に貢献した功績を記念して設立したもの。アメリカ人事委員会年報などを含む人事行政関係の洋図書一二八冊。

その他のコレクション――

旧職員の寄贈図書のうち、貴重なものについては特別のコーナーを設けている。佐藤文庫（元人事院総裁）、藤井文庫（元人事院総裁）などがある。

㊟〒100―0013
千代田区霞が関一―二―三
㊫〇三―三五八一―五三一一
（内二二九）
Ⓕ〇三―三五九三―〇四三一
㊝地下鉄丸ノ内線霞ヶ関駅歩五分
㊐午前一〇時～午後四時三〇分
㊡土曜、日曜、祝日、毎月二五日
㊖限定（院職員、一般は非公開のため館長の許可が必要）
㊣不可

刊行物――

収書案内として年一～二回程「院内ニュース」に掲載、紹介している。書目に、『人事院事務総局刊行物目録』（昭二九）、『人事院総務局パンフレット目録』（昭三〇）、『人事院事務総局欧文図書目録』（昭三〇）がある。

専修大学図書館神田分館

㊟〒101―8425
千代田区神田神保町三―八
㊐〇三―三二六五―五九四〇
Ⓕ〇三―三二六五―六二九八
Ⓗhttp://www.senshu-u.ac.jp
㊋地下鉄各線神保町駅又は九段下駅より徒歩三分
㊏午前九時～午後九時三〇分
㊡日曜、祝日
㊓限定
㊕可

沿革

明治一三年にアメリカ留学帰りの青年たちによって設立された夜間二年制の法律・経済の専修学校を起源とし、大正一一年に大学令による大学となった。経済学部（同二部）、法学部（同二部）、経営学部、商学部（同二部）、文学部からなるが、本部は川崎市の生田キャンパスに移転し、神田には法学部の二年次以上と各学部の二部のみが置かれている。図書館は四四年に設置された専修大学専門部記念文庫に始まる。現在は神田分館と川崎市の生田分館からなる。

蔵書数は三三万六〇〇〇冊、うち洋書一四二〇〇〇冊、継続受入和雑誌一一一五種、同外国雑誌七一八種。

コレクション

石井良助文庫　元教授、図書館長で日本法制史学者石井良助（一九〇七～九二）から寄託された法制史関係の蔵書の一部。蔵書の多くは江戸東京博物館に寄贈されている。『専修大学図書館所蔵石井良助文庫目録―文書編』（平八）は、寄託資料のうち古文書関係を整理したもので、中世から近代にいたる多数の村および家分け文書や武家文書、地方行政文書、朝鮮史料、官員録、絵図類などを収録する。

今村文庫　元総長で、弁護士今村力三郎（一八六六～一九五四）が明治三八年から昭和一二年にかけて手がけた事件三三六件すべての訴訟記録で、判決録、調書、意見書、証拠物件、書簡、上申書などからなる。一九〇〇年の足尾銅山鉱毒事件、大逆事件、虎の門事件、松島事件、安積疏水事件、天理教不敬事件、五・一五事件、帝人事件などがある。大正一三年に摂政宮（後の昭和天皇）を襲って死刑に処された難波大助が獄中から今村に送った書状は貴重な歴史資料である。『今村力三郎訴訟記録目録』（昭三〇）。

神山文庫　元教授で、労働法学者神山欣治（一九〇〇〜七六）の旧蔵書で、労働法、刑法を中心とした六〇〇〇冊。戦後の激動期の主要事件に関する手稿や原資料を含む。

ザイドル文庫　インスブルック大学名誉教授で、古代法学者エルヴィン・ザイドル（Erwin Seidl　一九〇五〜）の旧蔵書で、古代法史・法パピルス学、ローマ法・法制史など五〇〇〇冊。抜き刷多数を含む。

孫田文庫　元教授で、労働法学学者孫田秀春（一八八八〜一九七六）の旧蔵書で、体系的に収集された労働法関係図書四五〇〇冊。『専修大学図書館所蔵孫田秀春文庫目録』（平七）

藤田文庫　住友鉱業職員組合委員長、労働問題研究家で、『日本労働協約論』の著作がある藤田若雄（一九一二〜七六）の旧蔵書。国鉄、三池、三井、全逓、王子製紙など、戦後の主要労働運動に関わる労使双方の諸記録を中心とする社会科学関係書二五〇〇冊。

中川善之助文庫　わが国の家族法学の第一人者である中川善之助（一八九七〜一九七五）の旧蔵書で、図書五七五八冊、雑誌六五種、資料一九〇〇点からなる家族法関係の一大コレクションである。W.Godwinの"Political justice. 1793"や、『民法草案人事編理由書』などの稀覯書を含む。『専修大学図書館所蔵中川善之助文庫目録』（平九）。なお、旧蔵書のうち末子相続関係などの古文書資料は学習院大学史料館に収蔵されている。

総務庁図書館

沿革

昭和五九年七月一日、各省庁間のセクショナリズムを排し、総合調整の実をあげようとするねらいで総務庁が新しく発足されたことにともない、これまでの行政管理庁図書館は総務庁図書館に引き継がれた。ちなみに、行政管理庁は昭和二三年七月一日に設置され、当初の図書資料は内部各部局で保管されていたが、同三五年七月二八日、効率化を図るため、各部局にあった資料を集中し、行政管理庁図書館を設置した。なお、省庁改革法施行法によって平成一三年一月から「総務庁図書館」に再編、改称される（予定）。

蔵書

行政管理関係の専門図書館として、行政改革、人事行政、行政手続、行政監察、行政相談、行政情報システムの諸分野についての内外文献の収集のほかに、周辺分野としての文献の収集を行っている。また、各付属機関、各種の審議会等の発表、発行資料をも集めている。蔵書数は和洋図書約二万冊、和雑誌約七〇〇種、洋雑誌一一種、和洋新聞一一種などからなる。そのうち、特色ある資料としては、第一次臨時行政調査会答申及び議事録、指定統計の結果報告書、行政監察の結果報告書（内部資料）、国連統計委員会刊行物類がある。なお、収集案内に「新着図書案内」（平成五年から）がある。

㊟〒100―0013
千代田区霞が関三―一―一
㊫〇三―三五八一―六三六一
（内四一六八）
Ⓕ〇三―三五〇七―〇九五六
㊬地下鉄丸ノ内線・千代田線
霞ケ関駅歩五分
㊏午前九時三〇分〜午後四時三〇分（一二時から午後一時まで閉室）
㊡土曜、日曜、祝日
㊙限定（館長の承認）
㊝不可（職員のみ）

旅の図書館（観光文化資料館）

沿革――

日本交通公社が観光文化の振興のために、自社社員向けであった図書室を、昭和五三年に一般開放した。日本各地、世界各国の観光文化に関する図書、地図、雑誌を幅広く収集している。

蔵書――

時刻表では「トーマス・クック鉄道時刻表」「ラッセルズバス時刻表」「ＡＢＣ航空時刻表」「ＯＡＧクルーズ＆シップラインガイド」などがめずらしい。オフィシャル・ホテル・ガイドや、新聞の切り抜き記事、タウン誌、企業のＰＲ誌のほか、外国航空会社四〇社の機内誌も収集している。観光文化関連資料として、歴史、料理、美術、音楽などの図書も備えられており、これらは都道府県別、各国別に分けて整理されている。雑誌は同社の「旅」「るるぶ」「時刻表」が創刊号からほぼ揃っている。また地図は国土地理院の二〇万分の一地勢図、五万分の一地形図などがある。蔵書数図書一万八〇〇〇冊。和雑誌一〇〇種、洋雑誌五〇種。

㊟〒100―0005
千代田区丸の内一―八―二
第二鉄鋼ビル地下一階
㊉〇三―三二一四―六〇五一
Ⓗhttp://www.jtb.co.jp/shiryokan/
㊋ＪＲ東京駅八重洲北口下車徒歩二分。地下鉄東西線大手町駅下車Ｂ一〇出口から徒歩二分。地下鉄半蔵門線三越前駅下車Ｂ三出口から徒歩三分。地下鉄銀座線日本橋駅下車Ｂ三出口から徒歩三分
㊐午前一〇時～午後五時三〇分
㊡土・日曜・祝日
㊖可
㊕可

千代田区立千代田図書館

沿革

同館のルーツは明治二二年開館の大日本教育会附属書籍館（蔵書約二万冊）に始まる。のち、大正後期の駿河台図書館、さらに一橋図書館の時代を経て、昭和三〇年一二月、現在の名前に改称した。

蔵書

数は一四万六六五九冊（うち児童資料七九一三冊、洋図書八〇二冊。開架資料は五万三七九六冊）、雑誌一五八種、新聞一五種、レコード一七三八枚、カセット一五一八枚、CD三八〇七枚、フィルム一二六六本、ビデオ一二五〇巻を数える。これら資料中には、当館の歴史の古さに合わせて、郷土資料の多彩さと戦前の内務省検閲本が所蔵されており、特色となっている。ほかに、同館は戦後、郷土資料の収集につとめており、地のりを得て、江戸城関係、大正大震災関係資料も所蔵している。逐刊物としては、新聞縮刷版（朝日・読売・毎日・日経）大正九年からのもの（欠号もあり、復刻版含む）、官報、公報（大正一一年より、欠号あり）、戦前よりの年鑑類（朝日、時事、共同）、「図書館雑誌」（昭二一〜）が含まれている。

内田嘉吉文庫

神田駿河台出身で、元台湾総督・内田嘉吉（一八六六〜一九三三）が収集した一五世紀

㊟〒102—0074
千代田区九段南一—六—一
㊑〇三—三二六四—〇一五一
（内三一七一〜九）
Ⓕ〇三—三二六四—七七五〇
㊯地下鉄東西線・半蔵門線・都営新宿線九段下駅歩五分
㊮午前九時〜午後七時（土曜、日曜、月曜は午後五時まで）
㊡月曜（第三日曜の翌日は開館）、第三日曜、祝日
㊫可（初回登録時に身分証明書要）
㊋可

から二〇世紀の大航海時代の記録・文献（欧州諸国のもの）。欧州諸国の植民地の地誌・植民政策関連史料、および台湾統治関係を中心とする日本の旧植民地関係史料など和書四五五七冊・洋書一万二四三五冊を、昭和一一年に東京市に委託し、さらに同二五年、東京都立駿河台図書館より移管されたもの。この中には、一五八九年刊初版「ハックルート協会本」一七〇冊（航海の文献）、『フィリピン群島史』『北極探検史』『日本、支那、シャム景観』などの稀覯本が多く含まれる。内容は、『内田嘉吉文庫稀覯書集覧』（昭一二）、『内田嘉吉文庫図書目録第一篇（和漢書）』『同第二篇上（洋書）』『同第二篇下（洋書）』『同第三篇（和漢洋書索引）』（いずれも昭一二刊）に詳しい。『千代田図書館八十年史』（昭四二）に紹介がある。

古書目録――古書店主反町茂雄（一九〇一～九一）の発行・収集した約七〇〇〇点の古本の目録を受贈したもので、平成一二年より公開している（閉架資料）。近・現代の古書の流通を知るための第一級資料である。（フロアにて展示）

刊行書誌――『千代田図書館所蔵火災保険図書目録―沼尻長治氏寄贈地図一覧』（昭五七）、館報「らいぶらりい」。

通商産業省図書館

沿革

大正一四年商工省が発足し、官房文書課に図書係が置かれて図書館業務を掌ったのが始まりである。戦時中、商工省は軍需省となり、戦災に遭遇し、これまでの蔵書の大部分一〇万冊を焼失した。被災を免れたわずかな残存資料中には「工業統計表」「本邦鉱業の趨勢」「法令全書」「日本外国貿易年表」『明治大正財政史』『日本産業資料大系』『日本経済大典』等の基本的な図書がある。昭和二〇年商工省に復活、二〇〇〇冊余の蔵書で図書館が発足した。現在の名称に改称したのは、昭和二四年五月からである。省内職員のほか一般にも公開している。なお、平成一三年一月からは省庁改革法施行法によって「経済産業省図書館」となる（予定）。

蔵書

通商産業行政部門の専門図書館として、産業、経済、鉱工業に関する図書資料を中心に収集が行われている。蔵書数は和図書約六万五〇〇〇冊、洋書約七〇〇〇冊、和雑誌三〇〇種、M／F約一五万枚を蔵している。特殊資料としては、「工業統計表」（明治四二年創刊〜）、「本邦鉱業の趨勢」（明治三九年創刊〜）、及び農商務省、商工省時代の統計書類が挙げられる。ほかに、戦後刊行の通商産業省の各種統計書がほぼ揃って保管されている。

㊟〒100−0013
千代田区霞が関一−三−一
（別館四階）
㊜〇三−三五〇一−一五一一
（内五一四一〜四三）
Ⓕ〇三−三五〇一−七八二八
㊛地下鉄丸ノ内線・千代田線
霞ケ関駅歩五分
㊒午前一〇時〜午後四時三〇分（図書請求時間は、午前一〇時〜正午、午後一時一五分〜午後四時一五分）
㊡土曜、日曜、祝日、第二水曜
㊓可
㊗可（一人一回二〇枚を限度）

刊行書誌――

『蔵書目録』上・下・索引（昭四五～四七）、『通商産業省図書館図書目録』（年刊）、『通商産業省刊行物目録』（年刊）、「通商産業省図書月報」（「受入速報」の改題）等を刊行している。

逓信総合博物館［逓信博物館］

沿革

逓信博物館は、我が国唯一の通信情報関係の博物館で、郵政省、NTT（日本電信電話株式会社）、NHK（日本放送協会）、KDD（国際電信電話株式会社）が共同で設立し、昭和三九年一二月一日に開館した。四機関共同で運営されているため、一般には逓信総合博物館と呼ばれている。同館の歴史は古く、その前身は、明治三五年六月、逓信省によって万国郵便連合加盟二五年の記念事業として、郵便博物館が開設されたのに始まる。のち逓信博物館と改称。昭和二四年の改組で郵政省の附属機関となり、同三九年の新設館までつづいた。「ていぱーく」の愛称で親しまれている同館は、展示室のほかに教室、図書室、写真資料室（撮影、現像室）、レストラン、休憩所等の整った施設を備えて、郵政全般にわたる数多くの資料を収集、展示すると共に、収蔵品を閲覧に供している。

収蔵品

世界の郵便切手類をはじめ、江戸時代からの交通関係書、郵政一般、切手関係一般、切手カタログ、郵便為替、郵便貯金、郵便振替、簡易保険、郵便年金、電信、電話、電波、放送、書簡文、電気、法規類集、海運、灯台、陸運、空路運輸、歴史、美術、写真、ポスター等多種多様にわたっており、その数は約一四〇万点にのぼる。うち図書・雑誌類は約三万五〇〇〇冊蔵している。これらの中には、ペリーが将軍に献上した電信機、平賀源内

㊟〒100―0004
千代田区大手町二―三―一
㊂〇三―三二四四―六八一一
Ⓕ〇三―三二四四―六八二〇
㊇地下鉄大手町駅歩二分、またはJR東京駅北口から歩一〇分
㊐午前九時～午後四時三〇分（入館は午後四時まで）、金曜に限り午後六時三〇分（入館は六時まで）
㊡月曜（月曜が祝日及び振替休日の場合は翌火曜）
㊏有料
㊎可
㊋可

のエレキテル、明治四年郵政創業以来の郵政省関係資料などがあり、世界の切手コレクション約二三万点は切手マニアでなくても興味深いもの。

刊行物――『図書資料目録』上、下巻（平四）、『一般資料目録』（平二）、「郵政研究所附属資料館研究調査報告書」（年刊）、「逓信総合博物館のお知らせ」（月刊）など。

事業――一般公開のほか、特別展（年間一四回）、講演会、映画会、カルチャー教室等を実施している。

東京国立近代美術館

沿革

昭和二七年一二月、わが国最初の国立美術館として、京橋の旧日活本社ビルを改装して開館した。同四二年京都分館が独立して、東京国立近代美術館と改称し、昭和四四年に現在地に移転した。日本近代美術の流れを一挙に見られる。また教科書に掲載されている絵画の原画が数多く展示されている。収蔵品は、同じ国立の美術鑑賞施設である東京国立博物館、国立西洋美術館との新規購入品の重複を避けるための取り決めによって、二、三の例外を除き明治四〇年以降の美術作品となっている。ほかに、映画フィルムを収蔵し、映画上映活動を、京橋の旧館（「東京国立近代美術館フィルムセンター」別掲）で行っているほか、同じ北の丸公園内の旧近衛師団司令部庁舎（重要文化財に指定）を改装して、「東京国立近代美術館工芸館」として、工芸作品を専門に展示している。

収蔵品

明治四〇年以降の日本画、油絵、彫刻、版画、水彩、素描などの名品を収蔵している。この収蔵品の中核をなすものが、明治四〇年文部省主催の日本初の公募官設の文展等で、当時、国際性を志向する洋風美術と伝統に根ざす日本画との対立時期を経て、芸術家達が闊達に作成し発表した作品の中から、文部省が買い上げた作品である。収蔵数はおよそ三万点に及ぶ。主なものでは、横山大観「生々流転」、川合玉堂「行く春」、土田麦僊「舞妓

㊟〒一〇二―〇〇九一
千代田区北の丸公園三
㊫〇三―三二一四―二五六一
Ⓕ〇三―三二一三―一三四〇
Ⓗhttp://ryusei.momat.go.jp/
㊇地下鉄東西線竹橋駅歩二分
㊊午前九時～午後五時（入館は午後四時三〇分まで）
㊡月曜（祝日にあたる場合は翌日）、その他展示替等のため臨時休館
㊓有料
㊐機関所属者のみ

林泉」、岸田劉生「麗子五歳之像」（「麗子肖像」）、萩原守衛「女」、彫刻では高村光太郎「手」などがある。そのほかに、展示会カタログを含む近現代の内外の美術に関する和図書約二万点、同じく展示会カタログを含む近現代の美術関係の洋図書約一万点、写真約三万枚、その他若干のスライド、ビデオテープなどがある。

刊行物

『東京国立近代美術館所蔵品目録』（昭四八）、「同工芸」「同絵画」（昭六三～平三）、「東京国立近代美術館年報」（昭和三二年～、年刊）、「東京国立近代美術館研究紀要」（昭和六二年～、隔年刊）、「東京国立近代美術館ニュース」「現代の眼」（昭和二九年～、月刊）等。

事業

建物（地上）四階のうちの、二階から四階までが、館の所蔵品を中心とした「近代日本の美術」を展示する常設展示。これと並行して一階の企画展会場で、国内外の美術作品を紹介する企画展に力を注いでいる。年八回程度開催。ほかに、美術講座、講演会の開催、友の会の運営や近代美術に関する調査研究と資料収集を行っている。

東京都立日比谷図書館

沿革

明治政府における書籍館計画および国立東京図書館設立の計画が頓挫し、明治三九年一〇月より日比谷公園西幸門と幸門との間の三角地（七〇〇坪）に着工した。明治四一年一二月、市立日比谷図書館として開設。昭和二〇年の東京大空襲で蔵書が焼失したが、同三二年に現在の建物が竣工。都立中央図書館（別掲）の開設に伴い、児童図書資料と視聴覚資料専門の図書館となった。現在は館外貸出しの活動に力を入れている。館内には、人文科学、社会自然科学、新聞雑誌等の特別室がある。

蔵書

蔵書数は、二七万九一〇八冊（内訳としては児童資料一〇万九一九冊、洋図書一万八六一八冊、開架資料数は一六万六七八冊）、雑誌一七三二種、新聞二一一種、ほかにレコード一万四九九七枚、カセット四一五九巻、CD二三六五枚、フィルム八五四九本（平成八年四月一日現在）の多数にのぼる。このうち、視聴覚資料は、映画フィルム、レコード、テープ、映写機などで、登録している個人・団体には貸し出されている（平日午後六時迄）。

児童資料室

児童図書は、都立図書館として唯一の専門性を保ち、研究者（教師・学生・父母）のためのサービスセンターの役目を果している。児童資料（教科書を除く）約一〇万冊、雑誌

㊟〒100―0012
千代田区日比谷公園一―四
㊫〇三―三五〇二―〇一〇一
㊯地下鉄千代田線・丸ノ内線
霞ヶ関駅歩五分
㊐午前一〇時〜午後八時
（土・日・祝・日曜は午後五時迄）
㊡第一木曜日、第一土曜日、第三日曜日
㊒年齢制限（一六歳以上、こども室は小六まで）
㊔可（一回五冊）
㊯可

五五二種、新聞一八二種、紙芝居一七一七組などを蔵している。絵本・児童書を重点的に収集している。書目に、『東京都立日比谷図書館児童図書目録』(平四、三分冊)、『東京都立日比谷図書館児童資料室所蔵　新聞・雑誌目録一九九八年二月現在』(平一〇)等が発行されている。

刊行書誌――『東京都立日比谷図書館新聞雑誌目録一九九二』(平四)、『新聞雑誌記事案内』No.一一~二二(昭六二~平五)、そのほかに、「東京都立公立視聴覚ライブラリー一六ミリ映画フィルム総合目録追加』(年一回刊)、「映画目録」(年一回)等を発行している。

内閣法制局図書館

沿革

明治一四年一〇月二一日、太政官参事院の内局に設けられた「図書掛」が、図書、立法資料、記録等の編集保管の事務を行ったのに始まる。大正一二年九月の関東大震災及び昭和二〇年三月の戦災によって多数の蔵書が焼失した。戦後、枢密院と陸軍経理学校から蔵書の一部の移管を受けて蔵書の整備につとめた。法律専門図書館として司法をはじめ、各行政機関、大学、研究所等が刊行している法令に関する図書・資料等を収集し、内閣法制局職員の執務遂行に役立てている。

蔵書

蔵書数は、和図書約三万冊、洋図書約一〇〇〇冊、和雑誌約一六〇種その他。法律関係の図書が蔵書の七五パーセントを占め、それ以外の図書は二一パーセント、洋書は四パーセントとなっている。

コレクション

「官報」（明治一七年から現在まで）、「法令全書」（慶応三年から現在まで）、「法規分類大全」（第一類第一巻から第二類第一五巻まで）等。

刊行書誌

『法制局図書館図書目録（和書の部）』（昭三一〜昭五五、二冊）、「図書月報」等。

㊟〒100−0013
千代田区霞が関三−一−一
㊫〇三−三五八一−九六四〇
Ⓕ〇三−三五八一−四〇四九
㊋地下鉄丸ノ内・千代田線霞ケ関駅歩八分
㊍午前九時三〇分〜午後四時三〇分
㊡土曜、日曜、祝日
㊓限定（館長の承諾）
㊔なし

日本大学経済学部図書館

沿革――明治三七年に設置された商科を前身とする。経済学科と産業経営学科を置く。
蔵書数は四八万冊、うち洋書一七万冊、継続受入和雑誌一七九五種、同外国雑誌八一八種。

コレクション――

伝記および伝記関係図書　アダム・スミス、マルサス、J・S・ミル、ロバート・オーエン、ラサールなど経済学者をはじめ、社会思想、文学関係者など多岐にわたる伝記資料を所蔵する。『日本大学経済学部図書館伝記および伝記関係書目録（欧文）』（昭六〇）。

その他の稀覯書　アダム・スミスの署名肖像画入りの『国富論』、世界に三冊しか残存しないケネーの『経済表　第三版』をはじめ、リカード、マーシャル、マルクスなど著名な経済学者の経済学史上重要な著作の初版本多数を収蔵する。

刊行書誌――『日本大学経済学部図書館雑誌目録　一九七八年三月末現在』（昭五三）。『日本大学経済学部図書館逐次刊行物目録　一九九〇年三月末現在』（平四）

㊟〒101―8360
千代田区三崎町一―三―二
㊫〇三―三二一九―三三二一
Ⓕ〇三―三二一九―三三三五
Ⓗhttp://www.eco.nihon-u.ac.jp/library01.html
㊋JR総武線・都営三田線水道橋駅より徒歩四分。地下鉄各線神保町駅より徒歩四分
㊐午前九時～午後八時三〇分（土曜は午後七時まで）
㊡日曜、祝日
㊒限定
㊓可

日本大学歯学部図書館

沿革

大正五年に佐藤運雄（一八七九〜一九六四）が創立した東洋歯科医学校を前身とし、同一〇年に合併した。

蔵書数は、一七万一〇〇〇冊、うち洋書八万三〇〇〇冊、継続受入和雑誌三八五種、同外国雑誌六八九種、ビデオテープ二〇〇〇巻で、歯科学、医学をはじめ自然科学一般、人文、社会科学に及んでいる。

コレクション

歯科学図書の稀覯書　世界最初の本格的な歯科医学書といわれるピエール・フォシャールの"Le chirurgien dentiste, ou traite des dents"（『外科歯科医』、一七二八）、ジョン・ハンターの『人の歯の博物学』（一七七一年刊）、創設者で後に学長、理事長となる佐藤運雄の『歯科学通論』（明四〇）、『歯科治療学』（大六）、『医学歯学辞典』（昭三二）とその直筆カードなどがある。

歯科学雑誌　世界最初の歯科学雑誌である"The American Journal of Dental Science"（一八三九年創刊）、日本大学歯学会機関誌「日大歯学」の前誌である「東洋歯科月報」（大正一〇年創刊）など。

㊟〒101―8310　千代田区駿河台一―八―一三
㊝〇三―三二一九―八〇〇六
Ⓕ〇三―三二一九―八三三二
Ⓗhttp://www.dent.nihon-u.ac.jp/library
㊜JR中央線・総武線御茶ノ水駅より徒歩二分。営団地下鉄千代田線新御茶ノ水駅より徒歩二分。営団地下鉄丸の内線御茶ノ水駅より徒歩五分。都営地下鉄新宿線小川町駅より徒歩七分
㊐午前九時〜午後七時（土曜は午後一時まで）
㊡日曜、祝日
㊓限定
㊢可

農林水産省図書館

沿革

明治四〇年、農商務省大臣官房文書課内に「図書室」が設置されたことに始まる。大正一二年九月の大震災と、昭和二〇年五月の戦災によって相当数の蔵書の焼失・損傷と目録カード全部を焼失した。大正一四年農商務省は、農林省と商工省とに分かれたが、その際蔵書の大半が農林省に引き継がれた。同館は、農林水産業に関する専門図書館として農林水産行政の業務遂行に必要な図書資料、雑誌等の収集を行っている。

蔵書

収集資料のうちの和書については、納本制度及び物品検収制度を活用して、農林水産省刊行物の網羅的な収集を行っているほか、寄贈・交換によって官公庁、大学、団体等の刊行物を集めている。洋書収集は、国際機関、各国政府、調査研究機関等の刊行物を収集している。現在一五国際機関、七三か国二二一機関と国際交換を行っている。特に、国連食料農業機関（FAO）及び米国農務省との関係は深く図書資料が充実し、特色となっている。FAOの刊行物は、同館が一括受理して国内機関への配布を行っている。蔵書数は、和図書約二三万冊、洋図書約四万冊、和雑誌約一〇二〇種、洋雑誌約一六〇種、和新聞二六種等を数える。構成は、農林水産部門約六〇パーセントの大半を占め、そのうち農畜産業が八割、林業、水産業が各一割である。

㊟〒100―0013
千代田区霞が関一―二―一
（合同庁舎第一号館）
㊎〇三―三五〇二―八一一一
（内三〇四六～三〇四八）
Ⓕ〇三―三五〇二―九四二五
㊋地下鉄丸ノ内線霞ヶ関駅歩一分
㊐午前九時四五分～午前一一時四五分、午後一時一五分～午後四時四五分
㊡土曜、日曜、祝日、毎月一日
㊞限定（館長の承認を得た者）
㊒可

コレクション

米穀文庫　昭和三五年六月、米穀法施行四〇周年記念会が設けられ、その記念事業の一つとして設置された文庫。約二〇〇〇冊。大正、昭和初期の米穀政策、米穀法、米穀専売統制等の関係資料、戦時下の食糧問題、戦前戦後の食糧配給制度に関与した中央食糧営団及び食糧配給公団関係資料。ほかに米価政策史、米価変動史関係資料が含まれている。紹介記事として「米穀文庫―食糧政策史を探る― わが館の特殊コレクションを語るシリーズ⑦農林水産省図書館」（「びぶろす」四八巻四号）、書目に『米穀文庫目録』（昭三八）がある。

日本農業文庫　明治～昭和初年の官公庁・農業関係中央諸団体（産業組合中央金庫、帝国農会、産業組合中央会、農村更正協会等）発行の農業関係の和書約三万九〇〇〇冊、洋書約二八〇〇冊。かつて植民地であった朝鮮・台湾関係図書は貴重。前掲農業団体の蔵書を母体に昭和一七年に設立された「農業経済文庫」（のちに財団法人日本農業文庫となる）の旧蔵書を、昭和三一～三四年に受贈したもの。『日本農業文庫目録』全三巻（昭三二～三四）がある。

伊東文庫　元農林省事務次官伊東正義（一九一三～九四）所蔵の図書資料を整理したもの。

刊行書誌

『農林省図書館蔵書目録』第一～三巻（昭和四三年三月以前の蔵書）、『農林水産省図書館

蔵書目録』第一〜三巻（昭和四三年四月〜五四年三月までの蔵書）、『農林水産省図書館蔵書目録』和書分類編・著者名編（昭和五四年四月〜五九年三月までの蔵書）、洋書編（昭和五四年四月〜六一年三月までの蔵書）、『農林水産省図書館蔵書目録』和書分類編・著者名編（昭和五九年四月〜平成元年三月までの蔵書）等の目録。

定期刊行物――「農林水産省図書資料月録」第一号（昭和二五年二月創刊、月刊）〜、ほか「農林水産文献目録」第一集（昭和三〇年三月創刊、不定期刊）等の文献作成作業も積極的に行われている。

野上記念法政大学能楽研究所

沿革

昭和二七年に、現職のまま急逝した英文学者で能楽研究家としても知られた総長野上豊一郎（一八八三〜一九五〇）の功績を記念して設立されたわが国唯一の能楽総合研究機関である。野上はそれ以前に、文学部内に能楽研究室を設けて三〇〇〇点に及ぶ資料の収集と調査を行っていた。蔵書数は和書二万四〇〇〇冊、継続受入和雑誌一二三種で、金春関係の資料が多く、金春禅竹筆の『日記　人形　口伝』をはじめ、世阿弥伝書や禅竹伝書の写本、室町末期から江戸期の囃子・謡・演技に関する資料、最古の狂言台本といわれる『天正狂言本』、型付その他の狂言史料、能楽フィルム、SP・LPレコードを収蔵する。

コレクション

観世新九郎家文庫　室町以来の観世流小鼓の名家観世新九郎家伝来文書七〇〇〇点。信長、秀吉の朱印状、芸祖宮増親賢の画像・書状・伝書、『四座役者目録』の著者自筆本を含む。昭和五〇年に別家筋の服部家（北海道千歳市）から寄託され、その後、大学が囃子方後継者養成と文庫の貴重文書修復のための「服部記念法政大学能楽振興基金」を設定したことを機に寄贈された。「観世新九郎家文庫目録」（「能楽研究」第一〜四号、昭五一〜五三）。

楠川文庫　能楽シテ方楠川正範旧蔵の金剛流伝書六〇点。

香西文庫　元研究所顧問で能楽研究家香西精（一九〇二〜七九）の旧蔵書。能楽関係図

㊟〒102—8160　千代田区富士見二—一七—一　法政大学富士見校舎ボアソナードタワー二三階
㊫〇三—三二六四—九八一五
Ⓕ〇三—三二六四—九六〇七
㊮JR総武線ほか鉄道各線の飯田橋駅又は市ヶ谷駅より徒歩一〇分
(開)午前九時三〇分〜午後四時三〇分（午前一一時三〇分〜午後〇時三〇分休室）
(休)月・水・土・日曜、祝日
(利)無料
(複)可

書、研究ノートなど一五〇点。
鴻山文庫　能楽関係図書出版わんや書店元社長で、『車屋本の研究』（昭五〇）などの著作で知られた江島伊兵衛（一八九五〜一九七五）が能楽資料の体系的な収集を目的に昭和一一年に開設した文庫で、研究所創立二五周年に当たる昭和五一年に、一万三〇〇〇点に及ぶ全蔵書が一括して寄贈された。蔵書は謡本、謡曲注釈書、伝書、型付・囃子付、史料（記録、系譜、欧文資料、遊具、関連芸能史料等）、狂言本、絵図・図録、明治以降の活字本、雑誌、レコード・フィルムなど能楽のあらゆる分野に及んでいる。特に永正（一五〇四）から昭和に至る五〇〇年間の謡本はほぼ網羅しており、安土桃山時代の能書家鳥養宗晰書の重要文化財車屋本や、古活字版の光悦謡本二五二冊、金春禅竹自筆の『明宿集』、細川十部伝書などの貴重資料多数がある。同文庫の書誌解題付目録として、『鴻山文庫蔵能楽資料解題　上、下』（平二、一〇）がある。『鴻山文庫蔵能楽資料解題（上）』（平二）は、永正から昭和までの謡本一八〇〇種一三〇〇点を収録。
鷺流狂言水野文庫　狂言愛好家水野善次郎旧蔵の狂言関係伝書四五〇点。「水野善次郎文庫目録」（「能楽研究」第一号、昭四九）。
野上文庫　野上豊一郎・弥生子（一八八五〜一九八五）旧蔵の能楽関係資料（欧文文献を含む）二〇〇点。
般若窟文庫　真言宗の別格本山奈良県生駒宝山寺に伝来した金春太夫家旧伝文書で、昭和一六年に書誌学者川瀬一馬によって発見されたもの。昭和四一年に世阿弥・禅竹らの文書を除いた大半の二〇〇〇点が寄託された。金春喜勝の自筆謡本、謡本多数、室町末期以後成立の伝書類、型付・芸事書付、系譜資料、演能記録、由緒書、書状などからなる。

古川文庫 創設以来の所員で東京女子大学、武蔵野女子大学教授古川久（一九〇九～九〇）旧蔵の狂言関係図書一五〇点。『古川久文庫目録』（平九）。

三宅文庫 元研究所顧問で能楽研究家、評論家三宅杬一（一八九〇～一九七〇）の旧蔵書。謡曲関係資料、レコード、テープなど九〇点。

刊行書誌――

『法政大学能楽研究所蔵書目録 附解題』（昭二九）は主に能楽研究室時代の蔵書を収録。

関栄司「野上豊一郎能楽関係著作目録」（「法政」昭和五三年九月号）

防災専門図書館

㊟〒102—0093
千代田区平河町二—四—一
日本都市センター会館八階
㊍〇三—五二一六—八七一六
Ⓕ〇三—三二六五—八二二二
㊂地下鉄有楽町線・南北線・半蔵門線永田町下車徒歩四分、地下鉄丸の内線・銀座線赤坂見附駅下車徒歩一〇分
㊐午前九時〜午後五時
㊡土・日曜・祝日
㊕可
㊄可

沿革

社団法人全国市有物件災害共済会の付帯事業として、設立されたものであるが、同会は昭和二四年一月に地方自治法第二六三条の二により、全国各市が所有する市の財産（市有物件）の火災等の災害による損害と自動車の損害賠償を、共済制度により相互救済することを目的として設立された団体である。事業開始後まもなく、市有財産に対する防災知識を高めるため、火災、防火等に関する図書の刊行を始めた。それに伴い、災害に関する資料を専門に収集し、会員各市の防災研究に役立つ図書館の設立が検討され、「世界におけるあらゆる災害とその防止、災害時の非常措置及び復旧、復興等に関する図書、文献その他の資料等を収集し、中央・地方当局の参考に供し、併せて一般の防災意欲の向上に寄与すること」を目的として、昭和三一年に開設された。

蔵書

資料は災害及びその予防・防止、復旧・復興対策に関するものが主であり、災害という対象の特殊性から、官公庁、調査研究機関等の刊行物が大半を占め、市販図書は少ない。蔵書数は一一万冊で、独自の分類方式をとっている。阪神・淡路大震災以降、地震、防災対策関係の資料の閲覧が増加しているが、蔵書の約三分の一を占める公害関係の図書・雑誌類の利用も多い。

法政大学沖縄文化研究所

沿革

評論家で英文学者の中野好夫（一九〇三〜八五）が私財を投じて設置した沖縄資料センターの資料が、沖縄の本土復帰直後の昭和四七年に大学に寄贈されたことを受けて設立された。沖縄を中心とする南島文化と言語の総合研究機関である。沖縄資料センターは戦後のアメリカ施政下の政治、経済、社会など時事的な資料が中心であったが、研究所はこれを継承すると共に、日本の言語、民俗、文化研究に占める南島諸地域に重点をおいた資料収集に当たっている。蔵書数は和書一万八〇〇〇冊、和雑誌一二〇〇種（うち継続受入三二種）を収蔵する。沖縄学者伊波普猷、仲原善忠、金城朝永らの遺稿や旧蔵書、赤木文庫（横山重琉球関係文書）の写本、楚南家文書二〇〇点、琉球古文書資料などがある。

コレクション

中野好夫記念文庫　沖縄資料センターが収集した沖縄戦後史関係資料四〇〇〇点で、パンフレットや土地闘争のビラ、全軍労や各種団体の広報紙、ミニコミ紙誌、新聞記事の切り抜きなどを含む。『沖縄資料センター目録—中野好夫記念文庫』（昭五七）がある。

ホーレー文庫　現在ハワイ大学に収蔵される、イギリス人ジャーナリスト、フランク・ホーレー（一九〇六〜六一）収集の沖縄関係文献二〇〇〇点のコピーとマイクロフィルムによる複写資料。

㊟〒102—8160
千代田区富士見二—一七—一
㊖〇三—三二六四—九三九三
Ⓕ〇三—三二六四—九三三五
Ⓗhttp://www.hosei.ac.jp/
㊕JR総武線ほか鉄道各線の飯田橋駅又は市ヶ谷駅より徒歩一〇分
㊐午前九時〜午後八時（火・木曜は午後四時まで）（午前一一時三〇分〜午後〇時三〇分は閉所）
㊡土・日曜、祝日
㊑無料公開
㊗可

法政大学図書館

沿革

明治一三年に設立された東京法学社（翌年に分離・独立して東京法学校）を起源とし、和仏法律学校法政大学を経て、大正九年に法政大学となった。法学部（同二部）、文学部（同二部）、経済学部（同二部）、工学部、社会学部（同二部）、経営学部からなり、市ケ谷キャンパスには法学部、文学部、経営学部と、法学、文学、経済学、社会学各学部の二部を置いている。図書館は明治二二年に東京法学校と東京仏学校が合併して和仏法律学校と改称された際に作られた図書閲覧室に始まる。現在は市ケ谷、多摩、小金井の各キャンパスに設けられており、その他、各学部資料室および附属研究所にも蔵書がある。

蔵書数は九〇万四〇〇〇冊、うち洋書二四万二〇〇〇冊、継続受入和雑誌一七一五種、同外国雑誌四九五種。図書館全館及び研究所が所蔵する個々の各種文庫やコレクションについては、雑誌「法政」に適宜紹介記事が掲載されている。

コレクション

子規文庫　正岡子規（一八六七～一九〇二）の旧蔵書で、根岸子規庵主寒川鼠骨の仲介で寄贈された。文学、俳句を中心に宗教、哲学、科学、地理、法律、歴史、演劇、美術など各分野に及ぶ図書二一〇三冊（うち洋書五〇冊）、役者絵や大津絵などの絵画一八〇枚。図書は江戸後期の版本が主で、俳書・歌書には子規の書き込みが多く見られる。『法政大

㊟〒102―8160
千代田区富士見二―一七―一
㊝〇三―三二六四―九四六五
Ⓕ〇三―三二六四―九五〇六
Ⓗhttp://www.hosei.ac.jp
㊛JR総武線ほか鉄道各線の飯田橋駅又は市ヶ谷駅より徒歩一〇分
㊐午前九時～午後九時
㊡日曜、祝日（人間環境学部授業開講日は開館。午前一〇時～午後四時三〇分）
㊒限定
㊕可

学図書館所蔵正岡子規文庫目録』(平八)。

一八四八年革命コレクション　ドイツの一八四八年革命の際に主にベルリンで発行された、ポスター、パンフレット、ビラ、壁新聞四〇〇点。ブレーメン大学教授ハンス・ヨーゼフ・シュタインベルクのコレクションに、ウィーンのヘルベルト・シュタイナー教授のコレクションの一部を加えたものである。

藤井甚太郎文庫　元教授で戦前には文部省維新史料編纂官を務めた藤井甚太郎（一八八三〜一九五八）旧蔵の帝国憲法制定・議会政治関係図書四〇〇点からなる。その他、歴史関係雑誌類は一般書架に配架されている。

三木清文庫　元教授で哲学者、思想家三木清（一八九七〜一九四五）の旧蔵書で、和書四四五一冊、洋書三七一五冊、和・同外国雑誌一二二一冊。古代ギリシア哲学から現代哲学の全域にわたる哲学書を網羅しており、一九世紀後半から二〇世紀前半に出版された英語、ドイツ語、フランス語の主要な哲学史書はほぼ完備している。なお、三木の蔵書には戦時中の疎開等で紛失したものや、治安維持法で拘引された際に家の管理人によって焼却されてしまったものが少なくない。

泰本コレクション　元教授で大阪府茨木市の竜王山宝池寺の住職でもあった泰本融の旧蔵書。専門であった中論研究、インド学・仏教学のほか西洋哲学書を含む。『大正新修大蔵経』、『国訳一切経』、『南伝大蔵経』を別にした和書九〇〇冊、洋書四〇〇冊で、一部は多摩図書館にも収蔵される。

和辻哲郎文庫　元教授で思想家和辻哲郎（一八八九〜一九六〇）の旧蔵書で、哲学を中心に宗教、歴史、社会科学、芸術、文学の各部門にわたる和書三二五一冊、洋書一五二一冊、和雑誌二〇種一〇三冊、同外国雑誌一五種五三冊。和書には『国訳一切経　全七〇巻』など仏教や国史・国文学関係の大部の叢書、洋書にはプラトン、アリストテレスからカント、ヘーゲルなど近世ドイツ観念論哲学の主要全集が揃う。また、古代ギリシャ哲学・文学・歴史や、インド仏教関係の英独の研究書も多く含まれる。『法政大学図書館所蔵和辻哲郎文庫目録』（平六）。

刊行書誌

『法政大学逐次刊行物所蔵目録　昭和五〇年三月末現在―昭和五五年追補版（追補版は「法政大学図書館報」別冊）』（昭五一〜五五）。『法政大学図書館政府刊行物目録　国内資料（「法政大学図書館報」別冊）』（昭五五）

法務図書館

沿革

明治四年七月九日、刑部省及び弾正台が廃止されて、司法省が発足し、翌年七月、司法省の法学校である明法寮に書籍事務を扱う「司籍課」が誕生したのに始まる。昭和三年九月鉄筋コンクリート造り三階建の独立建物の本格的な図書館施設として司法大臣官房調査課に「司法研究室」が開室され、司法省発足以来収集した図書資料が整理、収蔵された。戦後、昭和二三年二月、司法省が廃止されて法務庁に改組、同年八月国立国会図書館の支部図書館となり、これを機会に「法務図書館」と改称された。同館では、明治以来の日本の法律がもっぱらドイツ法の影響を受けた大陸法であったため、ドイツ法優位の蔵書の構成であったが、戦後占領下において英米法が導入されたので、英米法の基本図書に重点をおいて収集を行っている。なお、図書館の建物は、その後、平成三年に六三年間にわたる歴史の幕を閉じた。新装の図書館は、平成六年九月一日、復原された赤レンガの庁舎（法務省旧本館）において業務を再開した。

蔵書

法務行政の執務に必要な内外の法律集、判例集、立法資料、各種の法令関係の注釈書、解説書及び法律専門雑誌を収集している。ほかに、政治・経済・社会・労働等の関連分野の図書も集めている。蔵書数は和図書一七万一〇〇〇冊、洋図書一〇万三〇〇〇冊、和雑

(住)〒100―0013 千代田区霞が関一―一―一（中央合同庁舎第六号館）
(電)〇三―三五八〇―四一一一（内五七六〇）
(F)〇三―三五九二―七一一一
(交)地下鉄丸ノ内線霞ヶ関駅歩三分
(開)午前九時三〇分～午後五時
(休)土曜、日曜、祝日、館内整理・蔵書点検
(利)限定（館長が特に必要と認めた大学教授、裁判官、弁護士等は、館長の許可を得て利用することができる）
(複)なし

誌約五〇〇種、洋雑誌約九〇種にのぼる。図書利用は、同省職員のみならず、裁判官、弁護士等の法曹関係者、研究者、専門図書館及び他省庁の職員にも調査研究のため利用されている。

コレクション――

吾園叢書　後掲の「貴重書（和書）」に属する。土佐藩士・司法大輔・細川潤次郎（一八三四～一九二三）が収集した明治一三年から同二四年頃までの公私文書など九二冊を、明治一八年に寄贈されたもの。その内訳は、自筆題簽の付いたもの五二冊、その他単独の文書四冊からなる。書目『吾園叢書目録』（昭四四）に詳しい。雑誌「びぶろす」第一九巻一一号に紹介記事がある。

牧野英一旧蔵書　法学博士・牧野英一（一八七八～一九七〇）の旧蔵書一一四七冊（うち洋書九〇七冊）、著作原稿一四七点からなる。昭和五〇年二月遺族から寄贈された。書目『故牧野英一博士寄贈図書目録』（昭五一）に詳しい。

貴重書――

明治四年七月九日、法務省の前身の司法省発足以来の収集にかかわる同館所蔵の貴重図書・資料九八〇点、二五〇〇冊からなる。それら貴重書は、昭和四七年度慶応大学の手塚豊教授に選定を委嘱して選出したもの。主内容は、明治六年日本政府にまねかれ、民法・刑法の草案を起草したフランス法学者ボァソナードCustave Emile Boissondde（一八二五～一九一〇）の旧民法、旧刑法、治罪法等の法案草稿本、生前愛用した書籍類や書状・写真等がある。ほかに、江戸時代の稀覯本、司法省日誌・太政官日誌等の各省等の日誌類、「板垣退助負傷一件書類」「大阪府松島争闘一件書類」等の各種事件記録類、「東西蝦夷山川地理調図」(安政七年)、「東京大絵図」(天保一四年)等の古地図類などである。詳細は手塚豊編『法務図書館所蔵貴重書目録(和書)』(昭四八)、福島小夜子「法務図書館における貴重書の選定について」(「びぶろす」二四巻一〇号)に詳しい。

その他のコレクション—

第一次世界大戦の賠償として取得したドイツの学位論文コレクション。法務省編集刊行図書・資料類。ほかに法律書・専門雑誌などがある。

刊行書誌—

『和漢図書目録』(昭一二)、同追録一(昭二四)、同追録二(第一〜三分冊、昭四九〜五四刊)、同追録三(第一〜二分冊、昭五八〜五九刊)。『欧文図書目録』(昭一一)、同追録一〜三(昭一三〜二六刊)。『法律図書(英文)件名目録』(昭三〇)、同増補改訂版(昭四一)、『法律図書(独文の件名目録)』(昭四六)などが発行されている。

定期刊行物—

「収書年報」第一号(昭和四六)〜、「法律関係雑誌記事索引」第一号(昭二七、和雑誌)〜、「法務図書月報」(昭二五〜四五)などがある。

北海道開発庁図書館

沿革

同館は、昭和二五年六月、同庁企画室内に「資料室」を設けて、開発計画調査資料、地域開発文献等の収集保管業務を行ったのが始まりである。のち、数次の改組を経て、昭和五九年四月、省庁図書館として「北海道開発庁図書館」を設立した。北海道開発行政の専門図書館として、北海道の開発の歴史、地域開発の問題、道内市町村関係資料などを重点的に収集保管している。

蔵書

北海道開発行政関係の資料が中心。主分野としては、北海道開発・開拓・北海道の歴史・経済・文化、北海道の土地・自然・気象・資源、ほかに北海道の開拓・開発を題材にした小説等で資料価値のあるもの、等が挙げられる。蔵書数は、和図書約一万七〇〇〇冊、洋図書五〇冊、和雑誌四三〇種などからなる。

定期刊行物

「新着図書案内」、ほかに「北のいぶき」「北海道開発レポート」等が発行されている。

㊟〒100―0013
千代田区霞が関三―一―一
（中央合同庁舎第四号館九階）
㊔〇三―三五八一―九一一一
（内二三五六）
Ⓕ〇三―三五八一―一二〇八
㊙地下鉄銀座線虎ノ門駅歩五分
㊒午前一〇時～午後五時
㊡土曜、日曜、祝日
㊑限定（館長が許可した者）
㊗可

明治大学刑事博物館

沿革

昭和一四年に、大学の法律学の講義に併せて学生の実物教育を目的として設立された歴史博物館で、捕具、拷具、刑具などの刑事参考資料の収集と展示を行っていたが、戦後になって資料集の範囲を拡大し、新たに近世法律文書および明治法制関係資料の収集を開始した。現在の資料総数は近世文書一六万点、譜代大名内藤家文書四万五〇〇〇点、図書・明治期記録二〇〇〇点、錦絵五〇〇点、刑事関係資料（展示物）四〇〇点からなる。中でも地方（じかた）文書は、東北から九州に至るほぼ全国を網羅しており、わが国有数の近世資料所蔵機関ということができる。また、『御成敗式目』や『長宗我部元親百箇条』など法制史関係の貴重な古写本を収蔵する。

コレクション

内藤家文書　内藤家の先祖は戦後時代三河国に住して松平（徳川）家に仕え、天正一八年（一五九〇）に上総国佐貫城主、元和八年（一六二二）に陸奥国磐城平藩主、延享四年（一七四七）に日向国延岡藩主となった。その代々にわたる膨大な藩政史料で、昭和三八年に図書館が購入し後に移管された。その後も、『甲州法度之次第』の写本など、当初の「内藤家文書」から漏れた旧蔵史料を購入し充実を図っている。『明治大学所蔵内藤家文書目録』（明治大学図書館、昭四〇）。『福島県平、宮崎県延岡・宮崎、大分地方旧内藤藩領

㊟〒101－8301
千代田区神田駿河台一－一
大学会館三階
㊫〇三－三二九六－四四三〇
Ⓕ〇三－三二九六－四三六四
Ⓗhttp://www.meiji.ac.jp
㊯JR中央線・総武線・営団地下鉄丸の内線御茶ノ水駅より徒歩五分。営団地下鉄千代田線新御茶ノ水駅、営団地下鉄半蔵門線・都営地下鉄三田線・新宿線神保町駅より徒歩五分
㊐午前一〇時～午後四時三〇分（土曜は午後〇時三〇分まで）
㊡日曜、祝日
㊕無料公開
㊧不可

地地方文書目録』（明治大学図書館、昭四一）。『明治大学所蔵陸奥国磐城平藩・日向国延岡藩内藤家文書増補・追加目録　一〜六』（平四〜一〇）がある。

地方文書　出羽国村山郡山口村文書、出羽国村山郡長崎村文書、相模国足柄郡千津島村文書、遠江国榛原郡文書、越後国頸城郡文書、摂津国島上郡真上村文書、伊勢国度会郡曾浦文書、備前国児島湾内海干拓関係文書、豊前国田川郡上野手長文書、阿波国板野郡東村文書など多数。

武家・公家・寺社文書　大隅国祢寝文書、筑前国筑紫家文書、仙台藩陪臣島崎家文書、岡崎藩士太地家文書、京都公家久世家文書、京都公家二条家文書、京都吉田神社鈴鹿家文書、京都下鴨神社文書、下総国香取神宮文書、大木喬任文書など。

黒川家旧蔵書　旧蔵書の多くは図書館に収蔵されるが、博物館には法制関係の写本が集められており、『太子十七箇條御憲法』（享禄三＝一五三〇写）、『令義解』（戦国末・江戸初期写）、『式目追加』（江戸初期写）などの稀覯本がある。

地方史研究雑誌　寄贈・交換及び「地方史情報」（岩田書院）掲載の全雑誌を含む約二〇〇〇種の地方史雑誌。『地方史雑誌目録　一九九六年版〜』（平八〜）。

刊行書誌――――

『明治大学刑事博物館目録　第一〜五九号』（昭二七〜平一〇）。『明治大学刑事博物館図録　同続集』（昭五四、六二）。『明治大学刑事博物館目録　別冊　出羽国村山郡山口村文書』（昭五六）。『明治大学刑事博物館所蔵文書地名表　目録第一〜五九号』（昭六二）。

明治大学図書館中央図書館

沿革

明治一八年創立の明治法律学校を起源とし、同三六年の明治大学専門部をへて、大正九年に明治大学となった。現在は法学、商学、政治経済、文学（以上各二部）、経営学、理工学、農学の七学部と短期大学からなる。人文・社会科学系学部の一・二年の課程は杉並区の和泉キャンパス、自然科学系学部は川崎市の生田キャンパスに置かれている。図書館は明治三〇年に図書閲覧室を造ったのが始まりで、四三年からはボアソナード文庫設置を機に一般公開も実施したが、大正一二年の関東大震災で、蔵書のほとんどを灰燼に帰した。現在は駿河台の中央図書館をセンター館に和泉図書館（杉並区）、生田図書館（川崎市）の三館で構成される。

蔵書数は一一八万七〇〇〇冊、うち洋書四六万四〇〇〇冊、継続受入和雑誌三八三一種、同外国雑誌一四三九種。神奈川県川崎市の生田キャンパスに保存書庫をもつ。平成一三年三月に新図書館がオープンする。

コレクション

蘆田文庫　地理学者で『大日本地誌体系』の編者として知られる蘆田伊人（一八七七〜一九六〇）の旧蔵書で、江戸時代の地誌や『旧高旧領取調帳』の写本などの図書一〇〇〇冊と日本図を主とする古地図一五〇〇点。特に古地図には、元禄国絵図の写図や赤水図の

㊟〒101―8301
千代田区神田駿河台一―一
㊫〇三―三二九六―四二四二
Ⓕ〇三―三二九六―二三六六
Ⓗhttp://www.lib.meiji.ac.jp

㊇ＪＲ中央線・総武線・営団地下鉄丸の内線御茶ノ水駅より徒歩五分。営団地下鉄千代田線新御茶ノ水駅、営団地下鉄半蔵門線・都営地下鉄三田線・新宿線神保町駅より徒歩五分
㊐午前八時三〇分〜午後九時（土曜は午後七時まで）
㊡日曜、祝日
㊖限定
㊢可

諸系統など見るべきものが多く、これを核に「蘆田文庫古地図コレクション」を設置し、関係絵図類の追加購入をおこなって拡充を図っている。『明治大学図書館所蔵蘆田文庫古地図目録　日本図編』(平六)。「蘆田文庫地図目録　二(稿)」(「明治大学人文科学研究所紀要」四七、平成一二・三)

アフリカ文庫　昭和五四年に詩人としても名高い当時のセネガル大統領サンゴール(Sengohor, L'eopold S'edar　一九〇六〜)に大学が名誉博士号を授与したことを機に設置されたもので、サンゴールを中心とする旧フランス語圏のアフリカ文学、文化、思想、歴史書を中心に継続的に収集している。現在まで洋書二八〇〇冊、外国雑誌三〇〇種。『明治大学図書館所蔵アフリカ文庫目録』(平六)。

エルヴィン・ゲルトマッハー文庫　ドイツの経営学者Erwin Geldmacher(一八八五〜一九六五)の旧蔵書。ドイツの現代経営学・発達史関係九四〇冊。

木村文庫　元教授で刑法学者木村亀二(一八九七〜一九七二)の旧蔵書で、刑法を中心とする社会科学関係の図書三四〇〇冊、雑誌一〇種。

黒川家旧蔵書　近世の国学者黒川春村(一七九九〜一八六六)、真頼(一八二九〜一九〇六)、真道、真前四代にわたる蔵書で、徳川家関係、儀式、制度、地方(じかた)、経済、銭貨などの和漢書四九〇〇冊。一部は同大学刑事博物館に収蔵。

イギリス王立国際問題研究所旧蔵書　「The Library of International Politics of the Royal Institute of International Affairs at Chatham House」で、一九一九年から四九年代に刊

行された国際政治関係文献を中心とする四〇〇〇冊。

紫紅園文庫　元総長春日井薫（一九〇〇〜八一）の旧蔵書で、古典学派前後を中心とする金融関係の洋書一二〇〇冊。"Catalogue of the Shikouen Library(Bunko), 1973"。

志田文庫　元総長で商法学者志田鉀太郎（一八六八〜一九五一）の旧蔵書で、商法を除く各分野の法律書、経済、商業、財政、社会学、統計、社会政策などの和書二九一五冊、洋書三一九九冊、逐次刊行物が和書一〇三種、洋書七一種。損害保険事業総合研究所から寄贈されたもので、商法関係の旧蔵書は同研究所に収蔵される（『同研究書図書目録―志田文庫一』、昭三四）。『明治大学図書館所蔵志田文庫目録』（平一〇）。

書誌書目　昭和初期から、和漢洋あらゆる分野の書誌類の収集を積極的に行っており、現在の収蔵数は二万冊。戦後に事務室備え付けの特殊文庫としたが、現在は利用者に開放している。『明治大学図書館所蔵書誌目録』（昭四八）。

青蓮院文書　京都青蓮院伝来の文書で、鎌倉から江戸期までの文書一三五点。朝廷や門跡の公文書、消息、詠草などを含む。『青蓮院文書展示会目録』（平九）。

地方史誌　昭和四〇年代中頃より重点的に収集している分野で、日本全国の地方自治体が刊行する都道府県・市町村史誌とその関連資料、郷土叢書など三万点。中国、韓国・朝鮮の地方史も継続的に収集している。

パウル・エルトマン文庫　ドイツの民法学者Paul Oertmann（一八六五〜一九三八）の旧蔵書と、没後に引き継いだE・ヴァール（一九〇三〜九一）の蔵書を合わせたドイツ民法典コレクション一一五〇冊。

林文庫　元教授で思想家林達夫（一八九六～一九八四）の旧蔵書で、哲学、社会思想、芸術、文学を中心に和書五〇三五冊、洋書四六五七冊、和雑誌三八四一冊、同外国雑誌六四二冊、その他パンフレット・カタログ・コピー資料。林の知の宇宙を再現する目的で、付箋や栞などはそのまま残し、林家の書架配置状況を忠実に踏襲する分類体系をとっている。『明治大学図書館所蔵林達夫文庫目録』（平四）。

布施辰治旧蔵本　明治法律学校の卒業生で人権擁護のために活躍した弁護士、社会運動家布施辰治（一八八〇～一九五三）の旧蔵書で、布施が関わった弁護士関係資料六〇〇〇点。なお、布施の関係資料はこの他に朝鮮大学校、石巻文化センターに収蔵されている。概要と資料内容細目は、中村正也・今井昌雄「明治大学図書館所蔵弁護士布施辰治旧蔵資料」（『図書の譜—明治大学図書館紀要』第二号、平一〇）に詳しい。

カール・ボーズル文庫　ミュンヘン大学名誉教授でヨーロッパ中世史研究者Karl Bosl（一九〇八～九三）の旧蔵書で、ドイツをはじめとするヨーロッパ中世史・社会史、バイエルン・ベーメン地域史などの図書八九〇〇冊、雑誌四四〇〇冊、抜き刷り五〇〇〇冊。ボーズル家の分類を準用した独自の体系で整理されている。『明治大学図書館所蔵ボーズル文庫目録　図書編、抜刷編』（平一一）。文庫の概要は、三宅立「〈ボーズル文庫〉の誕生」、金澤敦子「同　付記」（『図書の譜—明治大学図書館紀要』第二号、平一〇）に掲載。

明大文庫　大学及び大学関係者（教職員、学生、校友など）に関わる一切の資料を継続的に収集する。現在の収蔵冊数は図書七〇〇〇冊、雑誌三〇〇種。関東大震災後の図書館復興の一環として収集を開始したものである。

毛利家旧蔵書　長州藩毛利家伝来の蔵書で、歌書、歴史書などの和漢書六九〇〇冊。『源氏ものあらそひ』の写本や里村紹巴系統の連歌書原本などの稀覯本を含む。他に藩政文書の転写本多数があるが、同大学刑事博物館に移管された。

ロマン・シュヌール文庫　元ドイツ・チュービンゲン大学教授で、国法学者Roman Schnur（一九二七～九六）の旧蔵書で、ホッブズ前後の国家法・政治理論、旧体制時代と革命後のフランスの政治理論・国家法、一九・二〇世紀のドイツ国法学、ローレンツ・フォン・シュタイン関係など一四四五冊。

その他のコレクション――

元教授萩原龍夫旧蔵のわが国の民俗・宗教史、元教授中村光夫・佐藤正彰・斎藤正直旧蔵のフランス文学、鵜澤聡明旧蔵の中国思想と法律哲学及び東京裁判関係資料、元教授赤神良譲旧蔵のフランス社会学と社会思想、フランス法資料、ドイツ史、各国議会資料、社史・団体史、女性問題関係資料、近世文学（『南総里見八犬伝』の刊本等）など。

刊行書誌――

『明治大学図書館所蔵逐次刊行物目録　一九九九年一月現在　和文編（上）・（下）、欧文編（上）・（下）』（平一一）。稀覯書については「図書の譜―明治大学図書館紀要」に適宜解題が掲載されている。

文部省図書館

〒100-0013
千代田区霞が関三-二-二
☎〇三-三五八一-四二一一
（内二二六八～九）
Ⓕ〇三-三五九二-一〇六五
（調査統計企画課内）
㊋地下鉄銀座線虎ノ門駅歩二分、または地下鉄霞ヶ関駅歩五分
㊎午前九時三〇分～午後五時
㊡土曜、日曜、祝日
㊑限定（館長の承認を受けた者）
㊜可

沿革――
明治四年七月、文部省設置以来収集された図書は、大正一二年九月の関東大震災のため、大手町の旧庁舎とともにほとんど全部を焼失した。昭和八年七月の、現庁舎完成と共に、図書館施設が整備され、大臣官房会計課の管理のもとで震災後収蔵された図書の整理作業が開始された。同館は、文部省及び文化庁の業務遂行上の参考資料として、文部省刊行物をはじめ、各省庁刊行物、民間出版物等を収集している。なお、平成一三年一月からは、省庁改革施行法によって「文部科学省図書館」に再編、改称される（予定）。

蔵書――
文教行政に関係のある教育関係、特に教育制度を中心とした図書・雑誌及び文部省刊行物（教科書は無し、指導要領有り）に蔵書の特色がある。蔵書数は、和図書約七万冊、洋図書約一万三〇〇〇冊、和洋雑誌約三〇〇種等がある。

明治前期教育史料集成（マイクロフィルム）――
明治の初年から中頃までの国と地方における教育制度の発展過程をたどるうえで重要な資料を集めたもの。全部で六〇リールからなる。細目は、法規分類大全（教育関係部門として原本三冊分）、学規全書（明治元年～同一三年までの京都府を中心とした教育法規集）、文部省日誌・文部省報告、文部省雑誌・教育雑誌・文部省教育雑誌（明治六～同一六年文

部省刊行の一連の教育雑誌)、文部省布達全書・文部省達全書・文部省命令全書、府県教育法令、学校規則・学則及び教則、府県史料(学事の部)から成る。

その他のコレクション——

文部省刊行物(戦前の教学局の刊行物等は他では見られない貴重なもの)、国内主要大学の年史など。

刊行書誌——

『文部省図書館蔵書目録　昭和四八年四月~昭和五九年三月』、文部省社会教育局文化課『連合国総司令部から没収を命ぜられた宣伝用刊行物総目録』(昭二四、四一八頁)、『古今図書集成分類目録』(明四五、五一四頁)等。

定期刊行物——

「図書館ニュース」(昭四七・四創刊の「資料月報」の改題、年刊)、「コンテンツ・アナウンスメント」(昭四七・一〇創刊、月刊)、ほかに「図書館利用のしおり」(不定期)。

郵政省図書館

㊟〒100―0013
千代田区霞が関一―三―二
㊕〇三―三五〇四―四一五五
Ⓕ〇三―三五〇四―一九四五
㊖地下鉄銀座線虎ノ門駅歩二分
㊐午前九時三〇分〜午後五時
㊡土曜、日曜、祝日
㊓限定（館長が許可した者）
㊯可

沿革――――

同館は、明治一九年二月に逓信省総務局記録係で、公文書の編纂及び保存、史誌の編纂、図書の保管、統計及び翻訳の業務をしたことに始まる。同二六年、官房文書課に「図書係」を設置。大正一二年九月関東大震災により図書類が全焼した。昭和二四年六月、郵政省の設置に及び、「郵政省図書館」を開設。なお、省庁改革法施行法によって、平成一三年一月から「郵政事業庁図書館」と改称される（予定）。

蔵書――――

郵政事業及び所管行政関係の図書・資料を優先的に収集しているほかに、産業・社会科学部門を中心とした図書も多く揃えられている。蔵書数は、和洋図書約一五万冊、和雑誌約一四〇種等を蔵している。

郵政事業等関係資料――――

郵政行政関係における明治初期の創業時からの駅逓局報・逓信公報・郵政公報（明治一八年以降〜〈運輸通信公報通信版を含む〉）をはじめ、創業期から現在迄に刊行された各種の創業談、年史類（駅逓―逓信省―郵政省）や、官報（明治二四年以降の本紙版〜）、逓信関係の各種統計書（明治二二年〜）及び郵政省となってからの郵政行政統計書（創刊〜）、各種部内関係の雑誌・新聞等の定期刊行物等を創刊号から最近号迄をほとんど全てを所蔵している。紹介記事として『『マルチメディア』資料』——わが館の特殊コレクションを語るシリーズ⑨郵政省図書館」(「びぶろす」四八巻七号)がある。

その他のコレクション—

CRVディスク装置が導入された平成八年より同省が著作権を持っている動画情報を収集している。また郵政三事業の過去五か年のテレビCM約五〇〇タイトル(NTSC)をCRVディスクに入力して保管している。さらにVTRテープ、LD、CD—ROM、FD、録音テープ類も数百点を保有している。

刊行物—

『図書目録(社会科学編)』(昭五二)、『図書目録(社会科学を除く)』(昭五二)、ほかに「新着図書案内」(不定期)を発行している。

林野庁図書館［林野図書資料館］

沿革

昭和二二年三月三一日、林政統一によって、それ以前の旧国有林（山林局所管）、御料林（宮内省帝室林野局所管）、及び北海道国有林（内務省所管）の森林が、農林省所管となった。これを機に統一前のそれら旧機関に保管されていた図書資料を集中管理するため、昭和三三年一二月、林政部調査課に「林野庁資料室」が開室したのに始まる。のち「林野資料館」に昇格、さらに、平成二年に「林野図書資料館」となった。

蔵書

主内容としては、林制史、林業史、森林の法規・経済・経営・保護類、林業の金融・税制・森林植物学、森林の土木・治水・治山・伐木・製材、林産物、造林、種苗等である。蔵書数は和図書約七万一〇〇〇冊、洋図書約四〇〇〇冊、和雑誌約八〇種を数える。

コレクション

日本林制史資料　豊臣時代以前から明治四年までの資料三〇冊。そのうち訳は、豊臣時代以前一冊。江戸時代・皇室御料・公家領・社寺領一冊、江戸幕府法令一冊、江戸幕府領（上、下）二冊、江戸時代藩領二五冊からなる。この資料は、明治一二、三年頃内務省が各府県に資料提出を求めて、『山林沿革史』（明治一六）を編纂したが、大震災で全調査史料が焼失したため、再度、山林の所有制度、利用実態につき実地調査し収集した記録文書

㊟〒100－0013
千代田区霞が関一－二－一
（合同庁舎第一号館）
㊫〇三－三五〇二－八一一一
（内六〇九三）
Ⓕ〇三－三五九三－九五六四
㊯地下鉄千代田線・丸ノ内線
霞ケ関駅歩二分
㊒午前九時三〇分～午後五時
（正午から午後一時一五分までは閉室）
㊡土曜、日曜、祝日及び休日、第三火曜（当日が祝日の場合は翌日）
㊜限定（館長が許可した者）
㊪限定（農林弘済会「農林資料相談室」を紹介）

中から、特に重要なものを編纂した貴重なもの。

林政史資料　明治四年から明治三二年まで、二四五冊。旧藩時代から明治時代に引き継がれた山林について、明治年間に行われた官民有区分に関する歴史的な諸資料（旧行政裁判所記録中の国有林野境界調査資料、自治体の境界争で国有林野に関する資料、その他）を収録したもの。

林業発達史資料　明治三二年から昭和二九年まで、七七冊。内容は、公有林野整理統一の沿革、名古屋木材市場の発達に関する資料、林業補助金の財政史的研究、木材統制の推移過程、日本林業発達史等の諸資料を収録したもの。

その他のコレクション――

「山林公報」（大正八年「山林彙報」に改題。明治三九年から昭和一五年まで）、「大日本山林会報」（昭和三年「山林」に改題。明治一五年から現在まで）、「興林こだま」（昭和二三年「林業技術」に改題。大正一一年から現代まで）、『山林沿革史』（明治一六）、『吉野林業全書』（明治三一）、『木材ノ工藝的利用』（明治四五）等。

刊行書誌――

『蔵書目録　新訂版』図書の部、資料の部、外国語の部（昭五五～五七）、『田中文庫目録新訂版』（昭五三）、『林野資料館収集目録』第一～二巻、追録一～五（昭三八～三九、昭四〇～四八）、『日本林業文献目録』一九六四年版～一九六七年版（昭四一～四五）等のほか、「林野庁図書館報」（年三回）、「林野庁図書館だより」（随時）等を刊行。

労働省図書館

沿革

昭和二二年一一月、旧内務省からの蔵書を受け継いで、労働省労働統計調査局内に図書館を開設したのに始まる。同館の発足時には数百冊の蔵書にすぎなかったが、間もなく、厚生省から国際労働機関関係の洋書等が移管され、連合軍総司令部からは、アメリカ労働省関係資料の寄贈を受け、また、労働行政の先輩からは貴重なコレクション等の寄贈を受けるなどして、漸次拡充、整備がはかられてきた。労働行政に関する専門図書館としての同館は、労働行政の職務遂行に必要な図書資料を重点的に収集、保管すると共に一般利用者に公開し、図書・資料の閲覧のほか、レファレンス等のサービスを提供している。なお、省庁改革法施行法によって、平成一三年一月から「厚生労働省図書館」に再編、改称される(予定)。

蔵書

同館蔵書の中核をなす社会科学部門の中でも、特に社会、労働分野の図書資料が圧倒的に多く、その比率は全蔵書のうちの七〇パーセントの大半を占め、経済・法律関係が二〇パーセント、その他が一〇パーセントの順になっている。蔵書数は、和図書約五万二〇〇〇冊、洋図書約九〇〇〇冊、和雑誌五五〇種、ほかマイクロフィルム約四〇〇〇枚がある。これらの資料の利用は省内が大半であるが、最近の雇用問題についての関心の高まりもあ

㊟〒100-0013
千代田区霞が関一-二-二
(中央合同庁舎第五号館)
㊔〇三-三五九三-一二一一
(内五二七七)
Ⓕ〇三-三五〇二-二七九七
㊋地下鉄丸ノ内線霞ヶ関駅歩二分
㋐午前九時三〇分~正午、午後一時~午後五時(図書の出納は午後四時三〇分まで)
㋷限定(同省職員及び館長が許可した者)
㋙なし

って他省庁、企業、学生の利用も増大する傾向にあるという。

コレクション――

鈴木文庫　元参議院労働委員会専門員・鈴木僊吉が収集した昭和初期から第二次大戦前後にかけての内外の社会労働事情に関する文献資料からなる。旧内務省社会局、中央および地方職業紹介事務局、六大都市の市役所、各県の職業課、社会課などの職業安定行政に関する文献が主内容。和書一〇八五冊、洋書七三冊を収める。『新着図書及資料目録（故鈴木僊吉氏寄贈図書一覧）』（昭和二七）に詳しい。紹介文献に「鈴木文庫」（「びぶろす」四七巻八号）がある。

長谷川文庫　元内務省社会局職業課長、元宮崎県知事・長谷川透の寄贈資料。内容は前掲の鈴木文庫とほぼ同じ。

明治維新関係文書　早稲田大学社会科学研究所が、旧大隈研究室以来、寄贈、寄託及び購入等により収書した一〇種の文書七九一点からなる。飯田藩主堀家家伝文書三〇点、三田藩九鬼家家伝文書六七点、西南戦争関係（通信）文書一六八点、雲井龍雄関係文書一五点、伊藤博文関係文書四五点、寺西文書（稿本）五二点、中井弘関係文書一一二点、伊藤家文書（稿本）九一点、諸家文書一二六点、岩倉家文書八五点を所蔵する。『早大社研所蔵明治維新関係文書目録』（社研編刊、昭四九）に詳しい。

その他のコレクション――

和書は戦前戦後を通じての労働問題図書、各種統計報告書。洋書としては国際労働機関

（ＩＬＯ）関係資料、米国労働省刊行図書等が整備されている。

刊行書誌――

『戦後労働問題文献目録（単行書の部）自昭和二一年至昭和二五年末』『戦後労働関係文献目録（和書）』（昭三九）、『蔵書目録』和書部（Ⅰ）～（Ⅱ）、洋書の部（Ⅲ）（昭四八～五〇、三冊）。ほかに定期刊行物として、「新着図書・資料案内」（月刊）、「図書目録」（年刊）等が発行されている。

学習院大学史料館

沿革

文学部史料室が収集・保管してきた村方文書や藩政史料などの原史料をもとに、昭和五〇年に大学付置研究施設として開設、昭和六〇年には博物館相当施設として指定を受けた。調査研究の成果は『所蔵史料目録』『紀要』として刊行するほか、常設展・特別展や公開講座の中でわかりやすく解説している。また、閲覧室・事務室がある建物は、旧華族学校時代の図書館として建築されたもので、明治期の学校建物のあり方をうかがわせる典型的な洋風木造建築物である。

コレクション

陸奥国棚倉藩主阿部家文書　譜代大名であり、武蔵国忍藩から陸奥国白河藩を経て、明治維新を棚倉藩主として迎えた阿部家の史料。

内膳司濱島家文書　朝廷儀式の膳を調進した内膳司長官家の史料。

武蔵国秩父郡上名栗村町田家文書　林業経営に従事していた旧上名栗村（現埼玉県入間郡名栗村）名主家の史料。林業経営に関する史料としては屈指のもの。

学習院大学史料館所蔵史料目録

一・六・七『信州佐久郡五郎兵衛新田村柳沢家文書　一～三』（昭五〇～五七）、二『奥州棚倉藩主阿部家文書』（昭五二）、三～五『中川善之助寄贈文書　上、中、下』（昭五三

㊟〒171―8588
豊島区目白一―五―一
㊑〇三―三九八六―〇二二一
（内）六五六九
Ⓕ〇三―五九九二―九二二九
Ⓗhttp://www.gakushuin.ac.jp/~arch-off/siryoukan

㊋ＪＲ山手線目白駅より徒歩三分
㊐午前九時三〇分～午後四時三〇分（土曜は午前一一時三〇分まで）
㊡日曜、祝日
㊖無料
㊗可

〜五五)、八・九・一一・一三・一六『武蔵国秩父郡上名栗村町田家文書　一〜五』(昭六一〜平一二)、一〇『安田銕之助関係文書』(平二)、一二『内膳司濱島家文書』(平六)、一四『旧制学習院歴史地理標本室移管資料』(平一〇)、一五『西園寺家文書』(平一〇)。

学習院大学図書館

〒171−8588
豊島区目白一−五−一
☎〇三−三九八六−〇二二一
（内二三九六）
Ⓕ〇三−五九九二−一〇二〇
Ⓗhttp://www.glim.gakushuin.ac.jp
Ⓙ JR山手線目白駅より徒歩三分
開午前八時五〇分〜午後八時（土曜は午後六時まで）
休日曜、祝日
利限定
複可

沿革

弘化四年（一八四七）に京都御所内に設置された公家の学習所が前身。明治一〇年に神田に華族の学校として学習院を再開、宮内庁直轄の官立学校に移管した。大正七年に女子学習院が独立。昭和二二年に学習院に関する皇室令・宮内省令が廃止され私立となった。それにより女子学習院は学習院女子部として吸収された。初代の院長は安部能成がつとめた。二四年に新制大学となり、法学部、経済学部、文学部、理学部をもつ。図書館は本館と法学部・経済学部図書センター、文学部、理学部、附属研究所の五館からなる。

蔵書数は三七万七〇〇〇冊、うち洋書四万三〇〇〇冊、継続受入和雑誌二五五五種、同外国雑誌九〇種。図書館の源泉が、学習院開校前の明治九年に華族会館が子弟教育のために設置した教務部門にあることから、旧大名家や公家から寄贈された書籍及び旧学習院蔵書の一部等を所蔵する。

コレクション

西田文庫　旧制甲南高校教授西田外彦旧蔵の量子物理学、数学関係の洋書五六〇冊、西田幾多郎の旧蔵書若干を含む。

林文庫　元教授で満鉄総裁林博太郎（一八七四〜一九六八）の旧蔵書で、旧満州国初等教科書、教育、哲学、文学書などの和書一六〇〇冊、洋書一四二三冊。

貴重書　伊能忠敬の「大日本沿海輿地全図」は平成八年にローマで発見された伊能図の元図ないしはそれからの写図として注目された。江戸初期の砲術家斎稲富直家の『稲富一夢砲術傳授書　二九帖』、雑誌「白樺」全冊、中世ローマ・カトリック教会の法令を集大成した『教会法大全』、シーボルトの『動物誌』、ドイツ自然主義劇作家ゲルハルト・ハウプトマンの自筆献辞入りの全集、モンテーニュの『エセー』（一六一六）、白鳥庫吉元教授の旧蔵書及び収集を指導したと思われるヨーロッパ人による東洋研究・紀行図書など。

刊行書誌――――――

『学習院大学図書館所蔵地図目録』（昭五七）は陸地測量部・参謀本部が昭和二〇年以前に発行した地図を収録。

学習院大学文学部各研究室

沿革

いずれも学習院大学文学部の各研究科が購入し、保存管理するコレクションであり、それぞれ条件が異なるため、閲覧にはあらかじめ照会が必要である。

コレクション

三条西家旧蔵物語・和歌関係図書　日本語日本文学科研究室所蔵。元実践女子大学教授で香道御家流家元、宮内庁図書寮編修官三条西公正（一九〇一～八四）の旧蔵書で、室町から江戸時代までの伊勢物語、源氏物語、能因本枕草子、和歌の各関係書一〇〇冊。複写不可（撮影限定可）。

長岡文庫　英米文学科研究室所蔵。元東京商大予科教授長岡拡（一八七八～一九三〇）の旧蔵書で、一八七〇年～一九二五年頃までの英文学関係の洋書一四六九冊。複写限定可。

杉村文庫　哲学科研究室蔵。元東京商科大学助教授で経済哲学者、上海日本商工会議所理事杉村広蔵（一八九五～一九四八）の旧蔵書で、一八世紀後半から一九四〇年頃までの哲学、経済学関係の洋書一二九五冊。複写可。

㊟〒171－8588
豊島区目白一－五－一
㊋JR山手線目白駅より徒歩三分
㊫〇三－三九八六－〇二二一
（代表）
㊒限定

学習院大学法学部・経済学部図書センター

沿革――――

平成五年に竣工した法学部経済学部研究棟の三階から七階に移転し、それまでの法学部・経済学部図書室から改称した。蔵書数は四一万一〇〇〇冊、うち洋書一八万九〇〇〇冊、継続受入和雑誌一四四八種、外国雑誌一〇七三種。

コレクション――――

山岡萬之助関係文書　司法省監獄（行刑）局長、日本大学学長（後に総長）、司法省刑事局長、内務省警保局長、貴族院議員などを歴任した山岡萬之助（一八七六～一九六八）の遺留文書三〇〇〇点。『学習院大学法経図書室所蔵山岡萬之助関係文書目録』（山岡文書研究会、昭六三）、山岡文書研究会編「山岡萬之助関係文書・紹介と解説」（「学習院大学法学部研究年報　二三」昭六三）がある。

舞出文庫　元教授で経済学者、経済史家舞出長五郎（一八九一～一九六四）の収集にかかわる哲学、マルキシズム（社会主義・共産主義）、歴史、経済学、社会学、政治学、労働問題などの和書七二六冊、洋書三二七一冊。

田中文庫　法学者で最高裁長官、国際司法裁判所判事田中耕太郎（一八九〇～一九七四）の旧蔵書で、商法関係を主に和書一九一四点、洋書一八〇三点、和洋雑誌四九九種、小冊子六〇〇点。『学習院大学法経図書室所蔵田中耕太郎文庫目録』（昭五七）がある。

㊟〒171―8588
豊島区目白一―五―一
㊶〇三―五九九二―五二〇七
Ⓕ〇三―五九九二―一〇二六
Ⓗhttp://www.gakushuin.ac.jp/˜lelibvww/
㊫ＪＲ山手線目白駅より徒歩三分
㊐午前九時～午後八時（土曜は午後五時まで）
㊡日曜、祝日
㊖限定
㊕可

謙堂文庫

沿革

お茶の水女子大学教授、教育学者・石川謙（一八九一〜一九六九）が収集した、日本教育史に関する重要資料約四万冊を収める私立文庫。昭和四六年、子息である日本女子大学教授松太郎氏が自宅の一部を開放して設立した。開架式にて利用。

蔵書

一一世紀後半から一九世紀後半までの往来物とよばれる、寺子屋などで使われていた教育資料約五〇〇〇点、秋田藩の尚徳書院関係文書一四四冊、明治以降の教育史関係文献一万五〇〇〇冊、日本教育史関係の写真、絵図等五〇〇〇点、石川謙の著書、原稿も所蔵。目録は『謙堂文庫目録並に解題（洋装本）日本教育史関係』（第一集・昭五〇〜第四集・昭五四）がある。

㊟〒171―0021 豊島区西池袋二―二一―一五 石川邸内
㊢〇三―三九八四―五〇七七
Ⓕ〇三―三九八四―八〇八五
㊡JR池袋駅下車徒歩一〇分
Ⓗhttp://www.geosities.co.jp/Mikyway-Kaigan/3462/
㊍午前一〇時〜午後五時
㊡月・水・金・日曜・祝日
㊫可
㊎可

大正大学附属図書館

沿革

大正一五年に、天台宗、真言宗（豊山派、智山派）、浄土宗の三宗四派の仏教連合大学として設立された。従来の仏教学部を改組して福祉や社会科学研究を取り入れた人間学部と文学部からなる。体育科目と集中講義は埼玉県松伏町のキャンパスでおこなわれる。平成一二年に新図書館が完成した。

蔵書数は四四万八〇〇〇冊、うち洋書六万冊、継続受入和雑誌二四七四種、同外国雑誌五八七種で、仏教関係を中心に、チベット語資料が充実している。

コレクション

荻原文庫　元教授で明治・大正・昭和期の僧侶、サンスクリット学者荻原雲来（一八六九～一九三七）の旧蔵書で、サンスクリット学などの洋書二一三冊、雑誌四種。

オルデンベルグ文庫　ドイツの仏教学者Hermann Oldenberg（一八五四～一九二〇）の旧蔵書で、主に一九世紀のインド関係の洋書四四七冊、雑誌八種。

明福寺本　東京都江東区の古刹浄土宗明福寺の旧蔵書で、浄土宗の宗乗関係書、通仏教、天台、唯識、俗典、真言、律、般若・維摩、倶舎などの江戸期の刊本、写本に、若干の明治期の刊本を含む三三二五冊。江戸時代の浄土宗の僧侶養成道場である檀林学寮で使用されていた教科書と参考書であったものと推定されるが、これほどにまとまって伝存する例

㊟〒170―8470
豊島区西巣鴨三―二〇―一
㊕〇三―三九一八―七三一一
Ⓗhttp://www.tais.ac.jp/lib/
㊋都営地下鉄三田線西巣鴨駅より徒歩二分。JR埼京線板橋駅
㊊午前九時～午後九時三〇分（土曜は午後三時まで）
㊡日曜、祝日
㊝限定
㊢可

は他にない。大正大学浄土学研究室編『明福寺旧蔵本仮目録』(昭五三)。

与謝野晶子書簡集　明治・大正・昭和期の歌人、詩人与謝野晶子(一八七八〜一九四二)が結婚以前に与謝野鉄幹(一八七三〜一九三五)に宛てた書簡三九箱。大阪府堺市の覚応寺が所蔵していたもの。

徳川林政史研究所図書館

沿革

尾張藩主後裔、徳川義親（一八八六〜一九七六）が大正一二年、自邸内に開設した研究機関で、昭和六年、財団法人徳川黎明会が設立され、同法人の所管となった。山林の利用、保全、再生に関する史料を収集、研究を行っている。和書三万冊所蔵。

コレクション

林政史資料　江戸初期から明治期にかけての林業、林政史、農業関係資料、和書一万二二〇〇冊、文書類二万五四〇〇点。木曽飛騨林政史料、日本林政史調査資料を含む。

尾張藩史料　江戸初期から明治初年にかけての尾張藩所蔵記録・旧領村方史料で和書九六〇〇冊、文書四八〇〇点、地図・村絵図七五〇枚。

徳川家文書　徳川黎明会会長・徳川義知旧蔵の尾張徳川家文書・記録類八七〇〇点を寄託されたもの。

土地・租税史料　中世末期から明治初年にかけての土地制度、租税制度史料。和書一万六〇〇冊、文書四八〇〇点。名古屋税務監督局、愛知県旧蔵書が多い。

北海道開拓史料　明治初期から昭和二〇年ごろまでの北海道八雲の旧徳川農場開発記録を中心とする、和書三六〇〇冊、文書三〇〇点。

㊟〒171―0031
豊島区目白三―八―一一
㊔〇三―三九五〇―〇一一七
Ⓕ〇三―三九五一―七一〇六
㊇ＪＲ山手線目白駅下車徒歩七分
㊐午前一〇時〜午後四時三〇分（正午〜午後一時休）
㊡月・木・金・土・日曜・祝日
㊒許可制
㊖可

逐次刊行物——

「徳川林政史研究所研究紀要」

豊島区立郷土資料館

沿革

昭和五九年六月に開館。豊島区内の生活・民俗資料を中心に収集・展示している。展示は常設展示室と収蔵展示室で行われ、前者では駒込・巣鴨地区の園芸（染井の桜）、池袋ヤミ市関連資料（二〇分ノ一の模型）にも力を入れている。収蔵展示室では、個々の歴史事象や地域の歴史を深めるための施設として使用されている（例・「民家にみるくらしの祈りと変わる農作業のすがた」）。年二回の特別展、一〇回程の歴史講座、地域史講座も開かれている。

収蔵品

図書資料は約一万五〇〇〇冊、雑誌・新聞など。特筆すべきものとして、一九八七年から始った『豊島区史』（戦後編）の関連資料、地図、鉄道営業報告書、往来手形、絵葉書。また、配給切符・通帳類・戦時債券類、罹災証明書・軍事郵便などの戦争動員組織関係資料及び町会・隣組・婦人会・在郷軍人会などの戦争動員体制の組織関係資料等がある。ほかに、豊島区に関する版画、マイクロフィルム、ビデオなども所蔵。特殊コレクションに遠藤コレクション（非公開）がある。近年では、休業中の「文芸坐」関連の現物資料、ポスター・プログラムが寄託された。また、アトリエ村（旧長崎町）の模型を紹介している。

㊟〒171―0021
豊島区西池袋二―三七―四
（勤労福祉会館）
㊫〇三―三九八〇―二三五一
Ⓕ〇三―三九八〇―五二七一
㊬ＪＲ山手線池袋駅歩七分
㊡月曜、第三日曜日、祝日、特別整理期間
㊪午前九時～午後四時三〇分
㊮限定（事前の申込みによる）
㊭可

刊行物――――

「かたりべ」(資料館だより)、「豊島区地域地図集(複製)」第一～四集(昭六二～平三)、「豊島区立郷土資料館年報」(一二号迄)、『豊島区立郷土資料館調査報告書』第一～一二集(昭六〇～平七)、書目は『豊島区史編纂室所蔵資料目録』(昭五八)、『豊島区立郷土資料館収蔵資料目録』第一～七集(昭六〇～平六)ほかに、常設展・特別展図録等多数が刊行されている。

立教大学図書館

沿革

明治七年にアメリカ聖公会宣教師のC．Mウイリアムズが東京築地の外国人居留地に開設した私塾立教学校を起源とし、昭和二二年に立教大学となった。キリスト教精神にもとづく人格教育を建学の精神とする。文学部、経済学部、社会学部、法学部、理学部、埼玉県の新座キャンパスに観光学部とコミュニティ福祉学部をもつ。図書館は明治三一年に開館した立教専修学校図書館に始まる。

現在の建物はレンガ造りの旧本館と隣接する新館からなる。蔵書数は一三七万一〇〇〇冊、うち洋書五八万冊、継続受入和雑誌四七七一種、同外国雑誌一八五五種。埼玉県新座市に武蔵野新座図書館及び保存書庫をもつ。

コレクション

聖公会関係資料（国内・国外の聖公会関係資料）、大久保文庫（大久保利謙旧蔵の近代日本史、洋学）、海老沢文庫（海老沢有道旧蔵の日本キリスト教史、キリシタン史）、前田文庫（前田護郎旧蔵の新約聖書学、西洋古典学）、ドプシー・バッツェルト文庫（中世ヨーロッパ経済史、法制史）など、多くのコレクション・個人文庫をはすべて新座保存書庫で所蔵している。

㊟〒171─8501
豊島区西池袋三─三四─一
㊢〇三─三九八五─二六二三
Ⓕ〇三─三九八五─二八二四
Ⓗhttp://opac.rikkyo.ac.jp
㊋JR山手線ほか鉄道各線の池袋駅より徒歩七分。営団地下鉄有楽町新線池袋駅より徒歩三分
㊒午前九時〜午後九時（土曜は午後五時まで）
㊡日曜、祝日
㊑限定
㊓可

継続収集コレクション――

人権問題関係資料、日本関係欧文図書、音楽ＣＤコレクション（元教授で音楽学者・評論家皆川達夫氏［一九二七～］から継続的に寄贈されているクラシック音楽のＣＤ）など。

刊行書誌――

『ドープシュ・パッツェルト文庫目録』（昭四六）。『大久保利謙文庫目録　附大久保利武コレクション　第一～二集』（平一、八）。『海老沢有道文庫目録』（平一一）。『新座保存書庫蔵書目録　第一集・登録番号一〇万以前・洋書　第一～二巻（一九八三）、第二集・洋書編　第一～二巻（一九八五）、第三集・小田切信男文庫目録（一九八八）、第四集・聖公会関係資料目録・稿本（一九八八）、第五集・和図書書名目録（一九九二）、第六集・金子登文庫目録（一九九三）、第七集・前田護郎文庫目録（第一～二巻）』（一九九五）。

立教大学図書館法学部図書室

沿革――

蔵書数は一八万五〇〇〇冊、うち洋書八万九〇〇〇冊、継続受入和雑誌六一五種、同外国雑誌五〇一種。フランス法制史関係の「リヨンカトリック大学旧蔵書」（未整理）は新座保存書庫に移されている。

コレクション――

宮澤文庫　元法学部長で憲法学者宮澤俊義（一八九九～一九七六）の旧蔵書で、憲法、法学関係を中心に哲学、歴史、文学、音楽、芸能などの分野に及ぶ和書六一四七冊、洋書三〇二八冊のほか、雑誌、抜刷、新聞・雑誌の切抜き、原稿、ノート、メモからなる。『宮沢俊義文庫目録―立教大学法学部図書室所蔵』（平元）。

フェアドロス文庫　一六世紀から一八世紀の国際法関係資料。

澤木文庫　澤木敬郎の旧蔵書で、国際私法資料。

㊟〒171―8501　豊島区西池袋三―三四―一　六号館五階

㊊〇三―三九八五―二五五五

Ⓕ〇三―三九八五―二四九九

㊋ＪＲ山手線ほか鉄道各線の池袋駅より徒歩七分。営団地下鉄有楽町新線池袋駅より徒歩三分

㊎午前九時～午後五時（土曜は午後〇時三〇分まで）

㊡日曜、祝日

㊏限定

㊌可

㈶東京子ども図書館

沿革

子どもたちに自宅を開放して、本の貸し出をした家庭文庫が前身で、昭和三〇年「土屋児童文庫」、昭和三三年「かつら文庫」、昭和四二年「松の実文庫」がそれぞれ開かれ、昭和四九年、三つの文庫がひとつになって「東京子ども図書館」が誕生した。平成九年中野区江原町に新館が完成し移転した。

蔵書

児童室には三歳から中学生までを対象とした、絵本、物語、昔話、など五〇〇〇冊の図書があり、週二回「おはなしのじかん」がある。資料室は大人のために国内外の児童書、児童文学関係の研究書、昔話集など一万一〇〇〇冊の蔵書がある。子どもたちにお話をする人のために「お話の講習会」を開催している。また、子どもの本に関する講演、講師派遣、読書相談、レファレンスもおこなっている。賛助会員（年間三〇〇〇円以上）も募集している。

日本の児童図書賞コレクション

戦後の児童図書および文化関係の八二賞について、受賞図書の初版本を一二〇〇冊所蔵。ほかに、欧米の児童図書賞（ニューベリー賞、コールデコット賞、カーネギー賞、ケイト・グリーナウェイ賞など）受賞作品の原書コレクションもある。

㊟〒165―0023
中野区江原町一―一九―一〇
㊕〇三―三五六五―七七一一
Ⓕ〇三―三五六五―七七一二
Ⓗhttp://www.nifty.ne.jp/forum/fitrans/yamaneko/tklib/
㊫都営地下鉄大江戸線新江古田駅下車徒歩一〇分。JR山手線目白駅下車都バス「練馬車庫・白六一」で江原町一丁目下車徒歩三分。
㊓（児童室）火・水・金曜　午後一時～午後五時。土曜　午前一〇時三〇分～午後五時
（資料室）火・水・金曜　午前一〇時～午後五時　土曜　午前一〇時～午後七時
㊡日・月曜・祝日
㊓児童室　無料。資料室　貸し出しのための利用者登録料一〇〇〇円
㊢可

山崎記念中野区立歴史民俗資料館

㊟〒165―0022
中野区江古田四―三―四
㊊〇三―三三一九―九二二一
Ⓕ〇三―三三一九―九一一九
㊋西武新宿線沼袋駅歩八分
㊌午前九時～午後五時（入館は午後四時三〇分まで）
㊍月曜、第三日曜
㊎可
㊏可

沿革

「郷土史料室」として昭和三七年にスタートした。同四七年中野文化センター内に「中野区資料館」と名称を変えた。その後区民からの施設用地の提供を受け、平成元年一〇月に開館し今日に至っている。中野区を中心とした考古遺物、古文書、民具のほか古伊万里、浮世絵、雛人形などを収蔵、展示している。

収蔵品

資料収集は、全面的に中野区民からの寄贈によるが、一部寄託資料がある。収蔵品の主なものとしては、古伊万里（代々名主家に伝わる古伊万里およそ三〇〇点）、絵馬（北条時宗コレクションの絵馬四〇〇点）、雛人形（江戸時代から現代までの代表的な雛人形一五セット）、浮世絵版画、尽くし絵など（幕末から明治時代に活躍した豊原国周の役者絵二八六点、ほか江戸期の浮世絵など一二〇点である。季節展示として恒例化している正月行事用品による「お正月展」、次郎左衛門雛をはじめ江戸時代から、明治・大正、昭和の戦前、戦後から平成の代表的雛を展示する三月の「ひなまつり展」のほか、六月の「伝統工芸展」、一〇月の特別企画展などにより中野区の文化や、伝統行事などを紹介し、区民に親しまれる資料館をめざしている。書目に『中野区史料館資料叢書第一号　資料総目録』（昭四〇）ほか、「中野の文化財」№1～№17等がある。

㈵日本労働研究機構資料センター

沿革

労働問題に関する理解向上のために、労働経済、労使関係、労働法に関する図書を収集しており、和書九万六〇〇〇冊、洋書二万三〇〇〇冊所蔵。また、官庁刊行物、労働組合機関紙など逐次刊行物も二〇〇〇種所蔵。

コレクション

ＩＬＯ刊行物（第一回からの総会報告書）因島労働組合資料（戦前の日本労働総同盟関連資料）新産別資料（結成から解散までの各種資料）全労資料（結成から総同盟と合併するまでの大会資料）隅谷三喜男氏寄贈の明治・大正期の労働関係資料。

刊行物

「ＪＩＬリサーチ」「日本労働研究雑誌」「Japan Labor Bulletin」

㊟〒177―8502　練馬区上石神井四―八―二三
㊫〇三―五九九一―五〇三二
Ⓕ〇三―五九九一―五六五九
Ⓗhttp://www.jil.go.jp/sos ki/labo.htm
㋮西武新宿線上石神井駅下車徒歩一〇分
㋫午前九時三〇分～午後五時
㊡土・日曜・祝日
㋷可
㋭可

武蔵大学図書館研究情報センター

沿革

大正一一年（一九二二）、東武鉄道元社長・根津嘉一郎により設立された七年制高等学校、旧制武蔵高等学校が前身で、昭和二四年、学制改革により、新制武蔵大学を設立、同時に武蔵中学、武蔵高等学校を開設した。校名は校地が当時の北豊島郡中新井村に位置し、武蔵国に因んで名付けられた。現在は、経済学部、人文学部、社会学部と大学院（経済学、欧米文化、日本文化、社会学専攻）からなる。

蔵書

図書館棟は昭和五六年に落成。蔵書数は和書四〇万九〇〇〇冊、洋書一八万二〇〇〇冊、和雑誌三〇〇〇種、洋雑誌二〇〇〇種。旧制高等学校時代購入の基本的和漢書および、新制大学以降購入の、近現代の経済学の原書を体系的に集めているのが特徴である。また貴重書には、『儀禮經傳』（宗版）『尚書』（古活字版）『春秋經傳集解』（古活字版）、『松屋本書入六家集本山家集』、小泉八雲（ラフカディオ・ハーン）自筆書簡などがある。また後述の「イギリス通貨・銀行史コレクション」「社会学の三〇〇年」にも貴重書が多く含まれている。

平成一〇年より、四大学（学習院、成蹊、成城、武蔵）図書館相互利用の協定がむすばれ、各図書館の相互利用が始まった。

住〒176―8534　練馬区豊玉上一―二六―一
電〇三―五九八四―三七一九
F〇三―五九八四―三八七五
H http://www.lib.musashi.ac.jp/home.html
交西武池袋線江古田駅南口下車徒歩六分。西武有楽町線新桜台駅下車徒歩五分。地下鉄大江戸線新江古田駅下車徒歩八分。
開午前九時～午後八時（土曜～午後六時）
休日曜、祝日
利限定
複可

コレクション

水野文庫　フランス文学者でバルザック研究家の水野亮（一九〇二～一九七九）が収集したバルザック関係の蔵書。バルザック研究には欠かすことのできない関係資料で、和洋図書、雑誌論文等約一六〇〇点。現在もさらに追加購入してコレクションの充実を計っている。目録は『水野文庫目録』（昭五六）。

イギリス通貨・銀行史コレクション　平成四年、金融学科を開設するにあたり、購入したイギリスの銀行業、および通貨制度の歴史に関するコレクションである。一六九四年のイングランド銀行設立から、約三〇〇年間の著作、書簡、政府文書、議会条例など約一八〇〇点からなる。解題つきカタログ『A Catalogue of Books on British Banking and Currency』（平四）がある。

ラファエル前派コレクション　平成五年に購入したラファエル前派コレクションは、初版本二四〇点を含む全三二八点で、ロセッティを中心としたもの。

審議会・委員会関係資料（昭和三〇・四〇年を中心とした）　故鈴木武雄教授の旧蔵書四〇〇〇点のうち、昭和三〇、四〇年代を中心とする各種審議会、委員会等の資料三六五冊。財政、金融関係を中心に、会議で配布、検討された生の資料、答申、報告書など貴重な原資料である。『鈴木武雄教授寄贈審議会・委員会関係資料目録』（昭五九）。

社会学の三〇〇年　平成一〇年、社会学部設置を記念して購入。イギリス、アメリカにおける社会学の発展に関する文献と、ヨーロッパにおける社会学史上重要な文献を中心に、一六七〇年から一九七〇年に出版のもの三二六タイトル。

武蔵野音楽大学図書館江古田校舎

沿革――――

昭和四年に武蔵野音楽学校として設立され、専門学校を経て、同二四年に新制大学となった。音楽学部のみの単科大学で、一、二年次の課程は埼玉県の入間キャンパスに置かれている。図書館は江古田、入間の二館で構成される。

蔵書数は、一二万三〇〇〇冊、うち洋書六万五〇〇〇冊、継続受入和雑誌一三四種、同外国雑誌七二種。

コレクション――――

牛山充文庫　音楽・舞踊評論家牛山充（一八八四～一九六三）の収集にかかる舞踊、民族学、日本芸能資料で『白氏新録』等の雅楽の写本を含む。

楽譜　バッハ「組曲ホ長調S（BWV）1006a」、ハイドン「弦楽四重奏曲・ひばりop.64-5」、シューベルト「女声合唱・セレナーデ D.921」などの自筆楽譜をはじめ、古字譜、初版楽譜などからなる。『稀覯書目録』（昭三七、四四）に収録。

㊟〒176―8521
練馬区羽沢一―一三―一
㊕〇三―三九九二―一〇三六
Ⓕ〇三―三九九一―七五九九
Ⓗhttp://www.musashino-music.ac.jp/1/1-2.html
㊋西武池袋線江古田駅より徒歩四分。営団地下鉄有楽町線新桜台駅より徒歩四分
㊊午前八時三〇分～午後六時（土曜は午後五時まで）
㊡日曜、祝日
㊑限定
㊎可

跡見学園女子大学短期大学部図書館

沿革――――

跡見花蹊が慶応二年（一八六六）に京都で開いた私塾を起源とし、明治八年に神田猿楽町に移って近代的に改組し跡見女学校となった。昭和二五年に短期大学を開設、四〇年に大学併設、平成七年に現校名に改称した。文科、家政科、生活芸術科からなる。

蔵書数は和書一五万九〇〇〇冊、うち洋書二万二〇〇〇冊、継続受入和雑誌二一三種、同外国雑誌五三種。

コレクション――――

岡本かの子コレクション　卒業生でもある作家で歌人、仏教研究家の岡本かの子（大貫カノ、一八八九～一九三九）の著書、自筆の短冊、書簡、他の関係図書一〇〇〇冊。『かろきねたみ』（青鞜社、明四五）などの初版本がある。『岡本かの子関係所蔵目録』（昭六三）。

夏目漱石コレクション　作家夏目漱石（一八六八～一九一六）の研究書を中心とする二五〇〇冊。『虞美人草』（春陽堂、明四一）の初版本や『朝日講演集』（朝日新聞合資会社、明四四）などがある。『夏目漱石関係資料目録一～三』（平二～四）。

百人一首関係資料　室町時代から今日に至る小倉系、異種系百人一首各版本と、それに関係する資料一九〇〇点からなり、稀覯書多数を含む。篠崎和子「跡見学園短期大学図書

㊟〒112―8687
文京区大塚一―五―二
㊆〇三―三九四三―一三六八
Ⓕ〇三―三九四三―一三六八
Ⓗwww.atomi.ac.jp/t-tosyo/
㊇営団地下鉄丸の内線茗荷谷駅より徒歩三分。同有楽町線護国寺より徒歩一〇分
㊍午前九時～午後六時（土曜は午後四時三〇分まで）
㊡日曜、祝日
㊓限定
㊕可

館蔵異種百人一首目録」(「跡見学園短期大学紀要」第九集、昭和四七)、伊藤嘉夫・篠崎和子「跡見学園短期大学図書館架蔵小倉百人一首類書目録稿」(「同」第一〇集、昭和四八)、『跡見学園短期大学図書館蔵百人一首目録稿　一～四』(昭和六〇～六三)、『百人一首展図録─跡見花蹊女史生誕百五十年跡見学園短期大学設立四十年記念』(平二)、『跡見学園短期大学図書館所蔵百人一首関係資料目録』(平七)、『跡見学園女子大学短期大学部図書館所蔵百人一首関係資料目録　二』(平一〇)がある。

宮沢賢治コレクション　詩人、童話作家宮沢賢治(一八九六～一九三三)の作品や研究書を中心とする二〇〇〇冊。『心象スケッチ春と修羅』(大一三)や『イーハトーヴ童話注文の多い料理店』(大一三)の初版本などがある。『宮沢賢治関係所蔵目録　補助版一～二』(平六～七)。

その他コレクション──森鷗外、芥川龍之介、野上弥生子等の近代文学関係資料。

お茶の水女子大学ジェンダー研究センター

(住)〒112―8610
文京区大塚二―一―一
(電)〇三―五九七八―五八四六
(F)〇三―五九七八―五八四五
(H)http://igs.ocha.ac.jp/
(交)営団地下鉄丸の内線茗荷谷駅より徒歩五分。同有楽町線護国寺駅より徒歩五分
(開)午前九時～午後八時（土曜は午後四時三〇分まで）
(休)日曜、祝日
(利)限定
(複)可

沿革

昭和四二年に同大学に関する資料の収集、整理を主要業務として設置された大学資料室を前身とし、国立大学学内共同教育施設・お茶の水女子大学女性文化資料館、女性文化研究センターを経て、現在に至る。女性の文化的・社会的活動、風俗・習慣、女子教育などこれまでの女性学研究に加え、ジェンダー研究に関わる文献まで幅広く女性文化一般に関する資料の収集を行っている。

コレクション

女性史コレクション　欧米の女性の伝記、家族、女性論、女子教育、女子労働、女因、売春、女性団体史の歴史など女性問題全般にわたる次の四件、五三一点。一九世紀及び二〇世紀初頭におけるフランス、スペイン、ポルトガル、アフリカなどのフランス語、スペイン語、ポルトガル語文献。一九一〇年から六〇年のアメリカを中心とする英語文献。一九五〇年から七〇年のアメリカ、イギリスを中心とする英語文献。一九世紀から二〇世紀に至るドイツの女性、ドイツ革命の中の女性、魔女裁判、産児制限などのドイツ語文献。

滝川文庫　法制史学者滝川政次郎（一八九七～一九九二）が収集した遊女関係の資料。

刊行書誌

『お茶の水女子大学女性文化資料館文献・資料所蔵目録』をNo.1（昭五二）以来継続刊行

している。

お茶の水女子大学附属図書館

㊟〒112―8610
文京区大塚二―一―一
㊫〇三―三九四三―三二五一
Ⓕ〇三―五九七八―五八四九
Ⓗhttp://www.lib.ocha.ac.jp
㊛営団地下鉄丸の内線茗荷谷駅より徒歩五分。同有楽町線護国寺駅より徒歩五分
㊐午前九時～午後六時（土曜は午後四時三〇分まで）
㊡日曜、祝日
㊑限定
㊥可

沿革

明治七年に神田お茶ノ水に設立された官立女子師範学校を前身とする。戦前は女子中等教員の養成機関として教育界に大きな足跡を果たしたが、戦後に新制大学となってからは、女子の高等教育機関として有為の人材を送り出している。文教育学部、理学部、生活科学部をもつ。昭和五一年に設置された人間文化研究科は独自の博士課程大学院として注目された。図書館は女子師範学校に置かれた書跡縦覧室を始まりとする。

蔵書数は和書三八万冊、洋書一八万冊、継続受入雑誌数は和雑誌三四〇〇種、外国雑誌九七〇種。

コレクション

婦人問題研究コレクション　一五一二年から一九七八年に刊行された女性の歴史、社会的地位に関する研究、伝記、心理、法律学・医学、社会学、行政面など他方面からの研究書、資料集七〇五冊。特に、Vern Bullough著"Bibliography of Prostitution. 1977"掲載文献の七割以上をカバーする売春関係文献コレクションが核になっている。また、一一〇冊の稀覯書を含む。『全国共同利用外国図書　昭和六三年度』（お茶の水女子大学附属図書館）に収録。

東京医科歯科大学附属図書館

沿革

昭和三年設立の東京高等歯科医学校としてスタートし、一九年に医学科を増設。二一年に大学となった。医学部と歯学部をもち、千葉県市川市に教養部を置く。

蔵書数は二五万二〇〇〇冊、うち洋書一五万二〇〇〇冊、継続受入和雑誌六二〇種、同外国雑誌九四一種。

コレクション

ルーヴィエール文庫　一九世紀後半から二〇世紀前半にかけて活躍したフランスの解剖学者Rouvierの旧蔵書で、哺乳類、脊椎動物、霊長類の解剖学ならびに人体の各系統、諸器官の正常解剖、応用局所解剖学に関する図書二四二冊。ほとんどがフランス語文献である。『ルーヴィエール文庫目録』(昭五九)。

その他の貴重書　一五三七年から一〇年間パドヴァ大学の解剖学と外科学の教授を兼ねた解剖学者ヴェサリウスの解剖図譜"De humani corporis fabrica.1543"は、近世医学の礎となった一書である。

㊟〒113―8510
文京区湯島一―五―四五
㊫〇三―三八一三―六一一一
Ⓕ〇三―五八〇三―〇二一二
Ⓗhttp://lbol-e.tmd.ac.jp
㊡JR中央線・総武線、営団地下鉄丸の内線御茶ノ水駅より徒歩二分。営団地下鉄千代田線新御茶ノ水より徒歩五分
㊎午前九時～午後一〇時（土曜は午後五時まで）
㊡日曜、祝日
㊓限定
㊥可

東京大学医学図書館

沿革――

同学部における教育、研究の総合的施設として、昭和三六年に開館した。蔵書数は二八万八〇〇〇冊、うち洋書一九万三〇〇〇冊、継続受入和雑誌一一九五種、同外国雑誌一一六一種で、全面開架方式をとっている。

コレクション――

呉文庫　元東京帝国大学教授呉秀三（一八六五～一九三二）の収集になる医学史関係の稿本、写本、書画、和・洋一六〇冊。医家の書画や、日本の古典から精神病理学上の参考にすべき伝説等を抜粋した手稿本『医聖堂叢書』は貴重である。

島薗順次郎記念財団文庫　昭和四四年以来財団法人島薗順次郎記念会から毎年寄贈される内科学関係の洋書で、現在まで九〇〇冊。島薗順次郎（一八七七～一九三七）は元東京帝国大学教授、医学部附属医院長。『島薗順次郎記念財団文庫目録』（昭四四～四七）。

リベルト文庫　チューリッヒ、マールブルク、ボン各大学の病理学教授を歴任したリベルト（Hugo Ribbert　一八八五～一九二〇）の収集になる、一七六一年から一九一九年までの病理学を中心とした医学の古典的著作・文献の洋書九〇〇冊。『稿本Ribberts Bibliothek』（昭?・）。

ワルダイエル文庫　元医学部解剖学教授で、ケイニヒスブルグ、ブレスラウ、ストラス

㊟〒113―8656　文京区本郷七―三―一　医学部総合中央館
㊫〇三―五八四一―三六六七
Ⓕ〇三―五六八九―二九六三
Ⓗhttp://www.lib.m.u-tokyo.ac.jp/
㊋営団地下鉄南北線東大前駅、同丸の内線本郷三丁目駅、同千代田線根津駅より大学正門まで徒歩各八分。JR中央線・総武線御茶ノ水駅より都バス
㊍午前九時～午後八時（土曜は午前一〇時～午後五時まで、学内利用のみ）
㊡日・月曜、祝日
㊓限定
㊕可

ブルグ各大学教授を歴任したワイダエル（Wilhelm von Waldeyer Hartz 一八三六～一九二一）の旧蔵書で、解剖学を中心に動物学、人類学の洋書二〇〇〇冊。"Katalog der Buchersammlung von Heinrich Wilhelm Gottfried von Waldeyer-Hartz, 1937"。なお、ワイダエルは元医学部教授小金井良精がドイツ留学した際の恩師として知られ、星新一『祖父・小金井良精』に紹介されている。

医学史料室――

医学史に関する貴重資料を保存。利用には事前連絡が必要。

東京大学史料編纂所図書室

沿革

明治二年に明治政府による修史事業の命により設置された史料編輯国史校正局を前身とし、修史局、修史館、帝国大学の臨時編年史編纂掛など幾多の変遷をへて昭和四年に現名称に改称、昭和二五年に東京大学文学部から独立して、大学の附置研究所に改組された。明治末に外務省の幕末外国関係文書編纂事業、戦後に文部省の大日本維新史料編纂事業を引き継いでいる。本邦に関する史料の研究と編纂、出版、公開利用をおこなうわが国最大の史料センターである。蔵書数は四三万六〇〇〇冊、うち洋書一万冊、史料（原・写本類）一九万点、和雑誌一八〇〇種（うち継続受入八四〇種）、外国雑誌一七〇種、フィルム類五万五〇〇〇種。一般の歴史関係図書のほかに、史料編纂所作成資料として、影写、謄写、写真撮影等によって収集した国内外の史料一〇万点を収蔵する。貴重書、写本、写真帳、マイクロフィルムなどの史料は、所蔵史料目録データベースによるオンライン検索、また、平成三年以降受け入れの図書と編纂所刊行物ならびに地方誌は東京大学附属図書館のオンライン総合目録データベース（ＯＰＡＣ）での検索が可能である。平成九年度には附属施設として画像史料解析センターを開設し、各種画像史料の収集、分析、公開に向けての活動を開始している。また、同一〇年七月からは、同所編纂の『大日本古文書（家わけ）』及び、所蔵古文書（一部）のフルテキストデータベースのインターネット上での公開を開

㊟〒113―8656　文京区本郷七―三―一（史料編纂所三階）
㊐〇三―五八四一―五九六二
Ⓕ〇三―五八〇〇―三九〇一
Ⓗhttp://www.hi.u-tokyo.ac.jp/
㊋営団地下鉄南北線東大前駅、同丸の内線本郷三丁目駅、同千代田線根津駅より大学正門まで徒歩各八分。ＪＲ中央線・総武線御茶ノ水駅より都バス
㊐午前九時三〇分～午後四時三〇分
㊡土・日曜、祝日
㊕限定
㊂可

始している。

コレクション――

島津家文書　平安時代から江戸期に至る薩摩島津家重代相伝の文書群一万七〇〇〇点。島津忠久以来の歴代中世文書と一五代貴久以来本宗家を継いだ伊作島津氏の中近世文書、「薩摩国伊作庄日置北郷下地中分絵図」、「薩藩旧記雑録」は重要文化財。

益田家文書　石見の豪族益田家の中世以来の史料、七六〇〇点。

宗家史料　対馬宗家の江戸藩邸に伝来した史料、二九〇〇点。筆写目録あり。

徳大寺家史料　公爵徳大寺家伝来の公家史料、四四〇〇点。筆写目録あり。

特別蒐書　旧家等に一括して伝来した史料・図書や、内容に特色のある個人蔵書を収集し特別に管理している。現在四六件、一〇万点に及んでいるが、主なものは次のとおりである。公家史料として前掲の徳大寺家のほかに、伏見宮家本、華頂宮家本、正親町家本、押小路家本、勘解由小路家本。武家史料として、前掲の島津家、益田家、宗家のほかに、阿部家本（備後福山）、池田家本（幕臣）、加納家本（上総一宮）、永井家本（美濃加納）、溝口家本（越後新発田）、松田乗全関係文書（三河西尾）、林家本、後藤家本。個人蔵書として、重野家史料、所長で歴史学者三上参次（一八六五～一九三九）の旧蔵資料、所長で歴史家辻善之助（一八七七～一九五五）の旧蔵書、小説家野村胡堂（一八八二～一九六三）収集の武鑑類九六〇点、帝国大学総長菊池大麓（一八五五～一九一七）の収集図書、所員で歴史学者岩生成一（一九〇〇～）収集の欧文日本関係書一〇〇〇冊、幕末の志士松岡毅軒（一八一四〜七七）の旧蔵書。維新史料として、維新史料引継本（文部省維新史料編纂事務局旧蔵史料二万六〇〇〇点）、復古記原史料（復古記の材料となった維新期の史料二万一〇〇〇点）、外務省引継本（江戸幕府の外国奉行所文書三一〇〇点）、ルボン家関係資料（明治初期の仏国軍事顧問ルボン砲兵大尉が残した図面類等）

重要文化財指定史料・図書　前記島津家関係の他に、次のものがある。『台記』（平安後期の公家藤原頼長〔一一二〇〜五六〕の日記、古写本）、『愚昧記』（平安・鎌倉期の公家三條実房〔一一四七〜一二二五〕の日記、自筆本）、『後愚昧記』（南北朝時代の公家三條公忠〔一三二四〜八三〕の日記、自筆本と写本）、『拾芥抄』（鎌倉時代の百科便覧、古写本）、『和歌眞字序集』（平安末期の和歌集序文集成、原本）、『南無阿弥陀仏作善集』（僧重源〔一一二一〜一二〇六〕の造寺・造仏記録、自筆本）、近藤重蔵関係資料（江戸後期の幕吏近藤重蔵〔一七七一〜一八二九〕の著述稿本など、自筆本）、『実隆公記』（室町時代の公家三條西実隆〔一四五五〜一五三七〕の日記、自筆本）。

その他の貴重書　小笠原文書（越前勝山小笠原家伝来の南北朝・戦国期文書四帖）、北白川家旧蔵手鑑の内（室町・戦国期の公家書状など三三点）、尾張国郡司百姓等解分（平安時代の古写本一巻）、山科家日記（公家山科家歴代のうち言継、言経など）、薩戒記（室町時代の公家中山定親〔一四〇一〜五九〕の日記、自筆本等六巻）、満済准后日記（醍醐三宝院門跡満済〔一三七八〜一四三五〕の日記、自筆本一巻）、倭寇図巻（絹本一巻）、たはらかさね耕作絵巻（中世末、紙本一巻）、林家歴代肖像（江戸幕府大学頭林家、一四幅）、ペリ

―渡来絵図貼交屏風

刊行書誌――――

『日本関係海外史料目録　全一五巻』（昭三八～六三）は昭和二九年以来マイクロフィルムで収集してきた日本関係の海外史料（現在一一三万コマ）の目録。『正倉院文書目録』（昭六二～継続刊行中）、『花押かがみ』（昭三九～六〇）は各時代の主要人物の花押ならびに履歴等を集成したもの。『史料編纂所図書目録』（昭三〇～）、『東京大学史料編纂所写真帳目録　全四巻』（平八～九）は全国から写真で収集した史料を編成した写真帳の目録。

編纂・出版事業――――

史料編纂所の主要な事業である史料の編纂とその出版は、設立以来九〇〇冊に及んでいる。大部なものでは、『大日本史料』『史料総覧』『大日本古文書』『大日本古記録』『大日本近世史料』『大日本維新史料』『維新史料綱要』『日本関係海外史料』『日本荘園絵図聚影』『越後国郡絵図』『古文書時代鑑』『古簡集影』『明治時代維新史料選集』などがある。また、収蔵史料等による最新の研究・調査成果は「東京大学史料編纂所研究紀要」（年刊）に収載される。

東京大学社会科学研究所図書室

沿革――――

蔵書数は二七万九〇〇〇冊、うち洋書一一万三〇〇〇冊、継続受入和雑誌五二〇種、同外国雑誌四二八種。

コレクション――――

糸井文庫　職業紹介業の草分け糸井謹治（一八九五～一九五九）収集の職業紹介事業関係の原資料一万五〇〇〇冊。『糸井文庫資料目録―職業紹介事業資料を中心に』（昭五九）。

極東国際軍事裁判記録　金瀬董二、三文字正平がかかわった公判、弁護関係資料四五四点で、「検察側証拠書類」「弁護側証拠書類」「総記類」からなる。

ドイツ労働同盟図書館旧蔵文書　一九〇〇年初頭から一九七〇年代に至る七〇〇〇点。

細川文庫　卒業生で社会評論家、日本共産党の参議院議員、公職追放後はアジア問題研究所を主宰、他に社会科学研究所長などをつとめた細川嘉六（一八八八～一九六二）の旧蔵書で、マルクス主義・労働問題関係の和・洋書二四九八冊。

阪谷文庫　元大蔵大臣阪谷芳郎（一八六三～一九四一）の収集になる明治から昭和初期にかけての金融財政関係資料二二〇〇点。

山之内文庫　元社会科学研究所員山之内一郎（一八九九～一九五九）が収集したソヴィエト関係の和・洋書八三一冊。

㊟〒113―8656　文京区本郷七―三―一　社会科学研究所三階
㊫〇三―五八四一―四九〇三
Ⓕ〇三―五八四一―四九五八
Ⓗhttp://www.iss.u-tokyo.ac.jp
㊜営団地下鉄南北線東大前駅、同丸の内線本郷三丁目駅、同千代田線根津駅より大学正門まで徒歩各八分。JR中央線・総武線御茶ノ水駅より都バス
㊐午前九時～午後五時（正午～午後一時は出納中止）
㊡土・日曜、祝日
㊒限定
㊢可

東京大学社会情報研究所図書室

沿革

蔵書数は九万二〇〇〇冊、うち洋書四万冊、継続受入和雑誌一六四種、同外国雑誌一四三種で、マス・コミュニケーション・社会情報関係図書、新聞号外、第一次世界大戦期欧米戦時ポスターなどを収蔵する。

コレクション

小野文庫 元教授、東大新聞研究所初代所長で、ジャーナリスト、新聞学者小野秀雄（一八八五〜一九七七）の収集になる瓦版、錦絵類など一一四四点。

痴遊文庫 政治講談で知られた講釈師で衆議院議員伊藤痴遊（一八六七〜一九三八）の収集になる明治期の民衆思想と文化に関する図書八二八冊。なお、五万冊にのぼる旧蔵書は日本放送協会に収蔵されている。

㊟〒113—8656　文京区本郷七—三—一　社会情報研究所五階
㊫〇三—五八四一—五九〇五
Ⓕ〇三—五八四一—五九一六
Ⓗhttp://www.isics.u-tokyo.ac.jp/Lib/index.html
㊝営団地下鉄南北線東大前駅、同丸の内線本郷三丁目駅、同千代田線根津駅より大学正門まで徒歩各八分。JR中央線・総武線御茶ノ水駅より都バス
㊎午前九時三〇分〜午後五時（正午〜午後一時は閉室）
㊡土・日曜、祝日
㊓限定
㊢可

東京大学総合図書館

沿革

大学附属図書館は総合図書館を中心に、六〇余の学部・学科等の部局図書館・室からなり、総蔵書数は七三六万冊（うち洋書三五六万冊）を誇り、その質・量において、また歴史性において文字通りわが国最大の図書館である。大正一二年の関東大震災によって図書館は全焼し、江戸幕府から引き継いだ歴史資料を含む総ての蔵書を失ったが、その後の復興に際して、全国から多くの支援が寄せられ、それによってわが国屈指の特別コレクションを保有する図書館となった。その最たるものが紀州徳川家伝来の「南葵文庫」で、もともと麻布飯倉（東京都港区）で同家の私設図書館「南葵文庫」として運営されていたものであるが、大正一四年に、当時の同文庫館長徳川頼倫（一八七〇～一九二五）から一〇万冊に及ぶ全蔵書が寄贈された。これは図書館における特殊コレクションの嚆矢であり、復興の礎となった。同じく、森鷗外の旧蔵書約二万冊が遺族から寄贈され、「鷗外文庫」として収蔵された。太平洋戦争中には図書館の貴重書や霞亭文庫などのコレクション二万三〇〇〇冊を、かつて青洲文庫が収められていた山梨県市川大門町の渡辺家の土蔵を借用して疎開させ、貴重な財産を守った。

総合図書館の蔵書数は一一一万七〇〇〇冊、うち洋書四五万七〇〇〇冊、継続受入和雑誌二七〇八種、同五九八種。

㊟〒113―8656
文京区本郷七―三―一
㊫〇三―五八四一―二六四八
Ⓕ〇三―五八四一―二六三六
Ⓗhttp://www.lib.u-tokyo.ac.jp
㊂営団地下鉄南北線東大前駅、同丸の内線本郷三丁目駅、同千代田線根津駅より大学正門まで徒歩各八分。ＪＲ中央線・総武線御茶ノ水駅より都バス
㊐午前九時～午後九時三〇分（土曜は午後五時まで）
㊡日曜、祝日
㊗限定
㊋可

コレクション――

阿川文庫　阿川重郎の旧蔵書で、中国哲学・文学書、李朝関係の朝鮮本五〇〇〇冊。筆写目録がある。

秋葉本　演劇研究家秋葉芳美（一八九六～一九五二）の旧蔵書で、延宝から明治年間の芝居番付、一万六八三一点。筆写目録がある。

尼子本　元医学部講師で、内科学者、老人医学の世界的権威であった尼子富士郎（一八九三～一九七二）の旧蔵書で、主に邦文の医学雑誌一四二七冊。

アメリカ合衆国地形図　アメリカ合衆国内務省地質調査部製作・発行の地形図で、二万四〇〇〇分の一を基本に五万五〇〇〇枚余。付随資料として、州別索引図、州別地図名リスト、州別冊子体索引がある。継続中である。

アラブ文化・アラブ学研究コレクション　一八三〇年から一九七〇年半ばまでの一五〇年間に刊行された、アラブ、イスラムに関する雑誌と研究書一四五二冊。

イギリス書史関係集書　イギリス政府から寄贈された、同国印刷史上の稀覯書一八二冊を含む、イギリス国内で刊行された各分野の代表的出版物七万冊からなる。展示目録である。"Exihibition of books illustrative of the history of English printing and book production presented. by H. M. Govtto the Imperial University Tokyo, 1929"がある。

エリオット文庫　元駐日イギリス大使Charles N.E.Eliot（一八六二～一九三一）の旧蔵書で、東洋の言語学、宗教、動物学の洋書六一七三冊。コピー版の『エリオット文庫目録』

がある。

鷗外文庫　森鷗外（一八六二～一九二二）の旧蔵書で、伝記、歴史などの和漢書一万五九二四冊、洋書二六八一冊、江戸古地図一八〇枚。このうち、寛文年間から明治初年にわたる『武鑑』は一二五冊に及ぶ。また『ゲーテ全集』の書き入れ本などもある。『鷗外文庫目録　和漢書・洋書』がある。『東京大学総合図書館所蔵鷗外文庫展―展示目録』（昭五八）。「比較文学研究」第一二号（昭四二）に紹介。

岡百世文庫　幕末・明治期の漢学者岡千仭（一八三三～一九一四）の旧蔵書で、漢詩書など五四四六冊。

岡村文庫　元水産講習所長（東京水産大学の前身）、水産学者岡村金太郎（一八六七～一九二四）の旧蔵書で、往来物一八五七冊。マイクロフィルム版で『岡村金太郎蒐集往来物分類集成　全六六リール』（雄松堂フィルム出版、昭六一）が刊行されている。『往来物分類目録』（大一四）、『マイクロフィルム版岡村金太郎蒐集往来物分類集成収録書目録』（雄松堂フィルム出版、昭六二）。

鶚軒文庫　土肥慶造（鶚軒は号。一八六六～一九三一）の旧蔵書で、和漢の医学書四六一八冊。『東京大学総合図書館古医学書目録』（昭五三）に収録。

萩野本　元教授、明治・大正期の国文学者、歴史学者萩野由之（一八六〇～一九二四）の旧蔵書で、国史学書六六五〇冊。筆写の「萩野由之旧蔵書目録」がある。

覚廬本　名誉教授、東洋史学者市村瓚次郎（一八六四〜一九四七）の旧蔵書で、中国史、中国哲学の漢籍二万六〇〇〇冊。コピー版の「覚廬叢書目録」がある。

霞亭文庫　明治・大正期の小説家、劇作家、新聞記者渡辺霞亭（本名勝、一八六四〜一九二六）の旧蔵書で、江戸時代の小説類（浮世草子七三四点、洒落本一六六点、御伽草子一五五点、黄表紙一〇〇点等）、芝居本二二七点、落語本一二二点など一一五九点二〇三二冊。関東大震災後の図書館再興の一翼を担うものとして大正一五年に購入された。書誌解題目録の『東京大学総合図書館霞亭文庫目録』（雄松堂書店、昭五七）。

亀井文庫　元津和野藩主亀井茲明（一八六一〜一八九六）の旧蔵書で、一九世紀の西洋美術史関係の洋書一九五八冊。コピー版の「亀井文庫目録」が参考室にある。

河本文庫　元ベルリン大学教授Julius Hirschberg（一八四三〜一九二五）の旧蔵書で、眼科学を中心とする医学書一万五七〇〇冊。河本重次郎（一八五九〜一九三八）から寄贈されたもの。『河本文庫目録』（昭一一）。

カルプツォフ・コレクション　一七世紀のドイツで最も著名な法学者Benedikt Carpzov（一五九九〜一六六六）の主要著作をはじめ、一七世紀から一八世紀にドイツで出版されたラテン語法律書一〇三冊。

木内文庫　木内重四郎（一八五六〜一九二五）の旧蔵書で、Kuno Fischer収集のドイツ近世哲学書四八三冊。

国策研究会文書　戦前に軍需省機械局局長、内閣調査局調査官などを歴任した官僚で、戦後は日本水素工業副社長、日本経済評論新社社長をつとめた美濃部洋次（一九〇〇～五三）の旧蔵書で、国策研究会主催者矢次一夫に託されていたもの。初期の経済統制関係文献、繊維工業統制資料など六六二四冊（八一〇三点）。『国策研究会文書目録』（昭六三。復刻版　平三、雄松堂出版）。マイクロ版『美濃部洋次文書　全一一四巻』（平三、雄松堂出版）

コンシリアー助言文献集　一四・一五世紀イタリアの註解学派と称される法学者による手書本で、助言一一七点、法律問題についての学生の討論訓練用の設問一一点。設問のうち一〇点は同学派の領袖で国際私法の祖といわれるバルトス（Bartolo di Sassoferrato 一三一四頃～五七）によるものである。

山宮本　卒業生で詩人、英文学者山宮允（一八九二～一九六七）の旧蔵書で、明治・大正期の新体詩書三〇四冊。

三条公爵家本　三条公爵家伝来の国史、国文学書七二五一冊。三条公憲より引き継いだもの。

Snscrit Manuscripts　元教授で仏教学者高楠順次郎（一八六六～一九四八）と、明治・大正・昭和期のチベット語学者河口慧海（一八六六～一九四五）が、ネパールとチベットで収集した、仏教関係のサンスクリット写本五三八点。“A Catalogue of the Sanskrit Manuscripts in the Tokyo University Library, 1965”。

洒竹文庫　東京帝大医学部の卒業生で皮膚科病院を開業する傍ら、俳人・俳句史研究者として活躍した大野洒竹（一八七二～一九一三）の旧蔵書で、俳書四六七一冊。学生時代から俳書の収集につとめ、自ら文庫の設立を望んだが果たせず、没後に芳賀矢一らの紹介で購入したものであるが、大正一二年の関東大震災で半数を焼失した。北村季吟自筆の『百番発句合』や柳亭種彦自筆の『砂金袋』など、古い俳書を中心とする俳句史研究書にみるべきものが多い。マイクロフィルム版『東京大学総合図書館所蔵洒竹・竹冷・知十文庫連歌俳諧書』（昭五五、雄松堂フィルム出版）。『総合図書館連歌俳諧目録』（昭四七）。

シュネル文庫　Dr.Eugen Schnellの旧蔵書で、文学、紀行、日本風俗、登山。医学など二四〇〇冊。

末延文庫　名誉教授、図書館長、英米法学者末延三次（一八九九～一九八九）の旧蔵書で、英米法を中心とした法律、政治をはじめ文学、歴史、芸術など広範囲にわたる和書九二〇一冊、洋書七五七一冊。『末延文庫目録　和書編、洋書編』（平四）。洋書編には「末延三次先生著作目録」を付載する。

青洲文庫　山梨県の実業家渡辺信（青洲は号、一八四〇～一九一一）の旧蔵書で、漢学、国文学の和・漢書二万五〇〇〇冊。慶長版の『万葉集』や『源氏物語』、正平版の『論語』などのほか、貴重な宋元版が多数ある。関東大震災後の復興のため購入したものである。『青洲文庫古版書目』（昭四七）。

舌耕文芸資料　伊達騒動物や越後騒動物などの実録体小説、人情本、読本など、元禄期から明治初期にかけての刊本三三点、写本二二点、総一五七冊。

田中二郎文庫　名誉教授で行政法学者、最高裁判事として全逓中郵事件や「悪徳の栄え」事件を担当した田中二郎（一九〇六～一九八二）の旧蔵書で、法学書二四七八冊。

田中文庫　幕末・明治期の植物学・本草学者、農政家、上野の図書館、博物館、動物園の創設にも尽力した田中芳男（一八三八～一九一五）の旧蔵書で、本草学、動植物学、農学、水産学、林学の和書六〇〇〇冊。『田中美津男男爵寄贈図書目録』（昭一一）に収録。

ダンテ・コレクション　一四八一年版『神曲』など、ダンテ（Dante Alighieri 一二六五～一三二一）の著作、翻訳書、研究書二三六冊。ボオッティチェルリのデッサンをもとにした銅版彫り挿絵がほどこされた一四八一年にフィレンツェ刊の『神曲』などの稀覯書を含む。

竹冷文庫　弁護士で衆議院議員、東京都水道局長、東京株式取引所理事などを歴任する一方、尾崎紅葉や巌谷小波らと「秋声会」を結成し俳人としても活躍した角田真平（竹冷は号。一八五六～一九一九）の旧蔵書で、俳書一四五二冊。『東京大学総合図書館所蔵洒竹・竹冷・知十文庫連歌俳諧書』、『総合図書館連歌俳諧目録』（昭四七）に収録。

知十文庫　明治・大正期の俳人で、雑誌「半面」（明三四）を創刊したことから「半面派」と称された岡野敬胤（知十は号、一八六〇～一九三二）旧蔵の和書四五四冊。俳句の歴史的研究の必要性を主張し、俳書の収集家としても知られたことから、古俳人研究や江戸座に関する俳書が多い。マイクロフィルム版『東京大学総合図書館所蔵洒竹・竹冷・知十文庫連歌俳諧書』（昭五五、雄松堂フィルム出版）及び、『総合図書館連歌俳諧目録』

（昭四七）に収録。

チベット・コレクション　元ヴァンデルビルト大学教授デレク・ウオラー（Derelk Waller）が実地研究調査のために収集したチベットを中心とする、中央アジア地域の政治、歴史、民俗、宗教の図書、地図など七六六点。

中野本　中野達慧（一八七〇～一九三四）の旧蔵書で、仏教書一万冊。

南葵文庫　紀州徳川家伝来の蔵書九万六一〇一冊（うち洋書四七四三冊）に加え、幕末・明治前期の国学者小中村清矩（一八二一～九四）旧蔵の陽春廬本、有職故実家坂田諸遠、明治期の劇評家・劇作家依田学海（一八三三～一九〇九）、明治期の美術鑑定家片野四郎（一八六七～一九〇九）の各旧蔵書と旧対馬藩主宗家の記録、並びに、全国にわたる古地図、明治・大正期の雑誌類を含む。『南葵文庫蔵書目録　全三巻』（明四一、大二）、"Catalogue of the Nanki Bunko, 1914"。

西山五郎本　西山五郎の旧蔵書で、仏教関係書三一四二冊。

日本林制史調査資料　農林省山林局が『日本林政史資料　全三〇巻』（昭五～九）を編修する際に、全国を採訪調査し収集した江戸時代の林政・林野制度に関する和書一四八四冊。徳川林政史研究所編の『日本林制史調査資料目録』（昭四六）。

ヒルシェフェルト旧蔵本　ドイツの歴史学者Otto Hirschfeld（一八四三～一九二二）の旧蔵書で、ヨーロッパ古代史、古典文学書五七〇〇冊。

藤井文庫　藤井耕一の旧蔵書で、第二次大戦期のドイツ関係一三九一冊。

穂積文庫　名誉教授で明治・大正期の法学者、明治民法の起草者でもある穂積陳重（一八五六〜一九二六）の旧蔵書で、享禄（一五三〇頃）以後の御成敗式目の版本、写本、注釈書を中心とする和書一〇五三冊。『読律書屋御成敗式目目録』（大一一）に収録。

マザラン文庫　一六四八年から五三年にかけてフランス各地で勃発したフロンドの乱の際に、国王ルイ一四世に代わって事実上の実権を握っていたマザラン枢機卿（Mazarin Jules 一六〇二〜六一）を批判して発行された政治的パンフレット四四冊（二八〇〇点）。

水戸徳川林制資料　徳川宗敬（一八九七〜一九八九）の旧蔵書。林制資料他六三八冊。

モース文庫　アメリカの動物学者で日本研究家、東京帝大の招請で明治一〇年から一二年まで動物学生理学教授をつとめたEdward Sylvester Morse（一八三一〜一九二五）の旧蔵書で、日本関係、自然科学など一二〇〇冊。カード形態の文庫目録が参考室にある。

ライン文庫　Johann Justus Rein（一八三五〜一九一八）が収集した日本地理関係文献五七六冊。

ラーデル文庫　オランダのライデン大学元教授で東洋学者Johannes Rahderの旧蔵書で、インド哲学、梵字学、欧米哲学の洋書一万二〇〇〇冊。

リーベルマン文庫　ドイツの民間学者Felix Liebermann（一八五一〜一九二五）の旧蔵書で、イギリス法制史関係の洋書三〇〇〇冊。

ルター・コレクション　ドイツ宗教改革の指導的神学者であるルター（Martin Luther 一四八三〜一五四六）の著作二八点と、重要な論争相手であったフィリップ・メランヒトンの著書二冊からなる。一五一九年から死後に刊行された、いずれも初版本である。

その他のコレクション――「近代ヨーロッパ政治思想史コレクション」一一七四冊。「ニンマ版チベット大蔵経」は木版本の大蔵経デルゲ版にラサ版や北京版を補い、漢訳の仏典を加えたリプリント版一二〇冊。アメリカの主要大学で受理された学位論文のリプリント版で、国際法・国際関係(一九四七~七六年)二二五四冊、成人教育一一一四冊、英米文学二二二七冊。「一七世紀から二〇世紀フランスの教育と教育学―近代学校の誕生」は一八八七年刊のBuissonの教育学辞典などを含む一二一一冊。

電子図書館――総合図書館と情報基盤センターとの間で、電子版貴重書コレクションの構築と公開が進められている。「霞亭文庫」一一五九点は、本文が画像データ化(白黒)され、学内LANで、書名、分類(目次及びPDF版「霞亭文庫目録」で検索して見ることができる。他に、安藤昌益の『稿本自然真営道　一二巻』など貴重古典籍一〇〇点が実験的に電子化されている。二〇〇〇年度からは、洒竹文庫、竹冷文庫、知十文庫等の江戸期俳諧書四六七八点が「江戸期俳諧コレクション書誌・解題・画像情報データベース」として電子化される予定になっており、これに先立って三〇点の書誌・情報の入力実験がおこなわれている。URLはhttp://rarebook.lib.u-tokyo.ac.jp/gazo/

国際資料室

昭和四〇年に国連の寄託図書館に認可され、翌年に総合図書館内に国連資料室を設置した。さらに五五年にはＥＣ（欧州連合）資料センター（ＥＤＣ）の認可受け、同じく翌年にＥＣ資料を発足させた。国際連合とＥＣ、およびＯＥＣＤ（経済開発協力機構）が発行する資料の全点、その他の国際機関が刊行する英文の資料を収集し、一般に公開している。設置場所は総合図書館三階。開室日・時間は月〜金曜日の、午前九時〜五時で、土・日曜、祝日、毎月第四木曜日は休室。利用は自由であるが、住所を確認できる身分証明書等が必要。貸出しは五冊まで、二週間（ただし、ドキュメント、公式記録、統計書、雑誌の最新号は不可）。複写は可（総合図書館の規程による）。電話は〇三―五八四一―二六四五　ファックス〇三―五八四一―二六五八　ホームページhttp://www.lib.u.tokyo.ac.jp/undepo/

刊行書誌

『総合図書館連歌俳諧目録』（昭四七）。『東京大学総合図書館古医学書目録』（雄松堂書店発売、昭五三）は総合図書館に収蔵される南葵文庫、田中文庫、鴎外文庫をはじめとする各種の文庫や旧蔵書に含まれる、わが国および中国等で刊行又は筆写された和装の古医学書一万一一八冊を収録するものである。『東京大学総合図書館漢籍目録』（東京堂出版、平七）。新規受入れコレクションについては、随時「図書館の窓―東京大学附属図書館月報」やホームページで紹介される。

東京大学大学院経済学研究科・経済学部図書館

沿革――――

図書館は、大正八年に法科大学から分離し経済統計研究所の蔵書を主体にして開設された。蔵書数は六二万一〇〇〇冊、うち洋書二八万冊、継続受入和雑誌七三四種、同外国雑誌六二九種で、経済書を中心に、地方史、社史、明治文献、営業報告書、統計書、戦後の官公庁出版物、外国資料など隣接分野を含んで広範囲に体系的な収集が行なわれている。また、安田善次郎が寄贈した二万五〇〇〇枚に及ぶ古札のコレクションは、日本銀行のコレクションと双璧をなすものといわれている。

コレクション――――

浅田家文書　山城国相楽郡西法花野村（現京都府相楽郡山城町）の庄屋浅田家に伝来する文書で、昭和二〇年に渋沢敬三の主宰する日本常民文化研究所から寄贈されたもの。浅田家は西法花野村の庄屋から、一八世紀には近隣数か村の上に立つ大庄屋に急成長した家で、同文書は近世における畿内型農村の成立と発展、幕末開港後の変容を知る重要資料である。『東京大学経済学部所蔵浅田家文書仮目録』（昭六一）はこのうち冊子物三〇〇〇冊を、『同　続』（平四）には一紙物一万四〇〇〇点を収録する。

アダム・スミス文庫　アダム・スミス（一七二三～九〇）の旧蔵書の一部にあたる三一二冊で、大正九年にロンドン滞在中の新渡戸稲造が購入して寄贈したもの。一五二〇年か

㊟〒113―8656　文京区本郷七―三―一　経済学部三階
㊫〇三―五八四一―五五六二
Ⓕ〇三―五八四一―五五二七
Ⓗhttp://maclibl.e.u-tokyo.ac.jp/index.html
㊋営団地下鉄南北線東大前駅、同丸の内線本郷三丁目駅、同千代田線根津駅より大学正門まで徒歩各八分。ＪＲ中央線・総武線御茶ノ水駅より都バス
㊏午前九時～午後七時
㊡土・日曜、祝日
㊑限定
㊓可

ら一七九〇年にかけての哲学、文学、政治学、歴史学、地理学書で、経済学文献はふくまれない。"Yanaihara Tadao; A full and detail catalogue of books which belonged to Adam Smith, now in the Possesion of the Faculty of Economics, University of Tokyo, with notes and explanation, 1951"。

石川一郎文書　東京帝大工科大学の卒業生で昭和電工会長、初代経団連会長、参議院議員石川一郎（一八八五〜一九七〇）旧蔵の化学工業、経団連関係資料一〇八六冊。石川が化学工業統制会会長になった昭和一七年から経団連会長を辞任する昭和三一年までの関係ファイルが揃っている。

エンゲル文庫　ドイツの統計学者エンゲル（一八二一〜九六）の旧蔵書の一部にあたる一一二四冊。なお、高野岩三郎の尽力によって明治三三年に購入し、現教養学部図書館に収蔵されていた旧蔵書は大正一二年の関東大震災で焼失している。

ケインズ・ハロッド文書　ケインズ（一八八三〜一九四六）と、ケインズの弟子で経済成長に関する動学理論の創始者と知られるハロッド（一九〇〇〜一九七八）に関わる近代経済学史上の重要資料で、国際通貨基金創設に関わった一九四〇年から四三年頃を中心に、二人の往復書簡、論文抜き刷り、覚書き、同時代の経済学者、哲学者からハロッドに宛てた書簡などからなる。なお、書簡等のイメージデータが、吉川洋同学部教授の解説が付されて、ホームページで公開されている。

メンガー文庫　カール・メンガー（一八四〇〜一九二一）の旧蔵書の一部、八〇冊。

東京大学大学院人文社会系研究科・文学部二号館図書室

沿革――――――

蔵書数は七六万二〇〇〇冊、うち洋書四〇万冊、継続受入れ和雑誌二九三九種、同外国雑誌一七一八種。

コレクション――――――

本居文庫 国文。本居家。宣長およびその子孫、門下の自筆本、写本三五三四冊。『国文学資料館所蔵マイクロ資料目録』一九七八〜八〇年版に二一六七点が収録されている。

市河文庫 英文。市河三喜（一八八六〜一九七〇）。一九世紀末から二〇世紀初頭の英語学、言語学関係論文、一二〇〇冊。"Catalog of the Library of Sanki Ichikawa, 1924"

ハーン文庫 英文。市河三喜。小泉八雲（一八五〇〜一九〇四）の著作、訳書、研究書、雑誌記事三〇三点。

㊟〒113―8656 文京区本郷七―三―一 法文二号館四階
㊢〇三―五八四一―三七一六
Ⓕ〇三―五八〇〇―六七九二
Ⓗhttp://www.l.u-tokyo.ac.jp/lib/
㊛営団地下鉄南北線東大前駅、同丸の内線本郷三丁目駅、同千代田線根津駅より大学正門まで徒歩各八分。JR中央線・総武線御茶ノ水駅より都バス
㊊午前九時〜午後五時
㊡土・日曜、祝日
㊚限定
㊝可

東京大学東洋文化研究所附属東洋学情報センター

沿革

研究所は昭和一六年に、東洋文化の総合的研究を目的として設置されたもので、当時は哲学・文学・史学、法律・政治、経済・商業の三部門がおかれたが、その後、何度かの再編が行なわれた。現在は汎アジア、東アジア、南アジア、西アジアの四部門に編成されている。文献センターは、同四一年に、東洋学に関する文献・情報の収集と国内外の研究者に対する各種のドキュメンテーション・サービスを目的に開設されたもので、漢籍目録・中国現代書目録作成、漢籍調査、漢籍講習会開催、センター叢刊刊行などの事業を行っている。蔵書数はアジア緒地域に関する図書資料を中心に、和書・中国書・朝鮮語図書四〇万冊、洋書一二万冊、和雑誌一七〇〇種、朝鮮語雑誌三〇〇種、中国語雑誌二三〇〇種、同外国雑誌一一〇〇種、マイクロフィルム五二〇〇リール、マイクロフィッシュ一一万枚。特に漢籍は貴重なものが多く、わが国有数のコレクションを形成している。

コレクション

アラビックマニュスクリプト　後述のダイバーコレクションを補完するものとして平成六年に購入したもので、一八世紀を中心とする一二世紀から二〇世紀初頭に至るアラビア語の写本一二〇点の集成。

今堀誠二旧蔵書・資料　広島大学名誉教授で東洋学者今堀誠二（一九一四～九二）の旧

㊟〒113―8656
文京区本郷七―三―一
㊫〇三―三八一二―二一一一
（内）五八九三
Ⓕ〇三―五六八四―五九六四
Ⓗhttp://www.ioc.u-tokyo.ac.jp/library
㊋営団地下鉄南北線東大前駅、同丸の内線本郷三丁目駅、同千代田線根津駅より大学正門まで徒歩各八分。JR中央線・総武線御茶ノ水駅より都バス
㊏午前九時三〇分～午後四時三〇分（午前一一時五〇分～午後一時と午後四時以降出納受付中止）
㊡土・日曜、祝日
㊑限定
㊔可

蔵書で、漢籍三〇〇冊、中国書二〇〇〇冊、文書資料五〇〇〇点。近現代中国社会史、華僑史関係の原資料多数を含んでいる。

江上波夫旧蔵書　研究所名誉教授で考古学者、東洋学者江上波夫（一九〇六〜）の蔵書のうち、歴史学、民族学、考古学を中心とする洋書二五五〇冊。

大木文庫　大木幹一の旧蔵書で、中国法制関係四万五四五二冊。明清以後の研究に不可欠な公牘類数百部や貴重書多数を含んでいる。『東京大学東洋文化研究所大木文庫分類目録』（昭三四）。

オウズレーコレクション　イギリスの外交官で東洋学者G. Ouseley卿（一七四四〜一八四四）の旧蔵書の一部で、一七世紀から一九世紀にかけてのヨーロッパ人のインド、中近東への旅行記とペルシャ文学作品を主とした一〇六冊。

清野文庫　元京都大学教授、病理学者、人類学者清野謙次（一八八五〜一九五五）の旧蔵書で、人類学、考古学の洋書七五〇冊。『東京大学東洋文化研究所清野文庫分類目録』（昭五三）。

倉石武四郎旧蔵書　名誉教授で中国語学・文学者倉石武四郎（一八九七〜一九七六）の旧蔵書のうち、清朝小学関係文献や清人文集など漢籍を中心とする四三〇〇冊で、現在整理中である。尾上兼英編・刊『倉石文庫漢籍分類目録集部（稿）』（昭五五）。

下中文庫　教育家で平凡社の創設者下中弥三郎（一八七八〜一九六一）から昭和二八年から三二年までの間に寄贈を受けた、戦後出版の中国書四五〇〇冊、中国雑誌一〇種、戦後出版の東洋関係の洋書一三〇冊で、当時入手可能な主要図書を網羅している。

雙紅堂文庫　法政大学教授で書誌学者、中国文学史家長澤規矩也（一九〇二〜八〇）の旧蔵にかかる中国明清時代の戯曲、小説類の稀覯書を含む三一五〇冊で、わが国屈指のコレクションである。『東京大学東洋文化研究所蔵雙紅堂文庫分類目録』（昭三六）は、この分野の第一人者である長澤氏自身に依頼して編纂したものである。

ダイバー・コレクション　Hans Daiber（一九四二〜）が収集したトルコ語、ペルシャ語を含むアラビア語写本三六七冊。一一世紀から一六世紀の神秘主義、イスラム神学、イスラム法学、哲学、倫理学を中心に天文学、祈祷書、文学まで多岐にわたる。"Catalogue of the Arabic Manuscripts in the Daiber Collection, Institute of Oriental Culture, University of Tokyo, by Hans Daiber, 1988"。

帝国学士院東亜緒民族調査室旧蔵書　昭和一九年に同調査室が解散するにともなって、所蔵の和漢洋書、雑誌、資料等二〇〇〇冊が移管されたもの。西欧におけるアジア緒民族研究の主要文献が集められている。

東京銀行調査部旧蔵資料　昭和三四、三五年度に同行から寄贈を受けた経済関係書を中心とする和漢書・資料類一万八〇〇〇冊。

東方文化学院旧蔵書　昭和二三年に廃止された外務省所管の同研究所の旧蔵書で、東方文化に関する和漢洋一〇万冊。

仁井田陞旧蔵書　研究所名誉教授で中国法制史学者仁井田陞（一九〇四〜六六）の旧蔵

書で、中国書五〇〇〇冊、和書二二〇〇冊、洋書一二〇冊、清代公私文書類九〇〇〇点、碑文拓本五〇点。

東アジア宗教社会学史関係資料　東アジア全域にわたる宗教社会史の比較研究の基礎資料となる、朝鮮族譜集成四九四冊、中国華南宗族社会史資料・南洋華僑・華人関係資料二二六三冊。

松本忠雄旧蔵書　松本忠雄旧蔵の近代中国研究資料を中心とした、和漢洋書、雑誌三〇〇〇冊で、現在整理中である。

矢吹慶三旧蔵書　矢吹慶三旧蔵の洋書で、イギリス、ドイツ、フランスのマニ教関係文献と仏教遺跡の発掘書など三六〇冊。

我妻栄旧蔵資料　名誉教授で民法学者我妻栄（一八九七〜一九七三）から大学に寄贈された旧蔵書のうちの、アジア法制関係文献資料六四七部、九三二冊。『我妻栄先生旧蔵アジア法制関係文献資料目録』（昭五七）。

その他のコレクション―

「二〇世紀中国研究資料」は、中国の民国政府時代（一九一五〜二九）と国民政府時代（一九三〇〜四五）の中央政府と各省政府発行の公報、法令、公式会議議事録、統計書、その他の報告書からなるマイクロフィルム版資料集六二〇リール。「オランダ植民地省公文書索引およびジャワ官報」は一八五〇年〜一九二一年の植民地省文書の索引書と、一九二八から三九年のジャワ官報のマイクロフィッシュによる集成。「インドネシアモノグラ

フ　一九四五―一九七三」はオランダの王立・言語・地理・民族学研究所収集の独立後のインドネシアにおける社会科学関係出版物三二五八点のマイクロフィッシュ版。「文淵閣本四庫全書」一五〇一冊、「乾隆版大蔵経」七二四五冊、「中国西北文献叢書」、その他に、世界各国の美術館やコレクター等が所蔵する中国絵画の一〇万点に及ぶ写真版コレクション、中国清代・民国期の北京・蘇州等の土地文書類、サルタナット時代のムスリム遺跡史蹟調査資料などがある。

刊行書誌――――

蔵書目録として次のものがある。『東京大学東洋文化研究所漢籍分類目録』（昭四八。昭五六、平八に重版）。『同　書名人名索引』（昭五〇）。『東京大学東洋文化研究所現代中国書分類目録、同索引』（平八）。なお、現代中国書（全四万冊）についてはデータベース化が完了しており、インターネットから検索ができる。

東洋学文献センター叢刊

同叢刊はアジア研究のためのレファレンス資料として、昭和四三年から書誌、解題、索引、資料集等を編集・刊行するもので、書誌には次のものがある。一・六「東洋文化研究所東洋学文献センター新収図書目録　昭和四一年度、昭和四二・四三年度」（昭四三、四五）、四「周揚著訳論文・周揚批判文献目録」（昭四四）、七～九・一二・一五～一七「朝鮮研究文献目録　単行書篇上・中・下、編著者名索引、記事篇一～三」（昭四五、四七）、一〇「李大　文献目録」（昭四五）、一一「明刊元雑劇西廂記目録」（昭四五）、二七・三

七・三八・四一・五三・五六・五八・六一～六三「自一九二七年至一九三七年日本現存短期零本中国雑誌記事総目　一～九、索引」（昭五三～平四）、二九「中国左翼文芸理論における翻訳・引用文献目録」（昭和五三）、三四「小説月報（一九二〇、一九三〇）総目録」（昭五五）、三五「コミンテルン定期刊行物中国関係論説・記事索引」（昭五六）、四〇・四八「東洋文化研究所所蔵中国土地文書目録・解説　上、下」（昭五八、六一）、四三「『植民地雑誌』（Koloniaal Tijdschrift）所収論文目録」（昭五九）、五七「郁達夫資料総目録附年譜　上、下」（平元、二）、別一「東京大学東洋文化研究所漢籍分類目録（書名・人名索引）・京都大学人文科学研究所漢籍分類目録（書名・人名通検）合併四角号碼検字表」（昭五〇）、別二・三「海外所在中国絵画目録　アメリカ・カナダ編、東南アジア・ヨーロッパ編」（昭五二、五六）、別四・六・七「日本所在中国絵画目録　寺院編、博物館編、個人蒐集編」（昭五七～五八）、「中国経済雑誌記事索引総目録　一～五」（昭五八～平元）、別一三「『内務行政雑誌』所収論文・記事目録（A Catalogue of the articles in Tijidshrift voor het Binnelandsch Betuur）」（昭六〇）、別一七～一九「海外所在中国絵画目録　改訂増補版　ヨーロッパ編、アメリカ・カナダ編上・下」（平四、六）、別二〇「『販書偶記』正続編合併刊行目録」（平七）。

東京大学法学部研究室閲覧掛

沿革

明治六年の開成学校法科に始まり、同一〇年に東京大学法学部となり、その後、様々な変遷を経て現在に至っている。大学院・学部研究室書庫には、五四万四〇〇〇冊、うち洋書三四万一〇〇〇冊、継続受入和雑誌七〇〇種、同外国雑誌一〇二四種を収蔵する。

コレクション

小野塚文庫　元教授でわが国の近代政治学の基礎を築いた小野塚喜平次（一八六九～一九四一）の旧蔵書で、政治学を主体とした人文・社会科学一般の和書三〇〇〇冊、洋書二七〇〇冊。

ノイベッカー文庫　フリードリッヒ・ノイベッカー（一八七二～一九二三）によるドイツ民法の基礎的文献と、一九世紀末から二〇世紀初頭のロシア、スカンジナビア諸国の法学関係の洋書一九〇〇冊。

プロイス文庫　フーゴ・プロイス（一八六〇～一九二三）の旧蔵書で、公法、行政法、政治学の洋書二二七五冊。

台湾文庫　台湾総督府図書室の収集になる、民法関係の洋書三五〇〇冊。

吉野文庫　元教授で政治学者の吉野作造（一八七八～一九三三）が、大正二年から約一五年かけて収集した和・洋書八七一六冊で、幕末から明治にかけての代表的な人物の著作

㊟〒113―8656　文京区本郷七―三―一　法学部三号館一階
㊫〇三―三八一二―二一一一（三一三七）
Ⓗhttp://howsl.j.u-tokyo.ac.jp/lib/etsuran
㊋営団地下鉄南北線東大前駅、同丸の内線本郷三丁目駅、同千代田線根津駅より大学正門まで徒歩各八分。JR中央線・総武線御茶ノ水駅より都バス
㊏午前九時～午後五時
㊡土・日曜、祝日
㊓限定
㊢可

物をはじめ、法制、歴史、政治および文化に及ぶ。旧蔵書のうち「六号叢談」「江湖新聞」「東京城日誌」「太政官日誌」「開拓使日誌」など二〇〇種の明治期の雑誌・新聞類は東京大学法学部附属近代日本法制史料センター明治新聞雑誌文庫に収蔵される。『吉野文庫書名目録　全三巻』。高市慶雄編の『明治文献目録』（日本評論社、昭七）は本文庫を基にして編集されたものである。

東京大学法学部附属外国法文献センター

沿革

昭和三八年に設置され、一般公開施設としてサービスをおこなっている。外国法に関する基本文献である法令集、判例集を収集し、学内外の研究者のほか、官公庁の職員、渉外事件を受任する弁護士、国際取引をおこなう企業の法務担当者、在日外国人法律家などの利用に供している。収集対象国は、欧米諸国、社会主義国のほか、アジア、アフリカ、ラテン・アメリカ、オセアニア諸国及び、主要国は州、県レベルの制定法やその改廃、先例にまで目を配っている。ただし、議会資料は収集していない。蔵書数は洋書六万五〇〇〇冊、継続受入外国雑誌六九種。外国法文献の使い方等について、センター創立一〇周年記念として刊行された田中英夫・野田良之・村上淳一・藤田勇・浅井敦『外国法の調べ方』(東京大学出版会、昭四九)がある。

コレクション

オーストラリア総合法令集・判例体系　植民地時代から現在に至る、オーストラリア連邦政府と各州の法令集、判例集、信託領及びニュージーランドの資料〇二点。

カナダ判例・法令集　カナダ連邦政府と各州の法令集、、ならびに連邦・各州の各級裁判所の判例集二五三四点。

㊟〒113―8656　文京区本郷七―三―一　法学部四号館一階(入口は同三号館)
㊢〇三―三八一二―二一一一(内)三一九九
㊋営団地下鉄南北線東大前駅、同丸の内線本郷三丁目駅、同千代田線根津駅より大学正門まで徒歩各八分。JR中央線・総武線御茶ノ水駅より都バス
㊐午前九時～午後五時
㊡土・日曜、祝日
㊓無料公開
㊕可

東京大学法学部附属近代日本法政史料センター〔明治新聞雑誌文庫〕

沿革

明治新聞雑誌文庫は、大正一五年に博報堂創設者の瀬木博尚の基金を得て法学部の附属施設として設立され、ジャーナリストで新聞史研究家の宮武外骨（一八六七〜一九五五）を主任に迎えて大正一二年から業務を開始した。当初は明治時代に発行された新聞と雑誌、及び関係図書を収集・提供することを目的とし、宮武と吉野作造の収集資料によって運営された。その後、新聞は大正一五年まで、雑誌は昭和二〇年までを収集とするようになった。大学図書館や衆議院図書館から大量の移管を受けるなどして網羅性を高め、明治期の新聞・雑誌に関してはわが国で最も充実した収蔵機関となった。昭和五六年に同じ法学部の近代立法過程研究会と合併し現センターに改組された。センターは新聞雑誌部と原資料部からなり、前者が旧文庫である。蔵書数は五万三〇〇〇冊、うち洋書一〇〇〇冊。

コレクション

井出文庫　陸軍通訳官、東亜同文会上海支部長、居留民団副議長で、中国で漢字新聞や邦字新聞「上海日報」を発行するなど終生日中友好に尽くした井出三郎（一八六三〜一九三一）の旧蔵書で、新聞・雑誌一九〇種、和書一三二二冊、漢籍二八一冊、洋書六二冊。日記、書翰などの資料は別途に寄贈を受けている。『井出三郎文庫目録』（昭六一）。

宮武外骨書函　宮武外骨が刊行した「不二新聞」「滑稽新聞」「頓智協会雑誌」などの新

㊟〒113―8656　文京区本郷七―三―一　史料編纂所地下
㊫〇三―三八一二―二一一一（内）三一七一
Ⓗhttp://lib.j.u-tokyo.ac.jp/lib/meiji
㊋営団地下鉄南北線東大前駅、同丸の内線本郷三丁目駅、同千代田線根津駅より大学正門まで徒歩各八分。ＪＲ中央線・総武線御茶ノ水駅より都バス
㊐午前九時〜午後四時三〇分（正午〜午後一時は閉室）
㊡土・日曜、祝日
㊕限定
㊗可

聞、雑誌をはじめ、著書、稿本、書類、来翰、メモなど一切の関係資料二六七点。

刊行書誌

同文庫の所蔵目録としては、戦前に宮武外骨の編集で博報堂から刊行された『東天紅正・続・三篇』(昭五、一〇、一六)が著名であり今なお評価が高いが、昭和五〇年代に全三冊の精緻な所蔵目録が編集・刊行された。『明治新聞雑誌文庫所蔵新聞目録』(東京大学出版会、昭五二)は、明治・大正期前後にわが国で発行された日本語新聞、読売瓦版、錦絵新聞、中国語新聞、外国語新聞一八五〇種を収録。『明治新聞雑誌文庫所蔵雑誌目録』(東京大学出版会、昭五四)は、明治・大正期前後から主要なものは戦前期までにわが国で発行された日本語雑誌、中国語雑誌、外国語雑誌六〇九〇種を収録。『明治新聞雑誌文庫所蔵図書・資料類目録』(東京大学出版会、昭五八)は、明治・大正期前後にわが国で発行されたジャーナリズム関係者の伝記・著作、戯作・政治小説類、地方史刊行物などの図書五一七五冊と資料(パンフレット、文書類、新聞・雑誌付録、錦絵等の一枚物、書翰)二〇七五種、宮武外骨書函二六七点を収録。

東洋大学附属図書館

沿革

明治二〇年に哲学者井上円了が創設した私立哲学館を前身とし、三六年に東洋大学専門部を設立、三九年に東洋大学と改称した。文京区白山のほか、埼玉県の朝霞市と川越市、群馬県の板倉町の四キャンパスからなり、文学部、経済学部、経営学部、法学部、社会学部（以上の一、二年次は朝霞キャンパス）、工学部（川越キャンパス）、国際地域学部、生命科学部（以上二学部は板倉キャンパス）、と短期大学を置く。

井上円了は、「学校のみにて図書館なきとは、兵士ありて武器なく、銃砲ありて火薬なきが如く」と述べ、図書館の創設には一方ならぬ意欲を示していた。これが実を結び、明治三三（一九〇〇）年に初代の図書館が落成した。その後、二代（大正一三・一九二四年）、三代（昭和四・一九二九年）、四代（昭和四六・一九七一年）と変遷を重ねてきたが、現在第五代の図書館（図書館・研究棟、平成七年・一九九五年落成）に至っている。白山の他に、朝霞、川越、板倉の各キャンパスにも図書館が設置され、相互に連絡を密にとりながら運営されている。蔵書数は六五万七〇〇〇冊、うち洋書二〇万五〇〇〇冊、継続受入和雑誌三七三九種、同外国雑誌四五一種で、重要文化財に指定されている『狭衣』、『酒顛童子絵巻』をはじめとする奈良絵本や、井原西鶴の初版本諸種等の貴重図書のほかに百人一首のコレクションなどがある。

㊟〒112—8606
文京区白山五—二八—二〇
㊫〇三—三九四五—七三二五
Ⓕ〇三—三九四五—七三二〇
Ⓗhttp://www.toyo.ac.jp/libra/index.html
㊮都営地下鉄三田線白山駅より徒歩五分。同南北線本駒込駅より徒歩五分
㊐午前九時〜午後九時三〇分（土曜は午後八時まで）
㊡日曜、祝日
㊋限定
㊌可

コレクション

カール・エンギッシュ文庫　ドイツの法学者、ハイデルベルク、ミュンヘン大学教授Karl Engisch（一八九九～一九〇〇）の旧蔵書、ならびにエンギッシュの手稿類（原稿、講演・講義録）など。献呈された抜き刷り類も多い。エンギッシュ自身が分けたとおもわれる分類構成により整理されている。

哲学堂文庫　大正四年に井上円了（一八五八～一九一九）の蔵書によって開設された哲学堂図書館に収蔵された、江戸期から明治期にかけての版本、写本などの和漢書一万七三五冊、仏書一万四四五八冊。怪談、草双紙類に見るべきものが多い。大正五年に『哲学堂図書館図書目録』が作られていたが、平成七年に「創立者が遺した書物の目録を新たに整備し直す」ためのプロジェクト・チーム（特定コレクション目録編集委員会）が結成され、『新編哲学堂文庫目録』（平九）が完成した。

刊行書誌

『東洋大学創立一〇〇周年記念日本文学資料展図録』（昭六二）。『東洋大学図書館所蔵百人一首並びに類書目録』（平一〇）。『東洋大学図書館所蔵古典文庫旧蔵書目録』（平一二）。

東洋文庫

沿革

図書館と研究所の二つの機能をもち、図書館としての役割は、大正六年に三菱合資会社社長・岩崎久弥（一八六五〜一九五五）が、中華民国総統府顧問ジョージ・アーネスト・モリソン（一八六二〜一九二〇）のアジア関係（欧文）文献二万四〇〇〇冊を購入し公開したことに始まる。大正一〇年、財団法人東洋文庫と改称し、わが国最初の民間の東洋学の図書館ならびに研究所として発足した。現在、組織上は国立国会図書館支部となっている。

蔵書

アジア全域にわたる資料、研究書を組織的、網羅的に収書した質量共にすぐれた蔵書として世界的に知られている。欧文資料、漢籍をはじめとするアジア諸言語（チベット語、タイ語、アラビア語、ペルシア語、トルコ語など）資料、和書の三つからなる。蔵書数は、和漢書約四五万冊、外国語図書約三二万冊、和漢雑誌約二三〇〇種、外国語雑誌約五四〇〇種、外国語新聞八〇紙、複写資料約二万三〇〇〇点等の厖大な数にのぼる。

コレクション

モリソン文庫　第一次大戦期までの中国に関する文献がほとんど網羅され、ほかにアジア全般におよぶ各国語文献、漢籍、邦文図書など、雑誌も含めて二万四〇〇〇冊を数える。

㊟〒113−0021
文京区本駒込二−二八−二一
㊞〇三−三九四二−〇一二一
Ⓕ〇三−三九四二−〇二五八
㊋ＪＲ山手線駒込駅歩八分、または都営三田線千石駅歩七分
㊐午前九時〜午後五時
㊡土曜、日曜、祝日、月末最終日は、創立記念日（一一月一九日）
㊓限定（要紹介）
㊗可

中でも、マルコ・ポーロの『東方見聞録』の各種刊本および研究書約四〇点、英国議会の中国関係議事録、米国の外交彙報、中国地方誌、叢書類四〇〇〇冊以上などは特に貴重である。内容は、Catalogue of the Asiatic Library of Dr. G. E.Morrison（一九二四年・二冊）に詳しい。

岩崎文庫　岩崎久弥の寄贈によるもので、国宝に指定されている『扶桑略記』の古写本をはじめ、「広橋文書」と総称される広橋家に伝えられた古文書・古版本・古写本類、江戸～明治期の名家自筆本、ならびに和田維四郎の収集になる「雪村文庫」、赤本・黒本・青本・黄表紙をはじめとする江戸時代の文学作品の類を中心とする貴重本などである。中でも、広橋文書の中には『古文尚書』『日本書紀』（権古記・皇極記）、『明恵上人歌集』および『史記』（夏本記・萬本記）の四点の国宝のほか、百職関係、公卿の日記などが含まれる。総冊数は、和書および漢籍三万七八三三冊である。内容は『岩崎文庫和漢書目録』（昭九）、『雲山文庫目録』（七冊）に詳しい。

近代中国関係史料　近代中国研究委員会（代表・市古宙三）により収集された鴉片戦争以降の近代中国関係の和書一万一五〇〇冊、漢籍一万二〇〇〇冊、洋書五一五〇冊、マイクロフィルム七九〇点を収める。

幣原坦蒐集韓籍　台北帝国大学初代総長・幣原坦（一八七〇～一九五三）および朝鮮総督府通訳官・前間恭作（一八六八～一九四一）の収集になる朝鮮書籍など一四六〇冊。

藤田文庫　元台北帝国大学教授・藤田豊八（一八六九～一九二九）旧蔵の歴史関係の漢

籍二万一六六九冊。地誌、明代海防関係図書に珍しいものが多い。『藤田文庫漢籍目録』（昭五）に詳しい。

藤井文庫　元東京医科大学教授・藤井尚久（一八九四〜一九六七）の収集による日本、中国、ヨーロッパの医学図書約六〇〇〇冊。『藤井文庫目録』（昭四四）に詳しい。

梅原文庫・梅原考古資料　京都大学名誉教授・梅原末治の収集による日本、朝鮮、旧満州、蒙古、中国に関する考古資料（遺跡、遺物の実測図、写真）数万点と図書約二五〇〇部。考古資料は『梅原考古資料目録　朝鮮之部』（昭四一）に詳しい。「国立国会図書館月報」一六七号に紹介がある。

シーボルト文書　昭和一一年、日独文化協会によって寄贈された「シーボルト文書」二五八冊のフォトスタット約一〇万三〇〇〇枚であり、本国（ドイツ）でもその一部が散逸したと伝えられているもの。

河口文庫　河口慧海（一八六六〜一九四五）師収集の異版数種の大蔵経を中核とするチベット語文献、一万三七三点。

辻文庫　元東洋文庫理事長・辻直四郎（一八九九〜一九七八）の旧蔵書。ベーダー学に関する欧文、インドの現地語の資料、ノート、カード類で構成されてる。

その他のコレクション——

開国百年記念文化事業会旧蔵の近代日本の政治・経済・軍事・外交・歴史・文学・宗教・社会等に関する図書・マイクロフィルムの集成。小田切萬寿之助旧蔵の詩・文集を主とする和漢書。永田安吉旧蔵安南本。元東洋文庫長榎一雄の旧蔵書など特色あるコレクションを所蔵している。

刊行書誌――

『東洋文庫蔵書分類目録　昭和五年度末現在』（一〇〇部発行）、『岩崎文庫和漢書目録』（昭九）、その他数多くの書誌類が刊行されているが、『東洋文庫刊行物目録』（東洋文庫平六）を参照されたい。

定期刊行物――

「東洋学報」（明治四四年創刊、昭和五一年以来「東洋文庫和文紀要」となる）、Memoirs of the Research Department of the Toyo Bunko.（「東洋文庫欧文紀要」、大正一五年創刊）、「東洋文庫書報」「東洋文庫年報」「近代中国研究彙報」等。

日本女子大学図書館

沿革

明治三四年に成瀬仁蔵によって設立された日本女子大学校を前身とし、昭和二四年に新制大学となった。実質的にはわが国で最初の女子大学といえる。家政学部、文学部、人間社会学部（川崎市西生田キャンパス）、理学部からなる。図書館は目白と、西生田図書館で構成される。図書館は、明治三八年に大学校に置かれた豊明図書館に始まる。

昭和三九年に創立六〇周年記念事業で新図書館が建設された。当時の大学図書館としては斬新的な全面開架方式をとった。その初代図書館長を英文学者で詩人の西脇順三郎が務めた。蔵書数は、四八万五〇〇〇冊、うち洋書一一万九〇〇〇冊、継続受入和雑誌三六〇九種、同外国雑誌六五二種。

コレクション

上代タノ平和文庫　昭和四六年に、第六代学長で婦人国際平和自由連盟、日本ユネスコ国内委員会、世界平和アピール七人委員会のメンバーとして活躍した上代タノ（一八八六〜一九八二）からの寄贈図書に基づいて創設された文庫。選書・収集は図書館友の会に引き継がれ、現在も毎年約二〇〇冊が継続的に受け入れられている。クエーカー派の平和運動資料、婦人国際平和自由連盟の創始者ジェーン・アダムス関係資料を中心に、政治、外交、国際問題、法律、婦人問題、教育、国防・軍事などからなる。『日本女子大学上代タ

㊟〒112−8681
文京区目白台二−八−一
㊕〇三−三九四三−三一三一
Ⓕ〇三−三九四二−六一七九
Ⓗhttp://www.lib.jwu.ac.jp/
㊋JR山手線目白駅より徒歩一五分。営団地下鉄有楽町線護国寺駅より徒歩一〇分
㊐午前九時〜午後七時（土曜は午後三時まで）
㊡日曜、祝日
㊒限定
㊓可

ノ平和文庫目録』（日本女子大学図書館友の会、平四）。「図書館だより」七一（平元・三）に矢部俊子「平和文庫と図書館」がある。

図書館友の会――――――

昭和四〇年に上代タノによって創設されたもので、次の諸活動をつうじて図書館を支援している。図書館参考図書購入の補助、「上代タノ平和文庫」の選書・管理運営の補助、学園関係資料の収集・整理補助、卒業生著作調査・目録作成、各種講座・読書会・資料展示会の開催など。会員は同大学の教職員、学生・卒業生とその父母、会員二名以上の推薦を得た者で、年会費は五千円（維持会員は一万円以上）。図書館の利用と、図書の貸し出しが受けられる。

刊行書誌――――――

日本女子大学図書館友の会編・刊『日本女子大学卒業生著作目録』（六冊、昭四九～六〇）、明治四一年から目録出版時までに刊行された著作を収録。

日本女子大学成瀬記念館

沿革

大学創立八〇周年にあたる昭和五六年に、創立者成瀬仁蔵（一八五八〜一九一九）の偉業を顕彰し、建学の意図を歴史的に継承すること、並びに女子教育研究の進展に寄与することを目的に創設。学園史関係資料、女子高等教育関係資料を収集する。また、先年組織変更をした女子教育研究所の蔵書を引き継いでいる。川崎市の西生田キャンパスにも同館西生田記念室がある。「平塚らいてうとその学友／らいてう・博史」展や、「安房直子・メルヘンの世界」展など、女子教育や大学にかかわる企画展をおこなっている。

コレクション

成瀬文庫 成瀬仁蔵の旧蔵書で、和書三〇〇冊、洋書二〇〇〇冊。三〇歳代前半に、女子教育の方針と宗教的信念の確立を目指してアメリカ留学したことから英書が中心で、哲学倫理、宗教、教育関係に見るべきものが多いが、収集分野は多岐にわたっている。昭和三九年に図書館内に設置され、記念館創建により移管された。『日本女子大学成瀬文庫目録　洋書の部・和書の部』（昭五四、日本女子大学図書館）がある。

刊行書誌

『「安房直子・メルヘンの世界」展』（平成一一）に、秋山恭子編「安房直子著作・イメージカタログ」、同「安房直子著作目録」を収録。

㊟〒一一二―八六八一
文京区目白台二―八―一
㊔〇三―三九四二―六一八七
Ⓕ〇三―三九四二―六一八二
Ⓗhttp://noah.jwu.ac.jp/info/
㊋ＪＲ山手線目白駅より徒歩一五分。営団地下鉄有楽町線護国寺駅より徒歩一〇分
㊐午前九時三〇分〜午後四時三〇分（土曜は正午まで）
㊡日・月曜日、祝日
㊒無料

文京区立鷗外記念本郷図書館

㊟〒113-0022
文京区千駄木一-二三-四
㊢〇三-三八二八-二〇七〇
Ⓕ〇三-三八二八-八〇七九
㊇営団地下鉄千代田線千駄木駅歩五分
㊐午前一〇時～午後八時（土曜、日曜は午後五時まで）
㊡月曜、第一、三、五日曜、祝日
㊔無料
㊎可（鴎外記念資料室のみ閲覧申請書提出）
㊫可

沿革

館名が示すとおり区立図書館と森鷗外記念室とを、昭和三七年鷗外の旧居「観潮楼」に併設した。鷗外は、明治二五年家族と共に東京・千駄木の団子坂上に居を構え、遠く品川沖が望めたことから「観潮楼」と名付けた。大正一一年七月六〇歳の生涯を終えるまでこの地で暮らした。この間、『青年』『雁』『渋江抽斎』など数々の名作を発表した。庭園にあった大銀杏、三人冗語の石と呼ばれる大石、冠木門跡を当時のまま残している本郷図書館では、その特色を生かして、近代文学関係資料に力を入れて収集している。蔵書の半分以上が個人全集等を含む文学関係書になっており、特色となっている。レファレンスにも応じている。庭園に接する図書館の一隅に鷗外記念室があり、常時遺品を展示するほか、鷗外研究資料を所蔵し鷗外研究の施設としても利用されている。

鷗外記念室

昭和二五年に記念会が設立され、同三七年に文京区の機関として発足した。森鷗外の偉業を永久に保存し学究者の利用施設とするために、鷗外の記念品、自筆原稿、書簡、日記など二六〇〇点、関係の研究書など約五四〇〇冊を年代、形式を問わず収める。特筆すべきものとして、『舞姫』の原稿、『舞姫』の掲載された雑誌「国民の友」、『ヰタ・セクスアリス』の校正刷り、『ノラ』の訳本、森林太郎宛ての石川啄木のハガキ、雑記帳、鷗外の口述した最後の「遺書」などがある。目録として『森鷗外資料目録』（五年ごと改版）、紹介記事に岩村孝子「森鷗外と弟・三木竹二の演劇活動をめぐって――文京区立鷗外記念本郷図書館――」（「悲劇喜劇」五二九号）がある。

野球体育博物館図書室

沿革

昭和三一年、後楽園前社長田辺宗英の業績をたたえる記念事業委員会が、野球体育博物館を創立。昭和三四年に開館した。東京ドーム建設に伴いドーム内に移転することとなり、昭和六三年に新装開館した。

常設展示室には有名選手のユニフォームやバットなど約二〇〇〇点が展示され、野球殿堂入りした人一三二人（一九五九〜二〇〇〇年）の肖像レリーフが掲額してある。図書室では野球を中心に、スポーツ関係の図書、雑誌四万冊を所蔵している。閉架式で閲覧席（六席）は予約できる。

㊟〒112−0004
文京区後楽一−三−六一
㊑〇三−三八一一−三六〇〇
Ⓕ〇三−三八一一−五三六九
Ⓗhttp://www.baseball-museum.or.jp/
㊋JR総武線・地下鉄三田線水道橋駅、地下鉄丸の内線、南北線後楽園駅下車徒歩五分、東京ドーム二一ゲート右
㋐三月〜九月　午前一〇時〜午後五時三〇分
一〇月〜二月　午前一〇時〜午後四時三〇分
（正午〜午後一時休）
㊡月曜（祝日の場合は翌日、春・夏休み中の月曜は開館）
㊓入館料　大人四〇〇円
小・中学生二〇〇円
㊔可

アートカタログ・ライブラリー

沿革

平成八年十一月にオープンした美術展覧会カタログ専門の図書館。日本国内の美術館、デパート、画廊等で開催される展覧会をはじめ、海外での日本美術展のカタログを網羅的に収集している。

米国の日本美術研究者からの日本美術カタログ収集の要望がきっかけとなり、国際文化交流推進協会が同ライブラリーを開設した。また、国際交流基金と協同で、米国のNCC（全米日本研究図書館資料調整委員会）にカタログを寄贈するプロジェクト「日本美術カタログ・プロジェクト」も進められている。日本から寄贈されたカタログは、米国側受入れ機関であるスミソニアン研究所のフリーア美術館附属図書館において閲覧サービスされる。返礼として米国内で開催された日本美術展覧会カタログが、アートカタログ・ライブラリーに寄贈されている。

コレクション

展覧会カタログ四〇〇〇冊のほかに、美術館の収蔵品カタログ、利用案内、関連図書、雑誌も収集していて、データベース検索も可能。資料や展覧会情報に関するレファレンスも行っている。また、展覧会カタログの寄贈も受けつけている。「アートカタログ・ライブラリー・ニュース」刊行。

㊟〒107―0052 港区赤坂一―一一―二八赤坂一丁目森ビル五階
㊢〇三―五五六二―九五七四
Ⓕ〇三―五五七五―七四九三
Ⓗhttp://www.acejapan.or.jp/artg/acl/index-j.html
㊛地下鉄銀座線・南北線溜池山王駅下車徒歩一分
㊚月・火・木曜 午後一時～午後六時
㊡日・水・金・土曜、祝日、
㊙一八歳以上
㊞可

アメリカンセンター・レファレンス資料室

沿革

米国政府広報・文化交流庁が世界各国で運営しているセンターのひとつで、日本には東京のほかに名古屋、大阪、福岡にも資料室がある。昭和二一年アメリカ駐留軍により、日比谷に開設されたCI&E図書館にはじまり、日米講和条約締結後、アメリカ文化センターとなり、運営がアメリカ大使館に移管された。

蔵書

資料は五大テーマ、国際関係、経済問題、アメリカ現代社会、二一世紀の世界、芸術・文化を系統的に収集しており、図書は最近五年間に出版されたものを中心に九〇〇〇冊（自然科学・哲学・心理学を除く）、雑誌は二〇〇点を航空便で入手している。雑誌のバックナンバーは過去十年分をマイクロ、ハードコピー、CD-ROMで見ることができる。パンフレット類では大統領や政府高官の演説、声明、民間研究機関のレポートなどがある。またビデオテープ、カセットテープ資料もあり、蔵書はデータベース検索も可能。

政府刊行物コレクション

米国行政機関が発行しているドキュメント類と連邦議会資料が中心。行政関係資料では、大統領教書・公文書、諸官庁の主要報告書、官報、連邦規則、政府統計など。議会関係資料には、合衆国憲法、連邦法・法令集、連邦議会議事録など。

㊟〒105―0011
港区芝公園二―六―三　ABC会館一一階
㊫〇三―三四三六―〇九〇一
Ⓗhttp://usembassy.state.gov/tokyo/wwwh3001.html
㊮都営地下鉄三田線芝公園駅下車徒歩三分、都営地下鉄浅草線大門駅下車徒歩五分、JR山の手線浜松町駅下車徒歩八分
㊎正午～午後六時
㊡土・日曜・米国と日本の祝日
㊒可　要身分証明書
㊯可

NHK放送博物館図書室

沿革――――――

昭和三一年、世界最初の放送専門のミュージアムとして、大正一四年に日本で始めてラジオ本放送を開始した愛宕山に放送博物館を開館し、翌三二年、附属施設として図書館がオープンした。

コレクション――――――

蔵書は放送文化、放送技術にかかわるものがほとんどで、NHK番組資料、台本、テキスト類、六〇〇〇冊を所蔵。専門誌では「調査時報」「日刊ラジオ新聞」「無線と技術」などのバックナンバーがある。また、NHK放送文化研究所が行う「国民生活時間調査」「テレビ・ラジオ視聴率調査」などの統計類や、各種世論調査の結果も揃っている。また、過去のテレビドラマやラジオ番組を視聴できる、ミニ・ライブラリーもある。

㊟〒105―0002
港区愛宕二―一―一
㊫〇三―五四〇〇―六九〇〇
Ⓕ〇三―五四〇一―一五三九
Ⓗhttp://www.nhk.or.jp/bunken/museum-jp/index.html
㊕地下鉄日比谷線神谷町下車・都営三田線御成門駅下車徒歩二〇分、
㊐午前九時三〇分～午後四時三〇分
㊡月曜（祝日の場合は翌日）
㊓無料
㊢不可

外務省外交史料館

沿革

戦後、欧米諸国の例にならい、外務省記録の公開の施設が、内外の有識者、学者、研究者から強く求められるようになり、それら要請に応えて、外務省が所蔵している過去の外交記録を一ヶ所に集め、一般の閲覧に供する記念館を、昭和四六年四月に創設した。旧幕府からの日本外交に関する一切の記録が収められている。また戦後記録についても三〇年を経過したものは整理がつきしだい原則として公開されることになっている。なお館内には、閲覧室と展示室がある。展示室は幕末からサンフランシスコ平和条約までの代表的な親書、国書、条約原本、往復文書のほか、写真等の貴重な資料を展示している。閲覧室の利用は官公庁職員や研究者に限られているが、展示室は一般公開されている。

コレクション

外務省記録　記録文書は同館所蔵史料のうちの主要部を占め、外交活動に伴う在外公館との往復電報、交信類をはじめ省内外の公務に関する書類であり、外務省創立以来第二次大戦終了までの約八〇年間にわたり、約四万八〇〇〇冊のファイルにのぼるもの。外交史料集『日本外交文書』は外務省記録から重要なものを選び編集、発行したもの。なお記録の中に特殊な「松本記録」がある。関東大震災や昭和二〇年五月空襲による外務省庁舎全焼の際にも記録類は焼失を免れたものの、昭和一七年一月庁舎一部火災によって、貸出中

㊟〒106―0041
港区麻布台一―五―三
㊢〇三―三五八五―四五一一
～三
Ⓕ〇三―三五八五―四五一四
㊡地下鉄日比谷線神谷町駅、または六本木駅下車歩一〇分、またはＪＲ渋谷駅から都営バスで東京タワー行麻布台下車歩一分
㊒午前一〇時～午後五時
㊡土曜、日曜、祝日、臨時の休館日として公示した日
㊒限定（満二〇歳以上で研究・調査を目的とする者）、展示室の見学は一般公開
㊕無料
㊒設備なし、自写または業者委託

の記録及び各部課保管の記録を大量に焼失するなど、火災・震災・戦災により大きな被害を受けてきた。この中にあって、「松本記録」は政務次官であった松本忠雄が、在職中に重要書類を筆写したもので、焼失した重要な記録を補うものとして今日では高い利用価値が認められている。原本ではないため「松本記録」と称し、他記録とは区別して整理されている。戦後遺族から寄贈された。そのほかの記録としては、第二次大戦終了後の外務省記録（マイクロフィルム）二三六リールがある。

条約書　明治四二年に東京帝国大学へ史料編纂のための貸与中に関東大震災の火災によって破損した安政の条約書の一部を除き、外務省設置時より敗戦に至るまでの二国間、多数国間で締結した各種条約の原本のすべてを所蔵。およそ六〇〇件にのぼる。

国書・親書　幕末から第二次大戦終了時までの征夷大将軍、天皇と各国元首との往復書簡およそ一一〇〇通。大半は在日公使の信任状、解任状、それに係わる親書。ロッシュ公使の新任に際しフランス皇帝ナポレオン三世から徳川将軍にあてた親書、ハリス公使の帰国につき、徳川家茂にあてた米大領リンカーンの親書など、貴重な資料が少なくない。

通信全覧・続通信全覧　幕末の外交関係を知る上で不可欠な外交史料集が「通信全覧」と「続通信全覧」である。本来の外交のみでなく、政治・経済・文化など諸分野にわたる史料を包含しているところに大きな特色をもつ。前書は、開国後の安政六年（一八五九）から万延元年（一八六〇）までの外交文書を徳川幕府の外国奉行のもとで編集したもの。全三二〇巻からなる。後書は、文字通り「通信全覧」の続編にあたるもの。文久元年（一八六一年）から慶応四年（一八六八年）までの幕府外交文書を明治七年から約一〇年間をかけて外務省が編集したもの。全部で一七八四巻が現存している。なお正続通信全覧の復刻版（全六〇巻）が近年雄松堂出版から発行され、広く利用されるようになった。また、内容は同社刊『通信全覧総目録・解説』（昭六四）に詳しく紹介されている。

吉田茂元総理関係資料　吉田茂記念事業財団より寄贈された資料で、元首相吉田茂（一八七八〜一九六七）の遺品、書翰、書、写真約三二〇点と旧蔵書等約二〇〇〇冊とからなる。詳細は、（一）遺品　昭和四〇年に天皇陛下より下賜された鳩杖、晩年に吉田が愛用した和服、ステッキ、足袋など。（二）書簡及び書　皇后陛下が吉田のことを詠んだ御歌及び歴代総理より同元総理、岳父牧野伸顕宛の書簡を自ら表装した衝立ならびに幣原喜重郎（元総理）宛の書簡及び吉田元総理自筆の私信など。（三）写真　在奉天総領事館勤務時代（明治四〇年）、英国ウィンザー郊外における乗馬会及びジョージ六世戴冠式参列の日の写真のほか、首相、外相時代のものなど。（四）吉田茂旧蔵の図書、同財団が所蔵していた主として外交及び国際政治史関係図書などからなる。

その他のコレクション――

外務省調書類（約四三〇〇点）

刊行書誌――

『外交史料館所蔵外務省記録総目録　戦前期』一、二巻、別巻（平四〜五、全三冊）、『外務省外交史料館所蔵諸議局・省議会関係史料目録』（昭六三）、「外務省外交史料館所蔵石

炭史料　麻生家文書」（『九州石炭礦業史資料目録　第三集』〈昭五二〉所収）、「外務省外交史料館所蔵の東南アジア関係史料」（「東南アジア研究」一六巻一号）、ほかに、紹介記事として「外交史料館所蔵記録の整理と閲覧について」（「びぶろす」三九巻五号）、「外務省記録と日本外交文書」（「みすず」二〇〇号）等。

刊行物――

「日本外交文書」一七九巻（平成六年四月一日現在）、「外交史料館報」（年報、昭和六三年度より刊行）

慶應義塾大学言語学文化研究所

㊟〒108―8345
港区三田二―一五―四五
㊫〇三―五四二七―一五九五
Ⓕ〇三―五四二七―一五九五
Ⓗhttp://www.icl.keio.ac.jp
㊋JR山手線田町駅。都営地下鉄三田線三田駅より徒歩一〇分。都営地下鉄三田線三田駅より徒歩八分
㊓限定
㊖不可

沿革――――

昭和一七年に、世界の言語とその背景にある民族文化の研究を目的に語学研究所として福沢諭吉旧宅に設立された。企画・運営には教授で詩人、英文学者の西脇順三郎が当たった。昭和二〇年の空襲によって建物は焼失してしまったが、蔵書の中核をなす市河文庫は新潟県十日町に疎開していて難を逃れた。戦後復興し、昭和三八年に言語文化研究所に改組した。

コレクション――――

市河文庫　同研究所員で元東大教授、英語学者市河三喜（一八八六～一九七〇）の旧蔵書で、言語学及び欧米学者の東洋諸言語研究書九三八冊をはじめヨーロッパの著名な言語学者の研究書多数。日本関係ではバチェラー、チェンバレン、サトウ等の幕末・明治期の著作や、江戸時代の学者の著書がある。また、オランダのシュリーゲルの写本原稿や書簡、フランス語訳の「駿台雑誌」原稿など貴重資料多数を含む。"THE CATALOGUE OF THE ICHIKAWA LIBRARY. 1963"。

永島文庫　東京都立大学名誉教授で、中国言語学者永島永一郎（一九〇九～七八）の旧蔵書で、音韻学関係書一〇七〇冊。

永田文庫　同研究所講師で、東京外語大学教授、スペイン文学者永田寛定（一八八五～

一九七三）の収集になるスペイン語図書五九二冊。"Catalogo de la Biblioteca Nagata"（昭四一）。

ネフスキー文庫　ロシアの日本学者、西夏学者で、日本に留学して柳田国男や折口信夫と親交のあった Nikolai Aleksandrovich Nevskii（一八九二〜一九四五）の旧蔵書で、民俗学、言語学関係図書一〇二冊。自筆のノート類は天理図書館が収蔵する。

松本文庫　名誉教授で日本史学者松本芳夫（一八九三〜一九八二）の旧蔵書で、民俗学関係書四一四冊。

柳田国男方言文庫　同大学講師であった柳田国男（一八七五〜一九六二）の旧蔵書で、わが国の方言と民俗学に関する図書六二五冊、自筆の方言カード二一〇〇枚、ノート一冊。図書には柳田の書き入れ本を含む。昭和一九年に西脇順三郎を通じて寄贈されたものを根幹とし、その後若干補充している。西村亨編著『柳田国男方言文庫目録』（昭三九）。

慶應義塾大学福澤研究センター

㊟〒108—8345
港区三田二—一五—四五
㊋〇三—五四二七—一六〇四
Ⓕ〇三—五四二七—一六〇五
㊍JR山手線田町駅。都営地下鉄三田線三田駅より徒歩一〇分。都営地下鉄三田線三田駅より徒歩
㊎八時半〜四時半
㊡日・土（二時半まで）、祝
㊑限定
㊐可

沿革――

昭和二六年に『慶応義塾百年史』刊行のために設立された「塾史編纂所」を前身とし、同五八年に創立一二五周年記念事業の一環として開設された全塾的な研究調査機関。福沢諭吉、慶応義塾の歴史、並びに福沢門下、義塾出身者に関する資料を収集してその業績を顕彰すると共に、近代日本の形成に義塾の果たした役割を明らかにし、さらに広く近代日本文化を研究することを目的とする。

コレクション――

福沢諭吉関係資料　福沢諭吉の稿本、手帳、書簡、塾門人帳、関係資料を収蔵。自筆の『福翁自伝』、「西郷隆盛の処分に関する建白書」（明一〇）、「慶応義塾編塾法案」（明一三）、『明治英名百人一首』（明一四）、「慶応義塾入社生徒年表」（明四〇）などは特に重要。

橋川文三旧蔵書籍　通称橋川文庫。元明治大学教授で日本政治思想史家橋川文三（一九二二〜八三）旧蔵の日本思想史を中心に、伝記、ファシズム、戦争、中国関係、文芸などの和・洋書、中国書六四〇〇冊。『橋川文三氏旧蔵書籍目録（通称橋川文庫）（慶応義塾福澤諭吉研究センター近代日本研究資料　七）』（平九）。

慶應義塾大学附属研究所斯道文庫

沿革

昭和一三年に株式会社麻生商店（現麻生セメント）社長の麻生太賀吉（一九一一～八〇）が同商店設立二〇周年の記念に私財と自身の蔵書を投じて福岡市に開設した斯道文庫を前身とする。しかし、空襲による建物の焼失などより二一年に解散、蔵書三万冊余は七年間の期限を付して九州大学に寄託された。その後、三三年にすべての蔵書が慶応義塾大学に寄贈され、三五年に「日本及び東洋の古典に関する資料の蒐集保管並びにその調査研究を行うこと」を目的に、慶応義塾大学斯道文庫が設立され、翌々年に現名称に改められた。古写本古刊本の収集と現存貴重典籍の全国調査ならびに副本のマイクロ写真による収蔵、文庫蔵書及び収集資料の目録・解題・翻刻出版、文献学批判に立脚した研究、研究成果の刊行などを行っている。蔵書数は日本漢学、日本儒学、東洋哲学、国語、国文、中国文学、国史、東洋史を中心に広く人文・社会科学各分野に及び、和古典籍、漢籍、研究に必要な基本図書を併せて一四万冊（うち寄託書三万五〇〇〇冊）を収蔵する。なお、同文庫の経緯ならびに蔵書、活動については『斯道文庫三十年略史』（平一一）に詳しい。

コレクション

亀井家学文庫　江戸中・後期の儒学者亀井南冥（一七四三～一八一四）と嗣子昭陽（一七七三～一八三六）二代の自筆稿本、手沢本、一門の手になる精写本など三七〇冊。卒業

㊟〒108―8345
港区三田二―一五―四五
㊕〇三―五四二七―一五八二
㊋JR山手線田町駅。都営地下鉄三田線三田駅より徒歩一〇分。都営地下鉄三田線三田駅より徒歩
㊐午前九時半～午後四時
㊡土、日、祝日
㊑限定（書面にて研究希望を出すこと）
㊝部分可

生で昭和期の財界人松永安左衛門（一八七五〜一九七一）と安川電機社長安川寛（一九〇三〜）からの寄贈。『亀井南冥・昭陽著作展観書解題』（昭三四）。

河村文庫　九州帝国大学教授で旧文庫設立の直接の動機となった河村幹雄（一八八六〜一九三一）の旧蔵書のうち、地質学を除く教育、リンカーン文献、第一次大戦関係の洋書二六〇〇冊と、慶応義塾大学への移管後に寄贈された手沢本三〇〇冊と自筆稿本、日記など。旧斯道文庫蔵書。

椎本文庫　江戸後期の国学者橘守部（一七八一〜一八四九）の旧蔵書二四〇冊で、自筆稿本五九冊、手沢本九冊、その他に神道、記紀、万葉集、国語学、史論など。旧斯道文庫蔵書。『椎本文庫目録』（昭一七）。

浜野文庫　大東文化学院理事で漢文・字書学者浜野知三郎（一八七〇〜一九四一）旧蔵の和漢書一万一四九八冊。松崎慊堂、江戸後期の考証学者狩屋棭斎、江戸後期の儒学者猪狩敬所などわが国の漢学者多数の自筆稿本、手沢本、蔵本。旧斯道文庫蔵書。『麻生文庫稀覯書目録』（昭二六）に収録。『創立二十周年記念浜野文庫近蒐本展観書目録』（昭五五）。

平岡文庫　名誉教授で佃島住吉神社社家平岡好道家伝来の神道、国史、国文関係の和装本一四八九冊、洋装本一七二六冊（このうち重複本は研究室等に移譲）。

藤山工業図書館移管本　昭和二年に藤山雷太によって設立された同館は、一八年に大学に寄付され、さらに三二年に明治生命保険相互会社に売却された。同館の所蔵にかかわる国文、歴史、儒学、漢文などの和漢書二〇〇〇〇冊からなる。『慶應義塾藤山工業図書館和書和雑誌目録』（昭二八）。

松崎慊堂文庫　江戸後期の儒学者で安井息軒の師でもある松崎慊堂（一七七一～一八四四）の自筆稿本、手沢本、手鈔本など七〇四冊。前出の浜野知三郎の旧蔵書を麻生太賀吉が買取り寄贈したもの。『斯道文庫善本展覧会目録』（昭三三）に収録。

安井文庫　幕末・維新期の儒学者で、昌平黌黌長安井息軒（一七九九～一八七六）と、外孫で一高教授安井小太郎（一八五八～一九三八）の旧蔵書で、息軒の自筆稿本や筆写本を含む和漢書六〇〇〇冊。『麻生文庫稀覯書目録』（昭二六）に貴重書の目録が収録されている。旧斯道文庫蔵書。

コルディエ文庫　フランスの法学者 Henri Cordier（一八四九～一九二五）の収集になる中世から二〇世紀におよぶヨーロッパ人の東洋学研究書と抜き刷りで、洋書五〇〇〇冊。侯爵細川護立（一八八三～一九七〇）から寄贈を受けた永青文庫が寄託したもの。『コルディエ文庫―欧米人の中国研究書展示目録』（昭五一）、『コルディエ文庫分類目録』（昭五四）。

担堂文庫　東洋大学教授で、中国文学史研究者古城貞吉（担堂は号、一八六六～一九四九）の旧蔵書で、古代から現代にいたる経史子集の四部にわたる漢籍二万八〇〇〇冊。旧蔵者の没後に購入した永青文庫から寄託をうけたもの。

林泰輔自筆稿本類　林泰輔（一八五四～一九二二）の自筆稿本「亀甲獣骨文字表」六冊、

学位論文「上代漢字の研究」八冊、「論語源流」二冊など五部一九冊と、甲骨見本一箱で寄託資料。なお、林の旧蔵書は筑波大学中央図書館に収蔵されている。

明治仏教史編纂所蔵書　宗教法人神田寺からの寄託資料。明治を中心とする仏教関係の和漢書二五三〇部、新聞・雑誌七二七種と編纂所作成の明治仏教者叢伝用稿本からなる。『明治仏教史編纂所蔵目録』（明治仏教史編纂所、昭四六）。

刊行書誌――

阿部隆一執筆『麻生文庫稀覯書目録』（九州大学文学部、昭二六）。『麻生太賀吉氏寄贈斯道文庫善本展覧会目録』（昭三三）。『江戸時代書林出版書籍目録集成（斯道文庫書誌叢刊　一）』（井上書房、昭三七～三九）。『室町時代物語類現存本簡明目録（慶応義塾大学斯道文庫書誌叢刊　二）』（昭三七）。『創立十周年記念近蒐善本展観書目録』（昭四五）。『慶応義塾大学附属研究所斯道文庫収蔵マイクロフィルム等目録（慶応義塾大学斯道文庫書誌叢刊　五）』（昭六二）。『慶応義塾大学附属研究所斯道文庫貴重書蒐選―図録解題（慶応義塾大学斯道文庫書誌叢刊　六）』（平九）。このほかに、研究紀要として「斯道文庫論集」が年刊発行されている。

慶應義塾大学三田メディアセンター

⑭〒108―8345
港区三田二―一五―四五
㊄〇三―三四五三―四五一一
Ⓕ〇三―三四五五―七二八五
Ⓗhttp://www.mita.lib.keio.ac.jp/
㊇JR山手線田町駅より徒歩一〇分。都営地下鉄三田線三田駅より徒歩八分
㊎午前八時四五分～午後九時（土曜は午後六時まで）
㊡日曜、祝日
㊙限定
㊢可

沿革――――――

安政五年（一八五七年）に福沢諭吉が江戸築地に開設した蘭学塾を起源とし、慶応四年（一八六八）に慶応義塾と改称、明治四年に三田に移転した。明治二三年に文学・理財・法律科からなる私学最初大学部を設立した。現在は三田をはじめとする五つのキャンパスに文学、経済学、法学、社会学、商学、医学、理工学、総合政策学、環境情報学の八学部と通信教育学部をもつ。三田キャンパスには文学の二年以上、経済学部、法学部、商学部の三、四年の課程が置かれている。

図書館は明治二三年の大学部「書館」に始まる。現在は各キャンパスには図書館と大型計算機センターが統合されたメディアセンターが設置され、それぞれ三田メディアセンター（慶応義塾図書館）、日吉メディアセンター（日吉図書館）、理工学メディアセンター（松下記念理工学図書館）、医学メディアセンター（北里記念医学図書館）、湘南藤沢メディアセンター（SFC）と称している。

三田メディアセンターは、明治四五年建築の赤レンガ八角塔で知られる旧館（重要文化財）と新館からなる。蔵書数は二〇六万冊、うち洋書一〇七万二〇〇〇冊、継続受入和雑誌五二二五種、同外国雑誌五四七九種。

コレクション――

アダム・スミス文庫　イギリスの経済学者アダム・スミスAdam Smith（一七二三〜九〇）の著作一七五冊で、『国富論』の初版、各版、異版を網羅する。『アダム・スミス生誕二百五十年記念展覧会目録』（昭四八）。

英国東印度会社文庫　イギリスの東インド会社に関する経済論説類二二一冊と、アダム・スミス以前のイギリス初期経済学説書からなる。慶応義塾福社頭で千代田生命、千代田火災などの社長、貴族院議員などを歴任した門野幾之進（一八五六〜一九三八）の還暦祝賀の際に集められた基金で大正五年に購入したもの。

泉鏡花文庫　泉鏡花（一八七三〜一九三九）の自筆稿本一六八冊と、遺品などからなる。『国文学論叢』第五輯（至文堂、昭三七）に桧谷昭彦ほか編の「泉鏡花文庫自筆原稿目録」がある。

小山内家文庫　明治・大正期の劇作家、演出家小山内薫（一八八一〜一九二八）の旧蔵書で、一九世紀から二〇世紀にかけての演劇と文学の専門書、和書一〇九四冊、洋書二七九七冊。

門野重九郎寄贈狂歌文庫　狂歌作者蟹廼屋左文（一八五七〜一九三五）の旧蔵書で、明和から天明年間の狂歌関係書七二三冊。秋農屋望成からの寄贈書一〇〇冊を含む。木村黙老著『戯作者考補遺』や『狂歌人名禄』などの貴重な写本が含まれる。卒業生で大倉財閥の中心人物門野重九郎（一八六七〜一九五八）から寄贈されたもの。

小泉信三文庫　名誉教授で経済学者、社会思想家小泉信三（一八八八～一九六六）の旧蔵書で、生前の昭和三九年に図書館に寄贈された洋書一六二冊と、没後に経済学部研究室に寄贈された洋書五八一冊に分かれる。小泉の蔵書の多くは戦災で焼失している。『小泉信三文庫目録』（慶応義塾図書館・慶応義塾大学経済学部研究室、昭四五）。

幸田文庫　名誉教授で経済史、文化交渉史、日本キリスト教史研究の第一人者幸田成友（一八五八～一九三五）の旧蔵書。和書四九六冊、洋書二八〇〇冊。和書は御伽草子『藍染川』などの古写本や古刊本、洋書はシーボルトSiebold, Ppilipp Franz von（一七九六～一八六六）のライデン版『日本』（一八三二～五八）など日欧交渉史関係の善本が多い。

相良家文書　旧人吉藩主相良家伝来の鎌倉から江戸期の文書一〇〇〇点と、系図、絵図、古書、短冊などからなる。『大日本古文書　家わけ第五』（全二冊、昭六六・七）に収録された。

宗家文書　旧対馬藩宗家江戸藩邸所蔵の歴代の宗家記録、信使記録など七八五点。

反町十郎君寄贈武家文書　南北朝期から江戸初期にわたる、足利尊氏髪御教書、明智光秀自筆書状などの武家文書一四四点。卒業生の反町十郎が昭和三一年に創立百周年を記念して、木島誠三の旧蔵書を購入し寄贈したもの。『反町十郎君寄贈武家文書展覧会解題目録』（昭三一）。「史学」第三一巻一号、三四巻一号（昭三四～三六）に資料の読み下しを掲載。

高橋誠一郎浮世絵コレクション　名誉教授で経済学者、浮世絵研究家、東京国立博物館長も務めた高橋誠一郎（一八八四〜一九八二）の旧蔵資料。『高橋誠一郎浮世絵コレクション』（平六）がある。

高橋箒庵文庫　卒業生で明治から昭和にかけての実業家、茶人としても知られ、茶道趣味論を主張した高橋義雄（箒庵は号。一八六一〜一九三七）旧蔵書で、著書『大正名器鑑』（大一〇）の編集のために収集した江戸から明治年間に及ぶ茶道文献と、水戸学関係の和書一〇六二冊、写本一八〇〇冊。『高橋箒庵文庫目録「茶道」』（昭二八）。

田中文庫　教授で三田史学会の創設者田中萃一郎（一八七三〜一九二三）の旧蔵書で、歴史書を中心に人文科学全般にわたる和漢書一万一八九四冊、洋書一八九三冊。和漢書は一四世紀以降、洋書は一八世紀以降で善本が多い。

図書館・情報関係資料　館内に「図書館・情報学資料室」を設置。同大学の図書館・情報学科のためにおかれた資料室からスタートしたもの。NTIS（米国科学技術情報サービス局）発行のAD／PBレポートのうち図書館学・情報学関係、米国の図書館学・情報学関係博士論文、ERICレポート（マイクロフィルム・フィッシュ）などを収蔵する。

三田文学ライブラリー　「三田文学」関係作家の著書、原稿、写真、遺品、書簡、「三田文学」系の同人誌などのコレクションで、昭和四一年に久保田万太郎の著作権に基づく基金で発足し、継続して収集している。『三田文学ライブラリー目録』（昭四四）。

明治浮世絵コレクション　George S. Bonnの収集になるもので、『George S. Bonn蒐集明治浮世絵コレクション』（昭六二）。

福沢文庫　慶応義塾の創立者福沢諭吉（一八三五〜一九〇一）の自筆草稿、書簡、遺墨と慶応義塾の古記録など一二〇〇点、及び、諭吉の研究会である義真会が収集した関係図書一〇〇〇冊。

星文庫　明治時代の政治家星亨（一八五〇〜一九〇一）の旧蔵書で、政治、経済、法律関係の江戸期から明治年間の和書五八九三冊、一九世紀の洋書四八一七冊。

松本文庫　元言語文化研究所長、名誉教授で民族学者、東洋史学者、神話学者松本信廣（一八九七〜一九八一）の旧蔵書で、漢喃本（安南本）などの稀覯書を含む和漢・洋書三六〇一点。（『慶応義塾図書館蔵松本文庫目録』（平三）。

曲直瀬家文書　医学部教授藤浪剛一（一八八一〜一九四二）の旧蔵書で、わが国医学中興の祖と称される曲直瀬道三（一五〇七〜七四）、玄朔（一五四九〜一六三二）、正琳（一五六五〜一六一一）の三代にわたる文書二五五点、記録・覚書一〇〇点、天皇及び式家関係文書、起請文、誓詞、書状、正親町天皇綸旨などからなる。

望月文庫　清朝末期から中華民国時代の和漢書五四三一冊、洋書六四七冊、雑誌七〇三種。田口銀行頭取、京浜電車会長など実業家として活躍するかたわら、教育振興にも力を注ぎ、日満文化学会、大宮工業商業学校を創設した望月軍四郎（一八七九〜一九四〇）が、大正一五年に寄付した「望月支那研究基金」で購入したもの。『望月文庫目録』（昭一〇）と、『望月文庫和漢洋書目録』（昭一二）。

グーテンベルク四十二行聖書　グーテンベルクの印刷に絢爛たる彩色がほどこされ、世界で最も美しい書物と賞される。一四四年頃、ドイツのマインツで刊行された。世界に四七冊しか残存が確認されていない。平成八年に購入した。HUMIプロジェクト（後掲）によって高精細画像でデジタル化された。

貴重書　日本、中国、西洋の善本類一万点を収蔵する。古いものでは、平安後期興福寺刊の唐・窺基編『成唯識論述記　一〇巻（存巻七尾）』、貞応・嘉禄年（一二二二〜一二六）刊の春日版で唐・玄奘訳『大般若波羅蜜多経　六〇〇巻（存巻一〇七）』、寛元四年（一二四六）京都・泉涌寺刊の宋・元照編『仏制比丘六物図』、一五世紀後期にイギリスで書写された『ブリテン王年代記』などがある。

刊行書誌――――――

『「書物に見る西欧哲学・科学思想の流れ」展図録』（平元）。『早稲田大学・慶応義塾大学欧文雑誌総合目録　一九九八年一二月現在　一：A―Z、二：K―Z・ギリシャ文字編・キリル文字編』（早稲田大学図書館・慶応義塾大学研究・教育情報センター、平一二）。白石克執筆『慶応義塾図書館所蔵日本古刊本図録　上：奈良・平安・鎌倉時代編、下：南北朝・室町時代編（文献シリーズ二三、二四）』（平七〜八）

HUMIプロジェクト（HUmanities Media Interface）

平成八年に、『グーテンベルク四十二行聖書』を収蔵したことをきっかけに、「人文科学研究における新しい情報伝達の導入」を目的とし、文学部、理工学部、環境情報学部、法学部のスタッフの参加によって発足した。図書館が所蔵する稀　書コレクションを歴史遺産として安全に保存して後世に伝え、かつ高速に利用に供することができるよう、高精細画像によるデジタル化を進めている。すでに、西洋の稀覯書では前述の聖書のほか、『ルーアン時祷書』（一五世紀）、『知識の鑑』（一四七七）、『イコノロギア』（一六二四〜二五）、マニュスクリプトやインキュナビラの零葉など、我国のものでは、奈良絵本の『阿弥陀の本地』、『鳥歌合絵巻』、明治浮世絵コレクション（前掲）等がインターネット上で公開されている。また、イギリスのケンブリッジ大学図書館所蔵の『グーテンベルク四十二行聖書』など、海外図書館との共同事業も行っている。http://www.humi.keio.ac.jp

航空図書館

沿革

昭和二七年、前身である帝国飛行協会（大正二年創立）、大日本飛行協会のあとを継いで財団法人日本航空協会が設立され、昭和三〇年、その図書室「日本航空図書館」が開設された。終戦時に官庁、会社などの航空関係資料は多くが焼却されたため、図書の収集は個人の寄贈に支えられた。航空関係の国内外の研究文献や調査資料、専門ニュースを収集し、航空界の進展に寄与することを目的に、約一〇〇〇冊の蔵書からスタートした。翌三一年には海外の論文・雑誌記事索引「航空宇宙主要記事索引」の編集・発行をはじめた。

昭和五三年、航空会館六階に移転し、「航空図書館」と改称した。

蔵書

蔵書は和書四〇〇〇冊、洋書六〇〇〇冊、和雑誌一〇〇種、洋雑誌八〇種。「ジェーン年鑑」は創刊号からほぼ揃っており、図書では業界大手企業の社史、航空史、統計類、航空機事故の調査報告書や、航空文学、明治期以降からの航空関係新聞記事の切り抜きなどがある。ほかに航空関係のビデオテープ三〇〇本も所蔵。

㊟〒105─0004　港区新橋一─一八─一　航空会館　六階
㊑〇三─三五〇二─一二〇五
Ⓕ〇三─三五〇二─一二五九〇
Ⓗhttp://www.aero.or.jp/
㊋JR新橋駅、都営三田線内幸町駅、地下鉄銀座線・浅草線新橋駅下車徒歩五分
㊊月曜～金曜　午前一〇時～午後五時。土曜　～午後四時
㊡日曜・祝日・第四月曜・十月一日
㊓可
㊔可

国際交流基金本部図書館

沿革

国際交流基金は、文化交流を通じて国際相互理解、国際友好親善を促進することを目的に昭和四七年に設立された特殊法人で、学術、日本研究、日本語教育、芸術などの分野で文化交流事業を実施している。図書館では、その前身で昭和九年創立の国際文化振興会(KBS)の蔵書を引き継いで、外国語で書かれた日本についての文献を収集しているのが特徴である。なかでもケンプフェル『日本誌』(一七二八刊)など貴重書も多い。蔵書数和書二万四〇〇〇冊、洋書二万五〇〇〇冊所蔵、コンピュータによる蔵書検索が可能である。またアメリカで受理された日本関係ドクター学位論文をマイクロフィルムで所蔵している。

刊行物

「国際交流」(季刊)「The Japan Foundation Newsletter」(季刊)『Catalogue of the K.B.S.Library』(昭一二・昭四〇)『The Japan Foundation Library Acquisition List』(昭五一・昭五七)など。

㊟〒107―6021 港区赤坂一―一二―三二アーク森ビル二〇階
㊐〇三―五五六二―三五二七
Ⓕ〇三―五五六二―三四九九
Ⓗhttp://www.jpf.go.jp/j/index.html
㊍地下鉄千代田線・丸の内線国会議事堂前駅下車徒歩七分
㊎午前一〇時～午後五時
㊡土・日曜・祝日・最終月曜・一〇月二日
㊖一八歳以上
㊋可

国民生活センター情報資料室

沿革

国民生活センターは、昭和四五年、国民生活向上のために情報提供する機関として特別法により設立された。その際、同センターの前身である国民生活研究所（昭和三七年設立）の図書・資料約二万二〇〇〇冊を引き継ぎ、情報管理室内に書庫を設けて収蔵。同四七年新事務所へ移転したのを機会に、現在の建物に「図書資料室」を設置し、国民生活文献に関する専門図書館としてスタートした。平成一年度から名称を「情報資料室」と改め、図書資料の充実、蔵書のデータベース化、レファレンス・サービスの強化などを行っている。

蔵書

国民生活に関する図書・資料は、諸分野にわたるため、毎年計画的に収集、整備し、特に消費者問題、生活問題に関わる調査資料は、基礎資料及びカレントな情報資料に分けて、丹念な情報所在調査を行い、収集している。ほかに、新聞情報は全国誌、地方紙の切り抜き資料を、独自のファイリングシステムにより整理、蓄積している。蔵書数は、図書約四万五〇〇〇冊、雑誌六〇種（うち洋雑誌四〇種）、パンフレット・リーフレット四四〇〇点、新聞切り抜き情報五〇〇タイトル、商品テスト資料二八〇〇件、副読本一八〇冊、調査資料四六〇〇件にのぼる図書資料を所蔵している。資料の特色は、国民生活全般の広範囲な図書・調査資料、消費者問題・消費者行政関係資料、商品テスト結果・商品知識関係

㊟〒108―0074
港区高輪三―一三―二二
（国民生活センター七階）
㊟〇三―三四四三―一三八一
㊋JR品川駅西口から歩五分
㊐午前一〇時～正午、午後一時～午後五時
㊡土曜、日曜、祭日
㊓可
㊔可

資料、国民生活関連の各種統計資料等が挙げられる。

刊行書誌――

昭和五〇年の創立五周年に、『蔵書目録　和書』を発行し、以降五年ごとに増加「蔵書目録　和書』を発行して利用に供している。また雑誌については、昭和六一年に「雑誌受入目録」を発行している。ほかに、文献レファレンス資料として、『消費者問題に関する文献目録』(昭五二、五四、六〇)、『生活協同組合関係文献目録』(昭五〇)、『製造物責任に関する文献目録』(昭四八)、『合成洗剤に関する文献目録』(昭五七)、『商品比較テスト品目索引』(昭五四、五五、五六、五九、六一)を発行している。

定期刊行物――

「月刊国民生活」(月刊)、「生活行政情報」(月刊)、「国民生活研究」(季刊)、「たしかな目」(月刊)などが刊行されている。

三康図書館

㊟〒105―0011
港区芝公園四―七―四明照会館ビル一階
㊂〇三―三四三一―六〇七三
Ⓕ〇三―三四三一―六〇八二
㊋都営三田線御成門駅下車徒歩一〇分、
㊌午前九時三〇分～午後五時
㊡土・日曜・祝日
㊑一六歳以上　一〇〇円
㊖可

沿革

明治三五年（一九〇二）に設立された大橋図書館の蔵書を継承して発足。当時の大手出版社・博文館社主の大橋佐平が出願し、嗣子新太郎が大橋邸の一隅に開館した。大正一二年、関東大震災で蔵書九万冊を焼失するが、同一五年九段にて再開するも、昭和二八年に閉館。蔵書は西武鉄道創設者、堤康次郎に引き継がれた。昭和三九年、仏教文化の研究のために増上寺と西武鉄道が共同で、財団法人三康文化研究所を設立。同研究所の附属施設として図書館が昭和四一年に公開となった。三康の名称は、増上寺の正式名称「三縁山廣度院増上寺」の「三」と、徳川家康の菩提寺でもあるので、家康の「康」によるという。

蔵書二一万冊のうち大部分は大橋図書館旧蔵書である。特に戦前の文学、歴史、地誌類が多く、江戸期の絵巻物や黄表紙から児童書、学習参考書、雑誌「太陽」「新青年」など博文館で発行した雑誌のほとんどが揃うなど、他に求められない資料が多い。また戦時中の言論出版統制の中で閲覧禁止処分を受けた「憲秩紊本」一一八九冊も貴重な資料である。また、研究所設立後の図書は、研究所の性格上、宗教、哲学関係書を中心に収集を行っている。

コレクション

椎尾文庫　元増上寺法主、仏教学者、三康文化研究所初代所長・椎尾弁匡（一八七六～

一九七一）収集の仏教書。和書四五〇〇〇冊、漢籍四五冊、洋書二六〇冊。『椎尾文庫目録』（昭五六）がある。

内田文庫　元三康文化研究所幹事、法律家・内田護文（一九〇一〜一九七〇）旧蔵の法律書。明治期から昭和期まで図書四〇〇〇冊、雑誌三〇種からなる。『内田文庫目録』（昭四九）がある。

水哉文庫　元博文館編集局長、旧大橋図書館長・坪谷善四郎（号水哉・一八六二〜一九四九）旧蔵の文学書を中心とする、和書一三七冊。

水蔭作品手沢本集書　元博文館編集部員、硯友社員・江見忠功（号水蔭・一八六九〜一九三四）の著作、および関連書で、和書二三九冊。

杉村随筆文庫　朝日新聞記者、随筆家・杉村広太郎（号楚人冠・一八七二〜一九四五）の旧蔵書で、大正末期から昭和初期までの随筆書二〇八冊。

杉村兄弟文庫　杉村広太郎の子息三兄弟（浩・二郎・時雄）が収集した詩歌、翻訳文学を中心とする和書二五五冊、洋書一一冊。『杉村兄弟文庫目録』（昭八）あり。

ジェトロビジネスライブラリー

沿革

昭和三三年、日本貿易振興会法に基き、日本貿易振興会（Japan External Trade Organization）を設立。海外の経済・貿易動向の調査・研究や、技術交流、国際交流などを行っている。ジェトロにはビジネスライブラリーとアジア経済研究所図書館の二館があり、ビジネスライブラリーでは世界各国の貿易、経済、投資関係など国際ビジネス情報を提供している。

蔵書

蔵書数は図書一三万冊、統計資料九〇〇〇点、一〇五カ国三七〇都市の電話帳、関税率表一三六カ国、海外主要新聞、雑誌九〇〇種。一九八二年以降発行の資料は自由に閲覧できる。

㊟〒105―8466
港区虎ノ門二―二―五　共同通信会館六階
㊫〇三―三五八二―一七七五
Ⓕ〇三―三五八七―〇二一九
Ⓗhttp://opac.jetro.go.jp/index.html
㊈地下鉄銀座線虎ノ門駅下車徒歩六分
㊋午前九時～午後四時三〇分
㊡土・日曜・祝日・第三火曜
㊓一八歳以上
㊗可

自治省図書館

沿革

昭和二七年八月、地方自治庁、地方財政委員会及び全国選挙管理委員会が所管していた図書資料を引き継ぎ、自治庁図書室を設置したのに始まる。さらに、昭和三五年七月「自治省図書館」と改称した。なお、平成一三年一月から、省庁改革法施行法によって「総務省図書館」と再編、改称される（予定）。

蔵書

地方自治、地方行政、地方財政、選挙等の地方自治行政に関する図書資料を重点的に収集している。蔵書数は和図書約二万八〇〇〇冊、和雑誌二〇〇種等からなる。社会科学、特に政治、法律、経済、財政、社会学関係書が大半である。特殊な蔵書としては、各都道府県・政令指定都市例規集・法令集類・立法資料類（「時の法令」等）、公式判例集類（「大審院判決録」等）、判例情報類（「判例時報」等）、判例検索資料類（「判例体系」等）、法律総合雑誌類（「法律時報」等）。

刊行物

収書、図書館案内として、「受入図書・資料月報」『自治省図書館利用のしおり』がある。

㊟〒105―6090
港区虎ノ門二―二―一
㊫〇三―五五七四―七一一一
（内二三五〇）
Ⓕ〇三―五五七四―六二八七
㊯地下鉄銀座線虎ノ門駅歩九分
㊐午前九時三〇分～一二時、午後一時～午後四時三〇分
㊡土曜、日曜、祝日、月末（土曜、日曜のときはその前日）
㊓限定（館長の承認を受けた者）
㊔なし

駐日大韓民国大使館・韓国文化院図書室

沿革

韓国文化院は日本国内における韓国文化紹介の窓口として、昭和五四年に東京・池袋のサンシャイン60ビルに開設して以来、韓国と日本の相互理解を促進するための事業を行ってきた。平成七年港区南麻布に移転し、韓日間の交流の場として役割を果たしている。

蔵書

図書室では『朝鮮王朝実録』『韓国民族文化大百科事典』といった専門学術書から、「合年鑑」をはじめとする年鑑や統計類、小説や料理などの実用書も所蔵。また美術、音楽、舞踊などの月刊文芸誌、韓国の中央紙、在日韓国新聞などが閲覧できる。蔵書数は韓国語資料一万冊、日本語資料二〇〇〇冊、その他五〇〇冊で、収集分野は社会、文化、歴史、観光が中心である。

同院ではほかに、展覧会、講演会、シンポジウム、映像紹介、舞台芸術講演の企画、文化行事の後援など様々な活動をしている。映像サービス室やサランバン（朝鮮王朝時代の男性の部屋を再現したもの）・ギャラリールームも併設していて、映画会やビデオ上映会など随時開催されている。また、映像サービス室ではインターネットで韓国サイトに接続でき、生の韓国を様々な角度から触れられるようにしている。

㊟〒106―0047 港区南麻布一―七―三二 八階
㊫〇三―五四七六―四九七一
Ⓕ〇三―五四七六―四九七六
Ⓗhttp://embassy.kcom.ne.jp/korea/index-j.htm
㊋JR山手線田町駅から都バス二ノ橋下車徒歩一分
㊐午前一〇時～午後五時
㊡土・日曜・祝日・三月一日・七月一七日・八月一五日・一〇月三日
㊓可
㊓可

東京水産大学附属図書館

沿革――

明治二一年に大日本水産会によって設立された水産伝習所が起源。農商務省水産講習所、第一水産講習所を経て、昭和二四年に単独で新制大学となり、管轄が農林省から文部省に移った。水産学部のみの、わが国唯一の水産単科大学である。図書館は水産伝習所図書掛に始まる。

蔵書数は二七万四〇〇〇冊、うち洋書七万三〇〇〇冊、継続受入和雑誌一九六〇種、同外国雑誌七八五種。

コレクション――

岡村文庫　元水産教習所名誉教授岡村金四郎（一八六七～一九三五）の旧蔵書で、藻類関係の和・洋書、雑誌六四三冊。"Catalogue of the Phycological Bibliography in the Library of the Imperial Fisheries List"に収録。

瀬川文庫　元九州大学農学部教授瀬川栄吉（一九〇四～六〇）の旧蔵書を、昭和三八年に東京水産大学創立七〇周年記念会が譲り受け、寄贈したもので、主に水産植物学（分類・生理）、藻類関係の和書二二八冊、洋書二八冊、リプリント版三一〇二点八〇冊。『東京水産大学瀬川文庫目録』（昭四〇）。

チャレンジャー号探検記　一八七二から七六年にC.W.Thomson（一八三〇～八二）に率

㊟〒108―8477
港区港南四―五―七
㊪〇三―五四六三―〇四四二
Ⓕ〇三―五四六三―〇四四五
Ⓗhttp://lib.tokyo-u-fish.ac.jp/

㊋ＪＲ山手線品川駅より徒歩一〇分。モノレール天王洲アイル
㊐午前九時～午後八時（土曜は午後四時）
㊡日曜、祝日
㊓限定
㊢可

いられたイギリス軍艦チャレンジャー号による生物学上最大の探検記録で五〇巻に及ぶ。一八八五～九五年にイギリス政府から刊行されたもの。

中井文庫　中井信隆（一八九二～一九四三）の旧蔵書で、増殖学を中心とする水産学関係書一九三冊。

羽原文庫　元教授、生物学者、漁業経済史学者羽原又吉（一八八二～一九六九）の旧蔵書で、主に近世から明治期にかけての漁村、漁業経営、水産経済、水産学の図書三二六一冊。江戸時代における九十九里地曳網漁業、鰊漁業におけるロシアとの紛争や商業、紀州藩矢倉家の鰹漁業、三崎や相州の漁業権や漁場占有権をめぐる訴訟、捕鯨業経営等の古文書類を多数含む。『羽原文庫資料目録』（昭五二）。

ファルケンベルグ文庫　元ゲッチンゲン大学植物学教授ポール・ファルケンベルグFalkenbergの旧蔵書で、藻類関係図書五二九冊からなる。"Catalogue of the Phycological Bibliography in the Library of the Imperial Fisheries List"に収録。

星野文庫　元日本缶詰協会副会長星野佐紀（一八七二～一九四三）の旧蔵書で、明治末期から昭和前期刊行の製造学を中心とする水産学関係図書五三〇冊。

東京ドイツ文化センター図書館

沿革

世界七〇数カ国に出先機関を持つ、ゲーテ・インスティチュートの東アジア地域代表機関で、ドイツ語教育の助成と、国際文化交流の促進活動を行っている。

蔵書

図書館では、現在のドイツを伝える資料の提供に力を入れており、図書一万八〇〇〇冊のほとんどはドイツ語資料である。ほか、ドイツ語雑誌七〇種、新聞一〇紙、ビデオ、カセットテープ、スライドなどの資料も所蔵している。文学作品のほか歴史、哲学、美術など多くの分野の資料があり（自然科学を除く）、著者名と国際十進分類法のカード検索のほか、オンラインＯＰＡＣ検索もできる。

㊟〒107―0052　港区赤坂七―五―五六ドイツ文化会館二階
㊔〇三―三五八三―七二八〇（代）
Ⓕ〇三―三五八六―三〇六九
Ⓗhttp://www.goethe.de/os/tok/jpbib.htm
㊕地下鉄銀座線・半蔵門線青山一丁目駅下車徒歩五分
㊍水曜・木曜・金曜　正午〜午後七時、土曜　正午〜午後五時
㊡月・火・日曜・祝日
㊑可
㊒可

東京都公文書館

沿革

東京都の公文書、庁内刊行物を網羅・系統的に収集保存し、これらの効率的な利用を図ると共に都に関する修史事業を行うために、都政史料館と総務局文書課の一部機能を統合し昭和四三年一〇月に開設された。当公文書館の大きな節目としては、昭和四七年より『東京百年史』を刊行、同六三年には公文書館法の施行、平成三年からは、マイクロ化事業の本格化、さらに同六年四月からは、都制施行後の三〇年経過文書の一般閲覧を開始している。案内書として『東京都公文書館ガイド』（平一二）があり、詳しい。なお、都政史料館は、明治時代から現在まで継続して行われている修史事業と、東京府・市以来の公文書等を保存する目的で、昭和二七年に新宿区に設置されたもの。

蔵書

明治初年より現在までの東京府文書（二万二四〇〇冊）、東京市公文書（一万二一〇〇冊）、東京都の公文書および都庁内刊行物（一五万六八〇〇冊）、官報、公報、明治史資料など東京に関する公文書一二万二〇〇〇冊、図書資料一三万五七〇〇冊点を収蔵する。江戸から明治に関する資料としては、『江戸雀』『古郷帰の江戸咄』（挿絵・菱川師宣）、写本『藤岡屋日記』（神田にあった書店・藤岡屋主人による幕末江戸の世相見聞録、全巻翻訳版もあり）、『選要永久録』『御府内沿革図書』、築地居留地関係文書、煉瓦建設書類、さらに

(住)〒105—0022
港区海岸一—一三—一七
(電)〇三—五四七〇—一三三四
(F)〇三—三四三二—〇四五八
(交)JR山手線浜松町駅北口（新橋寄り）歩七分
(開)午前九時三〇分～午後四時三〇分
(休)土曜、日曜、祝祭、奇数月の第三水曜日
(利)可（二〇歳以上）、学生可
(複)可（一人一日二〇枚まで）

「東京府文献叢書」の類や八丈島関係の史料（『八丈実記』『八丈島流人帳』『三宅島流人帳』）など多くの稀覯資料が見られる。また、江戸・明治期の地図類も一五〇〇点を蔵する。史料の検索は各分野に従って、それぞれの目録によって行う。レファレンスは口頭・電話・文書いずれにしても可能である。

刊行書誌

目録は『都政史料館所蔵庁内刊行資料目録』（一～五）、『東京都公文書館所蔵庁内刊行資料目録』（六～三〇）、『区市町村参考資料目録』（見取図、地図、予算書）、『都政史料館所蔵東京図目録』（昭和四三年三月三一日現在）、『東京都公文書館江戸図目録』（昭和四六年一月三一日現在）、『御府内備考続編目録』『東京都公文書館蔵書目録（増補改訂版）』（平一一、全三冊）、『東京都公文書館所蔵地誌解題』（一～六・総集編）、『明治期行政文書件名目録　学事編』（明治二八年～三四年）、などがある。ほかに、『東京市史稿』「都史紀要」『東京都行政資料集録』「史料復刻」（同館所蔵史料の翻刻出版）等多数を発行している。

東京都立中央図書館

沿革

昭和四八年一月、それまでの都立日比谷図書館（千代田区日比谷公園一—四）の機能を継承して、広尾の閑静なる有栖川宮記念公園の一角に開館した。地上五階、地下二階のスケールで、日比谷図書館の主な蔵書を受け継ぐ。多数の参考図書を擁し、研究調査・図書資料の探索をするのに相応した内容をもっている。また東京都の公立各図書館への図書の貸出し、書誌情報を提供するなどにより、相互協力センターの役割をも果している。館内は、一般閲覧室・参考室、新聞雑誌室、特別閲覧室、社会科学室、人文科学室、自然科学室、東京室、特別文庫室などに分れており、各目的別に調査・閲覧できるようになっている。なかでも、東京室、特別文庫室は、当館特有のものであり、研究者の利用度も高い。同館は平成八・九年にかけて大規模改修工事を行い、以前の展示室を視力障害者サービスの事務室・対面朗読室等に改装し、それまで一般には公開していなかった講堂を、多目的ホールとして展示用などに活用することとなった。

蔵書

蔵書総数は一四三万六〇〇〇冊（この内、一〇万八〇〇〇冊が郷土資料）、雑誌は一七九〇種、新聞は一二六種、年間総予算は一一億五二〇〇万円にのぼる。なお、所蔵図書のうち二〇万冊以上を開架としており、この面からも利用者への便が計られる傾向にあると

㊟〒106—0047
港区南麻布五—七—一三
㊢〇三—三四四二—八四五一
Ⓕ〇三—三四四七—八九二四
㊫地下鉄日比谷線広尾駅歩八分
㊐午前九時三〇分～午後八時（月曜は午後一時から午後八時、土曜・日曜・祝日・休日は午前九時三〇分から午後五時まで）
㊡第二木曜、第三日曜
㊒利用は一六才以上の方
㊛不可（個人）
㊝午前一〇時～午後六時三〇分（月曜は午後一時三〇分から。土曜・日曜・祝日は午前一〇時～午後三時三〇分）

いえよう。雑誌のバックナンバーは閉架式をとっており、日常の複写申し込みは相当多いものと思われる。

コレクション――

加賀文庫　加賀証券頭取、愛書家の加賀豊三郎（一八七二～一九四四、大阪府出身）旧蔵の名家自筆本、評判記、江戸期漢詩文、黄表紙・洒落本など近世文学研究のための貴重資料約二万四〇〇〇点。買上本。専門家のみならず、誰でも申し込みにより閲覧できる。内容は『加賀文庫目録』（昭三六）に詳しい。

東京誌料（特別買上文庫）　大正四年、大正天皇の即位に因んで一〇万円を基金に収集が始められ、坪谷善四郎の提案もあり、昭和一九年まで続いた。由く「江戸開府以来、明治になるまでの、東京市研究に必要な良書を収集」とされる。蔵書数は四万三三〇〇冊。江戸～明治期の広義の江戸関係資料といえる。元禄江戸図、武鑑、錦絵、江戸城築城文書、法制・経済にも及ぶ。内容は『東京誌料分類目録』一、二、索引（昭三四～三六）、館報「ひびや」一一号（昭三三）に詳しい。

諸橋文庫（特別文庫）　漢学者・諸橋轍次（一八八三～一九八二）が収集した漢籍および和書二万冊。『諸橋文庫目録』（昭三七）に詳しい。館報「ひびや」一八号（昭三四）に紹介がある。

実藤文庫（特別買上文庫）　元早稲田大学教授・実藤恵秀（一八九六～一九八五）が集めた日中関係史資料。『実藤文庫目録』（昭四一）に詳しい。館報「ひびや」一七号（昭三四）に紹介がある。

青淵論語文庫　元蔵相、日銀総裁の渋沢敬三（一八九六〜一九六三）が、祖父渋沢栄一の論語文庫を、関東大震災で消滅したのを惜しみ、新たに収集した。論語を中心として四書類の正文、古注、朱注、注釈、擬本など八三一部五七四九冊。内容は『青淵論語文庫目録』（昭四六）に詳しい。

井上文庫　井上哲次郎（一八五五〜一九四四）の収集した中国思想・日本思想・仏教関係書など哲学・宗教部門の二万四二七六冊。戦時特別買上図書（昭一九、二〇購入）。『井上文庫目録』（昭三九）に和装本のみ紹介。

現代歌集　元日比谷図書館長・土岐善麿（一八八五〜一九八〇）の寄贈書を基に、特別文庫を除く成人用図書の中から、現代歌人の歌集三〇〇〇冊を収蔵したもの。出版年代は昭和期（戦後）が中心。『東京都立日比谷図書館所蔵現代歌集目録』（昭四二）がある。

諸家拓本・中国朝鮮（特別買上文庫）　市村瓚次郎ほか四名の収集になる拓本四〇五点（中国・四〇二点、朝鮮・三点）。『特別買上文庫目録・諸家拓本（中国・朝鮮）』（昭四九）に詳しい。

諸家漢籍（特別買上文庫）　文求堂書店店主・田中慶太郎、乾郎父子旧蔵の漢籍および準漢籍を中心に、安藤正次氏ほか三四名の収集になる二七〇八冊。『特別買上文庫目録・諸家漢籍』（昭四六）に詳しい。

木子文庫　木子清忠家伝来の、江戸中期以降の社寺・御所等の建築図・工匠関係の建築資料二万九〇〇〇点。『木子文庫目録』第一～三巻（平七～九）に詳しい。

東京室　日比谷図書館設立と同時に設けられた東京に関するすべてを網羅した閲覧室。郷土資料、東京都の行政資料、図書、新聞雑誌、地図、パンフレット、点字公報などを収集している。明治期以降が収集の対象。図書九万一二〇〇冊、雑誌六五二種、新聞二八四種、ほかに、ポスター、パンフレット、リーフレット。『東京都立中央図書館東京資料目録』（一九九六・九現在）により検索する。同室で毎月受け入れた資料は「東京室月報」（創刊は昭和五〇年一〇月から）に掲載。

諸家図書（特別買上文庫）　中山久四郎、安藤正次ほか三四名の収集になる朝鮮通信使関係資料、蜂屋茂橘雑筆、雑編、岡鹿門自筆草稿、中村守臣・守手自筆草稿など、江戸から明治期にわたる日本文学・歴史・地理・国書一万六一三〇冊。『特別買上文庫目録・諸家国書言語文学』（昭四三）、『同・絵記その他』（昭四四）に詳しい。

諸家書画（特別買上図書）　渡辺金造（一八七四～一九六五）ほか七名の収集による江戸後期から現代の書画九四一点。一枚物、軸装、扇面を収める。『特別買上文庫目録・諸家書画』（昭四九）に詳しい。

渡辺刀水旧蔵書簡（特別買上文庫）　元陸軍中将・渡辺金造（一八七四～一九六五）旧蔵の江戸後期～昭和一九年頃の日本人の書簡八五一六点。『東京都立中央図書館蔵渡辺刀水旧蔵諸家書簡目録』（昭六一）がある。

河田文庫　元大蔵大臣・河田烈（一八八三～一九六三）の収集による和書・漢籍一八九

二冊。佐藤一斎、河田迪斎および河田貫堂の著作・日記（写本）、狩谷棭斎の書入本が主なもの。『河田文庫目録』（昭三七）に詳しい。

近藤記念海事財団文庫　元日本郵船社長・近藤廉平（一八四八～一九二一）の収集による書籍一四五五冊。海運、航海、漂流記、海事史、海運行政等に関する文献に特色がある。『近藤記念海事財団文庫目録』（昭四一）に詳しい。

市村文庫（特別買上図書）　元東大名誉教授・市村瓚次郎（一八六四～一九四七）収集の東洋史関係和漢文献三万一七五冊と茨城県関係図書。『市村文庫目録』（昭三八）に詳しい。館報「ひびや」五四号に紹介がある。

ＯＥＣＤ資料　ＯＥＣＤ（経済協力開発機構）で出版される図書、年鑑、雑誌その他を、その刊行ごとに送付寄託されている。現在、約九〇〇冊所蔵。

刊行書誌（近年刊行の主のもの）

『東京都立中央図書館蔵書目録一九八五～一九八八』総記・哲学・歴史（平三）、芸術・語学・文学（平三）、社会科学（平四）、自然科学・工学・産業（平四）。『東京都立中央図書館逐次刊行物目録』新聞雑誌（平一〇）、年鑑年報（平七）等多数が刊行されている。

定期刊行物――――

「東京都立図書館事業年報」「東京都立中央図書館報ひびや」「東京都立中央図書館研究紀要」等。

日本学術会議図書館

㊟〒106−0032
港区六本木七−二二−三四
㊫〇三−三四〇三−六二九一
（内二六〇）
Ⓕ〇三−三四〇三−一九八二
㊰地下鉄千代田線乃木坂駅
（青山霊園口）歩一分
㊐午前九時三〇分〜午後五時三〇分
㊡土曜、日曜、祝日
㊒限定（館長の承認を得た者）
㊑原則として不可

沿革

わが国科学者の内外に対する代表的機関である日本学術会議は、昭和二四年一月、総理府の機関として発足。その際、明治一二年創設の帝国学士院と大正九年創設の学術研究会議を吸収し、両方の任務を引き継ぎ、三五種に及ぶ英文の学術雑誌を発行し、諸外国の研究機関等と活発な文献文換を行ってきた。図書館は、二機関の外国雑誌を含む約一〇万点を越える学術文献を継承し同会議の図書室としてスタートし、昭和二八年二月、日本学術会議図書館となった。同三一年帝国国士院は日本学士院と改められ、日本学術会議から分離して文部省の所管となった。同館は、学術に関する専門図書館として、内外の学術体制、学術動向、科学政策に重点を置いて資料の収集を行っている。

蔵書

日本学術会議の審議資料、同会議が加盟または連絡対応している国際学術団体の資料及び国内外の学術体制、教育、科学技術政策関係の資料、その他当会議運営に必要な資料が主体であり、蔵書の特色になっている。蔵書数は、和図書約三万六〇〇〇冊、洋図書約一万八〇〇〇冊、和雑誌約一一五〇種、洋雑誌約二〇〇種を数える。

コレクション

学術研究会議資料　日本学術会議の前身・学術研究会議が集めた資料で、Japanese

Journal of Botany Vol.1(1923)〜Vol.13(1948)、英国学術研究会議参列報告書（長岡半太郎ほか、昭和八年）、原子爆弾災害調査報告書（昭二六、二八年）などがある。

学術体制刷新委員会関係資料　昭和二二年発足の学術体制刷新委員会が、戦後の学術体制につき日本学術会議法案をとりまとめて、当時の内閣総理大臣へ答申するに至るまでの会議速記録と審議資料である。

各国アカデミー資料　National Academy of Sciences (U. S. A), The Royal Society(u. k)等の世界各国のアガデミー／カウンシルが刊行した Annual Report/Yearbook 類を所蔵している。

国際学術団体資料　ＩＣＳＵ（国際学術連合会議）、そのほか、当会議が加入している四六団体の、Yearbook/Annual Report, Constitution 等を所蔵している。日本において、これほどの各国アカデミー、国際学術団体資料を集書した機関・団体は他になく、充実した内容となっている。

会議資料・委員会成果物　当会議の総会、運営審議会、部会、特別委員会、研究連絡委員会等の審議資料及び委員会主催のシンポジウムや講演会の報告書（成果物）を保管している。

その他のコレクション―

主催国際会議記事録類、代表派遣国際会議出席報告書、日本学術会議会員寄贈図書、『福沢全集』『続福沢全集』（明治一二年創立の帝国学士院の初代会長の福沢諭吉の全集。

大正一五、昭和八年刊)。

刊行物(主なもの)――『日本学術会議図書館蔵書目録』一、二(昭五四)、『文学・哲学・史学・文献目録』一～一〇(昭二七～三五)、『文科系文献目録』一一～三一(昭三六～六一、継続)、『日本学術会議図書館所蔵地質学・地理学関係資料目録一九五八年七月一日現在』『我が国における学術団体の現状』(平六)、『全国学術研究団体総覧　平成五年』(平五)等多数発行。

明治学院大学図書館

沿革——

明治学院創立の源流は文久三年に造られた横浜のヘボン塾とブラウン塾である。

現図書館の前身は明治一〇年一一月に築地外国人居留地に開室した東京一致神学校図書室であり、明治一三年九月開室した築地大学校書籍縦覧所が、明治一六年九月東京一致英和学校図書室となり、明治二三年六月東京一致神学校図書室と東京一致英和学校図書室が合併し、明治学院神学部校舎兼図書館として現記念館が白金に建てられた。普通学部卒業生島崎藤村の作品「桜の実の熟する時」の中に「新しく構内に出来た赤煉瓦の建物」がそれであり、一部は神学部の教室、一部（二階）は図書館に用いられた。「歴史科を受け持つ頭の禿げた亜米利加人の教授が主任のライブラリアン」であったことを藤村は書いている。また「吾が生涯の冬」には「私は毎日図書館に這入って暮らした。其の時分の明治学院の図書館と云えば、京都の同志社のそれと並んで、私立学校中では有数のものであった。大抵は外国の教師から寄贈したもので、先ずセキスピア全集、ヂケンズの書簡集、其の他、いろいろの伝記やら、小説やら、其の時分としては、兎に角文学書類が数多く備わって居た」。また賀川豊彦の「死線を越えて」を読むと、講義にはさっぱり出ないでこの図書館の書物を片っ端から読破していったことが書かれている。昭和五年になると神学部は東京神学社と合併し、日本神学校となる。このため明治学院の神学関係の蔵書の多くは日本神

(住)〒108―8636
港区白金一―二―三七
(電)〇三―五四二一―五一七七
(F)〇三―五四二一―五一七八
(H)http://www.meijigakuin.ac.jp/˜tosho/
(交)JR目黒駅（山手線）から都バス「大井競馬場」行乗車、「明治学院前」下車。（バス、七、八分）
JR品川駅（山手線・京浜東北線）から都バス「目黒駅」行に乗り、「明治学院前」下車。（バス七、八分）
JR五反田駅から、都バス「溜池駅」行に乗り、「明治学院前」下車。（バス、五分）
都営地下鉄高輪台駅（浅草線＝1号線）下車、徒歩約五分。
(開)午前九時～午後九時一〇分（土曜は午後七時四〇分まで）
(休)日曜・祭日
(利)限定
(複)可

学校に移管となり、今日の東京神学大学の蔵書の一部となっている。その後、新サンダム館やランディス館を高等商業部や高等学部の図書館として利用した。明治学院大学図書館となったのは昭和二四年四月の新制大学発足と同時である。最初の大学図書館は現記念館の建物を利用して発足した。その後、昭和二九年一一月開館の鉄筋コンクリート二階建の旧大学図書館をへて、平成五年一〇月開館の地下二階地上七階の現図書館に移り今日に至っている。他に分館として、横浜市戸塚に教養課程一・二年生と国際学部生・国際学部大学院生用の昭和六〇年開館の横浜校舎図書館がある。蔵書は文学部（英文・仏文・芸術・心理）経済学部（経済・経営）社会学部（社会・社会福祉）法学部（法律・政治）に対応した人文・社会科学系の洋書・洋雑誌・和書・和雑誌を揃えている。蔵書数は和書三四万冊、洋書二六万冊、和雑誌二六〇〇種、紀要三〇〇〇種、洋雑誌二七〇〇種に及ぶ。

コレクション――

中山昌樹文庫　ダンテの研究家故中山昌樹教授（一八八六～一九四四）の蔵書約二〇〇〇冊。この文庫にはダンテに関する戦前の、世界の標準的な文献を揃えている。また、カルヴィンの文献、アウグスチヌスの研究文献、ギリシャ古典、スピノザの全集、ヘンリー・ニューマンの全集などがある。

沖野岩三郎文庫　小説家沖野岩三郎（一八七六～一九五六）の寄贈によるもので、蔵書数約六〇〇〇冊その内、八巻に及ぶ巻物には、賀川豊彦の「死線を越えて」の原稿、有島武郎、与謝野晶子、巌谷小波、芥川竜之介、阿部磯雄、菊池寛、内村鑑三、馬場孤蝶等の書簡が集められている。特に大石誠之助等の「大逆事件関係者の獄中書簡」は日本社会主義史の文献として貴重である。

堀田善衛文庫　小説家堀田善衛（一九一八〜九八）の旧蔵書の内、洋書四八〇冊を所蔵している。内訳はゴヤ、モンテーニュ、ラ・ロシュフーコー公爵、カタリ派およびスペイン関係の洋書で占められている。

澤田慶輔文庫　東京大学名誉教授で教育心理学者澤田慶輔（一九〇九〜九五）の旧蔵書の内、洋書の心理学、教育心理学関係のコレクション。

賀川豊彦文庫　賀川豊彦（一八八八〜一九六〇）はキリスト教社会運動家として世界的にも有名であるが、その蔵書、和書約四八〇〇冊、洋書約三七〇〇冊は遺族の好意により明治学院大学図書館に寄贈されたが、現在は賀川豊彦記念松沢資料館に貸出し中となっている。内容は哲学、歴史、社会科学、自然科学、工学、産業、芸術、語学、文学と多岐にわたっている。

野島記念三神文庫　野島進の寄付金とシェークスピアの翻訳者・研究家で名誉教授の三神勲（一九〇七〜九七）の寄贈による文庫で、特にシェークスピアを中心とした英国戯曲関係の研究洋書が多いコレクションである。

秦庄吉文庫　名誉教授秦庄吉（一八七一〜一九五七）の滞米四〇年間の収集にかかるもので神学書、特に英米の神学書の主要なものをすべて網羅した二〇〇〇冊のコレクション。

遊佐文庫　社会事業家遊佐敏彦の蔵書の一部で、社会福祉文献のコレクション。

村田四郎文庫　初代学長で名誉教授であり、神学者の村田四郎（一八八七～一九七一）のキリスト教関係和書と洋書からなるコレクション。
その他、天達忠雄文庫（社会主義・労働関係和書）、高野史郎文庫（社会福祉関係和・洋書）、江川文庫（ステンドグラス関係洋書）がある。

国立教育研究所教育情報・資料センター教育図書館

㊟〒153―0064
目黒区下目黒六―五―二二
㊫〇三―五七二一―五一五〇
Ⓕ〇三―五七二一―五一六四
㊮JR目黒駅西口からバス大岡山小学校行目黒消防署前下車歩五分、または東急東横線学芸大学駅歩一五分
㊓午前九時三〇分～午後四時三〇分
㊡土曜、日曜、祝日、月末日（休日と重なる日はその前日）
㊑可
㊕可

沿革

国立教育研究所は、昭和二〇年一〇月教育実践の根本的改新を目ざして設立された国立教育研修所を改編拡充して、同二四年六月文部省所管の唯一の教育に関する総合的な研究機関として発足した。附属教育図書館は、国立教育研究所設立の際、教育研修所図書館の蔵書約七万二〇〇〇冊を継承して「資料部図書館」が設けられ、所員への図書・資料の提供サービスのほか、一般公開も実施し、我が国における最初の教育専門図書館として設立された。以後図書館活動を続けてきたが、平成元年、本研究所の改組、再編に伴い、「教育情報・資料センター教育図書館」となり、現在に及んでいる。

蔵書

内外の教育関係図書のほか、教育関係の人文・社会科学関係書、江戸時代の往来物から現代に至るまでの我が国の小・中・高教科書、各地方教育研究所の刊行物、各大学教育関係の紀要類からなり、特色ある内容となっている。同館のもう一つの特色は、蔵書の諸索引、文献目録類を多数作成し、整備されており、利用の便をはかっている。蔵書数は、和図書約三三万冊、洋図書約七万冊、和雑誌一五〇〇種、洋雑誌約五〇〇種、和洋新聞約二〇種、ほかマイクロ資料（戦前教科書約三〇〇リール、近・現代教育史約六〇〇リール）などの多数にのぼる。

コレクション──

今井文庫　基督教牧師・今井三郎が収集したキリスト教社会学関係の洋書一三〇〇冊。内容は『国立教育研究所附属図書館蔵書目録　洋書の部　哲学・心理・宗教』（昭四五）に詳しい。

安西文庫　元日本大学講師、日本医学史研究家・安西安周（一八八九～一九七四）旧蔵の天保期から大正時代にかけての日本医学史料一八〇〇冊。内容は『国立教育研究所附属教育図書館蔵書目録　和書の部総記（安西安周文庫目録）』（昭三八）に詳しい。

中田俊造文庫　教育学者・中田俊造（一八八一～一九七一）旧蔵の大正時代から昭和期にかけての社会教育関係、とくに視聴覚関係の和書五七〇冊、洋書四冊、その他二五点は、昭和四六年に寄贈されたもの。内容は『国立教育研究所附属教育図書館蔵書目録　和書の部総記（田中耕太郎旧蔵教育関係文書目録・中田俊造文庫目録）』（昭四九）に詳しい。

田中耕太郎旧蔵図書資料　元文部大臣、最高裁判所長官・田中耕太郎（一八九〇～一九七四）旧蔵の教育関係文書（自身の話文、自筆草稿など）一三九点、旧蔵者の著作を中心とする教育関係図書（和書六八冊、洋書五〇冊、文書一三九件）。内容は『国立教育研究所附属教育図書館蔵書目録　和書の部総記（田中耕太郎旧蔵教育関係文書目録・中田俊造文庫目録）』（昭四九）に詳しい。

河村文庫　元国民精神文化研究所、国立教育研究所所員、河村只雄（一八九三～一九四〇）旧蔵の図書二七九冊、雑誌六〇冊。昭和初期の内務、外務、文部の各省及び参謀本部

発行の左翼思想関係資料を中心とした社会学関係資料。内容は『国立教育研究所附属教育図書館蔵書目録和書の部　社会科学Ⅲ　社会学・付河村只雄文庫目録』（昭四八）に詳しい。

教科書　昭和二五年三月、国立国会図書館支部上野図書館から、明治初年より終戦時までの教科書約五万冊の移管を受け、これを基に戦後検定教科書を収集し、充実に努めた結果。江戸時代（往来物）以降現代に至るまでの我が国の小・中・高教科書類八万六〇〇〇冊を収蔵したコレクションとして知られる。

教育関係図書資料　内外の教育関係図書約六万五〇〇〇冊で、蔵書の中核をなすもの。その中には、昭和五三年文部省図書館より移管を受けた教育関係文献一万六五〇〇冊のほかに、文部省学術国際局から科学研究費刊行助成金により、毎年出版された学術図書の寄贈本が含まれている。

戦後教育改革期資料　共同研究「戦後教育資料の収集に関する研究」を行った戦後教育資料収集委員会（代表・日高第四郎）が収集した昭和二〇年から同二七年までの資料群約二〇〇〇点。戦後の教育改革に関する法律、命令、規則、通達として制定及び公表されたもの、またはその課程、事情を示す文書類が多数含まれている。内容は『戦後教育資料総合目録』（昭四〇）に詳しい。

地方教育資料　地方各自治体の教育研究所や教育委員会などの刊行物のほか、小・中・高校、各種教育研究団体などが発行する研究資料約三万四〇〇〇冊を蔵する。それらは、いわば地方での教育実践面の生きた資料が全国的に集められたもので、大学図書館では見られないため、卒論用にとわざわざ調べにくる大学生が多いという。

外国教育資料　ユネスコをはじめとする外国の教育研究機関との資料交換、寄贈によるもの約一万二〇〇〇冊がある。

数学教育関係資料　日本数学教育学会が創立五〇周年を記念して、国立教育研究所に寄贈した資料であり、内外の数学教育のあり方について書かれたものや教科書など一万冊にのぼる

その他のコレクション――

厚沢留次郎文書、石川準吉文庫、石川二郎文書、福間敏矩文書、本田弘人文書がある。

刊行書誌――

『国立教育研究所附属教育図書館蔵書目録』和書の部（昭三三～五〇、全八冊）、洋書の部（昭三三～四六、全四冊）、『漢籍簡明目録』（昭四四）、『日数教寄贈図書目録』（昭四六）、『教育文献総合目録』第一～三集（昭二五～四二）、『国定教科書内容索引　尋常科修身・国語・唱歌篇』（昭四一）、『教科書検定総覧』（昭四三～四六、全四冊）、『中学校国語教科書内容索引』上、下巻（昭二四～六一、二冊）等多数刊行。

定期刊行物――

「教育研究論文索引」一九八八年版～（年刊、「教育索引」の改題誌で東京法令出版から発行）。ほか、昭和五二年度に、最初の「理工学」系外国雑誌センター館に指定された。

東京工業大学附属図書館

沿革――

明治一四年東京蔵前に設立された東京職工学校を前身とし、東京工科学校、東京高等工業学校を経て、昭和四年に官立の工業単科大学となった。大岡山キャンパスに理学部と工学部、横浜市の長津田キャンパスに生命理工学部を置く。図書館は東京職工学校に置かれた図書室に始まる。現在は本館と長津田分館からなる。

蔵書数は七四万冊、うち洋書四一万冊、継続受入和雑誌二三一三種、同外国雑誌三四四一種。

コレクション――

科学史技術史資料集成 一七～一九世紀を中心にした欧米の科学史、技術史、科学方法論の基本コレクション。ラテン語版のアリストテレス全集、同アヴィケンナ全集、一七世紀のボイル全集、一八世紀のオイラー全集、一九世紀のガウス全集、二〇世紀のベーテの原子核物理学論文集、ヘッケルの形態学論等の科学の古典、ナイト編纂の一九世紀化学史関係資料集、グメリンによるルネサンスから一八世紀までの化学史、"The Yearbook of Facts in Science and Art, 1866-1880"のリプリント版などからなる。

電気・磁気学古典コレクション アメリカの電気工学研究者で、データプロダック社創設者Erwin Tomashが収集したコレクションで、一六世紀から二〇までの電気・磁気学の古

㊟〒152―8550
目黒区大岡山二―一二―一
㊫〇三―五七三四―二〇九七
Ⓕ〇三―五七三四―二九七九
Ⓗhttp://www.libra.titech.ac.jp
㊋東急目蒲線・大井町線大岡山駅より徒歩三分
㊐平日は午前九時～午後九時、土曜は午前一〇時～午後五時、日曜・祝日は午後一時～午後五時
㊡年末年始、夏季の一定期間、他
㊝限定
㊖可

典一四〇点。主要な貴重書に次のようなものがある。Barlow, William "Magnetical advertisements"は羅針盤の改良方法について記述したもので、一六一六年にロンドンで出版された初版本。Franklin, Benjaminの生存中最後の版で、最終的な思想が反映されているといわれている"Experiments and observations on electricity, 1774"。オームの法則がはじめて公表されたOhm, Georg. Simon "Die galvansiche Kette mathematisc bearbeitet"の一八二七年の初版本。

刊行書誌――

『東京工業大学学術雑誌目録　一九八二年版』（紀伊国屋書店発売、昭和五八）

東京大学教養学部図書館

沿革

昭和二四年に、旧制一高附属図書館を、教養学部図書室として吸収合併した。

蔵書数は九四万五〇〇〇冊、うち洋書四七万六〇〇〇冊、継続受入和雑誌一八〇〇種、同外国雑誌一七六九種。

コレクション

江戸古版本　堀切守之助の収集になる洒落本、名所図会を中心とする江戸時代の文学関係の刊本二三七冊。

岡本文庫　元第一高等学校ドイツ語教授岡本信二郎（一八七八～一九四一）の旧蔵書で、哲学、日本文学、絵画関係の和・洋書二〇〇五冊。

狩野文庫　元一高校長狩野亨吉（一八六五～一九四二）の日記、来簡。日記・書簡類一六四点、書画など六点。

河合文庫　元教授で社会思想家、経済学者河合栄次郎（一八九一～一九四四）の旧蔵書。ヨーロッパ社会思想、政治学、経済学を中心とする和書一五〇〇冊、洋書三五〇〇冊。

木谷文庫　演劇評論家木谷蓬吟（一八七七～一九五〇）の収集になる幕末・明治の浄瑠璃本など一六〇点。竹本弥太夫の日記帳一〇〇冊は特に貴重である。

黒木文庫　元旧制東京高等学校教授で浄瑠璃研究家、国文学者黒木勘蔵（一八八二～一

㊟〒153―8902
目黒区駒場三―八―一
㊟〇三―五四五四―六〇八七
Ⓕ〇三―五四五四―四三三八
Ⓗhttp://lib.c.u-tokyo.ac.jp/
㊟
㊟平日は午前九時～午後九時、土・日曜は正午～午後六時
㊟祝日（土・日曜と重なる日を除く）
㊟限定
㊟可

九三〇）の収集にかかる近世邦楽関係資料など二〇〇〇冊。

新渡戸先生記念図書　新渡戸稲造（一八六二～一九三三）記念事業として収集された宗教学、キリスト教関係の洋書一四一冊。

東久邇殿下御下賜本　戦争処理のためはじめての皇族内閣を成立させた東久邇稔彦（一八八七～一九〇〇）の申し出により、滞仏していた第一高等学校教授でフランス文学者の内藤濯（一八八三～一九七七）が収集したフランス語図書三〇七冊を収めたもの。

東京都近代文学博物館

沿革

東京都が、わが国の近代文学に関する資料を収集、保管、展示して、都民の利用に供し、教養・学術・文化の発展に寄与することを目的として、昭和四二年四月、駒場公園内の旧前田公爵邸に開館した。旧前田邸は、戦後一時アメリカ極東軍司令官の官邸として接収され、昭和三九年東京都の所有となった。平成元年度に修復工事を施工し、平成三年三月に東京都有形文化財（建造物）に指定されている。修復工事を契機として、「東京文芸復興展」「文学の巨匠」「森鷗外展」「東京ゆかりの文学者たち」などの展示を開催してきた。なお、同敷地には日本近代文学館（別掲）がある。

収蔵品

近代文学に関する図書、雑誌、作品の初版本、作家の原稿、書簡、筆蹟、遺品、絵画、色紙、短冊、写真、拓本などの収集を行っている。蔵書数は、和図書約三万四〇〇〇冊、和雑誌約七万五〇〇〇種、和新聞約二三〇種、原稿約一九〇〇点、書簡・葉書一九〇〇点、色紙三五〇点、短冊三一〇点、絵画二三〇点、書一六六点、遺品三〇点、拓本一七〇種、写真約一二〇〇点、その他六〇〇点にのぼる。中には、芥川龍之介、森鷗外、尾崎紅葉、正岡子規、夏目漱石など約三〇人の自筆原稿がある。

㊟〒153—0041
目黒区駒場四—三—五五
㊆〇三—三四六六—五一五〇、五四八二
Ⓕ〇三—三四六六—五一九五
㊜京王帝都井の頭線駒場東大前駅歩一〇分、または小田急線東北沢駅歩一〇分
㊇午前九時〜午後四時三〇分
㊡第一、三月曜、展示替期間
㊇無料
㊇限定（必ず事前に連絡のこと）

コレクション

武者小路実篤文庫（白樺派関係）、斎藤阿具文庫（夏目漱石関係）、宇宿四郎文庫（夏目漱石関係）、神谷瓦人文庫（図書・俳句雑誌・句集・短冊・写真・遺品等約一〇万二〇〇〇点、書目『神谷瓦人文庫目録』〈平七〉）、中尾寿美子文庫（書目に「中尾寿美子文庫資料目録（雑誌を除く）」〈「館報　駒場野」四二号所収〉）など。

刊行書誌

『東京都近代文学博物館所蔵資料目録』第一～一二集（平元～九）、「資料目録（追加）」（「館報　駒場野」毎号の巻末に所収）。

定期刊行物

「館報　駒場野」（年刊、昭和五〇年三月～）。

事業

一九二〇年代の面影を復元した展示室の常設展のほか、特別展示、コーナー展示を行っている。また、文学講座、都内の文学史蹟めぐり「文学散歩」などの行事も行っている。

東京都写真美術館図書室

㊟〒153—0062
目黒区三田一—一三—三（恵比寿ガーデンプレイス内）
㊫〇三—三二八〇—〇〇三一
Ⓕ〇三—三二八〇—〇〇三三
Ⓗhttp://www.tokyo-photo-museum.or.jp
㊇JR山手線恵比寿駅東口歩八分、または営団地下鉄日比谷線恵比寿駅歩一〇分
㊐午前一〇時～午後六時（閉架資料の請求受付は午前一〇時～午前一一時三〇分、午後一時～午後五時三〇分）
㊡月曜（祝日または振替休日の場合はその翌日）
㊕可（図書室利用は無料）
㊋可（午前一〇時～午前一一時三〇分、午後一時～午後五時三〇分）

沿革

平成二年六月、写真・映像に関する総合美術館として、恵比寿サッポロビール工場跡地の近くに第一次（暫定）開館した。平成七年一月、現在地の恵比寿ガーデンプレイス内に新たに館を建設し、第二次（総合）開館した。わが国初の写真総合美術館である。国内外のすぐれた写真を収集、展示するとともに、図書の閲覧、保存、修復、調査、研究を行い、写真文化の中心センターとしての役割を果している。収蔵作品には、秋山庄太郎、石元泰博、植田正治、木村伊兵衛、名取洋之助、奈良原一高、林忠彦、W・H・F・タルボット、ル・グレイ、E・J・マレ、アンセル・アダムス、W・ユージン・スミス等の作品がある。施設内は、地下に映像展示室、二階が企画展示室、三階は常設展示室、四階が図書室等。

蔵書

同館付設の図書室は、写真・映像に関する専門図書室として、国内外の写真集・作品集を中心に、評論や写真史、映像史に関する図書、技法書、展覧会カタログ、専門雑誌、AV資料などを収集、保管し、広く一般に無料（展示場は有料）で公開している。現在の蔵書数は三万二〇〇〇点。将来的には一〇万点の収集を目指している。

定期刊行物

「東京都写真美術館ニュース」（月刊）

日本近代文学館

沿革

昭和三七年、近代日本文学資料の収集、保存のために伊藤整、高見順、小田切進らを中心に、近代文学館設立準備委員会が結成され、同四一年、現在の地に建物が竣工し、翌四二年に開館した。一二三の個人寄贈によるコレクションが特徴で、書簡、自筆原稿など特別資料が多い。蔵書数は、明治から現代までの日本の近代文学関連資料が、図書三九万冊、雑誌五五万冊にのぼる。閉架式で書名、著者名ごとのカード目録で検索する。

また、講演会、朗読会など文学行事や、文学資料の復刻・出版も行っている。

コレクション

芥川龍之介文庫　芥川龍之介（一八九二〜一九二七）の旧蔵書、遺品、遺稿など芥川家から寄贈されたもの。洋書六三八点、和漢書四六五点、特別資料八〇点、漢籍一八八点。書き込みのあるのも多い。目録は『芥川龍之介文庫目録』（昭五二）がある。

社会文庫　元社会党委員長・鈴木茂三郎（一八九三〜一九七〇）が収集した、社会主義運動関係資料一万三四五五点。幸徳秋水、堺利彦、片山潜に関する原稿、書簡など特別資料八五三点、図書四四五七冊、雑誌三〇一種、新聞四〇種。目録は『社会文庫目録』（昭五七）がある。

高見順文庫　同館初代理事長、作家高見順（一九〇七〜六五）の旧蔵書。主要作品のほ

㊟〒153―0041
目黒区駒場四―三―五五
区立駒場公園内
㊟〇三―三四六八―四一八一
Ⓕ〇三―三四六八―四一八五
Ⓗhttp://www1.odn.ne.jp/bungakukan/
㊛京王井の頭線駒場東大前駅下車徒歩七分、小田急線東北沢駅下車徒歩七分
㊟午前九時三〇分〜午後四時三〇分
㊡日・月曜・第四木曜・二月と六月の第三週
㊟一八歳以上・身分証明書提示・入館料三〇〇円
㊟可

とんどを含む草稿二一〇点、書簡四四〇〇点、全蔵書にあたる図書一万三一四二冊、戦前戦後の文芸同人誌、総合雑誌などの雑誌類一七〇〇種、小学校時代の図画や東大時代のノートなど遺品類六五点。目録は『高見順文庫概要』（昭五二）。

式場隆三郎文庫　式場隆三郎が収集した白樺関係コレクション。図書八八八冊、雑誌一六種、特別資料一六点。目録は『式場隆三郎文庫目録』（昭五四）。

野村胡堂文庫　野村胡堂の旧蔵書。図書二〇二〇冊、雑誌五三種、雑誌きり抜き等六五点。目録は『野村胡堂文庫概要』（昭五三）

谷崎潤一郎文庫　ジャーナリスト・橘弘一郎（一九〇四〜六七）が収集した谷崎潤一郎文献のコレクション。初版美本、全集、文庫、外国語版など図書五〇一冊、雑誌三三種、切り抜き等一四二点。目録は『谷崎潤一郎文庫目録』（昭五七）

そのほかのコレクション

森鷗外文庫、二〇〇〇点。中里介山旧蔵資料、一万点。深尾須磨子文庫、二〇〇〇点。藤沢衛彦旧蔵資料、三〇〇〇点。植松寿樹文庫、一五〇〇点。品川力文庫など。

刊行書誌――

『日本近代文学館所蔵資料目録一〜二五』（昭五二〜平九）

防衛研究所図書館史料閲覧室

沿革

防衛研究所は、昭和二七年八月、保安研修所として設立された。同二九年自衛隊の設立にともない防衛研修所と改められ、さらに、同六〇年に現在の防衛研究所となった。図書館は、保安研修所時代の、教務課図書係の管理の下に「図書室」が置かれたのに始まる。昭和五五年四月、防衛庁附属機関の改組により、教育部教務課図書係と戦史部企画班史料係が統合され、新たに「図書館」が設立された。同図書館は、防衛、軍事に関する図書・資料を蔵した専門図書館であると共に、歴史的に貴重な陸海軍史料を国立公文書館の公開要領に準じて、広く国民に開放し、一般の利用に供している。

蔵書

蔵書の構成は大きく三つからなる。昭和三三年四月、終戦時米国に接収されていた陸海軍史料の返還史料と自ら収集した史料、これに、昭和三〇年七月厚生省引揚援護局から陸海軍史料の移管を受けて保管しておいた戦史室史料係旧蔵史料を加えたもの。同館の所蔵図書は、同研究所の任務上、国防、軍事関係の社会科学分野の図書、資料が多く、なかでも、国防・軍事に分類整理されているものとしては約三万六冊にのぼり、特色となっている。蔵書内訳は、専門図書約一二万冊、旧陸海軍関係史料約一一万六〇〇〇冊、戦史関係図書約三万冊、そのほか、地図四万七〇〇〇枚、和洋雑誌三三〇誌、内外の新聞などで、

㊟〒153―0061 目黒区中目黒二―二―一
㊢〇三―五七二一―七〇〇五（内六五五八）
㊋JR山手線、地下鉄日比谷線恵比寿駅歩五分
㊐午前九時～午後四時三〇分（入館は閉館の三〇分前まで）
㊡土曜、日曜、祝日
㊖可（入門の際に守衛所で、入館手続きを）
㊗可

日本における国防、軍事関係書を収集する異色の専門図書館として、国内、国外においても評価されている。

コレクション――

陸軍省大日記　陸軍省編集の明治元年から昭和一七年までの公文書。密大日記、陸支密、陸満密等の約二〇種からなる。

陣中日誌・戦闘詳報等　西南戦後、日清戦争、日露戦争、大東亜戦争の諸戦闘記録で、部隊が作成した公文書。

海軍省公文備考　海軍省編集の明治九年から昭和一二年までの公文書。教育、艦船、兵器等二〇種から成る。

戦時日誌・戦闘詳報等　日清戦争、日露戦争、第一次大戦、大東亜戦争の諸戦闘記録であり、艦隊などが作成した公文書。

大東亜戦争戦史叢書　防衛研究所戦史部が編纂し、刊行（朝雲新聞社発行）したもので、大本営関係三四巻、陸軍戦史三七巻、海軍戦史二一巻、陸軍航空戦史九巻、年表一巻、全一〇二巻にのぼる浩瀚な今次大戦の記録。

その他のコレクション――

参謀本部作成の海図と航空図、明治三七、八年海戦史（海軍軍令部作成一五〇巻）等。

刊行物――

「防衛研究所図書目録」（年刊）、「所内だより」（「新着図書案内」を掲載）等。

目黒寄生虫館［財団法人］

沿革

昭和二八年に設立された。亀谷了博士の私財による尽力で長年の夢を実現させた。世界でも少ない寄生虫学専門の研究機関・図書館といわれる。寄生虫学者山口左仲、森下薫、石井信太郎、久津見晴彦らの寄贈図書（標本・文献）が基礎となって世界のトップレベルとの評価を受けるようになった。館内の一、二階は、サナダ虫など寄生虫の標本や寄生虫学の歴史がわかり易く展示されてある。

収蔵資料

主として寄生虫学に関する図書・雑誌・文献類である。図書五万六〇〇〇冊、雑誌（内外とも）五〇種、雑誌の抜刷り約四万部をもつ。特に寄生虫の分類学に重点が置かれている。ほかに所蔵標本四万五〇〇〇点、人間・家畜・魚類等の寄生虫の実物標本約三〇〇種がある。利用者のレファレンスに応じており、また図書協力ネットワークにおいても海外各国の大学・研究機関との協力関係をもっている。

刊行物

「目黒寄生虫館ニュース」（年刊）「目黒寄生虫館研究報告」（欧文、年刊）

㊟〒153―0064
目黒区下目黒四―一―一
㊖〇三―三七一六―一二六四
㊝JR山手線目黒駅西口歩一五分、またはバス大鳥神社前下車歩三分
㊐午前一〇時～午後五時
㊡月曜、祝日
㊫無料
㊎資料閲覧は予め申し込むこと
㊋可（一枚四〇円）

目黒区立守屋図書館

沿革

故守屋善兵衛の遺族により寄贈された邸宅（守屋記念館）および土地に昭和四六年に建てられた旧館を改築し、平成三年七月にオープンした。目黒区内社寺の文書、角田・鏑木・加藤家など旧家の地方文書・絵図、役場文書などを収蔵する。なお、館名は守屋善兵衛の名前に由来する。

蔵書

蔵書数は二一万六二九三冊（このうち、児童資料二万七六〇七冊、洋図書一一四四冊。開架資料は六万八〇〇〇冊）、雑誌二七九種、新聞五一種、ＣＤ四三九三枚（平成八年四月一日調査）を数える。

守屋善兵衛コレクション

守屋善兵衛が創立あるいは経営に関わった「台湾日日新報」「満州日日新聞」の原紙を所蔵。ほかに三一九件の資料を保管委託している。「台湾日日新報」（一八九八年五月創刊号〜一九一〇年六月）、「台湾日日新報・華文」（一九〇五年七月〜一九一〇年六月）、「満州日日新聞」（一九一一年八月〜一九一六年六月）。これら新聞は劣化のため閲覧は不可能となっている。「台湾日々新報」は影印本で閲覧できる。

㊟〒153―0053
目黒区五本木二―二〇―一五
㊫〇三―三七一一―七四六五
Ⓕ〇三―三七九一―六〇一八
㊦東急東横線祐天寺駅歩七分
㊰午前九時〜午後七時（日曜日は五時迄）
㊡第三木曜、第四日曜、祝日
㊯可（年齢、住所制限なし）
㊐可（図書・雑誌・ＣＤ）
㊥可

刊行書誌

『もくろく・公害の本』（昭五四）、『目黒地域資料目録・稿』（昭五五）、『郷土資料室目録昭和四二年度末現在』（昭四三）、『蔵書目録』第一～一二分冊・索引（昭三九～昭四二）、『西洋文学個人全集作品目録一九五六～一九七九』（昭五五）、『西洋文学全集翻訳目録一九五六～一九七六』一～二（昭五二）等の多くの目録が刊行されている。ほかに、「めぐろ図書館だより」、『目黒区の図書館　目黒区立図書館創立四十周年記念資料集　創設の経緯を中心に』（平五）がある。

図書館・博物館施設等一覧（五十音順）

〔館名の頭に＊を付した機関は本文に解説〕

愛国学園短期大学

〒133-0057 江戸川区西小岩五—七—一 電〇三—三六五八—四一一一 交JR総武線小岩駅より徒歩一〇分

青葉学園短期大学図書館

〒154-0017 世田谷区世田谷三—一一—一九 電〇三—三四二九—八七〇一 F〇三—三七〇六—〇五〇九 交東急世田谷線上町より徒歩三分、JR山手線ほか鉄道各線の渋谷駅より上町・成城学園行バス、上町下車 開午前九時〜午後五時（土曜は午後三時まで） 休日曜、祝日 利限定 複可

青山学院女子短期大学図書館

〒150-8366 渋谷区渋谷四—四—二五 電〇三—三四〇九—七一〇三 F〇三—三四〇九—八一九九 H http://www.agulin.aoyama.ac.jp 交JR山手線ほか鉄道各線の渋谷駅より徒歩一〇分、営団地下鉄各線の表参道駅より徒歩五分 開午前九時〜午後六時（土曜は午後一時まで） 休日曜、祝日、クリスマス 利限定 複可 楢崎宗重文庫（日本美術、浮世絵関係の図書二四一四冊、雑誌二八二種、紀要五〇誌、パンフレット九八五点、売り立て目録三九二冊。『青山学院女子短期大学図書館所蔵楢崎宗重文庫目録』（平三）。

＊青山学院資料センター

〒150-8366 渋谷区渋谷四—四—二五 青山学院間島記念館内 電〇三—三四〇九—六七四二

＊青山学院大学図書館

〒150-8366 渋谷区渋谷四—四—二五 電〇三—三四〇〇—三四二九

青山学院大学図書館理工学部分館

〒157-8572 世田谷区千歳台六—一六—一 電〇

三―三三〇七―九六〇九　Ⓕ〇三―三三二六―三二三五　Ⓗhttp://www.agulin.aoyama.ac.jp/　(交)京王線千歳烏山駅より徒歩一五分、小田急線千歳船橋駅よりバス一〇分　(開)午前九時～午後七時（カウンター業務は午前九時三〇分から。土曜は午後三時三〇分まで）　(休)日曜、祝日　(利)限定　(複)可

㈶味の素食の文化ライブラリー
〒104-8315　中央区京橋一―一六―七　味の素本社ビル別館二階　(電)〇三―五二五〇―八三五七　Ⓗhttp://www.ajinomoto.co.jp/ajinomoto/A-Dish/index.html　(交)地下鉄浅草線宝町駅下車徒歩三分、地下鉄銀座線京橋駅下車徒歩六分　(開)午前一〇時～午後五時　(休)土・日曜・祝日　(利)可　(複)可　明治から現在までの食文化を中心とした図書二万冊、視聴覚資料等所蔵。

＊足立区立郷土博物館
〒120-0001　足立区大谷田五―二〇―一　(電)〇三―三六二〇―九三九三

＊足立区立中央図書館
〒123-0851　足立区梅田七―一三―一　(電)〇三―三八四〇―四六四六　Ⓕ〇三―三八八九―九七五九　(交)東武伊勢崎線梅島駅歩八分　(開)午前九時～午後八時　(休)月末日　(利)特に資格なし　(貸)限定（区内の在住・在勤・在学者）　(複)可　フィルムライブラリーは、団体を対象にフィルムや映写機、スライドの貸出しを行っている。和図書三六万冊、雑誌二三〇種、ＡＶ資料二万二千点にのぼる。書目に『郷土資料室資料目録』（昭五〇）がある。

＊跡見学園女子大学短期大学部図書館
〒112-8687　文京区大塚一―五―二　(電)〇三―三九四三―一三六八

＊荒川区立日暮里図書館
〒116-0014　荒川区東日暮里六―三八―四　(電)〇三―三八〇三―一六四五　Ⓕ〇三―三八〇三―一六四六　(交)ＪＲ山手線日暮里駅東口歩六分　(開)午前九時三〇分～午後七時三〇分（土・日曜は午後五時）　(休)月曜・第三木曜・祝日　(利)特に資格なし　(貸)可（冊数制限なし、一五日間）　(複)可　荒

川区区民栄誉賞を受けた同区出身の作家・吉村昭氏の「吉村昭コーナー」を設置、常設展示。吉村氏寄贈のサイン入り著書約一五〇点や自筆原稿等。書目『吉村昭著書荒川区立図書館蔵書目録』がある。ほかに『ハングル資料コーナー』が充実。

＊板橋区立郷土資料館

〒175-0092　板橋区赤塚五—三五—二五　㊰〇三—五九九八—〇〇八一

＊板橋区立中央図書館

〒174-0071　板橋区常盤台一—一三—一　㊰〇三—三九六七—五二六一　Ⓕ〇三—三九六七—五五五〇　㊋東武東上線ときわ台駅歩三分　㊎午前九時～午後七時（土・日曜、祝日は午後五時）　㊡第三月曜、月末日　㊙区内の居住、通勤、通学者、隣接区、市在住者　㊎可　㊯可　区民を対象に一六ミリ映写機の操作講習会や登録団体に一六ミリフィルム、映写機、スライドフィルム等貸出。

＊板橋区立美術館

〒175-0092　板橋区赤塚五—三四—二七　㊰〇三—三九七九—三二五一

イタリア文化会館図書館

〒102-0074　千代田区九段南二—一—三〇　㊰〇三—三二六四—六〇一一　Ⓕ〇三—三二六二—〇八五三　Ⓗhttp://www.italcult.or.jp/library.htm　㊋地下鉄東西線・半蔵門線・新宿線九段下駅下車徒歩七分　㊎午前一〇時～午後六時（午後一～二時休）（水曜～午後七時三〇分）　㊡土・日曜　㊙可　㊯可　イタリア語文献を中心に一万五〇〇〇冊所蔵。登録制（有料）で館外貸出可。

㈶市川房枝記念会図書室

〒151-0053　東京都渋谷区代々木二—二一—一一　㊰〇三—三三七〇—〇二三九　Ⓕ〇三—五三八八—四六三三　㊋JR線新宿駅・代々木駅下車徒歩七分、小田急線南新宿駅下車徒歩三分　㊎午前一〇時～午後四時三〇分　㊡日・月曜・祝日・第一・三土曜日・十月一～七日　㊙入館料二〇〇円要予約　㊯不可　日本の婦人参政権運動に関する資料約一万五〇〇〇冊を所蔵。

INAXアーキプラザライブラリー

〒104-0031　中央区京橋三—六—一八INAXアー

キプラザ六階　(電)〇三—五二五〇—六五六〇　(H)http://www.inax.co.jp/Culture./6f.html　(交)地下鉄銀座線京橋駅下車徒歩一分、営団地下鉄有楽町線銀座一丁目駅下車徒歩三分、浅草線宝町駅下車徒歩三分　(開)午前一〇時〜午後六時　(休)土・日曜・祝日　(利)可　(複)可　総合住宅機器メーカINAXのショールームに併設。建築関係、同社出版の図書など三〇〇〇冊所蔵。

いわさきひちろ絵本美術館図書室

〒177-0042　練馬区下石神井四—七—二　(電)〇三—三九九五—〇六一二　(F)〇三—三九九五—〇六八〇　(H)http://www.chihiro.or.jo/　(交)西武新宿線上井草駅下車徒歩七分　(開)午前一〇時〜午後五時（金曜〜午後七時）　(休)月曜（祝日開館、翌日休）　(利)入館料　大人五〇〇円、中高生二〇〇円、小人一〇〇円　(複)不可　絵本画家いわさきちひろ（一九一八〜一九七四）の原画等展示。同氏の作品と各国の絵本を中心に六〇〇〇冊所蔵。

＊印刷局図書館

〒162-0845　新宿区市谷本村町九—五　(電)〇三—三二六八—三二七一（代）

＊上野学園大学音楽学部図書館

〒110-8642　台東区東上野四—二四—一二　(電)〇三—三八四二—一〇二一

＊上野学園日本音楽資料室

〒110-8642　台東区東上野四—二四—一二　(電)〇三—三八四二—一〇二一

運輸経済研究センター

〒105-0001　港区虎ノ門三—一八—一九虎ノ門マリンビル二階　(電)〇三—五四七〇—八四一三　(F)〇三—五四七〇—八四〇一　(交)地下鉄日比谷線神谷町駅下車徒歩一分　(開)午前一〇時〜午後六時（正午〜午後一時休）　(休)土・日曜・祝日　(利)可　(複)可　運輸経済に関する図書二万八〇〇〇冊所蔵。

＊運輸省図書館

〒100-0013　千代田区霞が関二—一—三（合同庁舎第三号館内）　(電)〇三—三五八〇—三一一一　内五八二九

＊江戸川区立郷土資料室

〒132-0031　江戸川区松島一—三八—一（グリー

ンパレス内）　㊫〇三―三六五三―五一五一（内三三一）

＊江戸東京博物館図書室

〒130-0015　墨田区横網一―四―一　㊫〇三―三六二六―九九七四

NEDO情報センター図書・資料室

〒170-6028　豊島区東池袋三―一―一サンシャイン六〇ビル三〇階　㊫〇三―三九八七―九四一一　Ⓕ〇三―三九八七―八五三九　Ⓗhttp://www.nedo.go.jp　㊯JR池袋駅下車徒歩一〇分　㊐午前一〇時～午後五時（正午～午後一時休）　㊡土・日曜・祝日・十月一日　㊒一八才以上　㊢可　新エネルギー産業技術総合開発機構（NEDO）の成果報告書四〇〇〇冊、エネルギー関連図書七〇〇〇冊所蔵。

NGO市民情報センター

〒101-0054　千代田区神田錦町二―九―一斎藤ビル二階　㊫〇三―三二九四―五三七一　Ⓗhttp://www.jca.apc.org/jpanic/　㊯地下鉄東西線竹橋駅下車徒歩三分　㊐火・土曜午後一時～午後五時　水・木曜　午後一時～午後八時　㊡月・金曜・日曜・祝日　㊒可　五〇〇円　㊢可　NGO活動推進センターが運営。図書二〇〇〇冊ほか国内外のNGO団体パンフレット　一〇〇〇点所蔵。

OECD東京センター資料室

〒107-0052　港区赤坂二―三―四ランディック赤坂ビル三階　㊫〇三―三五八六―二〇一六　Ⓕ〇三―三五八四―七九二九　Ⓗhttp://www.oecdtokyo.org　㊯地下鉄千代田線国会議事堂前駅下車徒歩三分、銀座線溜池山王駅下車徒歩一分　㊐午前九時三〇分～午後五時三〇分　㊡土・日曜・祝日　㊒可　㊢不可　OECD（経済協力開発機構）が発表した報告書、統計等洋書四〇〇〇冊所蔵。

＊大蔵省証券局証券閲覧室

〒100-0013　千代田区霞が関三―一―一　㊫〇三―三五八一―四一一一（内二七三八）　㊯地下鉄銀座線虎ノ門駅歩五分、または地下鉄霞ヶ関駅歩

五分　㊊午前九時四五分～午後五時　㊡土曜、日曜、祝日　㊓可（統計閲覧室と共同使用）　㊒可　有価証券報告書類約四〇〇〇冊（内外共）

＊大蔵省文庫

〒100-0013　千代田区霞が関三―一―一　㊂〇三―三五八一―四一一一（内二二四八～二二四九）

＊大蔵省貿易統計閲覧室

〒100-0013　千代田区霞が関三―一―一　㊂〇三―三五八一―四一一一（内二五一九）㊋地下鉄銀座線虎ノ門駅歩五分、または地下鉄霞ヶ関駅歩五分　㊊午前九時四五分～午後五時（正午～午後一時一五分閉室）　㊡土曜、日曜、祝日　㊓無料、学生の利用可　㊒否　我が国の外国貿易関係の統計数値（『日本貿易月表』等）。閲覧室は証券閲覧室と共同使用。

＊大田区立大田図書館

〒145-0071　大田区田園調布南二五―一　㊂〇三―三七五八―三〇五一　㊋東急目蒲線沼部駅歩六分　㊊午前九時～午後七時（土、日、月曜、祝日は午後五時まで）　㊡第一・第三月曜、第二木曜　㊓区内の在住、在勤、在学者　㊔図書・視聴覚資料　㊒可　区立図書館の中心館。足利晴之助氏からの寄金によって開設した足利文庫は、県史・市史の復刻版を主とした郷土資料約一五〇〇冊。書目『足利文庫目録』（平二）がある。語学学習用のカセットテープが豊富。

＊大田区立大森南図書館

〒143-0013　大田区大森南一―一七―七　㊂〇三―三七四四―八四一一　㊋ＪＲ京浜東北線大森駅からバス二〇分　㊊午前九時～午後七時（土、日、月曜、祝日は午後五時まで）　㊡第二・四月曜、第二木曜　㊓区内の在住、在勤、在学者　㊔図書・視聴覚資料　㊒可　「外国語資料コーナー」には、現在、中国語と朝鮮語図書三一〇冊を揃えているほか、全国の電話帳も収集。

＊大田区立蒲田図書館

〒144-0031　大田区東蒲田一―一九―二二　㊂〇三―三七三八―二四五九　Ⓕ〇三―三七三六―九七八二　㊋ＪＲ京浜東北線蒲田駅歩一五分または京浜急行梅屋敷駅歩五分　㊊午前九時～午後七時

（土、日、月曜、祝日は午後五時まで）(休)第一・第三月曜、第二木曜 (利)区内在住、在勤、在学者 (貸)図書、視聴覚資料 (複)可 昭和六一年以降の朝日、産経、東京、毎日、読売、日経六紙に掲載された大田区関係記事のクリッピング。『大田区関係新聞記事索引』（区内全館で閲覧可）。

＊大田区立郷土博物館

〒143-0025 大田区南馬込五―一一―一三 (電)〇三―三七七七―一〇七〇

＊大田区立久が原図書館

〒146-0085 大田区久が原二―二八―四 (電)〇三―三七五三―三三四三 (交)東急池上線久が原駅歩一五分 (開)午前九時～午後七時（土、日、月曜、祝日は午後五時まで） (休)第二・四月曜、第二木曜 (利)区内在住、在学、在勤者 (貸)図書、視聴覚資料 (複)可 同館近くに居住する三枝源一郎氏から現金の寄付があり、それを基金として海外の絵本を収集した三枝コレクションがある。英国オズボーンコレクション復刻版をはじめ、フランス、スペインなど二三か国の絵本一五七九冊を所蔵。ほかに、各国大使館資料、語学テープ及び、全国の電話帳が揃えてある。

＊大田区立馬込図書館

〒143-0027 大田区中馬込二―二六―一〇 (電)〇三―三七七五―五四〇一 (交)都営浅草線馬込駅歩三分 (開)午前九時～午後七時（土、日、月曜、祝日は午後五時まで） (休)第二・第四月曜、第二木曜 (利)区内在住、在学、在勤者 (貸)図書・視聴覚資料 (複)可 城昌幸記念文庫（馬込に長く在住し、「若さま侍捕者手帖シリーズ」の作者・城昌幸の遺族から全蔵書の寄贈を受けて設けられた文庫。図書・雑誌・古地図約四千点）。馬込文士村資料（大正から昭和初期に馬込に在住し、活躍した尾崎士郎・宇野千代・室生犀星・山本周五郎ら四〇数名の作家・詩人・画家の著作を所蔵。図書・雑誌約三千点。『馬込文士村資料室資料一覧』の書目がある。なお、周辺に文士旧宅跡を巡る散策コースが設定されている）。

＊大田区立龍子記念館

〒143-0024 大田区中央四―二―一 (電)〇三―三

七七二―〇六八〇　Ⓕ〇三―三七七二―〇六八〇
㊋ＪＲ京浜東北線大森駅山王口から荏原駅入口行バスで臼田坂下下車　㊊午前九時～午後四時三〇分（入館は午後四時まで）　㊡月曜、年末年始
㊇有料　日本画家・川端龍子が喜寿を記念して建てた美術館。没後美術館旧蔵図書と作品を大田区に寄贈。和図書二九〇冊、日本画九四点、葛飾北斎の錦絵と版画四六点を収蔵展示。

大妻女子大学図書館
〒102-8357　千代田区三番町一二　㊢〇三―五二七五―六〇一三　Ⓕ〇三―五二七五―六一三五
㊋ＪＲ総武線ほか鉄道各線の市ヶ谷駅より徒歩一〇分、営団地下鉄東西線九段下駅より徒歩一二分。同半蔵門線半蔵門駅より徒歩五分。都バス渋谷～御茶ノ水、三番町下車　㊊午前九時～午後七時（土曜は午後一時三〇分まで）　㊡日曜、祝日
㊔限定　㊄可

沖縄協会資料室
〒100-0013　千代田区霞ヶ関三―六―一五グローリアビル七階　㊢〇三―三五八〇―〇六四一
Ⓗhttp://village.infoweb.ne.jp/~fugm0090/index.htm
㊋地下鉄丸ノ内線・千代田線国会議事堂前駅下車徒歩五分、銀座線虎ノ門駅下車徒歩六分　㊊午前一〇時～午後五時　㊡土・日曜・祝日　㊔可　㊄可　沖縄関係の図書、報告書、統計等八〇〇〇冊所蔵。

＊お茶の水女子大学ジェンダー研究センター
〒112-8610　文京区大塚二―一―一　㊢〇三―五九七八―五八四六

＊お茶の水女子大学附属図書館
〒112-8610　文京区大塚二―一―一　㊢〇三―三九四三―三一五一

＊会計検査院図書館
〒100-0013　千代田区霞が関三―二―一　㊢〇三―三五八一―三二五一（内二二一〇～二二一二）

＊海上保安庁水路部海洋情報課（海の相談室／日本海洋データセンター）
㊢〇三―三五四一―三八一一（内七三七～八）㊋地下鉄日比谷線東銀座駅歩五分、またはＪＲ新橋

駅歩一五分　(開)午前九時四〇分～午後五時三〇分　(休)土曜、日曜、祝日　(利)可　(入)無料　(複)可　国内外の海洋関係機関から収集した海洋文献及び図面。日本及び外国版の海図及び水路書誌、水温、海、潮流、潮汐、水深等のデータ。『海洋資料センター所蔵資料目録』(昭五七)『日本海洋データセンター利用の手引き』(平六)。

＊海上保安庁図書館
〒100-0013　千代田区霞が関二―一―三　(電)〇三―三五九一―六三六一(内二六〇、二六一)

＊海上保安庁図書館水路部分館
〒100-0045　中央区築地五―三―一　(電)〇三―三五四一―三六八六(内五三六)

快眠スタジオ・ライブラリースペース
〒103-0006　中央区日本橋富沢町一一―五ロフテ一階　(電)〇三―三六六三―七一一二　(交)地下鉄日比谷線人形町駅・小伝馬町駅下車徒歩五分　(開)午前一〇時～午後五時三〇分　(休)土・日曜・祝日　(利)可　(複)不可　寝具メーカーロフテが眠り文化を中心とした図書三〇〇〇冊を収集公開。

＊外務省外交史料館
〒106-0041　港区麻布台一―五―三　(電)〇三―三五八五―四五一一～三

＊外務省図書館
〒100-0013　千代田区霞が関二―二―一　(電)〇三―三五八〇―三三一一(内二七四一～二七四三)

＊科学技術庁図書館
〒100-0013　千代田区霞が関二―二―一　(電)〇三―三五八一―五二七一(内三一九、七四九)

賀川豊彦記念・松沢資料館
〒156-0000　世田谷区上北沢三―八―一九　(電)〇三―三三〇二―二八五五　(F)〇三―三三〇二―六九八三　(交)京王線上北沢駅下車徒歩三分　(開)火曜～土曜　午前一〇時～午後四時三〇分　日曜午後一時～四時三〇分　(休)月曜　(利)事前許可制　社会事業家賀川豊彦(一八八八～一九六〇)の自筆原稿、資料等二万点所蔵。

＊学習院女子大学図書館
〒162-8650　新宿区戸山三―二〇―一　(電)〇三―三二〇三―一九七七

＊学習院大学史料館

〒171-8588 豊島区目白一―五―一 (電)〇三―三九八六―〇二二一（内六五六九）

学習院大学東洋文化研究所

〒171-8588 豊島区目白一―五―一 (電)〇三―三九八六―〇二二一（内六三六〇）Ⓕ〇三―五九九二―一〇二二 (交)同前 (開)午前九時三〇分～午後四時三〇分（土曜は午後一一時三〇分まで） (休)日曜、祝日 (利)限定 (複)可 友邦協会・中央日韓協会文庫（両会から寄託された朝鮮・満蒙関係の図書・文書五七〇〇点。『「友邦協会・中央日韓協会」文庫資料目録』、昭六〇）。『オセアニア関係基本文献解題（調査研究報告 三）』（昭五三）。

＊学習院大学図書館

〒171-8588 豊島区目白一―五―一 (電)〇三―三九八六―〇二二一

学習院大学附属研究所

〒171-8588 豊島区目白一―五―一 (交)同前 (電)〇三―三九八六―〇二二一（代表） (利)限定

＊学習院大学文学部各研究室

〒171-8588 豊島区目白一―五―一 (交)同前 (電)〇三―三九八六―〇二二一（代表）

学習院大学文学部図書室

〒171-8588 豊島区目白一―五―一 (交)同前 (電)〇三―三九八六―〇二二一（代表） (利)限定

＊学習院大学法学部・経済学部図書センター

〒171-8588 豊島区目白一―五―一 (電)〇三―五九九二―五二〇七

学習院大学理学部図書室

〒171-8588 豊島区目白一―五―一 南四号館三階 (電)〇三―三九八六―〇二二一（内六四三〇） Ⓕ〇三―五九九二―一〇二九 Ⓗhttp://www.glim.gakushuin.ac.jp/ (交)同前 (開)午前九時～午後五時三〇分（平日の午前一一時三〇分～午後〇時三〇分は閉室。土曜は午後一時まで） (休)日曜、祝日 (利)限定 (複)可

学習院大学理学部物理・化学科図書室

〒171-8588 豊島区目白一―五―一 南四号館一階 (電)〇三―三九八六―〇二二一（内六四二〇）

Ⓕ〇三―五九九二―一〇二九 Ⓗhttp://www.glim.gakushuin.ac.jp/ （交）同前 （開）午前九時分~午後五時三〇分（平日の午前一一時三〇分~午後〇時三〇分は閉室土曜は午後一時まで） （休）日曜、祝日 （利）限定 （複）可 西田文庫（旧制甲南高校教授西田外彦旧蔵の量子物理学、数学関係の洋書五六〇冊、西田幾多郎の旧蔵書若干を含む。閲覧には事前連絡が必要）。

＊葛飾区郷土と天文の博物館

〒125-0063 葛飾区白鳥三―二五―一 （電）〇三―三八三八―一一〇一 （交）京成お花茶屋駅徒歩八分、ＪＲ亀有駅歩二五分 （開）平日・午前九時開館 祝日・午前九時~午後五時 （休）（祝日の場合は翌日）月曜、第二、四火曜 平成三年七月開設。葛飾区の郷土史に関する史料などを収蔵。プラネタリウムを公開。

＊葛飾区立お花茶屋図書館

〒124-0003 葛飾区お花茶屋二―一―一五 （電）〇三―三六九〇―七六六一 Ⓕ〇三―三八三八―五七七一 （交）京成線お花茶屋駅歩五分 （開）午前九時~午後八時（土、日曜は午後五時） （休）月曜、第三日曜、祝日、月末日 （利）可 （貸）可（冊数制限なし、二週間） （複）可 東京都関係図書を幅広く集めた「行政・郷土史料コーナー」と健康や生きかをテーマとした「中高年コーナー」がある。和図書一〇万五千冊、和雑誌一六〇種。

＊葛飾区立葛飾図書館

〒125-0051 葛飾区新宿三―七―一 （電）〇三―三六〇七―九二〇一 Ⓕ〇三―三六〇七―九二〇〇 （交）ＪＲ常磐線・京成金町線京成金町駅からバス五分 （開）午前九時~午後八時（土・日曜は午後五時） （休）月曜、第三日曜、月末日、祝日 （利）可 （貸）冊数制限なし 二週間 （複）可 和図書二二万冊、洋図書二一〇〇冊、雑誌二七〇種。同区内で一番多くの蔵書を揃えており、葛飾区内の中央館としての役割りを持っている。北海道から沖縄までの全国各地で刊行された「ふるさと出版コーナー」（約一五〇〇冊）がある。目録に『郷土資料室収蔵郷土・都区行政資料目録』（昭四九・五五、二冊）がある。

*葛飾区立鎌倉図書館

〒125-0053 葛飾区鎌倉二―四―五 (電)〇三―三六五〇―七七四一 (F)〇三―五六九四―四四二一 (交)京成線京成小岩駅歩一五分または北総線新柴又駅歩一三分 (開)午前九時～午後八時（土・日曜は午後五時） (休)月曜、第三日曜、月末日、祝日 (利) (貸)冊数制限なし、二週間 (複)可 食品・洗剤・化粧品等の安全性に関する図書や公害等の関係書を収めた「消費者コーナー」がある。和図書一〇万冊、雑誌一八〇種、AV資料七〇〇〇点。

川村短期大学図書館（英文科）

〒171-0031 豊島区目白三―一―九 (電)〇三―三五六五五―〇七一一 (F)〇三―三五六五―一七〇六 (交)JR山手線目白駅より徒歩三分 (開)午前八時三〇分～午後六時（土曜は午後二時まで） (休)日曜、祝日 (利)限定 (複)可

川村短期大学図書館（生活学科）

〒171-0031 豊島区目白二―二二―三 (電)〇三―三九八四―七六七七 (F)〇三―三九八四―六一二七 (交)JR山手線目白駅より徒歩二分 (開)午前八時三〇分～午後六時（土曜は午後二時まで） (休)日曜、祝日 (利)限定 (複)可

川村短期大学図書館（長崎校舎）

〒171-0051 豊島区長崎五―二二―一八 (電)〇三―三九七三―六二九一 (F)〇三―三九七三―六一二五 (交)西武池袋線東長崎駅より徒歩八分、営団地下鉄有楽町線千川駅より徒歩八分 (開)午前八時三〇分～午後六時（土曜は午後二時まで） (休)日曜、祝日 (利)限定 (複)可

*環境庁図書館

〒100-0013 千代田区霞が関一―二―二 (電)〇三―三五八一―三三五一（内六七七一）

*気象庁図書館

〒100-0004 千代田区大手町一―三―四 (電)〇三―三二一二―八三四一（内二二四九～二二五三）

*北区立郷土資料館

〒114-0002 北区王子五―二―一二 (電)〇三―三九一四―四八二〇 (交)地下鉄南北線王子神谷駅歩三分またはJR京浜東北線東十条駅歩一五分 (開)午前九時～午後五時 (休)月曜(祝日の場合は翌日)、

祝日　(入)無料　昭和五二年二月開館。区内出土の考古資料、古文書、古地図、錦絵、紀行文献、写真、農具、民具、板碑、句碑、石造文化財計約二〇〇〇点収蔵。特に飛鳥山・王子を中心とした錦絵数十点は同館の特色。

北里大学白金図書館

〒108-8641　港区白金五―九―一　(電)〇三―五七九一―六二二四　Ⓕ〇三―三四四六―六三七一　(交)営団地下鉄日比谷線広尾駅　(開)午前九～午後七時（土曜は午後五時まで）　(休)日曜、祝日　(休)限定　(複)可

切手の博物館

〒171-0031　豊島区目白一―四―二三　(電)〇三―五九五一―三三三一　Ⓕ〇三―五九五一―三三三二　Ⓗhttp://yushu.or.jp/　(交)JR山手線目白駅下車徒歩三分　(開)午前十時三〇分～午後五時　(休)月曜　(利)入館料二〇〇円　(複)可　国内外の切手二〇万点を所蔵する博物館。一階が展示室で二階が図書室。和書三〇〇〇冊、洋書三六〇〇冊所蔵。

***共立女子大学図書館**（中央図書館）

〒101-8433　千代田区一ツ橋二―二―七　神田一ツ橋キャンパス四号館　(電)〇三―三二三七―二六三〇

共立女子大学図書館（文科系図書室）

〒101-0051　千代田区神田神保町三―二七　神田一ツ橋キャンパス三号館六階　(電)〇三―三二三七―二五四三　Ⓕ〇三―三二三七―二七七九　Ⓗttp://lib.kyoritsu-wu.ac.jp　(交)営団地下鉄東西線竹橋駅又は九段下駅より徒歩五分、都営地下鉄三田線・新宿線神保町駅より徒歩五分　(開)午前九時～午後九時　(休)日曜、祝日　(利)限定　(複)可

共立薬科大学図書館

〒105-8512　港区芝公園一―五―三〇　(電)〇三―五四〇〇―二六九九　Ⓕ〇三―五四〇〇―二六七九　Ⓗhttp://Kyoritsu-ph.ac.jp　(交)JR山手線・京浜東北線浜松町駅、都営地下鉄都営三田線御成門駅又は大門駅　(開)午後六時閉館（土曜は午後一時まで）　(休)日曜、祝日　(利)限定　(複)可

＊宮内庁書陵部
〒100-0001　千代田区千代田一—一　(電)〇三—三二一三—一一一一（内四四〇〈閲覧〉、四四六〈資料内容〉）

＊宮内庁図書館
〒100-0001　千代田区千代田一—一　(電)〇三—三二一三—一一一一（内四三六）

慶應義塾看護短期大学図書室
〒160-8582　新宿区信濃町三五　(電)〇三—三三五三—一二一一
Ⓗhttp://www.lib.med.keio.ac.jp/tandai/index.html
(交)JR総武線信濃町駅より徒歩三分。都バス慶応義塾大学病院前下車、徒歩三分　(開)午後七時三〇分閉館（土曜は午後五時三〇分まで）　(休)日曜、祝日　(利)限定　(複)可

＊慶應義塾大学医学メディアセンター・北里記念医学図書館
〒160-8532　新宿区信濃町三五　(電)〇三—五三六三—三七一五

＊慶應義塾大学言語文化研究所
〒108-8345　港区三田二—一五—四五　(電)〇三—五四二七—一五九五

＊慶應義塾大学福澤研究センター
〒108-8345　港区三田二—一五—四五　(電)〇三—五四二七—一六〇四

＊慶應義塾大学附属研究所斯道文庫
〒108-8345　港区三田二—一五—四五　(電)〇三—五四二七—一五八二

＊慶應義塾大学三田メディアセンター
〒108-8345　港区三田二—一五—四五　(電)〇三—三四五三—四五一一

＊経済企画庁図書館
〒100-0013　千代田区霞が関三—一—一　(電)〇三—三五八一—〇二六一（内五六三四）

㈶経済広報センター広報ライブラリー
〒100-0004　千代田区大手町一—六—一大手町ビル三階　(電)〇三—三二〇一—一四一六　Ⓕ〇三—三二〇一—一四一八
Ⓗhttp://www.keidanren.or.jp/KKC/

㊋地下鉄千代田線・丸の内線・半蔵門線・東西線大手町駅下車徒歩三分 ㊓午前九時三〇分～午後四時三〇分 ㊡土・日曜・祝日・月末日 ㊒可 ㊪可 企業の広報活動の参考となる資料を収集。広報関係図書八〇〇〇冊、企業広報誌五五〇種、産業映像ビデオ五〇〇本所蔵。

＊警察庁図書館
〒100-0013 千代田区霞が関二―一―二 ㊉〇三―三五八一―〇一四一（内二一四一、二一四二）

＊憲政記念館
〒100-0014 千代田区永田町一―一―一 ㊉〇三―三五八一―一六五一

＊建設省図書館
〒100-0013 千代田区霞が関二―一―三 ㊉〇三―三五八〇―四三一一（内四一一〇） Ⓕ〇三―五二五一―一九三〇 ㊋地下鉄霞ヶ関駅徒歩四分 ㊓午前九時三〇分～午後四時三〇分（ただし一二時～午後一時閉館） ㊡土曜、日曜、祝日、毎月一日（ただし一日が休日の場合はその翌日） ㊒限定（館長の承認を得た者） ㊪なし

工学院大学図書館（新宿）
〒163-8677 新宿区西新宿一―二四―二 ㊉〇三―三三四二―一二一一（内二二六四） Ⓕ〇三―五三二二―八五七〇
Ⓗhttp://www.kogakuin.ac.jp/%7ewwgs016/
㊋ＪＲ中央線ほか鉄道各線の新宿駅より徒歩五分 ㊓午前九時一五分～午後九時三〇分 ㊡日曜、祝日 ㊒限定 ㊪可

＊工業技術院図書館
〒100-0013 千代田区霞が関一―三―一 ㊉〇三―三五〇一―一五一一（内四五七八、四五七一～四五七五）

＊工業所有権総合情報館（特許庁図書館）
〒100-0013 千代田区霞が関三―四―三 ㊉〇三―三五八一―一一〇一（内三八〇一～三八二〇）

攻玉社工科短期大学図書館
〒141-0031 品川区西五反田五―一四―二 ㊉〇三―三四九三―五六七一 ㊋東急目蒲線不動前駅より徒歩二分

*厚生省人口問題研究所人口情報部文献センター（人口研）

〒100-0013　千代田区霞が関一―二―二　㊂〇三―三五〇三―一七一一（内三六六三）　Ⓕ〇三―三五九一―四八一六　㊋地下鉄霞ヶ関駅徒歩二分　㊊午前一〇時～午後四時三〇分　㊡土曜、日曜、祝日　㊒限定（研究所の刊行物のみ）　人口に関する文献及び統計書が中心。

*厚生省大臣官房統計情報部管理企画課普及相談室

〒162-0845　新宿区市谷本村町七―三　㊂〇三―三二六〇―三一八一（内二二二五）　㊋都営新宿線曙橋駅歩四分またはJR市ケ谷駅徒歩一五分　㊊午前九時三〇分～午後五時　㊡土曜、日曜、祝日　㊒可（無料）　㊖可　人口動態統計、国民生活基礎調査、医療施設調査、患者調査、社会福祉施設等の調査。主に厚生省統計情報部が所管する統計調査報告書、各種資料約三万四千冊収蔵。

*厚生省図書館

〒100-0013　千代田区霞が関一―二―二　㊂〇三―三五〇三―一七一一（内四三六〇～二）

*公正取引委員会図書館

〒100-0013　千代田区霞が関一―一―一　㊂〇三―三五八一―三三八八

*江東区芭蕉記念館

〒135-0006　江東区常盤一―六―三　㊂〇三―三六三一―一四四八（代）

*江東区立江東図書館

〒136-0076　江東区南砂六―七―五二　㊂〇三―三六四〇―三一五一　㊋地下鉄東西線南砂町駅徒歩七分　㊊午前九時～午後八時（日曜は午後五時まで）　㊡月曜、第三日曜、祝日　㊎限定（区内在住、在勤、在学者）　㊖可　和図書二〇万冊、和雑誌三〇〇種など。同区全十一館の中央図書館的役割りを担う。区内各図書館の古くなった資料の保管をしている。各種年鑑・統計書類のバックナンバー、雑誌のバックナンバーが充実している。

*江東区立深川図書館

〒135-0024　江東区清澄三―三―三九　㊂〇三―三六四一―〇〇六二

豪日交流基金オーストラリア図書館
〒108-8361　港区三田二―一―一四（オーストラリア大使館一階）　電〇三―五二三二―四〇〇五　Ⓕ〇三―五二三二―四六五五　Ⓗhttp://www.australia.or.jp/09resource_center/overview.htm
交ＪＲ田町駅下車徒歩十五分　開午前一〇時～午後五時三〇分　休土・日曜・祝日・毎月最終月曜　利可　複可　オーストラリアに関する図書八〇〇〇冊、雑誌二〇〇種ほか、ビデオ、新聞、電話帳など所蔵。図書の郵送貸出サービスがある。

國學院大學折口博士記念古代研究所
〒150-8440　渋谷区東四―一〇―二八　常盤松二号館三階　電〇三―五四六六―〇一一一（代）
交ＪＲ山手線渋谷駅より徒歩一三分　休日曜、祝日　卒業生で国文学者、歌人の折口信夫（一八八七～一九五三）の遺稿、遺品、旧蔵書。　利現在は整理中のため未公開

國學院大學考古学資料館
〒150-8440　渋谷区東四―一〇―二八　常盤松二号館一階　電〇三―五四六六―〇二五〇
Ⓗhttp://www.kokugakuin.ac.jp/lib/lib/htm/shisetsu/archaeology/html
交同前　開午前九時～午後五時（土曜は午後一時まで）　利入館無料

國學院大學神道資料館
〒150-8440　渋谷区東四―一〇―二八　常盤松三号館一階　電〇三―五四六六―〇二一〇
Ⓗhttp://www.kokugakuin.ac.jp/lib/lib/htm/shisetsu/shrine.html
交同前　開月・金曜は午前一〇時三〇分から午後三時三〇分、水曜は午前一〇時三〇分から午後六時　休火・木・土・日曜、祝日　利入館無料

＊國學院大學図書館
〒150-8440　渋谷区東四―一〇―二八　電〇三―五四六六―〇一五七

國學院大學日本文化研究所
〒150-8440　渋谷区東四―一〇―二八　常盤松二号館八階　電〇三―五四六六―〇一六二　Ⓕ〇三―五四六六―九二三七

Ⓗhttp://www.kokugakuin.ac.jp/ijcc/ja/　(交)同前

國學院大學文学部研究室

〒150-8440　渋谷区東四—一〇—二八　(電)〇三—五四六六—〇一一一（代）　(交)同前　三矢文庫（三矢重松旧蔵の源氏物語関係の写本等）。山川氏旧蔵書。

国際開発センター情報ユニット（資料室）

〒135-0047　江東区富岡二—九—一一京福ビル　(電)〇三—三六三〇—八〇三一　Ⓕ〇三—三六三〇—八一二〇

Ⓗhttp://www.idcj.or.jp/40InfoU/42library.htm　(交)地下鉄東西線門前仲町駅下車徒歩十分　(開)午前一〇時～午後五時（午後一二時三〇～一時三〇分休）　(休)土・日曜・祝日　(利)可　(複)可　アジア・中南米・アフリカ諸国の経済関係資料を収集。和書八〇〇〇冊、洋書一万二〇〇〇冊所蔵。

国際交流基金アジアセンター・ライブラリー

〒107-0052　東京都港区赤坂二—一七—二二赤坂ツインタワー一階　(電)〇三—五五六二—三八九五　Ⓕ〇三—五五六二—三八九七

Ⓗhttp://www.jpf.go.jp/j/region-i/asia-i/2-06-02right.html　(交)地下鉄千代田線・丸の内線国会議事堂前駅下車徒歩六分　(開)午前一〇時三〇分～午後七時　(休)土・日曜・祝日・一〇月二日　(利)可　(複)可　アジアの映画、舞台芸術、美術などを紹介する図書六〇〇〇冊所蔵。

㈳国際食料農業協会

〒101-0062　千代田区神田駿河台一—二（馬事畜産会館二階）　(電)〇三—三二九四—二四二五　Ⓕ〇三—三二九四—二四二七　(交)ＪＲお茶の水駅下車徒歩六分、地下鉄千代田線お茶の水下車徒歩三分　(開)午前一〇時～午後五時　(休)土・日曜・祝日　(利)可　(複)可　国連の専門機関であるＦＡＯが発行する資料一〇万点所蔵。

国際短期大学図書館

〒165-0022　中野区江古田四—一五—一　(電)〇三—三三八五—二二二五　Ⓕ〇三—三三一九—二二二一　(交)西武新宿線沼袋駅より徒歩一〇分　(開)午

前九時～午後五時　(休)日曜、祝日　(利)限定　(複)可

国際仏教学大学院大学附属図書館

〒105-0001　港区虎ノ門五―三―二三　(電)〇三―三四三四―六九五三　Ⓕ〇三―三五七八―一二〇五　Ⓗhttp://icabs@icabs.ac.jp　(交)営団地下鉄日比谷線神谷駅より徒歩三分　(開)午後五時閉館　(利)限定　インドから日本にいたる各種仏教関係の文献一〇万冊。

＊国際労働事務局東京支局

〒150-0001　渋谷区神宮前五―五三―七〇　(電)〇三―五四六七―二七〇一　(交)地下鉄銀座線表参道駅徒歩五分　(開)午前九時三〇分～午後七時　(休)土曜、日曜、祝日　(利)可　(複)可　労働問題。和図書一〇〇冊、洋図書一万冊、和新聞二〇種、洋新聞二〇種。一九二三年設立。

＊国士舘大学附属図書館中央図書館

〒154-8515　世田谷区世田谷四―二八―一　(電)〇三―五四八一―三二一六

＊国土庁図書館

〒100-0013　千代田区霞が関一―二―二　(電)〇三―三五九三―三三一一（内七一三三）

＊国土地理院関東地方測量部閲覧室

〒100-0004　千代田区大手町一―三―一　(電)〇三―三二〇一―七五八一～五

＊国文学研究資料館

〒142-0042　品川区豊町一―一六―一〇　(電)〇三―三七八五―七一三一

＊国文学研究資料館史料館（国立史料館）

〒142-0042　品川区豊町一―一六―一〇　(電)〇三―三七八五―七一三一

＊国民生活センター情報資料室

〒108-0074　港区高輪三―一三―二三（国民生活センター七階）　(電)〇三―三四四三―一三八一

＊国立衛生試験所化学物質情報部図書係

〒158-0098　世田谷区上用賀一―一八―一　(電)〇三―三七〇〇―一一四一（内四五五）Ⓕ〇三―三七〇〇―七五九二　(交)東急新玉川線用賀・桜新町駅徒歩一〇分　(開)午前九時～午後五時三〇分（正午～午後一時三〇分閉室）　(休)土曜、日曜、祝日　(利)限定（図書閲覧願の提出が必要）　(複)可　薬学、

医学、生物、理学、農学等、多方面の資料や各国の薬局方を数多く所蔵。明治政府が薬局方を制定する際に依願したオランダ人ゲールック手書き草稿四冊が貴重書として保管。

＊国立科学博物館図書室

〒169-0013　新宿区百人町三―二三―一　電〇三―三三六四―七一〇八

＊国立がんセンター図書館

〒104-0045　中央区築地五―一―一　電〇三―三五四二―二五一一（内二七〇二）Ⓕ〇三―三五四二―七〇〇八　交営団日比谷線東銀座駅徒歩五分　開午前八時三〇分～午後五時　休土曜、日曜、祝日　利限定（日本医学図書館協会加盟館）　複可

医学（がん）、薬学、理学、看護学関係書。和洋図書約六万冊、和洋雑誌六〇〇種等。特殊蔵書として比企文庫、広田文庫が開架式になって置かれている。

＊国立教育研究所附属教育図書館

〒153-0064　目黒区下目黒六―五―二二　電〇三―五七二一―五一五〇

＊国立極地研究所図書室

〒174-0861　板橋区加賀一―九―一〇　電〇三―三九六二―二一九二　Ⓕ〇三―三九六二―二二二五　交都営三田線板橋区役所前下車すぐ。またはJR埼京線板橋駅徒歩一五分　開午前九時～午後五時　休土曜、日曜、祝日　利限定（極地関係研究者）

南極・北極に関する自然科学全般の図書資料約二万七千冊を収蔵。吉沢文庫、松尾文庫、永田文庫、楠文庫がある。『国立極地研究所学術雑誌目録』（平三）。

＊国立劇場図書室

〒102-0092　千代田区隼町四―一　電〇三―三二六五―七四一一（代）

＊国立公衆衛生院附属図書館

〒108-0071　港区白金台四―六―一　電〇三―三四四一―七一一一　内三二九

＊国立公文書館内閣文庫

〒102-0091　千代田区北の丸公園三―二　電〇三―三二一四―〇六六四

＊国立国語研究所庶務部庶務課図書館
〒115-0056　北区西が丘三―九―一四　(電)〇三―三九〇〇―三一一一（内二七〇）Ⓕ〇三―三九〇六―三五三〇　(交)都営三田線板橋本町駅徒歩一〇分またはＪＲ埼京線十条駅徒歩二〇分　(開)午前一〇時～午後五時　(休)土曜、日曜、祝日、毎月最終木曜　(利)限定（要事前連絡）　日本語学・言語学関係資料。特に現代日本語方言資料に重点をおく。和洋図書約一〇万冊。和洋雑誌約九〇〇種。ほかマイクロフィルム、録音テープ、レコード等。特別コレクションとして、東条文庫（方言）、太田文庫（方言）、保科文庫（言語問題）、見坊文庫（辞典）、カナモジカイ（文学）。

＊国立国会図書館
〒100-0013　千代田区永田町一―一〇―一　(電)〇三―三五八一―二三三一

＊国立西洋美術館
〒110-0007　台東区上野公園七―七　(電)〇三―三八二八―五一三一　Ⓕ〇三―三八二八―五一三五　(交)ＪＲ山手線上野駅徒歩三分　(開)午前九時三〇分～午後五時（入館は午後四時三〇分まで）　(休)月曜（祝日にあたる場合は翌日）　(利)展覧のみ　西洋美術史の、特にフランス近代絵画とオールド・マスターに関する文献が中心。和図書四五〇〇冊、洋図書一万六千冊、和雑誌六二〇種、洋雑誌五八〇種、展示カタログ（日本語）七千冊、（外国語）五五〇〇冊、写真九千枚、スライド四万枚。目録『国立西洋美術館所蔵作品総目録』がある。

＊国立能楽堂資料室
〒151-0051　渋谷区千駄ケ谷四―一八―一　(電)〇三―三四二三―一三三一　(交)ＪＲ総武線千駄ケ谷駅徒歩五分　(開)午前一〇時～午後五時　(休)月曜（特別展示期間中のみ）　(入)無料　国立能楽堂所蔵の能面、能装束、資料を常設展示するほか、「室町時代後期の能展」「能の絵画展」など年一、二回特別展示開催。

＊国立能楽堂図書閲覧室
〒151-0051　渋谷区千駄ケ谷四―一八―一　(電)〇三―三四二三―一三三一（内一六八）Ⓕ〇三―三四二三―一三三〇　(交)ＪＲ総武線千駄ケ谷駅歩五

分　㊐午前一〇時〜午後五時（土曜は午後一時まで）　㊡日曜、祝日、月末日　㊕限定（一八歳以上、調査研究を目的とする者、能楽関係者）　㊔可　能楽関係図書資料及び芸能、中世史、大学等関係図書、和洋図書約二万五千冊、和洋雑誌約一万六千種、スライド三万二千点、映画フィルム九〇〇リール。特殊蔵書として中野実文庫（脚本家中野実旧蔵の図書・雑誌類）、自主公演記録資料等。近刊物に「国立能楽堂」（月刊）がある。

＊国立予防衛生研究所附属図書館
〒162-0052　新宿区戸山一―二三―一　㊢〇三―五二八五―一一一一（内五〇〇三）　Ⓕ〇三―五二八五―一一九二　㊋地下鉄東西線早稲田駅徒歩一〇分　㊐午前九時〜午後五時　㊡土曜、日曜、祝日　㊕可（学術研究を目的とする者）　ウイルス学、免疫学、細菌学、栄養学など基礎医学一般や病院管理学などからなる。和図書三五〇〇冊、洋図書約二万八千冊、和洋雑誌約二五〇種。

＊国連大学ライブラリー
〒150-0002　渋谷区神宮前五―五三―七〇　国連大学ビル二階　㊢〇三―三四九九―二八一一（内一三五九）

国連広報センター
〒150-8304　渋谷区神宮前五―五三―七

＊駒澤大学図書館
〒154-8525　世田谷区駒沢一―二三―一　㊢〇三―三四一八―九一五四

＊最高裁判所図書館
〒102-0092　千代田区隼町四―二　㊢〇三―三二六四―八一一一（内五一二五）

産能短期大学図書館
〒158-0082　世田谷区等々力六―三九―一五　㊢〇三―三七〇四―七六五三　Ⓕ〇三―三七〇四―二九〇〇　Ⓗhttp://www.sanno.ac.jp　㊋東急東横線・同大井町線自由が丘駅又は都立大学駅より徒歩一五分。自由が丘駅より東急コーチバス、等々力七丁目下車。都立大学前駅より等々力・二子玉川園行バス、産能大前下車　㊐午前九時〜午後八時（土曜は午後六時まで）　㊡日曜、祝日　㊕限定　㊔可　上野陽一記念文庫、古典文庫、ジヤッフェ文庫、高清一郎記念ポリドールクラシッククコレクション。

ＪＣＩＩライブラリー

〒102-0082　千代田区一番町二五ＪＣＩＩビル地下二階　㊣〇三—三二六三—七一一一　Ⓕ〇三—三二三四—四六五〇

Ⓗhttp://www.nikon.co.jp/jcii/

㊇地下鉄半蔵門線半蔵門駅下車徒歩一分　㊐午前一〇時〜午後五時　㊡土・日曜・祝日　㊟一八才以上　㊢可　日本カメラ博物館に付設されたライブラリー。カメラ、写真関係図書一万冊を所蔵。

＊自治省図書館

〒105-6090　港区虎ノ門二—二—一　㊣〇三—五五七四—七一一一（内二三五〇）

自転車文化センター

〒107-0052　港区赤坂一—九—三日本自転車会館三号館　㊣〇三—三五八四—四五三〇　Ⓕ〇三—三五八六—一一九四

Ⓗhttp://www.cycle-info.or.jp/

㊇地下鉄銀座線虎ノ門駅下車徒歩七分　㊐午前一〇時〜午後四時　㊡土・日曜・祝日　㊟可　㊢可　財団法人日本自転車普及協会が運営。国内外の自転車の展示のほか、サイクリング関係の図書三〇〇〇冊を所蔵。

㈳自動車図書館

〒100-0004　千代田区大手町一—六—一大手町ビル一階　㊣〇三—三二一一—三〇九〇

Ⓗhttp://www.motorshow.or.jp/

㊇ＪＲ東京駅丸ノ内駅北口下車徒歩十分、地下鉄丸の内線、千代田線大手町駅下車徒歩五分　㊐午前九時三〇分〜午後五時　㊡土・日曜・祝日　㊟可　㊢可　自動車に関する国内外の図書、自動車会社のＰＲ誌、統計、雑誌など一万三〇〇〇冊を所蔵。

＊品川区立品川図書館

〒140-0001　品川区北品川二—三二—三　㊣〇三—三四七一—四六六七　Ⓕ〇三—三七四〇—四〇一四　㊇京浜急行線新馬場駅徒歩三分　㊐午前九時〜午後八時（火・日曜、祝日は午後五時まで）　㊡月曜、第二木曜、第三日曜　㊟可　㊕可　㊢可

「非核平和都市品川宣言」の趣旨に沿って設置された「平和資料コーナー」には、広島・長崎の原爆災害、東京大空襲関係の図書資料、軍縮関係書二千点を揃える。ほかに、台紙に種々な布を使って子供や動物の形を貼り、点字、墨字でストーリーを説明した絵本一六〇タイトルがある。書目に『東京地域資料目録』第一～二分冊（昭四〇～四二）がある。和図書二二万冊、洋書二〇〇〇冊、雑誌三六〇種、ＡＶ資料一万点。

＊品川区立品川歴史館

〒140-0014　品川区大井六―一一―一　㊐〇三―三七七七―四〇六〇

芝浦工業大学学術情報センター芝浦図書館

〒105-0014　港区芝浦三―九―一四　㊐〇三―五四七六―三一七四　Ⓕ〇三―五四七六―三一四九　Ⓗhttp://www.lib.shibaura-it.ac.jp　㊇ＪＲ山手線田町駅より徒歩三分、都営地下鉄三田線三田駅より徒歩五分　㊎午前九時～午後九時　㊡日曜、祝日　㊒限定　㊌可

㈲自費出版図書館

〒141-0032　品川区大崎三―六―二一ニュー大崎ビル五〇七　㊐〇三―五四九六―五二八〇　Ⓗhttp://www.mmjp.or.jp/jst/　㊇ＪＲ山手線大崎駅下車徒歩一分　㊎正午～午後九時　㊡月曜　㊒可　㊌可　自費出版の図書七〇〇〇冊を所蔵。

㈶渋沢史料館

〒114-0024　北区西ヶ原二―一六―一　㊐〇三―三九一〇―〇〇〇五　Ⓕ〇三―三九一〇―〇〇〇八　㊇ＪＲ京浜東北線王子駅南口下車徒歩五分、地下鉄南北線西ヶ原駅下車徒歩九分、都電荒川線飛鳥山停留所下車徒歩四分　㊎午前一〇時～午後五時　㊡月曜（祝日の場合は翌日）　㊒入館料一般三〇〇円、小中高生一五〇円　㊌可　渋沢青淵記念財団竜門社附属渋沢史料館は実業家渋沢栄一（一八四〇～一九三一）に関する原資料を所蔵。

＊渋谷区白根記念郷土文化館

〒150-0011　渋谷区東四―九―一　㊐〇三―三四〇四―八六一五

㈶社会経済生産性本部生産性研究所資料室
〒150-0002　東京都渋谷区渋谷三―一―一　(電)〇三―三四〇九―一一五二　(H)http://www.jpc-sed.or.jp/pri/siryo/siryo00.htm　(交)JR山手線渋谷駅下車徒歩七分　(開)午前十時～午後五時　(休)土・日曜・祝日・毎月一六日　(利)一般社会人・大学院生　(複)可　経営管理を中心に統計資料、各国の生産性本部の資料等和書三万五〇〇〇冊、洋書一万五〇〇〇冊を所蔵。

宗教情報リサーチセンター
〒112-0002　文京区小石川三―一四―六織月会館二階　(電)〇三―五八〇五―六一六六　(F)〇三―五八〇五―六一六七　(H)http://www.riric.or.jp　(交)地下鉄丸の内線後楽園駅下車徒歩一〇分　(開)月～水曜　午前一〇時～午後五時　木・金曜日　午前一一時～午後七時　(休)土・日曜・祝日　(利)会員制（入会金三〇〇〇円）　(複)可　財団法人国際宗教研究所の業務の一環として開設。各教団の刊行物をはじめ新聞、雑誌　の宗教関連記事約一五万件を所蔵。

住民図書館
〒169-0074　東京都新宿区北新宿四―三一―二ST北新宿ビル四〇一　(電)〇三―三三六一―四〇六〇　(交)JR総武線東中野駅下車徒歩五分　(開)午前十時～午後七時（土曜～午後五時）　(休)火・木・日曜・祝日　(利)可　(複)可　住民運動、市民運動に関するパンフレット、各地域のミニコミ誌二〇〇〇点収蔵。

淑徳短期大学（ときわ台）**図書館**
〒174-0063　板橋区前野町五―五―二　(電)〇三―三九六八―二〇〇九　(F)〇三―三九六八―七九六二　(交)東武東上線ときわ台駅より徒歩一五分。国際興業バスときわ台駅～JR赤羽西口駅行、前野小学校下車、徒歩三分　(開)午前九時～午後五時（土曜は午後一時まで）　(休)日曜、祝日　(利)限定　(複)可

順天堂大学図書館
〒113-0033　文京区本郷二―一―二六　(電)〇三―三八一三―三一一一　(F)〇三―三八一四―九三〇〇　(H)jtosop01.med.juntendo.ac.jp　(交)JR中央

線・総武線、営団地下鉄丸の内線お茶ノ水駅より徒歩三分。営団地下鉄千代田線新御茶ノ水より徒歩五分 ㊎午前九時~午後九時（土曜は午後五時まで） ㊡日曜、祝日 ㊞限定 ㊫可

証券広報センター証券情報室

〒103-0025 中央区茅場町一—五—八東京証券会館一階 ㊆〇三—三六六七—二七五四 Ⓕ〇三—三六六九—九五八七

Ⓗhttp://www.iijnet.or.jp/skc/

㊋地下鉄東西線・日比谷線茅場町駅下車徒歩一分 ㊎午前九時三〇分~午後四時三〇分 ㊡土・日曜・祝日 ㊞可 ㊫可 全国証券取引所上場、及び店頭登録会社の新聞、雑誌記事、有価証券報告書、会社案内等を所蔵。

上智大学アジア文化研究所

〒102-8554 千代田区紀尾井町七—一 中央図書館・総合研究棟四階 ㊆〇三—三二三八—三八四五 Ⓕ〇三—三二三八—三六九〇 ㊋JR・地下鉄各線の四ッ谷駅より徒歩五分 ㊎午前一〇時~午後四時三〇分 ㊡土・日曜、祝日 ㊞限定 アジア地域諸国の言語・文化関係資料。

上智大学アメリカ・カナダ研究所

〒102-8554 千代田区紀尾井町七—一 中央図書館七階 ㊆〇三—三二三八—三九〇八 Ⓕ〇三—三二三八—四一八五

Ⓗhttp://www.info.sophia.ac.jp/america/

㊋同前 ㊎午前一〇時~午後四時三〇分（正午~午後一時は休室） ㊡土・日曜、祝日 ㊞限定 アメリカ、カナダの文学、政治、経済、芸術関係資料。

上智大学イスパニア研究センター

〒102-8554 千代田区紀尾井町七—一 中央図書館・総合研究棟六階 ㊆〇三—三二三八—三五三三 ㊋同前 ㊎午後五時閉館 ㊡土・日曜、祝日 ㊞限定 ㊫（中央図書館のコピーにて） スペインの社会科学全般。

***上智大学イベロアメリカ研究所**

〒102-8554 千代田区紀尾井町七—一 中央図書館・総合研究棟六階 ㊆〇三—三二三八—三五三五

上智大学カウンセリング研究所

〒102-8554 千代田区紀尾井町七―一 一〇号館三階 (電)〇三―三二三八―三五五八 Ⓗhttp://www.info.sophia.ac.jp/cisu/ (交)同前 (開)午後五時閉館 (休)日曜、祝日 (利)限定 (複)可

上智大学キリシタン文庫

〒102-8554 千代田区紀尾井町七―一 中央図書館・総合研究棟八階 (電)〇三―三二三八―三五三八

上智大学キリスト教文化東洋宗教研究所

〒102-8554 千代田区紀尾井町七―一 中央図書館・総合研究棟八階 (電)〇三―三二三八―三一九〇 Ⓕ〇三―三二三八―四一四五 (交)同前 (開)午前九時～午後四時三〇分 (休)土・日曜、祝日 (利)限定 聖書、神学、キリスト教関係の内外の思想、文学、芸術関係資料。グレゴリオ聖歌や宗教音楽のレコード、テープなど。

上智大学国際関係研究所

〒102-8554 千代田区紀尾井町七―一 中央図書館・総合研究棟四階 (電)〇三―三二三八―三五六一 Ⓕ〇三―三二三八―三五九二 (交)同前 (開)午後五時閉館 (休)土・日曜、祝日 (利)限定 国際問題に関する各分野。

上智大学国際言語情報研究所

〒102-8554 千代田区紀尾井町七―一 中央図書館・総合研究棟五階 (電)・Ⓕ〇三―三二三八―三四九三 (交)同前 (開)午前九時～午後五時 (休)土・日曜、祝日 (利)限定 言語学、音声学、文法等言語学全般。

上智大学社会正義研究所

〒102-8554 千代田区紀尾井町七―一 中央図書館・総合研究棟七階 (電)〇三―三二三八―三〇二三 Ⓕ〇三―三二三八―三八八五 (交)同前 (開)午後五時閉館（土曜は正午まで） (休)日曜、祝日 (利)限定 社会科学諸資料。

上智大学数学科図書室

〒102-8554 千代田区紀尾井町七―一 (電)〇三―三二三八―三三八二 (交)同前 (開)午後五時閉館 (休)土・日曜、祝日 (利)限定

上智大学聖三木文庫（聖三木図書館）

〒102-8554　千代田区紀尾井町七―一　上智大学内上智会館二階　㊁〇三―三二三八―三五四五　㊇同前　㋐平日・土曜は午前一〇時～午後六時、日曜は午前九時～午後一時三〇分　㊡祝日　㋷会員制（貸出し可）、入館料学生七〇〇円・社会人一〇〇〇円　㋫可　東西文化、キリスト教、キリスト教作家の著作。

＊上智大学中央図書館

〒102-8554　千代田区紀尾井町七―一　㊁〇三―三二三八―三五一一

上智大学中世思想研究所

〒102-8554　千代田区紀尾井町七―一　中央図書館・総合研究棟八階　㊁〇三―三二三八―三八二二　㊇同前　㋐午前九時三〇分～午後四時三〇分　㊡土・日曜、祝日　㋷限定　㋫可　古代キリスト教から中世末期にいたる西洋中世思想関係のギリシャ語、ラテン語、古独英仏等の原典、貴重書。

上智大学ドイツ語圏文化研究所

〒102-8554　千代田区紀尾井町七―一　中央図書館七階　㊁・Ⓕ〇三―三二三八―三九〇二　Ⓗhttp://www.info.sophia.ac.jp/g-areas/　㊇同前　㋐午前九時三〇分～午後四時五〇分（水曜は午後一時から）　㊡土・日曜、祝日　㋷限定　ドイツ・オーストリア・スイスの歴史・社会・政治・文学・芸術関係。

上智大学東洋宗教研究所

〒102-8554　千代田区紀尾井町七―一　中央図書館・総合研究棟八階　㊁〇三―三二三八―三五四〇　㊇同前　㋐午前九時～午後五時（土曜は正午まで）　㊡日曜、祝日　㋷限定　㋫応相談　東洋諸宗教に関する各種専門資料、特にパーリー語等の辞典類など。禅、神道、民俗芸能、神秘思想、中国・日本文化思想等。

上智大学図書館市谷分室

〒102-0081　千代田区四番町四　㊁〇三―三二二三八―四〇一一　Ⓕ〇三―三二三八―四〇六九　㊇JR・地下鉄各線の市谷駅又は営団地下鉄有楽町線麹町駅より徒歩五分　㋐午前九時～午後八時（土曜は午後五時まで）　㊡日曜、祝日　㋷限定

㊋可　外国語学、比較文化学の研究および基本資料。

上智大学図書館石神井分館
〒177-0044　練馬区上石神井四—三二—一一　㊔○三—五九九一—○三四三　㊋西武新宿線武蔵関駅より徒歩七分　㊐午前九時〜午後五時（土曜は正午まで）　㊡日曜、祝日　㊖限定　㊋可　神学とその関係資料。

上智大学法学部図書資料室
〒102-8554　千代田区紀尾井町七—一　㊔○三—三二三八—三二四六　Ⓕ○三—三二三一—三六八八　㊋同前　㊐午後六時閉館　㊡土・日曜、祝日　㊖限定

上智大学ポルトガル・ブラジル研究センター
〒102-8554　千代田区紀尾井町七—一　中央図書館・総合研究棟六階　㊔・Ⓕ○三—三二三八—三五三六　㊋同前　㊐午後五時閉館（土曜は正午まで）　㊡日曜、祝日　㊖限定　ポルトガル語文化圏に関わる言語・歴史・文学・語学。

上智大学ルネッサンスセンター
〒102-8554　千代田区紀尾井町七—一　中央図書館・総合研究棟七階　㊔○三—三二三八—三九○九　Ⓗwww.info.sophia.ac.jp/reraissa　Ⓕ○三—三二三八—三五三六　㊋同前　㊐午後五時一五分閉館（土曜は正午まで）　㊡日曜、祝日　㊖限定　イギリス・ルネッサンス文学関係。

情報図書館RUKIT
〒162-0824　新宿区揚場町二—一軽子坂MNビル二階　㊔○三—三二六六—九三一五　Ⓕ○三—三二六六—九三一七　Ⓗhttp://www.rukit.co.jp　㊋JR総武線飯田橋駅下車徒歩三分、地下鉄有楽町線・東西線・南北線飯田橋駅・下車徒歩一分　㊐午前一○時〜午後六時　㊡日曜・祝日　㊖限定　会員制　㊋可　データベース検索専門図書館のため、図書の所蔵はない。国内外二○○○種のデータベースを揃えている。

昭和館
〒102-0074　千代田区九段南一—六—一

*昭和女子大学近代文庫

〒154-8533　世田谷区太子堂一―七―五七　(電)〇三―三四一一―五〇六三

昭和女子大学国際文化研究所

〒154-8533　世田谷区太子堂一―七―五七　(電)〇三―三四一一―五一一一　(交)同前　(休)日曜、祝日　(利)限定

昭和女子大学女性文化研究所

〒154-8533　世田谷区太子堂一―七―五七　(電)〇三―三四一一―五一一一　(交)同前　(休)日曜、祝日　(利)限定

*昭和女子大学図書館

〒154-8533　世田谷区太子堂一―七―五七　(電)〇三―三七八四―五一二八

昭和大学図書館

〒142-8555　品川区旗の台一―五―八　(電)〇三―三七八四―八〇四二　(H)www6.cc.showa-u.ac.jp/~lib　(交)東急池上線・大井町線旗の台駅より徒歩五分　(開)午前九時~午後九時（土曜は午後五時まで）

(休)日曜、祝日　(利)限定　(複)可

女子栄養大学短期大学部図書館

〒170-8481　豊島区駒込三―二四―三　(電)〇三―三五七六―二一三〇　(F)〇三―三五七六―二二三四　(H)www.eiyo.ac.jp/ou/huzoku/toshokan/　(交)JR山手線、営団地下鉄南北線駒込駅より徒歩三分　(開)月・火・木・金は午前九時三〇分~午後九時、木曜は正午~午後九時一〇分、土曜は午前九時三〇分~正午　(利)限定　(複)可

女子美術短期大学図書館

〒166-8531　杉並区和田一―四九―八　(電)〇三―五三四〇―四五一四　(F)〇三―五三四〇―四五四六　(交)営団地下鉄丸の内線東高円寺駅より徒歩八分　(開)午前九時一〇分~午後七時二〇分（土曜は午後二時五〇分まで）　(休)日曜、祝日　(利)限定　(複)可　宮川文庫（古文書）。

*人事院図書館

〒100-0013　千代田区霞が関一―一―一　(電)〇三―三五八一―五三一一（内二一一九）

＊新宿区立新宿歴史博物館
〒160-0008　新宿区三栄町二二　㊐〇三―三三五九―三七四一

＊新宿区立中央図書館
〒161-0033　新宿区下落合一―九―八　㊐〇三―三三六四―一四二一　Ⓕ〇三―五三八九―二二二四一　㊛ＪＲ山手線、地下鉄東西線、西武新宿線高田馬場駅から八分　㊐午前一〇時～午後八時（日曜は午後五時まで）　㊡月曜、毎月一五日、第四火曜、祝日（五月五日、十一月三日は開館）　㊑可　㊕住所証明が必要　㊥可　中村家文書（近世村方文書四七八八点）、『武蔵国豊島郡戸塚村中村家文書』〈昭四七〉、同補編〈昭四九〉、『武蔵国多摩郡羽村指田家文書目録』（昭五〇）がある。和書二二三〇冊、和雑誌三二〇種、ＡＶ資料一万六〇〇〇点。

＊新宿区立婦人情報センター
〒160-0007　新宿区荒木町一六　㊐〇三―三三四一―〇八〇一

＊杉並区立阿佐谷図書館
〒166-0001　阿佐谷北三―三六―一四　㊐〇三―五三七三―一八一一　Ⓕ〇三―五三七三―一八一〇　㊛ＪＲ中央線阿佐谷駅北口徒歩一五分　㊐午前九時～午後八時（日、祝日は午後五時まで）　㊡月曜、木曜　㊕可（一回三冊）　㊥可　阿佐ケ谷文士村文庫（阿佐谷界隈を中心とした区内在住の作家、芸術家の著作約五〇〇点を収集）。

＊杉並区立郷土博物館
〒168-0061　杉並区大宮一―二〇―八（都立和田堀公園内）　㊐〇三―三三一七―〇八四一

＊杉並区立中央図書館
〒167-0051　杉並区荻窪三―四〇―二三　㊐〇三―三三九一―五七五四

杉野女子大学附属図書館
〒141-8652　品川区上大崎四―六―一九　㊐〇三―三四九一―八一五一（内二三二）　Ⓕ〇三―三七七九―一一九八　㊛ＪＲ山手線・東急目蒲線目黒駅より徒歩七分　㊐午前九時～午後六時（土曜は午後五時まで）　㊡日曜、祝日　㊑限定　㊥可

＊墨田区立あずま図書館
〒131-0044　墨田区文花一―一九―一　㊱〇三―三六一二―六〇四八　Ⓕ〇三―三六一二―六〇七二　㊰東武亀戸線小村井駅から徒歩五分　㊎午前九時～午後七時（日曜は午後五時まで）　㊡月曜、毎月二〇日（日・月曜の場合は同週火曜）祝日　㊫区内及び近隣区内の在住、在勤、在学者　㊪可　蔵書二七万冊、AV資料二万点を所蔵する同区の中央館としての役割りを担っている。外国書、全国電話帳、地図、特に産業地図が多い。

＊墨田区立緑図書館
〒130-0021　墨田区緑二―二四―五　㊱〇三―三六三一―四六二一　Ⓕ〇三―三六三一―四六六〇　㊰JR総武線両国駅から歩一〇分　㊎午前九時～午後七時（日曜は午後五時まで）　㊡月曜、祝日　㊫区内に在住、在勤、在学者　㊪可　成島柳北関係資料（幕末の文人・成島柳北〈一八三七～八四〉の著作）、栗本鋤雲関係資料（幕末の政治家・栗本鋤雲〈一八二二～九七〉の手紙や著作）など明治以降の墨田区ゆかりの作家の資料を集めている。

＊墨田区立八広図書館
〒131-0041　墨田区八広五―一〇―一―一〇四　㊱〇三―三六一六―〇八四六　Ⓕ〇三―三六一六―〇六七二　㊰東武線東向島駅歩一〇分、京成押上線八広駅徒歩一〇分　㊎午前九時～午後七時（集会室は午後九時、日曜は五時まで）　㊡月曜、祝日　㊖可（図書、AV資料）　㊪可　全国の電話帳。全国の観光パンフレット。全国の一万分の一の地図（二五三面）、全国の二万五千分の一の地図（四三九四面）、ほか二〇万分ノ一地勢図、火山基本図、海域地形図等の地図の収集に力を入れている。

相撲博物館
〒130-0015　墨田区横網一―三―二八　㊱〇三―三六二二―〇三六六
Ⓗhttp://www.wnn.or.jp/wnn-t/museum/museum.html
㊰JR総武線両国駅下車徒歩二分　㊎午前一〇時～午後四時三〇分　㊡土・日曜・祝日　㊖可　㊪不可　相撲に関する明治以降からの図書、雑誌三

一〇〇点、写真五七〇〇点、相撲錦絵三七〇〇点を所蔵。

成城大学経済学研究所
〒157-8511　世田谷区成城六―一―二〇　電〇三―三四八二―一一八一　交小田急線成城学園前駅下車徒歩一〇分　休日曜、祝日　利限定　高垣文庫（名誉学園長高垣寅次郎旧蔵の経済書を中心とする二万冊。『高垣文庫貴重書目録』（昭五八）、『高垣文庫所蔵貴重書展示会目録』（平三）。

＊成城大学図書館
〒157-8511　世田谷区成城六―一―二〇　電〇三―三四八二―一一八一

＊成城大学民俗学研究所
〒157-8511　世田谷区成城六―一―二〇　電〇三―三四八二―一一八一（内五二五～六）

聖心女子大学キリスト教文化研究所
〒150-8938　渋谷区広尾四―三―一　電〇三―三四〇七―五八一一（代）　交営団地下鉄日比谷線広尾駅下車徒歩五分　休日曜、祝日　利限定　大学のキリスト教文化研究会の選書によって購入するキリスト教関係の洋書（継続収集）。

＊聖心女子大学図書館
〒150-8938　渋谷区広尾四―三―一　電〇三―三四〇七―五八一一

清泉女子大学附属図書館
〒141-8642　品川区東五反田三―一六―二一　電〇三―三四四七―五五五一　Ⓕ〇三―三四四七―一六七五　Ⓗwww3.seisen-u.ac.jp:11225　交ＪＲ山手線など鉄道各線の五反田駅　開午前九時～午後六時二〇分（土曜は午後三時三〇分まで）　休日曜、祝日　利限定　複可

聖徳栄養短期大学図書館
〒124-8530　葛飾区西新小岩一―四―六　電〇三―三六九二―〇二一一　Ⓕ〇三―三六九二―〇二一三　交ＪＲ総武線新小岩駅北口より徒歩一分　開午前九時～午後六時（土曜は午後二時三〇分まで）　休日曜、祝日　利限定　複可

星美学園短期大学図書館
〒115-8524　北区赤羽台四―二―一四　電〇三―三九〇六―〇〇五六　Ⓕ〇三―五九九三―一六〇

〇分　(交)JR埼京線・京浜東北線赤羽駅より徒歩一〇分　(開)午前九時〜午後五時二〇分（土曜は午後三時まで）　㊡日曜、祝日　(利)限定　(複)可　キリスト教、イタリア各関係資料。

聖母女子短期大学図書館

〒161-8550　新宿区下落合四—一六—一一　(電)〇三—三九五〇—一七一　Ⓕ〇三—三九五〇—七四四八　(交)西武新宿線下落合駅より徒歩一五分、西武新宿線椎名町駅より徒歩一〇分、JR山手線目白駅よりバス五分　(開)午前九時〜午後七時（土曜は午後二時まで）　㊡日曜、祝日　(利)限定　(複)可

聖路加看護大学図書館

〒104-0044　中央区明石町一〇—一　(電)〇三—三五四六—〇七七〇　Ⓕ〇三—三五四六—三五七五　(交)営団地下鉄日比谷線築地駅より徒歩三分、同有楽町線新富町駅より徒歩五分　(開)午前八時三〇分〜午後七時（土曜は正午まで）　㊡日曜、祝日　(利)限定　(複)可

世界銀行東京事務所情報公開センター

〒100-0011　東京都千代田区内幸町二—二—二富国生命ビル十階　(電)〇三—三五九七—六六七六　Ⓕ〇三—三五九七—六六九五　Ⓗhttp://www.worldbanktokyo.or.jp/　(交)地下鉄三田線内幸町駅下車徒歩一分、地下鉄千代田線・丸の内線・日比谷線霞ヶ関駅下車徒歩八分　(開)午前九時三〇分〜午後五時（正午〜午後一時三〇分休）　㊡土・日曜・祝日　(利)可　(複)可　世界銀行発行の公開文書五〇〇〇冊を所蔵。

積水ハウス住まいの図書館

〒151-2070　東京都渋谷区代々木二—一—一新宿マインズタワー二〇階　(電)〇三—五三五二—三四五七　(交)JR新宿駅南口下車徒歩五分　(開)午前九時〜午後五時三〇分（午後一時〜二時休）　㊡祝日　(利)可　(複)可　住宅、建築、インテリア関係図書六〇〇〇冊を所蔵。

***世田谷区区政情報センター**

〒154-0017　世田谷区世田谷四—二一—二七（世田谷区民会館一階）　(電)〇三—五四三二—一一一一

一（内二〇九九）

＊世田谷区立郷土資料館
〒154-0017　世田谷区世田谷一―二九―一六（大場大官屋敷地内）　㊁〇三―三四二九―四二三七

＊世田谷区立世田谷図書館
〒154-0023　世田谷区若林四―二九―二六　㊁〇三―三四一九―一九一一　Ⓕ〇三―三四一三―七〇七五　㊀東急世田谷線松蔭神社前駅から徒歩五分　㊊午前九時～午後七時（土・日曜は午後五時まで）　㊡月曜、第四日曜　㊫図書・雑誌・CD・カセットテープなど可　㊢可　比較的に古い資料や絶版となった図書を所蔵。調査研究・学習に応ずる蔵書構成となっている。

＊世田谷区立世田谷美術館アート・ライブラリー
〒156-0075　世田谷区砧公園一―二　㊁〇三―三四一五―六〇一一

＊世田谷区立中央図書館
〒154-0016　世田谷区弦巻三―一六―八　㊁〇三―三四二九―一八一一　Ⓕ〇三―三四二九―七四三六　㊀東急世田谷線上町駅徒歩一〇分、東急新玉川線桜新町から徒歩一〇分　㊊午前一〇時～午後七時（土・日・月曜は午後五時まで）　㊡最終水曜（十二月を除く）祝日、三月二十一日　㊫図書・雑誌・CD・カセットテープなど可　㊢可　和図書三五万冊、洋図書一万二千冊、和雑誌八〇〇種、洋雑誌五五種。区の中央館として、レファレンス等に力を入れている。アジア各国の出版物を集めた「アジアの本コーナー」、ほかに、平成九年より「本のリサイクル・ブック市」を開催。中平記念「東京大学出版会」コーナーは、東京大学出版会理事・中平十三郎氏から贈られた同会出版物約四千点をもとに始められ、現在約六千点が収集されている。

＊世田谷文学館
〒157-0062　世田谷区南烏山一―一〇―一〇　㊁〇三―五三七四―九一一一

＊全国勤労青少年会館サンプラザ図書館
〒164-0001　中野区中野四―一―一　㊁〇三―三三八八―一一五一　㊀JR中央線中野駅徒歩二分　㊊正午～午後七時三〇分（日曜、祝日は午前一一

時～午後五時三〇分）　㊡月末日　㊑可　㊒可　ふるさと新聞（四五紙）が閲覧できる。

＊専修大学図書館神田分館

〒101-8425　千代田区神田神保町三―八　㊊〇三―三二六五―五九四〇

全日本合唱連盟附属合唱センター

〒150-0013　渋谷区恵比寿一―五―八柳沼ビル六階　㊊〇三―三四四〇―一一六一　Ⓕ〇三―五四二一―七一五一

Ⓗhttp://village.infoweb.or.jp/~ajcl/

㊋JR恵比寿駅・都営地下鉄日比谷線恵比寿駅下車徒歩三分　㊐午後一時～午後六時（土曜　午前十時～午後五時）　㊡日・月曜・祝日　㊑高校生以上・要身分証明書　㊒可　合唱作品を中心に図書一万八〇〇〇冊、楽譜二万点を所蔵。

＊総務庁行政管理局特殊法人資料閲覧室

〒100-0013　千代田区霞が関三―一―一（中央合同庁舎第四号館）　㊊〇三―三五八一―六三六一内四二二二　㊋地下鉄霞ヶ関駅徒歩五分　㊐午前九時四五分～正午、午後一時一五分～午後五時　㊡土曜、日曜、祝日　㊑可　㊒可　全法人の財務諸表等の資料。『特殊法人総覧』を毎年刊行。

＊総務庁青少年対策本部青少年情報センター

〒100-0013　千代田区霞が関三―一―一（中央合同庁舎八階）　㊊〇三―三五八一―六三六一（内四五八六）　㊋地下鉄千代田線・丸の内線国会議事堂前駅徒歩五分または地下鉄霞ヶ関駅徒歩五分　㊐午前一〇時～午後四時三〇分（正午～午後一時は閉室）　㊡土曜、日曜、祝日、資料整理日　㊑可（青少年問題に関する調査研究を目的とする者）　青少年問題関係資料を関係省庁、自治体、大学、研究機関、民間団体等から収集。和図書約八千冊、洋図書二〇〇〇冊、毎年「青少年問題に関する文献集」を発刊。

＊総務庁統計図書館

〒162-0056　新宿区若松町一九―一（総務庁第二庁舎）　㊊〇三―五二七三―一一五一

＊総務庁図書館

〒100-0013　千代田区霞が関三―一―一　㊊〇三―三五八一―六三六一（内四一六八）

＊大正大学図書館
〒170-8470　豊島区西巣鴨三―二〇―一　電〇三―三九一八―七三一一

＊台東区立一葉記念館
〒110-0012　台東区竜泉三―一八―四　電〇三―三八七五―〇〇〇四

台東区立下町風俗資料館
〒110-0007　台東区上野公園二―一　電〇三―三八二三―七四五一　Ⓕ〇三―三八二三―三八七〇　㊇山手線上野駅徒歩五分　㊊午前九時三〇分～午後四時三〇分　㊡月曜、毎月四日　㊄有料　江戸時代から昭和三〇年代までの、台東区を中心とした東京下町の風俗、習慣、生活、気質、社会等の関係資料約八千点を収蔵展示。出版物として、「下町の子供の遊び」「東京の小芝居」「浅草六区」「女性の風俗史」「下谷・浅草年中行事」「浅草橋場いまむかし」「台東区の歴史散歩」「東京の戦後誌」「下町風俗資料館かわら版」（「下町風俗資料館号外」の改題）等。

台東区立台東図書館
〒111-0055　台東区三筋二―一五―八　電〇三―三八六二―三三七七　Ⓕ〇三―五六八七―五八八九　㊇ＪＲ山手線御徒町駅からバス五分　㊊午前九時三〇分～午後七時（第二日曜は午後五時まで）　㊡日曜（第二日曜は翌日）毎月末日　㊀可　㊁要住所確認　㊂可　台東区に関するものを中心に、江戸・東京関係の資料約八八七〇点を所蔵。書目に、『台東区立台東図書館郷土資料目録　台東区編』（昭四二）、『区立台東図書館郷土資料目録』（昭五一）がある。ほかに、昭和三〇年代からの浅草の写真一千枚がある。

＊大東文化大学図書館
〒175-8571　板橋区高島平一―九―一　電〇三―五三九九―七三三一

高千穂商科大学図書館
〒168-8508　杉並区大宮二―一九―一　電〇三―三三一三―〇一四七　Ⓕ〇三―三三一三―五二一八　Ⓗwww.takachiho.ac.jp　㊇京王井の頭線西永福駅より徒歩七分　㊊午前九時～午後五時五〇

分（土曜は午後二時三〇分まで）　(休)日曜、祝日　(利)限定　(複)可

拓殖大学海外事情研究所図書室

〒112-8585　文京区小日向三―四―一四　(電)〇三―三九四七―二二六一

(H)http://www.takushoku-u.ac.jp/

(交)営団地下鉄丸の内線茗荷谷駅より徒歩二分　(休)日曜、祝日　(利)限定

拓殖大学経理研究所図書室

〒112-8585　文京区小日向三―四―一四　(電)〇三―三九四七―二二六一　(交)同前　(休)日曜、祝日

(利)限定

拓殖大学言語文化研究所

〒112-8585　文京区小日向三―四―一四　(電)〇三―三九四七―二二六一（代）　(交)同前　(開)午後八時閉館（土曜は午後二時三〇分まで）　(休)日曜、祝日　(利)限定

拓殖大学日本文化研究所

〒112-8585　文京区小日向三―四―一四　(電)〇三―三九四七―二二六一　(交)同前　(休)日曜、祝日

(利)限定

拓殖大学茗荷谷図書館

〒112-8585　文京区小日向三―四―一四　(電)〇三―三九四七―七二二九　(F)〇三―三九四七―二二九四　(H)http://www.libtakushoku-u.ac.jp/　(交)同前　(開)午前九時一五分～午後八時（土曜は午後二時五〇分まで）　(休)日曜、祝日　(利)限定　(複)可

立原道造記念館

〒113-0032　文京区弥生二―四―五　(電)〇三―五六八四―八七八〇

(H)http://www.orchid.co.jp/~tatihara/annai.htm

(交)地下鉄千代田線根津駅下車徒歩七分　(開)午前一〇時～午後五時　(休)月曜　(利)一般四〇〇円　(複)詩人立原道造（一九一四～三九）の記念館。詩集、絵画などを展示。

たばこと塩の博物館

〒150-0041　渋谷区神南一―一六―八　(電)〇三―三四七六―二〇四一　(F)〇三―三四七六―五六九二　(交)JR渋谷駅徒歩七分　(開)午前一〇時三〇分～午後五時（できれば火曜～土曜の入館）　(休)月

曜　㊇有料　㊋機関所属のみ（目的により一般研究者にも対応）　たばこと塩に関する文献、歴史、喫煙具の図録、浮世絵、版本等。

多摩美術大学上野毛図書館

〒158-8558　世田谷区上野毛三―一五―三四　㊢〇三―三七〇二―一一八三　Ⓕ〇三―三七〇二―二二三五　Ⓗhttp://www.tamabi.ac.jp　㊫東急大井町線上野毛駅より徒歩三分　㊏午前九時三〇分～午後九時三〇分（土曜は午後八時まで）　㊡日曜、祝日　㊒限定　㊋可

地下鉄博物館図書室

〒134-0084　江戸川区東葛西六―三―一　㊢〇三―三八七八―五〇一一　Ⓕ〇三―三八七八―五〇一一

Ⓗhttp://www.tokyometro.fo.jp/ttjin/5200.html　㊫地下鉄東西線葛西駅下車徒歩三分　㊏図書室は土・日曜のみで午前一〇時～午後五時三〇分　㊡博物館は月曜　㊒博物館　入館料大人二一〇円　㊋可　国内外の地下鉄関連資料五〇〇〇冊を所蔵。

地球環境パートナーシッププラザ

〒150-0001　渋谷区神南五―五三―七〇　㊢〇三―三四〇七―八一〇七　Ⓕ〇三―三四〇七―八一六四　Ⓗhttp:www.geic.or.jp　㊫地下鉄銀座線・千代田線・半蔵門線表参道駅下車徒歩一〇分　㊏午前一〇時～午後七時三〇分（土曜は午後五時）　㊡日・月曜・祝日　㊒可　㊋可　国連大学と環境庁が共同で設立した施設。環境に関する図書、教材を収集。

＊秩父宮スポーツ博物館（図書館）

〒160-0013　新宿区霞ケ丘町一〇　㊢〇三―三四〇三―一一五一

＊中央区立京橋図書館

〒104-0045　中央区築地一―一―一　㊢〇三―三五四三―九〇二五

中央区立月島図書館

〒104-0052　中央区月島四―一―一　㊢〇三―三五三二―四三九一　Ⓕ〇三―三五三四―〇三七〇　㊫地下鉄有楽町線月島駅から徒歩五分　㊏午前九時～午後七時（日曜は午後五時まで）　㊡月曜、

第一・三日曜、祝日 ㊎可（登録の際、現住所の確認できるものが必要） ㊔可 昭和一五年に完成した勝鬨橋の工事中の写真四九点。建設当時の東京市の担当課長・徳善義光所蔵の写真を家族から提供されたもの。

中央商科短期大学図書館

〒104-0033 中央区新川一―二八―五 ㊉〇三―三五五三―二五五〇 Ⓕ〇三―三五五五―九三九〇 ㊇営団地下鉄日比谷線・同東西線茅場町駅より徒歩七分、東京駅丸の内北口より都バス錦糸町行、永代橋下車、徒歩三分 ㊡平日は午後五時～九時、土曜は正午～午後五時 ㊍日曜、祝日 ㊖限定 ㊔可

中央大学図書館理工学部分館

〒112-0003 文京区春日一―一三―二七 ㊉〇三―三八一七―一九八二 Ⓕ〇三―三八一七―一九七八 Ⓗwww2.chuo-u.ac.jp/library/ ㊇営団地下鉄丸の内線・南北線後楽園駅より徒歩五分、都営地下鉄三田線春日駅より徒歩七分、JR総武線水道橋駅より徒歩一〇分 ㊡午前九時～午後九時 ㊍日曜、祝日 ㊖限定 ㊔可

中国研究所図書館

〒112-0012 文京区大塚六―二二―一八 ㊉〇三―三九四七―八〇二九 Ⓕ〇三―三九四七―八〇三九 ㊇地下鉄有楽町線東池袋駅下車徒歩十分、丸の内線新大塚駅下車徒歩五分 ㊡午前一〇時～午後五時（正午～午後一時休） ㊍土・日曜・祝日 ㊖入館料 一般七〇〇円、学生三〇〇円 ㊔可 戦前から現在まで中国で発行された図書四万冊を所蔵。

***千代田区立千代田図書館**

〒102-0074 千代田区九段南一―六―一一 ㊉〇三―三二六四―〇一五一（内三二七一～九）

千代田区立四番町図書館

〒102-0081 千代田区四番町一 ㊉〇三―三二三三―九―六三五七 Ⓕ〇三―三二八八―三四六八 ㊇JR総武線・都営新宿線・地下鉄有楽町線市ケ谷駅から徒歩八分 ㊡午前九時～午後七時（土・日・月曜は午後五時まで） ㊍月曜（第二日曜の翌日は開館）第二日曜、月末日、祝日 ㊖可 ㊎

可　(複)可　本図書館が、塙保巳一が設立した和学講談所の近くにあることから、塙保巳一の肖像画及び和綴本の「群書類従」等を収集し、展示している。六種類、一一七冊。

＊通商産業省図書館

〒100-0013　千代田区霞が関一―三―一（別館四階）(電)〇三―三五〇一―一五一一（内五一四一～四三）

筑波大学大塚図書館

〒112-0012　文京区大塚三―二九―一　筑波大学大塚地区G館一階　(電)〇三―三九四二―六八一八　(交)営団地下鉄丸の内線茗荷谷駅より徒歩二分　(開)月曜は午前九時～午後五時、火～金曜は午後一時～九時一〇分、土曜は午後一時～七時五〇分　(休)日曜、祝日　(利)限定　(複)可　カウンセリング、経営システム科学、企業法学関係。

帝京大学医学図書館

〒173-8605　板橋区加賀二―一一―一　(電)〇三―三九六四―一二一一　(F)〇三―五三七五―〇九二一　(交)ＪＲ埼京線十条駅より徒歩一〇分　(開)午前九時～午後五時（土曜は午後四時まで）　(休)日曜、祝日　(利)限定　(複)可

帝京短期大学図書館

〒151-0071　渋谷区本町六―三一―一　(電)〇三―三三七七―四八一八　(交)京王新線・都営地下鉄新宿線幡ヶ谷駅より徒歩七分　(休)日曜、祝日　(利)限定　(複)可

逓信総合博物館ＮＴＴ図書室

〒100-0004　千代田区大手町二―三―一　(電)〇三―三二四四―六八三一　(交)ＪＲ中央線東京駅北口から徒歩一〇分、地下鉄大手町駅徒歩二分　(開)午前九時～午後四時　(休)土曜、日曜、月曜（ただし博物館の開館日時は火曜～日曜は午前九時～午後四時三〇分、金曜は午前九時～午後六時三〇分、月曜は休館日）　(入)有料　(閲)可　(複)可（ただし、電話帳の複写は不可）　電気通信の歴史的図書と技術の解説書。電話帳は明治三五年以降の東京分、昭和三〇年度以降の関東一円分、現行のものは全国分がある。

*逓信博物館（逓信総合博物館）
〒100-0004　千代田区大手町二―三―一　㊢〇三―三二四四―六八二一

鉄道弘済会福祉資料室
〒102-0083　東京都千代田区麹町五―一弘済会館二階　㊢〇三―五二七六―〇三二五　Ⓕ〇三―三二六五―二四二八　㊡ＪＲ中央線四谷駅・地下鉄南北線四谷駅下車徒歩五分、地下鉄有楽町線麹町駅下車徒歩四分　㊊午前九時三〇分～午後五時三〇分　㊡土・日曜・祝日　㊞可　㊢可　社会福祉、社会保障関連の図書一万二〇〇〇冊、統計資料九〇〇〇冊を所蔵。

戸板女子短期大学三田校舎図書館
〒105-0014　港区芝二―二一―一七　㊢〇三―三四五二―四一六一　Ⓕ〇三―三四五二―八七八〇　㊡ＪＲ山手線田町駅より徒歩七分、都営地下鉄三田線三田又は芝公園より徒歩三分　㊊午前九時～午後六時（土曜は午後二時まで）　㊡日曜、祝日　㊞限定　㊢可　戸板康二文庫（演劇、日本文学など一万四五八六冊）、菊池寛文庫（英米文学、フランス文学等四八八冊）、大橋吉之輔文庫（アメリカ文学三一六冊）。

東海大学短期大学部高輪図書館
〒108-8619　港区高輪二―三―二三　㊢〇三―三四四一―一一七一　Ⓕ〇三―三四四七―六〇〇五　㊡ＪＲ山手線品川駅より徒歩一五分、品川駅より目黒駅行バス高輪警察署前下車、徒歩三分、ＪＲ山手線五反田駅より三田駅行バス、高輪二丁目下車、徒歩一分、都営地下鉄浅草線泉岳寺駅より徒歩一〇分　㊊午前九時～午後九時（土曜は午後四時まで）　㊡日曜、祝日　㊞限定　㊢可　谷村文庫（工学及び電気通信事業）。

東海大学代々木図書館
〒151-0063　渋谷区富ヶ谷二―二八―四　㊢〇三―三四六七―二二一一
Ⓗhttp://www.u-tokai.ac.jp
㊡小田急線代々木八幡駅より徒歩一〇分、京王井の頭線駒場東大前駅、営団地下鉄千代田線代々木公園駅から徒歩一三分　㊡日曜、祝日　㊞限定　㊢可

＊東京医科歯科大学附属図書館
〒113-8510　文京区湯島一―五―四五　(電)〇三―三八一三―六一一一

東京医科大学図書館
〒160-0023　新宿区西新宿六―七―一　(電)〇三―三三四二―六一一一（内五六二六）　Ⓕ〇三―三三四二―六一六八　Ⓗlibrary.tokyo-med.ac.jp　(交)JR中央線ほか鉄道各線新宿駅より徒歩一〇分　(開)午前九時～午後八時（土曜は午後五時まで）　(休)日曜、祝日、第二・四土曜　(利)限定　(複)可

東京医科大学図書館分館
〒160-0023　新宿区西新宿六―一―一　(電)〇三―三三五一―六一四一　(交)営団地下鉄丸の内線新宿御苑前駅　(休)日曜、祝日　(利)限定　(複)可

東京ウィメンズプラザ図書資料室
〒150-0001　渋谷区神宮前五―五三―六七　(電)〇三―五四六七―一七一一　Ⓕ〇三―五四六七―一九七七　Ⓗhttp://www.tokyo-womens-plaza.or.jp　(交)JR山手線渋谷駅下車徒歩一二分。地下鉄銀座線、半蔵門線、千代田線表参道駅下車徒歩七分　(開)午前九時～午後八時（月曜～土曜）　午前九時～午後五時（日曜・祝日）　(休)不定休　(利)可　(複)可　東京女性財団が東京都の委託をうけ運営。女性学関係図書、女性行政資料、女性団体の報告書などを所蔵。

東京音楽大学付属図書館
〒171-0022　豊島区南池袋三―四―五　(電)〇三―三九八二―二一二〇　Ⓕ〇三―三九八二―二八七〇　(交)JR山手線ほか鉄道各線の池袋駅、JR中央線目白駅から徒歩一五分　(開)午後五時五〇分閉館（土曜は午後四時五〇分まで）　(休)日曜、祝日　(利)限定　(複)可

＊東京外国語大学アジア・アフリカ言語文化研究所図書室
〒114-8580　北区西ヶ原四―五一―二一　(電)〇三―五九七四―三七〇〇

東京外国語大学インド・パーキスターン研究室
〒114-8580　北区西ヶ原四―五一―二一　(電)〇三―三九一七―六一一一　(休)土・日曜、祝日　(利)限定

＊東京外国語大学ヒンディー語研究室
〒114-8580　北区西ヶ原四—五一—二一　(電)〇三—三九一七—六一一一

＊東京外国語大学附属図書館
〒114-8580　北区西ヶ原四—五一—二一　(電)〇三—三九一七—六一一一

東京家政学院大学・短期大学附属図書館分室
〒102-0075　千代田区三番町二二　(電)〇三—三二六二—二七九二　Ⓕ〇三—三二六二—二一七六　(交)ＪＲ総武線ほか鉄道各線の市ヶ谷駅より徒歩八分　(開)午後五時閉館（土曜は午後三時まで）　(休)日曜、祝日　(利)限定　(複)可

東京家政大学図書館
〒173-0003　板橋区加賀一—一八—一　(電)〇三—三九六一—二八二二　Ⓕ〇三—三九六一—九三四五　Ⓗhttp://www.tokyo-kasei.ac.jp　(交)ＪＲ埼京線十条駅より徒歩八分、都営地下鉄三田線新板橋駅より徒歩一二分　(開)午前九時〜午後六時（土曜は午後三時まで）　(休)日曜、祝日　(利)限定　(複)可
大江文庫、八幡文庫。

＊東京藝術大学音楽学部小泉文夫記念資料室
〒110-8714　台東区上野公園一二—八　(電)〇三—五六八五—七七二五

＊東京藝術大学各研究室
〒110-8714　台東区上野公園一二—八　(電)〇三—五六八五—七五〇〇

＊東京藝術大学附属図書館
〒110-8714　台東区上野公園一二—八　(電)〇三—五六八五—七五〇〇

＊東京工業大学附属図書館
〒152-8550　目黒区大岡山二—一二—一　(電)〇三—五七三四—二〇九七

東京交通短期大学図書館
〒170-0011　豊島区池袋本町二—九—一　(電)〇三—三九七一—四七〇四　Ⓕ〇三—五九五一—一八九〇　(交)ＪＲ山手線ほか鉄道各線の池袋駅より徒歩一二分、東武東上線北池袋駅より徒歩七分　(開)午後一時〜午後六時（土曜は午後五時まで）　(休)日曜、祝日　(利)限定　(複)可

＊東京国立近代美術館
〒102-0091　千代田区北の丸公園三　㊂〇三―三二一四―二五六一

＊東京国立近代美術館フィルムセンター図書室
〒104-0031　中央区京橋三―七―六　㊂〇三―三五六一―〇八二三

＊東京国立博物館資料館
〒110-0007　台東区上野公園一三―九　㊂〇三―三八二二―一一一一

東京国立文化財研究所情報資料部
〒110-0007　台東区上野公園一三―二七　㊂〇三―三八二三―二二四一（内五一〇）　Ⓕ〇三―三八二三―二四三四　㊋ＪＲ山手線上野駅歩一〇分　㊏午前一〇時〜午後四時三〇分　㊡火曜、木曜、土曜、日曜、祝日　㊒限定（要紹介、大学院以上の研究者は担当教授、一般人は公共図書館等の紹介）　㊓可　日本・東洋・西洋の美術関係書が中心。和図書四万三千冊、洋図書四千冊、和雑誌一八〇〇種、洋雑誌五〇〇種。織田文庫（織田一磨旧蔵挿絵本）、香取文庫、安斉仙三郎旧蔵レコード（義太夫節に特色、五六〇〇枚）。ほかに、写真資料、展覧会資料、作家資料がある。

東京子ども図書館資料室
〒170-0012　練馬区豊玉北一―九―一一―三一一　㊂〇三―三九四八―四五一六　Ⓕ〇三―三九四八―五八一三　㊋西武池袋線江古田駅徒歩一〇分　㊏午前一〇時〜午後五時（水曜は午後三時まで。土曜は午後一時〜午後七時）　㊡日曜、月曜、祝日、毎月最終金曜　㊒可　児童文学・絵本、昔話集、図書館学関係。和図書六千冊、洋図書三千冊。「こどもとしょかん」発行。

東京慈恵会医科大学医学情報センター図書館（本館）
〒105-0003　港区西新橋三―二五―八　㊂〇三―三四三三―一一一一　Ⓕ〇三―三四三五―一九二二　Ⓗhttp://www.jikei.ac.jp/micer/　㊋ＪＲ山手線・京浜東北線新橋駅より徒歩一〇分、営団地下鉄日比谷線神谷町駅より徒歩七分、都営地下鉄三田線御成門駅より徒歩三分　㊏午前九〜午後九時（土曜は午後七時まで）　㊡日曜、祝日　㊒限定　㊓可

東京商工会議所経済資料センター
〒100-0005　千代田区丸ノ内三—二—二東商ビル地下二階　(電)〇三—三二八三—七六九〇　(F)〇三—三二一一—二四三七　(H)http://www.tokyo-cci.or.jp/　(交)地下鉄千代田線二重橋前駅下車徒歩三分　(開)午前九時三〇分～午後四時三〇分（正午～午後一時休）　(休)土・日曜・祝日・月末日・八月は第二週～三一日　(利)入館料　二〇〇円　(複)可　官庁の基礎統計、社史、商工年鑑など図書一三万五〇〇〇冊、雑誌一五〇〇種、業界新聞一三〇紙所蔵。

東京商船大学附属図書館
〒135-8533　江東区越中島二—一—六　(電)〇三—五二四五—七三六〇　(F)〇三—五二四五—七三三四　(H)http://www.tosho-u.ac.jp　(交)営団地下鉄東西線門前仲町より徒歩一〇分、同有楽町線月島駅より徒歩一〇分、JR京葉線越中島駅より徒歩一分　(開)午前九時～午後八時（土曜は午後四時三〇分まで）　(休)日曜、祝日　(利)限定　(複)可　米国海事関係裁判判例集（一九二三～一九七七）。ロイド海事判例集一〇一冊。

東京消防庁消防防災資料センター（消防博物館）
〒160-0004　新宿区四谷三—一〇　(電)〇三—三三五三—九一一九　(F)〇三—三三五三—九九二五　(交)地下鉄丸ノ内線四ツ谷三丁目駅徒歩一分　(開)午後一時～午後四時三〇分　(休)月曜、火曜、木曜、土曜　(入)無料　(利)可　(複)なし　消防・防災に関する図書約三千冊。平成四年設置。

東京消防庁図書資料室
〒100-0004　千代田区大手町一—三—五（消防博物館内）　(電)〇三—三二一二—二一一一（内四一五九）　(交)地下鉄東西線竹橋駅徒歩三分　(開)午後一時～午後四時　(休)月曜、火曜、木曜、土曜　(入)無料　(閲)限定（調査研究を目的とする者）　(複)なし　消防機関として業務遂行に必要な消防図書、写真類、防災関係の各種研究・実験報告書、災害調査報告書類。和書約二万冊。書誌として『東京消防庁図書目録』『東京消防庁資料目録』がある。

東京女子医科大学史料室・吉岡彌生記念室
〒162-8666　新宿区河田町八—一　(電)〇三—三三

五三—八一一一（内二二二二—三）㊋都営地下鉄新宿線曙橋駅より徒歩一〇分、JR中央線ほか鉄道各線の新宿駅より東京女子医大行バス ㊌午前九時三〇分~午後四時三〇分（土曜は午後一二時三〇分）㊍日曜、祝日 ㊔限定

東京女子医科大学図書館
〒162-8666 新宿区河田町八—一 ㊐〇三—三三五三—八一一一 Ⓕ〇三—五二六九—七四〇二 ㊋都営地下鉄新宿線曙橋駅より徒歩一〇分。JR中央線ほか鉄道各線の新宿駅より東京女子医大行バス ㊌午前九時~午後一〇時（土曜は午後五時まで）㊍日曜、祝日 ㊔限定 ㊖可

東京女子医科大学図書館看護専門学校分室
〒116-0011 荒川区西尾久二—二—一 ㊐〇三—三八一〇—一一一一 ㊌午後四時閉館（土曜は午後一時）㊍日曜、祝日 ㊔限定 ㊖可

東京女子医科大学図書館第二病院分室
〒116-8567 荒川区西尾久二—一—一〇 ㊐〇三—三八一〇—一一一一 ㊌午後八時閉館（土曜は午後二時）㊍日曜、祝日 ㊔限定 ㊖可

***東京女子大学図書館**
〒167-8585 杉並区善福寺二—六—一 ㊐〇三—三三九五—一二一一（内二六二五）

***東京女子大学比較文化研究所**
〒167-8585 杉並区善福寺二—六—一 ㊐〇三—五三八二—六四一三

***東京水産大学附属図書館**
〒108-8477 港区港南四—五—七 ㊐〇三—五四六三—〇四四二

東京成徳短期大学附属図書館
〒114-0033 北区十条台一—七—一三 ㊐・Ⓕ〇三—三九〇八—三五二九 ㊋JR埼京線十条駅より徒歩五分、同東十条駅より徒歩一〇分 ㊌午後六時閉館（土曜は午後一時三〇分まで）㊍日曜、祝日 ㊔限定 ㊖可

東京大学アイソトープ総合センター図書室
〒113-0032 文京区弥生二—一一—一六 アイソトープ総合センター一階 ㊐〇三—五八四一—二八八三 Ⓗhttp://www.lib.u-tokyo.ac.jp ㊋営団地下鉄南北線東大前駅、同丸の内線本郷三丁目駅、

ＪＲ中央線・総武線お茶の水駅からバス東大正門、いずれも下車徒歩四分 ㊊午前一〇時～午後四時（正午～午後一時閉室） ㊡土・日曜、祝日 ㊓限定 ㊢不可 アイソトープ関係図書千冊。

東京大学医科学研究所図書室

〒108-8639 港区白金台四―六―一 医科学研究所一号館二階 ㊔〇三―五四四九―五二二六 Ⓕ〇三―五四四九―五四〇四 Ⓗhttp://www.lib.m.u-tokyo.ac.jp ㊋営団地下鉄日比谷線広尾駅より目黒駅行バス、医科研西門前下車 ㊊平日は二四時間開室。土・日、祝日は午前一〇時～翌午前八時三〇分。但し、研究所外の利用者は平日の午前一〇時～午後四時三〇分のみ ㊓限定 ㊢可

＊**東京大学医学図書館**

〒113-8656 文京区本郷七―三―一 医学部総合中央館 ㊔〇三―五八四一―三六六七

東京大学医学部附属病院分院図書室

〒112-8688 文京区目白台三―二八―六 本館三階 ㊔〇三―三九四三―四六四九 Ⓕ〇三―三九四三―一五二四 ㊋営団地下鉄有楽町線護国寺駅より徒歩五分 ㊊午前九時～午後五時 ㊡土・日曜、祭日 ㊓限定 ㊢可

東京大学海洋研究所図書室

〒164-8639 中野区南台一―一五―一 海洋研究所A棟二階 ㊔〇三―五三五一―六三五六 Ⓕ〇三―五三五一―六七一六 Ⓗhttp://www2.ori.u-tokyo/~library/ ㊋営団地下鉄丸の内線中野新橋駅より徒歩一〇分、京王線幡ヶ谷駅より徒歩二〇分 ㊊午前九時～午後五時 ㊡土・日曜、祭日 ㊓限定 ㊢可

東京大学教養学部自然科図書室

〒153-8902 目黒区駒場三―八―一 教養学部一六号館二階二〇五号室 ㊔〇三―五四五四―六一〇七 Ⓕ〇三―五四五四―六〇八九 Ⓗhttp://lid.c.u-tokyo.ac.jp/ ㊋京王井の頭線駒場東大前より徒歩一分 ㊊午前九時一五分～午後五時一五分 ㊡土・日曜、祝日 ㊓限定 ㊢可

＊東京大学教養学部図書館
〒153-8902　目黒区駒場三―八―一　(電)〇三―五四五四―六〇八七

東京大学教養学部八号館図書室（旧教養学科）
〒153-8902　目黒区駒場三―八―一　教養学部八号館二階　(電)〇三―五四五四―六一〇三　Ⓕ〇三―五四五四―六一〇四　(交)同前　(開)平日は午前九時三〇分～午後四時五〇分　(休)土・日曜、祝日　(利)限定　(複)可

東京大学地震研究所図書室
〒113-8657　文京区弥生一―一―一　地震研究所三階（弥生キャンパス）　(電)〇三―五八四一―五六六九　Ⓕ〇三―五八〇〇―三八五九　Ⓗhttp://www.eri.u-tokyo.ac.jp/~ http/TOSHO/lib.html
(交)同前　午前九時一五分～九時三〇分（正午～午後一時は閉室）　(休)土・日曜、祝日　(利)限定　(複)可　地震・火山・災害関係の図書、古文書、かわら版、鯰絵、絵図資料。

＊東京大学社会科学研究所図書室
〒113-8656　文京区本郷七―三―一　社会科学研究所三階　(電)〇三―五八四一―四九〇三

＊東京大学社会情報研究所図書室
〒113-8656　文京区本郷七―三―一　社会情報研究所五階　(電)〇三―五八四一―五九〇五

東京大学社会情報研究所附属情報メディア研究資料センター
〒113-8656　文京区本郷七―三―一　東京大学社会情報研究所一階　(電)〇三―五八四一―五九〇六　Ⓕ〇三―三八一一―五九七〇
Ⓗhttp://www.center.isics.u-tokyo.ac.jp/
(交)アイソトープ総合研に同じ　(開)午前九時三〇分～午後五時（正午～午後一時カウンター休止）
(休)土・日曜、祝日　(利)限定　(複)可　旧・新聞資料センター、海外及び国内の主要新聞を組織的に収集。

東京大学情報基盤センター共同利用掛情報資料室
〒113-8658　文京区弥生二―一一―一六　情報基盤センター別館一階（浅野地区）　(電)〇三―五八

四一—二七一七　Ⓕ〇三—五八四一—二七〇八　（交）同前　（開）午前九時～午後四時四五分（閲覧室のみ開室）　（休）土・日曜、祭日　（利）限定　（複）可

＊東京大学史料編纂所図書室

〒113-8656　文京区本郷七—三—一　史料編纂所三階　（電）〇三—五八四一—五九六二

東京大学生産技術研究所図書室

〒106-8558　港区六本木七—二二—一　（電）〇三—三四〇二—六二三一（内二〇一六）　Ⓕ〇三—五四一一—三九〇七　Ⓗhttp://www.iis.u-tokyo.ac.jp/~tosho/index.html　（交）営団地下鉄千代田線乃木坂駅、同日比谷線六本木駅徒歩五分　（開）午前九時三〇分～午後五時　（休）土・日曜、祝日　（利）限定　（複）可

東京大学先端科学技術研究センター図書室

〒153-8904　目黒区駒場四—六—一　同センター二号館一階　（電）〇三—五四五二—五三八七　Ⓕ〇三—五四五二—五三八八　（交）京王井の頭線駒場東大前より徒歩一〇分、小田急線東北沢駅より徒歩一二分　（開）午前九時～午後五時（正午～午後一時まではカウンター業務中止）　（休）土・日曜、祝日　（利）限定　（複）可

東京大学総合研究博物館図書室

〒113-8656　文京区本郷七—三—一　総合研究博物館二階　（電）〇三—五八四一—八四五二　Ⓕ〇三—五八四一—八四五一　Ⓗhttp://www.um.u-tokyo.ac.jp/　（交）総合図書館に同じ　（開）午後一時～午後四時　（休）月・木・土・日曜、祝日　（利）限定　（複）可

＊東京大学総合図書館

〒113-8656　文京区本郷七—三—一　（電）〇三—五八四一—二六四八

＊東京大学総合図書館国際資料室

〒113-8654　文京区本郷七—三—一　総合図書館三階　（電）〇三—五八四一—二六四五

東京大学大学院教育学研究科・教育学部図書室

〒113-8654　文京区本郷七—三—一　教育学部四階　（電）〇三—五八四一—三九一二　Ⓕ〇三—五八四一—三九一五　Ⓗhttp://www.p.u-tokyo.ac.jp/lib

(交)アイソトープ総合研に同じ (開)午前九時～午後七時 (休)土・日曜、祝日 (利)限定 (複)可 勝田文庫（勝田守一旧蔵の戦後教育改革関係資料一五七点）。飯塚文庫（飯塚浩二旧蔵の軍事・軍隊教育関係三四五点）。戸塚文庫（戸塚廉旧蔵の昭和初期教育資料四〇〇点）、教育心理検査資料（テストライブラリー）。

＊東京大学大学院経済学研究科・経済学部図書館

〒113-8656 文京区本郷七―三―一 経済学部三階

東京大学大学院工学系研究科・化学・生命系図書室

〒113-8656 文京区本郷七―三―一 工学部五号館三階 (電)〇三―五八四一―七四〇三 (F)〇三―五八四一―八六六二 (H)http://www.chem.t.u-tokyo.ac.jp/library/index.html (交)同前 (開)午前九時三〇分～午後五時（午後一二時三〇分～午後一時三〇分はサービス休止） (休)土・日曜、祝日 (利)限定 (複)可

東京大学大学院工学系研究科・環境海洋工学専攻（船舶海洋工学科）図書室

〒113-8656 文京区本郷七―三―一 工学部三号館三階三二五号室 (電)〇三―五八四一―六五一九 (F)〇三―三八一四―六三八〇 (H)http://www.lib.u-tokyo.ac.jp/ (交)同前 (開)午前九時～午後四時四五分（正午～午後一時はサービス休止） (休)土・日曜、祝日 (利)限定 (複)可

東京大学大学院工学系研究科・機械系三学科図書室

〒113-8656 文京区本郷七―三―一 工学部八号館一階一三三室 (電)〇三―五八四一―六三一五 (F)〇三―五八〇二―二九八六 (H)http://www.mecht.u-tokyo.ac.jp/ (交)同前 (開)午前九時～午後五時（午後一二時三〇分～午後一時三〇分は休室） (休)土・日曜、祝日 (利)限定 (複)可

東京大学大学院工学系研究科・建築学専攻図書室

〒113-8656 文京区本郷七―三―一 工学部一号館三階 (電)〇三―五八四一―六二〇七 (F)〇三―

五八四一—六二〇六　Ⓗhttp://www.arch.t.u-tokyo.ac.jp/lib/index-j.html　(交)同前　(開)午前九時三〇分~午後五時（正午~午後一時は休室）　(休)土・日曜、祝日　(利)限定　(複)可

東京大学大学院工学系研究科・工学部附属総合試験場図書室

〒113-8656　文京区弥生二—一—一六　工学部九号館二階　(電)〇三—五八四一—七六五三　Ⓕ〇三—五八四一—七六六八　Ⓗhttp://tsogo-lib2.t.u-tokyo.ac.jp　(交)同前　(開)午前九時三〇分~午後五時（正午~午後一時は閉室）　(休)土・日曜、祝日　(利)限定　(複)可

東京大学大学院工学系研究科・工学部マテリアル工学科図書室

〒113-8656　文京区本郷七—三—一　工学部四号館三階　(電)〇三—五八四一—七一七一　Ⓕ〇三—五八四一—八六五六　(交)同前　(開)午前九時三〇分~午後五時（午後〇時三〇分~午後一時三〇分は昼休み）　(休)土・日曜、祝日　(利)限定　(複)可

東京大学大学院工学系研究科・航空宇宙工学専攻図書室

〒113-8656　文京区本郷七—三—一　工学部七号館三階三二三号室　(電)〇三—五八四一—六六一三　Ⓕ〇三—五八四一—六六四五　Ⓗhttp://cllib2.t.u-tokyo.ac.jp/People/koku　(交)同前　(開)午前九時三〇分~午後五時（正午~午後一時はサービス休止）　(休)土・日曜、祝日　(利)限定　(複)可

東京大学大学院工学系研究科・システム量子工学専攻図書室

〒113-8656　文京区本郷七—三—一　工学部一二号館四階　(電)〇三—五八四一—六九五八　Ⓕ〇三—五八〇二—二九七四　(交)同前　(開)午前九時~午後五時　(休)土・日曜、祝日　(利)限定　(複)可

東京大学大学院工学系研究科・社会基盤工学専攻（土木工学科）図書室

〒113-8656　文京区本郷七—三—一　工学部一号館二階　(電)〇三—三八一二—二一一一（内六〇八七）　Ⓕ〇三—三八一八—五八二九　(交)同前　(開)

午前九時~午後五時（正午~午後一時は閉室） (休)土・日曜、祝日 (利)限定 (複)可

東京大学大学院工学系研究科・精密機械工学専攻図書室
〒113-8656 文京区本郷七—三—一 工学部一四号館三階 (電)〇三—五八四一—六四九六 Ⓕ〇三—五八四一—六四九六
Ⓗhttp://cllib2.t.u-tokyo.ac.jp/Peole/ikeda/index1.html
(交)同前 (開)午前九時三〇分~午後五時（正午~午後一時はサービス休止） (休)土・日曜、祝日 (利)限定 (複)可

東京大学大学院工学系研究科・地球システム工学専攻図書室
〒113-8656 文京区本郷七—三—一 工学部四号館三階 (電)〇三—五八四一—七〇八七 Ⓕ〇三—五八四一—七〇五六 (交)同前 (開)午前九時三〇分~午後五時（正午~午後一時は昼休み） (休)土・日曜、祝日 (利)限定 (複)可

東京大学大学院工学系研究科・中央図書室
〒113-8656 文京区本郷七—三—一 工学部一一号館二階 (電)〇三—五八四一—六〇一六 Ⓕ〇三—五八四一—六〇〇四
Ⓗhttp://cllib2.t.u-tokyo.ac.jp
(交) 同前 (開)午前九時三〇分~午後五時（正午~午後一時は閉室） (休)土・日曜、祝日 (利)限定 (複)可

東京大学大学院工学系研究科・電気系図書室
〒113-8656 文京区本郷七—三—一 工学部三号館二階 (電)〇三—五八四一—六七三一 Ⓕ〇三—五八四一—六〇六六
Ⓗhttp://www.ee.t.u-tokyo.ac.jp/library/index-j.html
(交)同前 (開)午前九時一五分~午後五時一五分（正午~午後一時は昼休み） (休)土・日曜、祝日 (利)限定 (複)可

東京大学大学院工学系研究科・都市工学専攻図書室
〒113-8656 文京区本郷七—三—一 工学部一四号館七階 (電)〇三—五八四一—六二五七 Ⓕ〇三

一五八四一―七五四八 (交)同前 (開)午前九時三〇分〜午後五時（正午〜午後一時は閉室） (休)土・日曜、祝日 (利)限定 (複)可

東京大学大学院工学系研究科・物理工学科・計数工学科図書室

〒113-8656 文京区本郷七―三―一 工学部六号館一階 (電)〇三―五八四一―六九四五、六九四六 (F)〇三―五八〇〇―五一八六 (交)同前 (開)午前九時三〇分〜午後五時（正午〜午後一時はサービス休止） (休)土・日曜、祝日 (利)限定 (複)可

東京大学大学院人文社会系研究科・文学部三号館図書室

〒113-8656 文京区本郷七―三―一 文学部三号館地階 (電)〇三―五八四一―三七二〇 (H)http://www.l.u-tokyo.ac.jp/lib/ (交)同前 (開)午前九時〜午後五時 (休)土・日曜、祝日 (利)限定 (複)可

＊東京大学大学院人文社会系研究科・文学部二号館図書室

〒113-8656 文京区本郷七―三―一 法文二号館四階 (電)〇三―五八四一―三七一八

東京大学大学院数理科学研究科図書室

〒153-8914 目黒区駒場三―八―一 数理科学研究科棟一階 (電)〇三―五四六五―七〇五五 (F)〇三―五四六五―七〇一五 (交)京王井の頭線駒場東大前より徒歩一分 (開)午前九時三〇分〜午後八時 (休)土・日曜、祝日 (利)限定 (複)可

東京大学大学院総合文化研究科附属アメリカ研究資料センター

〒153-8902 目黒区駒場三―八―一 教養学部一四号館一・二階 (電)〇三―五四五四―六一六一 (F)〇三―五四五四―六一六〇 (H)http://www.cas.c.u-tokyo.ac.jp (交)同前 (開)午前九時三〇分〜午後五時 (休)土・日曜、祝日 (利)限定 (複)可

東京大学大学院理学系研究科・理学部化学図書室

〒113-8656 文京区本郷七―三―一 理学部化学本館四階 (電)〇三―五八四一―四三二五 (F)〇三―五八四一―八三二四 (交)総合図書館に同じ (開)午前九時三〇〜午後五時三〇分（午後〇時三〇

分~午後一時三〇分はカウンター業務休止）㊡土・日曜、祝日 (利)限定 (複)可

東京大学大学院理学系研究科・理学部鉱物学図書室

〒113-8656 文京区本郷七―三―一 理学部五号館四・七階 (電)〇三―五八四一―四五四七 Ⓕ〇三―三八一六―五七一四 (交)同前 (開)午前一〇時~午後五時 ㊡月~火・木~日曜、祝日 (利)限定 (複)可

東京大学大学院理学系研究科・理学部情報科学図書室

〒113-8656 文京区本郷七―三―一 理学部七号館三階 (電)〇三―五八四一―四二七七 Ⓕ〇三―三八一八―一〇七三

Ⓗhttp://www.is.s.u-tokyo.ac.jp/~library/index-j.html

(交)同前 (開)午前九時一五分~午後五時一五分 ㊡土・日曜、祝日 (利)限定 (複)可

東京大学大学院理学系研究科・理学部生物化学図書室

〒113-8657 文京区弥生二―一一―一六 理学部三号館四階 (電)〇三―五八四一―四四〇五 Ⓕ〇三―五八四一―四四〇〇（生物化学事務室） (交)同前 (開)午前九時三〇分~午後五時（正午~午後一時はカウンター業務休止） ㊡土・日曜、祝日 (利)限定 (複)可

東京大学大学院理学系研究科・理学部生物学科図書室

〒113-8657 文京区弥生二―一一―一六 理学部二号館二階 (電)〇三―五八四一―（動物）四四二四、（植物）四四五三、（人類）四四九五 Ⓕ〇三―五八〇二―二七四一

Ⓗhttp://www.biol.s.u-tokyo.ac.jp/dept-related/library/library.html

(交)同前 (開)午前九時三〇分~午後五時（正午~午後一時は昼休み） ㊡土・日曜、祝日 (利)限定 (複)可

東京大学大学院理学系研究科・理学部地球惑星物理学図書室

〒113-8657 文京区弥生二―一一―一六 理学部三号館四階 (電)〇三―五八四一―四三一二 Ⓕ〇

三—五八〇二—二七三七　(交)同前　(開)午前九時三〇分〜午後五時（正午〜午後一時はカウンター業務休止）　(休)土・日曜、祝日　(利)限定　(複)可

東京大学大学院理学系研究科・理学部地質学図書室
〒113-8657　文京区弥生二—一一—一六　理学部五号館七階　(電)〇三—五八四一—四五〇五　Ⓕ〇三—五八四一—四五六九（地質学事務室）　Ⓗhttp://tsunami.geogl s.u-tokyo.ac.jp/~jimu/tosho.html　(交)同前　(開)午前九時三〇分〜午後五時（正午〜午後一時は昼休み）　(休)土・日曜、祝日　(利)限定　(複)可

東京大学大学院理学系研究科・理学部地理学図書室
〒113-8657　文京区弥生二—一一—一六　理学部五号館七階　(電)〇三—五八四一—四五六四　Ⓕ〇三—五八四一—八三七八（地理学事務室）　Ⓗhttp://www.geogr s.u-tokyo.ac.jp/guide/tosho-j.html　(交)同前　(開)午前九時三〇分〜午後五時（正午〜午後一時は閉室）　(休)土・日曜、祝日　(利)限定　(複)可

東京大学大学院理学系研究科・理学部天文学図書室
〒113-8657　文京区本郷七—三—一　理学部一号館一一階　(電)〇三—五八四一—四二五三　Ⓕ〇三—五八四一—七六四四（天文事務室）　(交)同前　(開)午前九時三〇分〜午後五時（正午〜午後一時はカウンター業務休止）　(休)土・日曜、祝日　(利)限定　(複)可

東京大学大学院理学系研究科・理学部物理学図書室
〒113-8657　文京区弥生二—一一—一六　理学部一館別館A一〇一　(電)〇三—五八四一—四一五一　Ⓕ〇三—五八〇〇—五八〇六　Ⓗhttp://www.argus01.phy.s.u-tokyo.ac.jp/~tosho/　(交)同前　(開)午前九時一五分〜午後五時（午後〇時三〇分〜一時三〇分はカウンター業務休止）　(休)土・日曜、祝日　(利)限定　(複)可

東京大学低温センター図書室
〒113-8657　文京区弥生二—一一—一六　(電)〇三—三八一二—二一一一（内二八五三）　Ⓕ〇三—三八一五—八三八九　(交)同前　(開)午前九時〜午後

五時　(休)土・日曜、祝日　(利)限定　(複)不可

東京大学東洋文化研究所図書室

〒113-8656　文京区本郷七―三―一　東洋文化研究所二階　(電)〇三―五八四一―五八三七　Ⓕ〇三―五八四一―五八九八　Ⓗhttp://www.ioc.u-tokyo.ac.jp/library/　(交)同前　(開)午前九時三〇分～午後四時三〇分（午前一一時五〇分～午後一時と午後四時以降は出納受付中止）　(休)土・日曜、祝日　(利)限定　(複)可

＊東京大学東洋文化研究所附属東洋学研究情報センター

〒113-8656　文京区本郷七―三―一　(電)〇三―五八四一―五八三七　Ⓕ〇三―五八四一―五八九八　Ⓗhttp://www.ioc.u-tokyo.ac.jp/library/index-guide.html　(交)同前　(開)午前九時三〇分～午後四時三〇分（午前一一時五〇分～午後一時と午後四時以降出納受付中止）　(休)土・日曜、祝日　(利)限定　(複)可

＊東京大学農学部図書館

〒113-8657　文京区弥生一―一―一　(電)〇三―五八四一―五四三一

東京大学農学部附属演習林図書室

〒113-8657　文京区弥生一―一―一　農学部一号館二階　(電)〇三―五八四一―五九四七　Ⓕ〇三―五六八九―七二九三　(交)同前　(開)午前九時～午後五時（正午～午後一時は閉室）　(休)土・日曜、祝日　(利)限定　(複)不可

東京大学物性研究所図書室

〒106-8666　港区六本木七―二二―一　物性研究所管理棟三階　Ⓕ〇三―三四七八―六八一一（内五〇六二）

Ⓗhttp://www.issp.u-tokyo.ac.jp/labs/tosyo/

(交)営団地下鉄千代田線乃木坂駅。同日比谷線六本木駅　(開)午前九時三〇分～午後九時四五分　(休)土・日曜、祝日　(利)限定　(複)可

東京大学分子細胞生物学研究所図書室

〒113-8657　文京区弥生一―一―一　総合研究棟二階　(電)〇三―五八四一―七八〇七　Ⓕ〇三―五八四一―八四六五　(交)総合図書館と同じ　(開)午前九時～午後五時　(休)土・日曜、祝日　(利)限定　(複)

可

＊東京大学法学部研究室閲覧掛
〒113-8656　文京区本郷七—三—一　法学部三号館一階　(電)〇三—五八四一—三一三三

東京大学法学部研究室継続資料室
〒113-0033　文京区本郷七—三—一　法学部四号館三階　(電)〇三—五八四一—三一六五　Ⓕ〇三—五八四一—三一二〇
Ⓗhttp://www.j.u-tokyo.ac.jp/lib/keishi/
(交)同前　(開)午前九時～午後五時　(休)土・日曜、祝日　(利)限定　(複)可

＊東京大学法学部附属外国法文献センター
〒113-8656　文京区本郷七—三—一　法学部四号館一階（入口は同三号館）　(電)〇三—五八四一—三一九九

＊東京大学法学部附属近代日本法制史料センター（明治新聞雑誌文庫）
〒113-8656　文京区本郷七—三—一　史料編纂所地階　(電)〇三—五八四一—三一七一

東京大学法制史資料室
〒113-8656　文京区本郷七—三—一　法学部四号館地下一階　(電)〇三—五八四一—三一六六
Ⓗhttp://www.j.u-tokyo.ac.jp/lib/hosei/
(交)同前　(開)午前九時三〇分～午後五時（午前一一時四五分～午後一時は閉室）　(休)土・日曜、祝日　(利)限定　(複)不可

東京大学薬学図書館
〒113-8656　文京区本郷七—三—一　(電)〇三—五八四一—四七〇五　Ⓕ〇三—五八四一—四八八四
Ⓗhttp://www2.f.u-tokyo.ac.jp/~ytosho/index.htm
(交)同前　(開)午前九時～午後五時　(休)土・日曜、祝日　(利)限定　(複)可

東京大学理学部附属植物園
〒113-8656　文京区白山三—七—一　(電)〇三—三八一四—〇一三八　(交)都営地下鉄三田線春日駅から徒歩八分　アーバド・プレッシュ教授旧蔵植物学研究書コレクション二二冊

東京電機大学総合メディアセンター
〒101-0054　千代田区神田錦町二—二　(電)〇三—

五二八〇―三五二六　Ⓕ〇三―五二八〇―三五六〇　Ⓗhttp://www.mrcl.dendai.ac.jp　(交)JR中央線神田駅又は御茶ノ水駅より徒歩一〇分、営団地下鉄千代田線新御茶ノ水駅・丸の内線淡路町駅・都営新宿線小川町駅より徒歩五分　(開)午前九時～午後九時三〇分（土曜は午後九時まで）　㊡日曜、祝日　(利)限定　(複)可

東京都環境科学研究所資料室

〒136-0075　江東区新砂一―七―五　(電)〇三―三六九九―一三三一　Ⓕ〇三―三六九九―一三四五　(交)地下鉄東西線東陽町駅徒歩一〇分　(開)午前九時～午後四時三〇分　㊡土曜、日曜、第四水曜、祝日　(利)年齢制限（二〇才以上）　(複)なし　公害防止、環境保全関係の図書、資料。特殊蔵書として栗原醇文庫（大気汚染関係を主内容とした文献二三四冊）、公害関係新聞記事スクラップ。書目『図書資料目録』（昭和五五年度より毎年発行）

＊東京都議会図書館

〒163-0023　新宿区西新宿二―八―一　(電)〇三―五三二一―一一一一（内五三六〇）

＊東京都近代文学博物館

〒153-0041　目黒区駒場四―三―五五　(電)〇三―三四六六―五一五〇、五四八二

＊東京都現代美術館美術図書室

〒135-0022　江東区三好四―一―一　(電)〇三―五二四五―四一一一

＊東京都公文書館

〒105-0022　港区海岸一―一三―一七　(電)〇三―三四三二―八一六一

東京都産業労働会館図書資料室

〒111-0023　台東区橋場一―一―六　(電)〇三―三八七六―二九六一　(交)東武線・地下鉄銀座線・都営浅草線浅草駅またはJR常磐線南千住駅から都営バス東42東浅草下車歩八分　(開)午前九時～午後五時　㊡土曜、日曜、祝日　(利)可　(複)可　同和問題関係の図書・資料。新聞・雑誌のほか行政機関の啓発資料及び民間運動団体の大会・集合資料等。和図書約五千冊。『蔵書目録』昭和五二年度～昭和六三年度、昭和六三年度追録版、平成元年度版（昭五三～平一刊）。

東京都社会福祉総合センター福祉情報資料室
〒162-0823　新宿区神楽河岸一―一（セントラルプラザ七F）　㊪〇三―三二三五―一一八七　㊫JR総武線飯田橋駅徒歩五分　㊮午前九時～午後八時（土曜は午後五時まで）　㊡月曜、祝日、第四木曜　東京都が都民のための社会福祉の情報機関として開設。資料室には、高齢者、障害者、児童、福祉施設やその制度に関する図書・資料情報が集められている。一般図書約七千冊、調査報告書約七千冊、雑誌一三〇種、ビデオテープ一五〇本。目録に『蔵書目録（研究）委員会報告書一覧』（平四）、『蔵書目録図書目録編』Ⅰ・Ⅱ・索引編（平五）、季刊紙「テーブル」。

***東京都写真美術館図書室**
〒153-0062　目黒区三田一―一三―三（恵比寿ガーデンプレイス内）　㊪〇三―三二八〇―〇〇三一

東京都障害者福祉会館図書資料室
〒108-0014　港区芝五―一八―二　㊪〇三―三四五五―六三二一　Ⓕ〇三―三四五四―八一六六　㊫JR山手線田町駅徒歩五分または都営三田線三田駅徒歩一分　㊮午前九時～午後九時三〇分（火曜は午後五時まで）　㊡年末年始のみ　㊖可（障害者、一般都民）　㊗可　障害者福祉関係図書、障害者関係団体刊の機関誌（紙）、ほかに行政資料、障害者用装具・自助具等のカタログ収集。図書約六五〇〇冊、雑誌約六〇〇種、ほかに障害者補装具・自助具資料。目録『図書目録』昭和五一年三月、昭和五三年三月（点字図書）、昭和五四年七月。

東京都水道歴史館
〒113-0033　文京区本郷二―七―一　㊪〇三―五八〇二―九〇四〇　Ⓕ〇三―五八〇二―九〇四一　㊫JR中央線御茶ノ水駅徒歩五分　㊮午前九時三〇分～午後四時三〇分　㊡年末年始のみ　㊣無料　㊖可　㊗なし　東京近代水道一〇〇周年記念として平成七年開館。水道事業関係の図書、資料が主内容。閲覧用図書約二四〇〇冊。保存資料等約二万冊。

東京都青少年センター
〒162-0823 新宿区神楽河岸一―一（セントラルプラザ一七階） ㊫〇三―三二三五―一一〇〇 ㋙JR・地下鉄東西線・有楽町線飯田橋駅徒歩五分 ㊒午前一〇時～午後八時（日曜は午後五時まで） ㊡月曜、祝日、毎月一五日 ㊓可（青少年及び青少年指導者） 青少年向け図書、青少年活動関係の指導者向け図書、青少年問題関係の図書、行政資料、雑誌など。図書一万一千冊、雑誌一〇〇種。書目に『東京都青少年センター所蔵資料目録』（平一）がある。

㈶東京都精神医学総合研究所図書室
〒156-0057 世田谷区上北沢二―一―八 ㊫〇三―三三〇四―五七〇一（内四二〇） Ⓕ〇三―三三二九―八〇三五 ㋙京王線八幡山駅徒歩三分 ㊒午前九時一五分～午後四時四五分 ㊡土曜、日曜、祝日 ㊓限定（所長が適当と認めた者） 精神医学関係を中心に、周辺分野の図書資料を収集。特に雑誌に重点をおく。東京都衛生局の資料、関連機関の年報、報告書なども収集。図書一万一千冊、雑誌一五〇種。目録に『精神研雑誌目録』（平六）。

東京都総務局統計部統計調整課統計資料室
〒163-0023 新宿区西新宿二―八―一（東京都庁第一庁舎一四階南側統計部内） ㊫〇三―五三三八―二五二四 ㋙JR中央線ほか新宿駅徒歩一五分 ㊒午前九時～午後五時 ㊡土曜、日曜、祝日 ㊓可 ㊢可 官公庁、地方自治体、特殊法人及び民間企業刊行の統計書類。図書約二万冊。統計月報類約二〇〇種。書目に『保管統計資料一覧』。定期刊行物『新着統計資料一覧』がある。

***東京都美術館美術図書室**
〒110-0007 台東区上野公園八―三一 ㊫〇三―三八二三―六九二一

東京都復興記念館
〒130-0015 墨田区横網二―三―二五 ㊫〇三―三六二二―一二〇八 Ⓕ〇三―三六二二―一二〇八 ㋙JR総武線両国駅徒歩一〇分 ㊒午前九時～午後四時三〇分 ㊡月曜（月曜が祝日の場合はその翌日） ㊇無料 関東大震災時の被害品、写

真、絵画、新聞、その他資料及び地震関係の図書、統計書、新聞、絵画、写真、復興計画関係書を収蔵・展示。ほかに、太平洋戦争による都内の戦災の写真・遺品や昭和五三年の宮城沖地震関係資料も収集。

＊㈶東京都公園協会・緑と水の市民カレッジ緑の資料室

〒169-0072　新宿区大久保三―五―一（都立戸山公園内）　(電)〇三―五五三二―一三四六

東京都養育院老年学情報センター

〒173-0015　板橋区栄町三五―二　(電)〇三―三九六四―一一四一（内二四三二）　Ⓕ〇三―三九六二―八七一〇　(交)東武東上線大山駅徒歩五分　(開)午前九時～午後五時　㊡土曜、日曜、祝日　(利)限定（老年学及び同テーマ専攻の大学生以上）　(複)可　老人病、老年学、高齢者問題に関する図書資料を中心に、リハビリテーション、看護学関係を収集。図書約二万冊、和雑誌二〇〇種、洋雑誌四八〇種、製本雑誌二万冊。

東京都立教育研究所調査普及部資料室

〒153-0063　目黒区目黒一―一―一四　(電)〇三―五四三四―一九五七　Ⓕ〇三―三七七九―二六五九　(交)ＪＲ山手線目黒駅徒歩八分　(開)午前九時～午後五時　㊡土曜、日曜、祝日、毎月一五日　(利)可　(複)不可　教育関係を中心に、関連分野も対象として、図書、雑誌、新聞のほか、採択用見本教科書を収集している。現場教師が使う指導書や教育関係の研究報告書が多いのが特色。特殊蔵書には、新聞六紙の教育関係記事の切抜き（昭和四一年以降、約二七万三千点）、同和教育関係図書及び映画フィルム。和図書約五万二千冊、和雑誌五二種など。書目類には『東京都立教育研究所所蔵図書目録』（昭和四三年以降年刊）、『体系別・件名別教育研究報告一覧』一～一三（昭四一―六三）、『体系別・件名別教育研究報告一覧』一四・一五、『教育研究情報目録』一、二（平元～二）、『体系別・件名別教育研究情報目録』三、六（平三～六）。

東京都立工業高等専門学校図書館

〒140-0011　品川区東大井一―一〇―四〇　(電)〇

三―三四七一―六三三二　(開)午後五時閉館　(休)土・日曜、祝日　(利)限定　(複)可

東京都立航空工業高等専門学校図書館
〒116-0003　荒川区南千住八―五二―一　(電)〇三―三八〇一―〇一四五　Ⓕ〇三―三八〇一―九八九八　Ⓗhttp://www.kouku-k.ac.jp/　(交)JR常磐線南千住駅下車　(開)午後五時閉館　(休)土・日曜、祝日　(利)限定　(複)可

東京都立短期大学図書館分室（晴海キャンパス）
〒104-0053　中央区晴海一―二―二　(電)〇三―三五三三―四三七二　Ⓕ〇三―三五三三―六九八〇　(交)地下鉄有楽町線月島駅より徒歩七分　(開)午後九時三〇分閉館　(休)土・日曜、祝日　(利)限定　(複)可

＊**東京都立中央図書館**
〒106-0047　港区南麻布五―七―一三　(電)〇三―三四四二―八四五一（代）

＊**東京都立日比谷図書館**
〒100-0012　千代田区日比谷公園一―四　(電)〇三―三五〇二―〇一〇一

東京都立保健科学大学附属図書館
〒116-8551　荒川区東尾久七―二―一〇　(電)〇三―三八一九―七一四六　Ⓕ〇三―三八九二―一二二四八　Ⓗhttp://www.metro-hs.ac.jp/~library/　(開)午後七時閉館　(休)土・日曜、祝日　(利)限定　(複)可

東京都労働資料センター（東京都立労働研究所）
〒112-0823　新宿区神楽河岸一―一　(電)〇三―三二三五―一一〇一　(交)JR総武線・地下鉄東西線・有楽町線飯田橋駅徒歩五分　(開)午前九時～午後五時　(休)土曜、日曜、祝日、毎月一五日　(利)可
各種労働団体、組合及び経営者団体、企業等発行の労働関係の調査報告、各種資料類や労働法、労働組合法、労働運動史等の周辺分野の図書資料を収集。図書約五万四千冊、和雑誌三三〇種、和新聞一三〇種、労働関係統計資料約二万二千点。特殊資料として、有泉文庫、労働関係を中心とした各種年鑑、統計、白書、労働運動史などがある。書目に『図書資料目録』（昭五〇～平五）がある。

東京農業大学図書館
〒156-0054　世田谷区桜丘一—一—一　電〇三—五四七七—二五二五　Ⓕ〇三—五四七七—二六三二　交小田急線経堂駅より徒歩一五分　開午前九時〜午後八時（土曜は午後五時まで）　休日曜、祝日　利限定　複可

東京農業大学農学部農業経済学科教室
〒156-0053　世田谷区桜丘一—一—一　電〇三—五四七七—二二二〇　交同前　我妻文庫

***東京文化会館音楽資料室**
〒110-0007　台東区上野公園五—四五　電〇三—三八二八—二一一一（内三一三）

東京文化短期大学図書館
〒164-8638　中野区本町六—三八—一　電〇三—三三八一—〇二三六　Ⓕ〇三—五三八五—七〇九六　Ⓗhttp://www.tokyobunka.ac.jp/tandai/lib/　交営団地下鉄丸の内線東高円寺駅より徒歩七分　開午前九時〜午後六時（土曜は午後二時三〇分まで）　休日曜、祝日　利限定　複可　新渡戸文庫（初代校長新渡戸稲造の著書と関連資料）、森本文庫（創立者森本厚吉の著書と関連資料）。

東京理科大学図書館
〒162-0825　新宿区神楽坂一—三　電〇三—五二二八—八一三三　Ⓕ〇三—三二六〇—四二二四　Ⓗhttp://libksvl.lib.kagu.sut.ac.jp/　交ＪＲ総武線ほか地下鉄各線の飯田橋駅より徒歩五分　開午前九時〜午後九時三〇分（土曜は午後四時四五分まで）　休日曜、祝日　利限定　複可

東京理科大学薬学部図書室
〒160-0286　新宿区市谷船河原町一二　電〇三—三二六〇—四二七二　Ⓕ〇三—三二六八—三〇四五　Ⓗhttp://libksvl.lib.kagu.sut.ac.jp/　交ＪＲ総武線ほか地下鉄各線の飯田橋駅より徒歩五分　開午前九時〜午後四時四五分　休土・日曜、祝日　利限定　複可

東京立正女子短期大学図書館
〒166-0013　杉並区堀ノ内二—四一—一五　電〇三—三三一六—六八五四　Ⓕ〇三—三三一三—五一〇一　交営団地下鉄丸の内線新高円寺駅より徒歩一〇分　開午前九時〜午後五時（土曜は午後一

時まで）㊡日曜、祝日　㊕限定　㊫可

東邦音楽短期大学図書館

〒112-0012　文京区大塚四―四六―九　㊔〇三―三九四六―九六六六　㊇ＪＲ山手線大塚駅より徒歩一〇分、営団地下鉄丸の内線新大塚駅より徒歩三分、同有楽町線護国寺駅より徒歩五分

東邦大学医学部図書館

〒143-0015　大田区大森西五―二一―一六　㊔〇三―三七六二―四一五一　Ⓕ〇三―三七六四―一四六二　Ⓗhttp://www.med.toho-u.ac.jp　㊇ＪＲ京浜東北線蒲田駅より大森駅行バス、東邦大学前下車、京浜急行梅屋敷駅より徒歩七分　㊎午前九時～午後一〇時（土曜は午後五時まで）㊡日曜、祝日　㊕限定　㊫可

東邦大学医療短期大学図書館

〒143-0015　大田区大森西四―一六―二〇　㊔〇三―三七六二―九八八一　Ⓕ〇三―三七六六―三九一四　㊇ＪＲ京浜東北線・東急目蒲線・東急池上線蒲田駅より大森駅行バス、東邦医大前下車、京浜急行梅屋敷駅より徒歩八分　㊎午後七時四五分閉館（土曜は午後二時まで）㊡日曜、祝日　㊕限定　㊫可

東洋女子短期大学本郷校舎図書館

〒113-0033　文京区本郷一―二六―三　㊔〇三―三八一一―一六九五　Ⓕ〇三―三八一一―三七一二　Ⓗhttp://www.toyojoshi-c.ac.jp/lib　㊇ＪＲ総武線水道橋駅より徒歩七分、営団地下鉄丸の内線本郷三丁目駅より徒歩五分、都営地下鉄三田線水道橋駅より徒歩五分　㊎午前九時～午後六時（土曜は午後一時まで）㊡日曜、祝日　㊕限定　㊫可

＊東洋大学附属図書館

〒112-8606　文京区白山五―二八―二〇　㊔〇三―三九四五―七三二四

東洋文化新聞研究所

〒152-0004　目黒区鷹番三―一一―三　㊔〇三―三七一二―七二〇二　Ⓕ〇三―三七一二―七二〇二　㊇東急東横線学芸大学駅下車徒歩三分　㊎要問い合わせ　㊡要問い合わせ　㊕限定　要紹介状　㊫可　新聞資料ライブラリー（羽島コレクション）

には江戸時代から現代までの新聞原紙、号外等二万八〇〇〇点、ジャーナリズム関係図書一万冊を所蔵。

＊東洋文庫
〒100-0021　文京区本駒込二―二八―二一　(電)〇三―三九四二―〇一二一

東横学園女子短期大学女性文化研究所
〒158-0082　世田谷区等々力八―九―一八　(電)〇三―三七〇二―〇一一一
Ⓗhttp://www.toyoko.ac.jp
(交)東急大井町線等々力駅より徒歩八分　(休)日曜、祝日　(利)限定　「女訓物」を中心に近世女性活動史関係。

東横学園女子短期大学図書館
〒158-0082　世田谷区等々力八―九―一八　(電)〇三―三七〇二―〇一一一　Ⓕ〇三―三七〇二―六四六四　Ⓗhttp://www.toyoko.ac.jp　(交)同前　(開)午前九時～午後六時（土曜は午後二時まで）　(休)日曜、祝日　(利)限定　(複)可　女性研究資料ライブラリー（『女性研究資料ライブラリー収蔵書目録昭和五二～五六年度』昭五八）。

㈶特別区協議会調査部資料室
〒135-0043　江東区塩浜二―二二―一〇特別区職員研修所別館一階　(電)〇三―五六〇六―一七八一
(交)地下鉄東西線東陽町駅下車徒歩一〇分　(開)午前九時～午後五時　(休)土・日曜・祝日　(利)可　(複)不可　東京二三区をはじめ地方自治資料一一万冊を所蔵。

＊豊島区立郷土資料館
〒171-0021　豊島区西池袋二―三七―四　(電)〇三―三九八〇―二三五一

豊島区立雑司が谷旧宣教師館
〒171-0032　豊島区雑司が谷一―二五―五　(電)〇三―三九八五―四〇八一　Ⓕ〇三―三九八五―四〇八一（兼用）　(交)地下鉄有楽町線東池袋駅・護国寺駅徒歩七分　(開)午前九時～午後四時三〇分　(休)月曜、日曜、祝日　(利)可　(複)なし　児童書。雑誌「赤い鳥」の復刻版全巻や雑誌「金の船」の復刻版全巻など。大正期から昭和初期の文学書がそろう。和図書約六五〇冊。建物は明治四〇年、アメリカ宣教師ジョンムーディ・マッケーレプによって建てられた。有形文化財に指定されている。

豊島区立中央図書館

〒170-0013　豊島区東池袋五—三九—一八　(電)〇三—三九八三—七八六一　Ⓕ〇三—三九八三—九九〇四　(交)ＪＲ山手線大塚駅から歩七分、都電荒川線向原駅歩二分　(開)午前九時〜午後七時（土・日曜は午後五時）　(休)月曜、第四金曜、祝日　(利)可　(貸)可（一回一〇冊）　(複)可　三輪文庫（郷土史研究家・故三輪善之助氏から寄贈された図書）約三千冊。『江戸名所図絵』『新編武蔵風土記稿』など。書目に、『豊島区立豊島図書館所蔵郷土資料目録』（昭四三）、『豊島区立豊島図書館所蔵行政資料目録』（昭四五）がある。和書二一万冊、洋図書三〇〇冊、雑誌三一〇種、ＡＶ資料三万点。

都市問題図書館

〒100-0014　千代田区永田町二—一—三—一ゼクセルビル赤坂三階　(電)〇三—三五八〇—三八七一　Ⓗhttp://www.udaj.or.jp/　(交)地下鉄銀座線・丸の内線赤坂見附駅下車徒歩三分、千代田線赤坂駅下車徒歩三分　(開)午前九時三〇分〜午後四時三〇分　(休)土・日曜・祝日　(利)可　(複)可　土地、住宅問題などの図書一万冊、雑誌四〇〇種を所蔵。

土木学会附属土木図書館

〒160-0004　新宿区四谷一丁目無番地外濠公園内　(電)〇三—三三五五—三五九六　Ⓕ〇三—五三七九—二七六九　Ⓗhttp://www.jsce-unet.ocn.ne.jp/　(交)ＪＲ中央線四谷駅下車徒歩三分　(開)午前九時三〇分〜午後五時（正午〜午後一時休）　(休)土・日曜・第二水曜・祝日　(利)会員（非会員一日二〇〇円）　(複)可　土木学会創立五十周年を記念して設立。国内外の土木工学に関する図書二万七〇〇〇冊を所蔵。

＊都民情報ルーム

〒163-0023　新宿区西新宿二—八—一（都庁第一庁舎三階）　(電)〇三—五三八八—二二七五

虎屋文庫

〒107-0052　港区赤坂四—九—二二　(電)〇三—三四〇八—二四〇二　Ⓕ〇三—三四〇二—七一五〇　(交)地下鉄銀座線・丸の内線赤坂見附駅下車徒歩七

分　(開)午前一〇時〜午後五時三〇分（年二・三回展示会時のみ）　(休)展示会中無休　(利)可　(複)不可　虎屋黒川家伝来の古文書ほか、食文化、菓子文化に関する図書九〇〇〇冊を所蔵。

＊内閣法制局図書館
〒100-0013　千代田区霞が関三―一―一　(電)〇三―三五八一―九六四〇

中野区立江古田図書館
〒165-0022　中野区江古田二―一―一　(電)〇三―三三一九―九三〇一　(F)〇三―三三一九―九三〇二　(交)西武池袋線江古田駅・中央線中野駅からバス一五分、西武新宿線沼袋駅から歩一〇分　(開)午前九時〜午後八時（日曜は午後五時まで）　(休)月曜、第三日曜、祝日　(利)可　(貸)限定（区内在住、在勤、在学者。広域利用も有）　(複)可　「ゆかりの人コーナー」には、図書館建設に尽力した住区協議会メンバーが、寄贈依頼によって収集した同区ゆかりの著作約三五〇冊がある。

中野区立中央図書館
〒164-0001　中野区中野二―九―七　(電)〇三―五三四〇―五〇六〇　(F)〇三―五三四〇―五〇九〇　(交)ＪＲ中央線・総武線・地下鉄東西線中野駅から徒歩八分　(開)午前九時三〇分〜午後八時（日曜は午後五時まで）　(休)月曜、第三日曜、月末日、祝日　(貸)限定（区内在住、在学、在勤者及び隣接区在住者）　(複)可　中野区ゆかりの人コーナー（同区にゆかりのある人の著作約二五〇点）、大使館資料コーナー（在日外国大使館、各国政府観光局が刊行する自国紹介・案内資料九五機関から三三五点を収集）、平和コーナー（昭和五七年の「憲法擁護・非核都市宣言」及び平成二年の「中野区における平和行政の基本に関する条例」の主旨に沿って、平和に関する主要な資料を収集、約六〇〇点）。

二松学舎大学附属図書館（千代田）
〒102-8336　千代田区三番町六―一六　(電)〇三―三二六一―六三六四　(F)〇三―三二六一―六四八四　(H)http://www.nishogakusha-u.ac.jp　(交)ＪＲ総武線ほか鉄道各線の飯田橋駅又は市ヶ谷駅より徒歩一五分、地下鉄各線九段下駅より徒歩八分

㊐午前九時二〇分～午後九時（土曜は午後四時まで）㊡日曜、祝日 ㊕限定 ㊋可

日華資料センター

〒108-0073 港区三田五―一八―一二 ㊍〇三―三四四四―八七二四 Ⓕ〇三―三四四四―八七一七 Ⓗhttp://www.ROC-taiwan.or.jp/news/data ㊋JR田町駅西口下車都バス渋谷駅行魚籃坂下車徒歩一分 ㊐午前九時～午後五時（正午～午後一時休）㊡日・月曜・祝日・旧暦一月一日 ㊕可 ㊋可 台湾に関する全般的資料。和書二〇〇〇冊、中国語図書六〇〇〇冊を所蔵。

日清食品・食の図書館

〒160-8524 新宿区新宿六―二八―一 日清食品東京本社ビル三階 ㊍〇三―三二〇五―五二五二 Ⓗhttp:www.nissinfoods.co.jp/main/cult/cult-act/library/index.html ㊋JR山手線新宿駅下車徒歩一二分、営団地下鉄丸の内線、都営地下鉄新宿線新宿三丁目下車徒歩六分 ㊐午前九時～午後六時 ㊡土・日曜・祝日 ㊕可 ㊋可 食に関する図書八〇〇〇冊所蔵。専門雑誌、料理テキストなどもある。

日通総合研究所資料室

〒101-0021 千代田区外神田三―一二―九日通ビル四階 ㊍〇三―五二五六―二二七三 ㊋JR秋葉原駅下車徒歩三分 ㊐午前九時～午後五時三〇分 ㊡土・日曜・祝日 ㊕限定 要事前連絡 ㊋可 輸送に関する資料、統計など図書六万五〇〇〇冊、雑誌九〇〇種を所蔵。伊沢文庫は生鮮食料に関する図書一五〇〇冊を所蔵。目録は『伊沢文庫目録』（昭三七）がある。

日本医科大学中央図書館

〒113-8602 文京区千駄木一―一―五 ㊍〇三―五八一四―六九四九 Ⓕ〇三―三八二二―二四〇五 Ⓗhttp://libserve.nms.ac.jp ㊋営団地下鉄千代田線根津又は千駄木駅より徒歩一〇分 ㊐午前九時～午後八時（土曜は午後四時三〇分まで）㊡日曜、祝日 ㊕限定 ㊋可

日本医師会医学図書館

〒113-0021 文京区駒込二―二八―一六 ㊍〇三―三九四六―二一二一 Ⓕ〇三―三九四二―六四

九五　Ⓗhttp://www.med.or.jp/　(交)JR山手線駒込駅下車徒歩一〇分、地下鉄三田線千石駅下車徒歩五分　(開)午前一〇時～午後五時　㊡土・日曜・祝日・四月一・二日　(利)限定　要許可　(複)可　国内外の医学専門雑誌ほか、医療関連の和書一万冊、洋書六〇〇〇冊を所蔵。

日本医薬情報センター附属図書館

〒150-0002　渋谷区渋谷二―一二―一五長井記念館三階　(電)〇三―五四六六―一八二七　Ⓕ〇三―五四六六―一八一八　Ⓗhttp://www.Japic.or.jp　(交)JR渋谷駅下車徒歩七分　(開)午前九時三〇分～午後五時三〇分　㊡土・日曜・一二月一日　(利)可　(複)可　医薬品の治療に関する国内文献を主に収集。和書四〇〇〇冊、洋書二〇〇〇冊所蔵。

日本科学技術情報センター情報資料館

〒179-0071　練馬区旭町二―八―一八　(電)〇三―三九七六―四一四一　Ⓕ〇三―三九七六―二二一〇　Ⓗhttp://www.jst.go.jp/　(交)東武東上線成増駅・地下鉄有楽町線成増駅からバス光が丘三丁目行旭町二丁目下車徒歩二分　(開)午前九時三〇分～午後五時　㊡土・日曜・祝日・八月第四金曜　(利)可　(複)可　科学技術振興事業団（JST）の資料館で、自然科学分野の科学技術、医学、農業　の資料を収集。

＊日本学術会議図書館

〒106-0032　港区六本木七―二二―三四　(電)〇三―三四〇三―六二九一（内二六〇）

日本玩具資料館

〒111-0023　台東区橋場一―三六―一〇ツクダグループビル　(電)〇三―三八七四―五一三三　Ⓗhttp://www.toynes.or.jp/2-1-1.htm　(交)地下鉄銀座線浅草駅から都バス南千住行乙系統バス清川一丁目下車徒歩五分　(開)午前九時三〇分～午後五時　㊡月・火・第三水曜（祝日の場合は開館）　(利)入館料　大人二〇〇円　(複)可　明治以降国内工場で生産された玩具一万三〇〇〇点を所蔵。関連図書四〇〇〇冊を所蔵。

日本近代音楽館

〒106-0041　港区麻布台一―八―一四　(電)〇三―三二二四―一五八四　Ⓕ〇三―三二二四―一六五

四　㊛地下鉄日比谷線神谷町駅下車徒歩五分　㊒午前一〇時～午後五時三〇分　㊡日・月曜・祝日　㊖登録制　一般五〇〇円、学生三〇〇円　㊋可　日本の近・現代音楽に関する図書二万三〇〇〇冊、楽譜三万五〇〇〇点を所蔵。「山田耕筰文庫」など八〇以上の記念文庫あり。

㈶日本鯨類研究所図書室

〒104-0055　中央区豊海町四―一八東京水産ビル五階　㊫〇三―三五三六―六五二一　Ⓕ〇三―三五三六―六五二二　㊛JR東京駅下車豊海水産埠頭行バス二〇分終点下車　㊒午前十時～午後五時（正午～午後一時休）　㊡土・日曜・祝日　㊖限定・要予約　㊋可　昭和一六年、大洋捕鯨会社の設立した中部科学研究所にはじまる。鯨類の生物学、社会学に関する国内外の図書三〇〇〇冊を所蔵。

日本子ども家庭総合研究所図書室

〒106-8580　港区南麻布五―六―八　㊫〇三―三四七三―八三三六　Ⓕ〇三―五四二〇―二七〇五　Ⓗhttp://www.aiiku.or.jp/　㊛日比谷線広尾駅下車徒歩一〇分　㊒午前一〇時～午後四時　㊡土・日曜・祝日・三月一三日　㊖可　㊋可　母子健康、医学、栄養、育児などの家庭福祉関係図書二万九〇〇〇冊を所蔵。

㈶日本産業デザイン振興会情報センター

〒105-6190　港区浜松町二―四―一（世界貿易センタービル別館四階）　㊫〇三―三四三五―五六三三　Ⓕ〇三―三四三二―七三四六　Ⓗhttp://www.jidpo.or.jp　㊛JR山手線浜松町駅下車徒歩三分　㊒午前一〇時～午後五時（月～金曜日）　㊡土・日曜・祝日　㊖可　㊋可　国内外のデザイン関係図書六〇〇〇冊、調査レポート、雑誌七〇種等を所蔵。

日本歯科大学歯科部図書館

〒102-0071　千代田区富士見一―九―二〇　㊫〇三―三二六一―八九三一　Ⓕ〇三―三二三八―一二八九　Ⓗhttp://www.ndu.ac.jp/　㊛JR総武線ほか鉄道各線の飯田橋駅より徒歩三分　㊒午前九時～午後八時　㊡土・日曜、祝日　㊖限定　㊋可

日本児童文学者協会
〒162-0825　新宿区神楽坂六—三八中島ビル五〇二　(電)〇三—三二六八—〇六九一　(F)〇三—三二六八—〇六九二　(交)地下鉄東西線神楽坂駅下車徒歩一分　(開)午前一〇時～午後五時　(休)日曜　(利)可　初回要電話予約　(複)可　刊行物「日本児童文学」は創刊号から保存。国内の児童文学図書を四〇〇〇冊所蔵。

日本女子体育大学附属図書館
〒157-8565　世田谷区北烏山八—一九—一　(電)〇三—三三〇〇—六〇九二　(F)〇三—五三八四—二二九六　(H)http://www.jwcpe.ac.jp/　(交)京王線千歳烏山駅よりＪＲ吉祥寺駅行バス、岩崎学生寮前下車　(開)午前九時～午後七時（土曜は午後〇時三〇分まで）　(休)日曜、祝日　(利)限定　(複)可

***日本女子大学図書館**
〒112-8681　文京区目白台二—八—一　(電)〇三—三九四三—三一三一

***日本女子大学成瀬記念館**
〒112-8681　文京区目白台二—八—一　(電)〇三—三九四二—六一八七

日本赤十字看護大学図書館
〒150-0012　渋谷区広尾四—一—三　(電)〇三—三四〇九—〇六三三　(F)〇三—三四〇九—五八四二　(交)ＪＲ山手線ほか鉄道各線の渋谷駅より都バス、日本赤十字医療センター行、終点下車、営団地下鉄日比谷線広尾駅より徒歩一〇分　(開)午前九時三〇分～午後八時（土曜は休み）　(休)日曜、祝日　(利)限定　(複)可

日本体育大学図書館
〒158-8508　世田谷区深沢七—一—一　(電)〇三—五七〇六—〇九〇七　(F)〇三—五七〇六—〇九一三　(交)東急新玉川線桜新町駅より徒歩一五分、ＪＲ山手線恵比寿駅より用賀駅行バス、日本体育大学前下車　(開)午前九時～午後六時（土曜日は午後〇時一五分まで）　(休)日曜、祝日　(利)限定　(複)可

日本大学医学部図書館
〒173-8610　板橋区大谷口上町三〇—一　(電)〇三—三九七二—八一一一　(F)〇三—五九九五—七八四六　(H)html://lib.med.nihon-u.ac.jp/　(交)東武東

上線大山駅より徒歩一五分、JR山手線ほか鉄道各線池袋駅より国際興業バス日大病院行 ㊐午前九時三〇分～午後一〇時（土曜は午後八時まで） ㊡日曜、祝日 ㊟限定 ㊯可

＊日本大学経済学部図書館
〒101-8360 千代田区三崎町一―三―二 ㊫〇三―三二一九―三三三一

日本大学芸術学部図書館（江古田）
〒176-0005 練馬区旭丘二―四二―一 ㊫〇三―五九九五―八二〇六 Ⓕ〇三―五九九五―八二九四 ㊇西武池袋線江古田駅北口より徒歩三分 ㊐午前九時～午後七時（土曜は午後一時まで） ㊡日曜、祝日 ㊟限定 ㊯可

＊日本大学歯学部図書館
〒101-8310 千代田区神田駿河台一―八―一三 ㊫〇三―三二一九―八〇〇六

＊日本大学商学部図書館
〒157-8570 世田谷区砧五―二―一 ㊫〇三―三七四九―六七一六

日本大学生物資源科学部（東京図書館）
〒154-8513 世田谷区下馬三―三四―一 ㊫〇三―三四二一―八一二六 Ⓕ〇三―三四二一―六三一五 ㊇東急新玉川線・世田谷線三軒茶屋駅より徒歩一〇分 ㊐午前九時～午後九時（土曜は午後六時まで） ㊡日曜、祝日 ㊟限定 ㊯可

日本大学文理学部図書館
〒156-8550 世田谷区桜上水三―二五―四〇 ㊫〇三―三三二九―一一五一 Ⓕ〇三―三三二九―一六七三 Ⓗhtml://www.lib.chs.nihon-u.ac.jp/ ㊇京王線、東急世田谷線下高井戸駅、京王線下高井戸駅又は桜上水駅より徒歩一五分 ㊐午前九時～午後七時（土曜は午後六時まで） ㊡日曜、祝日 ㊟限定 ㊯可

日本大学法学部図書館
〒101-0061 千代田区三崎町二―三―一 ㊫〇三―五二七五―八五〇八 Ⓕ〇三―五二七五―八五三六 ㊇JR総武線・都営三田線水道橋駅より徒歩五分、地下鉄各線神保町駅より徒歩五分 ㊐午前九時～午後九時（土曜は午後八時まで） ㊡日

曜、祝日 (利)限定 (複)可

日本大学理工学部図書館（駿河台）

〒101-8308 千代田区神田駿河台二—一一—四 (電)〇三—三二五九—〇六三三 Ⓕ〇三—三二九三—七四五八 (交)ＪＲ中央線・総武線御茶ノ水駅より徒歩三分、営団地下鉄千代田線新御茶ノ水駅より徒歩三分、営団地下鉄丸の内線御茶ノ水駅より徒歩五分、都営地下鉄新宿線小川町駅より徒歩七分 (開)午前九時〜午後八時（土曜は午後五時まで） ㊡日曜、祝日 (利)限定 (複)可

㊖日本地図センター

〒153-8522 目黒区青葉台四—九—六 (電)〇三—三四八五—五四一四 Ⓕ〇三—三四六五—七五九一 Ⓗhttp://www.jmc.or.jp/ (交)東急新玉川線池尻大橋駅下車徒歩七分 (開)午前九時〜午後五時 ㊡土・日曜・祝日 (利)可 (複)可 昭和四七年設立。内外の地図、空中写真等の調査、情報サービスを行っている。地図、アトラス等を所蔵。

日本中央競馬会広報図書室

〒105-0003 港区西新橋一—一—一九ＪＲＡ新橋分館一階 (電)〇三—三五九一—五二五一（代） Ⓕ〇三—三五九一—〇六二八 Ⓗhttp://www.jra.go.jp/ (交)ＪＲ山手線新橋駅下車徒歩一〇分、地下鉄銀座線虎ノ門駅・内幸町駅下車徒歩三分 (開)午前九時三〇分〜午後五時三〇分（正午〜午後一時休） ㊡土・日曜・祝日・九月一六日 (利)限定 (複)可 馬、競馬に関する文献四万一〇〇〇冊を所蔵。前の週のレースビデオ放映もしている。

㊓日本図書館協会資料室

〒104-0033 中央区新川一—一一—一四 (電)〇三—三五二三—〇八一四 Ⓕ〇三—三五二三—〇八四四 Ⓗhttp://wwwsoc.nacsis.ac.jp/jla/ (交)地下鉄東西線、日比谷線茅場町駅下車徒歩五分 (開)午前一〇時〜午後五時 ㊡土・日曜・祝日 (利)可 (複)可 図書館関係の図書一万冊、雑誌一八〇〇種、児童書一万冊を所蔵。

日本の酒情報館ライブラリー

〒105-0003 港区西新橋一—一—二一日本酒造会館四階 (電)〇三—三五一九—二〇九一 Ⓕ〇三—

三五一九—二〇九四　Ⓗhrrp://www.japansake.or.jp/sake/information/index.html　(交)ＪＲ山手線新橋駅下車徒歩十分、地下鉄銀座線虎ノ門駅、都営三田線内幸町駅下車徒歩三分　(開)午前一〇時～午後六時　(休)土・日曜・祝日　(利)可　(複)可　酒に関する専門書を中心に五〇〇〇冊を所蔵。

日本ホテル教育センター資料室

〒164-0003　中野区東中野三—一五—一四日本ホテルスクール七階　(電)〇三—三三六七—五六六三　(交)ＪＲ中央線東中野駅下車徒歩五分、営団地下鉄東西線落合駅下車徒歩一分　(開)午前九時三〇分～午後五時（土曜～午後三時）　(休)日曜・祝日・スクール休校日　(利)可　(複)可　ホテル・レストランに関する資料八〇〇〇冊を所蔵。

㈶日本離島センター

〒100-0014　千代田区永田町一—一一—三二全国町村会館西館五階　(電)〇三—三五九一—一一五一（代）　Ⓕ〇三—三五九一—〇〇三六　Ⓗhttp://www.nijinet.or.jp/rito.html　(交)地下鉄半蔵門線・有楽町線永田町下車徒歩二分　(開)午前九時～午後五時　(休)土・日曜・祝日　(利)要予約　(複)可　離島関係文献、統計を収集。図書七〇〇〇冊のほか、島の新聞、雑誌も所蔵している。

㈵日本労働研究紀行労働情報センター情報資料部

〒177-0044　練馬区上石神井四—八—二三　(電)〇三—五九九一—五〇三二　(交)西武新宿線上石神井駅歩一〇分　(開)午前九時三〇分～午後五時　(休)土曜、日曜、祝日、創立記念日（六月二八日）　(利)可　(複)可　労働関係の図書資料が中心。特殊資料として、因島労働組合資料（戦前）、新産制資料（戦後）、全労資料（戦後）、ＩＬＯ刊行物、隅谷三喜男寄贈資料がある。書誌として「研究成果ダイジェスト」（平成三年より毎年刊行）。刊行物として「週刊労働ニュース」（新聞）、「日本労働研究雑誌」（月刊）、「海外労働時報」（月刊）、Japan Labor Bulletin（月刊）等がある。

練馬区稲荷山図書館

〒178-0062　練馬区大泉町一—三—一八　(電)〇三

—三九二一—四六四一　Ⓕ〇三—三九二一—四四〇〇　(交)西武池袋線石神井公園駅からバス一五分、東武東上線成増駅からバス一五分　(開)午前一〇時〜午後六時（日曜は午後五時まで）　(休)月曜、第四金曜、五月四日　(利)可（一回一〇冊）　(複)可　昆虫に関する図書・標本・展示・パネル・ビデオテープを収集。昆虫教室や昆虫相談なども行っている。

練馬区教育委員会郷土資料室

〒177-0045　練馬区石神井台一—一六—三一（区立石神井図書館内）　(電)〇三—三九九六—〇五六三　(交)西武池袋線石神井公園駅から西武バスで石神井農協前下車　(開)午前九時〜午後五時　(休)月曜、毎月一四日、祝日　(入)無料　図書、教科書、考古出土品、民俗資料、地図、写真等六四〇〇点。

練馬区平和台図書館

〒179-0083　練馬区平和台一—三六—一七　(電)〇三—三九三一—九五八一　Ⓕ〇三—三九三一—九五八三　(交)東武東上線東武練馬駅から徒歩一五分、地下鉄有楽町線平和台駅から徒歩一五分　(開)午前九時〜午後七時（土、日曜、祝日は午後五時まで）　(休)月曜、第四金曜、五月四日　(貸)限定（区内在住、在勤、在学者、広域利用も可）　(複)可　一般図書・雑誌のほか、ＡＶ資料も充実、紙芝居は一三〇〇点ある。

練馬区立大泉図書館

〒178-0061　練馬区大泉学園町二—二一—一七　(電)〇三—三九二一—〇九九一　Ⓕ〇三—三九二一—〇九九三　(交)西武池袋線大泉学園駅からバス五分、西武バス住宅前下車徒歩二分　(開)午前九時〜午後七時（土・日曜・祝日は午後五時まで）　(休)月曜、第四金曜　(貸)可（一回一〇冊）　(複)可　浜中文庫（本館初代館長・浜中薫弘の遺族の寄付で購入した外国の絵本）二〇〇冊。『浜中文庫蔵書目録』がある。

練馬区立美術館

〒179-0021　練馬区貫井一—三六—一六　(電)〇三—三五七七—一八二一　Ⓕ〇三—三五七七—一八二四　(交)西武池袋線中村橋駅徒歩三分　(開)午前九時〜午後五時（入館は午後四時三〇分）　(休)火曜

（祝日の場合は翌日）　(入)常設展無料（特別展の場合は企画により異なる）　美術館として必要な基礎資料。和図書三千冊、洋図書三〇冊、和雑誌三四種、展示会カタログ六千冊。作品は練馬区出身の作家を中心に日本の近・現代美術を収集。うち半数は小野木学関係資料。

＊農業総合研究所分館（農林水産省図書館）
〒114-0024　北区西ケ原二―二―一　(電)〇三―三九一〇―三九四六（内六〇六）

農文協図書館
〒177-0054　練馬区立野町一五―四五　(電)〇三―三九二八―七四四〇　Ⓕ〇三―三九二八―七四四二
Ⓗhttp://www.ruralnet.or.jp/n-lib/index.html
(交)ＪＲ中央線・京王井の頭線吉祥寺駅北口より西武バス都民農園行・新座栄行・保谷駅行・成増駅行・花小金井行関町南二丁目下車徒歩一分　(開)午前一〇時～午後五時　(休)水・日曜・祝日　(利)可　登録制（一〇〇〇円）　(複)可　農林水産関係を中心に、食料、環境、民俗学など和書三万冊。

＊農林水産省図書館
〒100-0013　千代田区霞が関一―二―一（合同庁舎第一号館）　(電)〇三―三五〇二―八一一一（内三〇四六～三〇四八）

＊野上記念法政大学能楽研究所
〒102-8160　千代田区富士見二―一七―一　(電)〇三―三二六四―六七一七

野間教育研究所
〒112-0012　文京区大塚二―八―三講談社護国寺ビル　(電)〇三―三九四四―二四二一　Ⓕ〇三―三九四四―二四二五　(交)地下鉄有楽町線護国寺駅下車徒歩三分　(開)午前九時三〇分～午後五時三〇分　(休)土・日曜・祝日　(利)限定　要紹介状　(複)可　日本の各学校の沿革史誌を体系的に収集。和書二万四〇〇〇冊、洋書五〇〇〇冊所蔵。

富士短期大学図書館
〒161-8556　新宿区下落合一―七―七　(電)〇三―三三六八―八八二六　(交)ＪＲ山手線・営団地下鉄東西線・西武新宿線高田馬場駅より徒歩三分　(開)午前九時～午後八時三〇分　(休)土・日曜、祝日

(利)限定　(複)可

富士通コンピューターサロン

〒140-8508　品川区大井一—二〇—一〇富士通大井町ビルB棟一階　(電)〇三—三七七八—八一二二　Ⓕ〇三—三七七八—八三〇四　Ⓗhttp://www.fujitsu.co.jp/hypertext/solution/ss2/salon/psalont.html　(交)JR京浜東北線大井町駅下車徒歩、東急大井町線大井町駅下車徒歩　(開)午前九時〜午後五時　(休)土・日曜・祝日　(利)可　(複)可　コンピュータ技術関係図書、年鑑、辞書、調査報告書など和洋書八〇〇〇冊、専門雑誌三〇〇種所蔵。

＊文化女子大学図書館

〒151-8521　渋谷区代々木三—二二—一　(電)〇三—三二九九—二三九五

＊文京区立鷗外記念本郷図書館

〒113-0022　文京区千駄木一—二三—四　(電)〇三—三八二八—二〇七〇

文京女子短期大学英語英文科図書館

〒113-0023　文京区向丘一—一九—一　(電)〇三—五六八四—四八三五　Ⓕ〇三—五六八四—三七五二　(交)営団地下鉄南北線東大前　(開)午後六時閉館（土曜は午後〇時四五分まで）　(利)限定　(複)可

＊防衛研究所図書館史料閲覧室

〒153-0061　目黒区中目黒二—二—一　(電)〇三—五七一一—七〇〇五（内六五五八）

＊防衛庁図書館

〒162-0845　新宿区市谷本村町五—一　(電)〇三—五三六六—三一一一（代表）

＊法政大学沖縄文化研究所

〒102-8160　千代田区富士見二—一七—一　(電)〇三—三二六四—九三九三　(交)JR総武線・地下鉄有楽町線市谷駅徒歩五分

法政大学産業情報センター

〒102-8160　千代田区富士見二—一七—一　(電)〇三—三二六四—九四二一　Ⓕ〇三—三二二二—六四二五　Ⓗhttp://www.fujimi.hosei.ac.jp/web˜hp/sanjou/　(交)同前　(開)午前九時〜午後五時（土曜は午前一一時四五分まで）　(休)日曜、祝日　(利)限定　(複)可

＊法政大学図書館
〒102-8160　千代田区富士見二―一七―一　電○三―三二六四―九四六五

法政大学文学部資料室
〒102-8160　千代田区富士見二―一七―一　電○三―三二六四―九四三六　Ⓕ○三―三二六四―九八四○　交同前　開午前九時～午後五時（土曜は正午まで）　休日曜、祝日　利限定（要事前電話連絡）　複可

法政大学ボアソナード記念現代法研究所
〒102-8160　千代田区富士見二―一七―一　電○三―三二六四―九三八○　交同前　開午後五時閉館　休土・日曜、祝日　利限定　複可

宝仙学園短期大学図書館
〒164-0011　中野区中央二―三三―二六　電○三―三三六五―○二三一　交ＪＲ総武線東中野駅より徒歩一五分、営団地下鉄丸の内線中野坂上駅より徒歩一○分　開午後六時閉館（土曜は午後二時まで）　休日曜、祝日　利限定　複可

＊法務図書館
〒100-0013　千代田区霞が関一―一―一（中央合同庁舎第六号館）　電○三―三五八○―四一一一（内五七六○）

星薬科大学図書館
〒142-8501　品川区荏原二―四―四一　電○三―五四九八―五八二六　Ⓕ○三―五七○二―三九○七　交東急池上線戸越駅より徒歩五分、都営地下鉄浅草線戸越銀座駅より徒歩七分、東急目蒲線武蔵小山駅より徒歩八分　開午前九時～午後九時三○分（土曜は正午まで）　休日曜、祝日　利限定　複可

＊北海道開発庁図書館
〒100-0013　千代田区霞が関三―一―一（中央合同庁舎第四号館九階）　電○三―三五八一―九一一一（内二三五六）

毎日新聞社情報サービスセンター
〒100-8051　千代田区一ツ橋一―一―一（毎日新聞社三階）　電○三―三二一二―○二九一　Ⓗhttp://www.mainichi.co.jp/　交地下鉄東西線

竹橋駅下車一分、地下鉄新宿線・三田線神保町駅下車五分 ㊎午前一〇時~午後五時 ㊡土・日曜・祝日 ㊉可 ㊋可 報道写真八〇万枚のほか毎日新聞は創刊号から所蔵。

前田育徳会尊経閣文庫
〒158-0041 目黒区駒場四―三―五五 ㊊〇三―三四六七―〇二六三 ㊌京王井の頭線駒場東大前駅下車徒歩一〇分 ㊎午前九時三〇分~午後四時 ㊡土・日曜・祝日 ㊉研究者 要紹介 ㊋可 加賀藩前田家が収集した和漢の写本、刊本など和書一万八〇〇〇冊、洋書一万二〇〇〇冊、漢籍四〇〇〇部を所蔵。

ミキモトライブラリー
〒110-0015 台東区東上野二―二四―一（ミキモトアネックス一階） ㊊〇三―五六八八―四五一六 Ⓕ〇三―五六八八―四五一七 ㊌地下鉄銀座線稲荷町駅下車徒歩六分 ㊎午前一〇時三〇分~午後四時三〇分 ㊡土・日曜・祝日 ㊉可 ㊋可 宝石、装身具、貴金属関係資料五〇〇〇冊を所蔵。

ミステリー文学資料館
〒171-0014 豊島区池袋三―一―二（光文社ビル一階） ㊊〇三―三九八六―三〇二四 Ⓕ〇三―五九五七―〇九三三 ㊌地下鉄有楽町線要町駅下車徒歩三分、JR山手線池袋駅下車徒歩十分 ㊎午前一〇時~午後四時三〇分 ㊡土・日曜・祝日・五月一日 ㊉可（登録制一回三〇〇円） ㊋可 光文シエラザード文化財団が国内のミステリー関係図書を収集。五万冊を所蔵。

六月社
〒169-0075 新宿区高田馬場三―八―一三 ㊊〇三―三三六七―四七七二 Ⓕ〇三―三三六二―九六四八 ㊌JR山手線・地下鉄東西線・西武新宿線高田馬場駅下車徒歩三分 ㊎午前一一時~午後一〇時 ㊡年末年始 ㊉会員制（非会員一時間五〇〇円） ㊋可 和雑誌の大衆誌を専門に収集。蔵書数三万冊。

港区立みなと図書館
〒105-0011 港区芝公園三―二―二五 ㊊〇三―三四三七―六六二一 Ⓕ〇三―三四三七―六六二

七　㊋都営三田線御成門駅から徒歩二分、都営一号線大門駅から徒歩七分　㊐午前九時～午後八時（土・日曜は午後五時まで）　㊡月曜、第三木曜、祝日　㊝限定（二三区内の在住、在勤、在学者。一回六冊）　㊔可　区制三〇周年を記念として三田図書館が行ってきた自主刊行事業を引き継いで、郷土史の把握に重点を置いている。『港区歳時記』『写された港区』を刊行、九二年度から『江戸町方書上』（江戸時代の国勢調査）を刊行している。書目に『港区資料室所蔵増補地図目録』（平一二）がある。

港区立麻布図書館
〒106-0032　港区六本木五―一二―二四　㊉〇三―三五八五―九二二五　Ⓕ〇三―三二一四四―一三二八　㊋地下鉄日比谷線六本木駅から徒歩一三分　㊐午前九時～午後八時（土・日曜は午後五時まで）　㊡日曜、第三木曜、祝日　㊝限定（二三区内に在住、在勤、在学者。一回六冊）　㊔可　外国人の居住者が多いことから、英語・韓国語の児童書を揃えている。

㈶民音音楽資料館
〒160-8588　新宿区信濃町八（民音文化センター）　㊉〇三―五三六二―三五五五　Ⓕ〇三―五三六二―三五五六
Ⓗhttp://www.min-on.or.jp/data/library/librb.htm
㊋JR総武線信濃町駅下車徒歩五分　㊐午前一一時～午後六時三〇分　㊡月・水・金・日曜・祝日・八月一～一五日　㊒登録制　㊔可　明治以降、国内で刊行された西洋音楽関係図書三万冊を所蔵。

武蔵工業大学図書館
〒158-0087　世田谷区玉堤一―二八―一　㊉〇三―三七〇三―三一一一　Ⓕ〇三―五七〇七―二一一〇　Ⓗhttp://www.eng.lib.musashi-tech.ac.jp
㊋東急大井町線尾山台駅より徒歩一二分　㊐午前九時～午後七時（土曜は五時まで）　㊡日曜、祝日　㊒限定　㊔可

***武蔵大学図書館研究情報センター**
〒176-8534　練馬区豊玉上一―二六―一　㊉〇三―五九八四―三七一七

＊武蔵野音楽大学図書館江古田校舎
〒176-8521　練馬区羽沢一―一三―一　(電)〇三―三九九二―一〇三六

＊明治学院大学図書館（白金校舎）
〒108-8636　港区白金台一―二―三七　(電)〇三―五四二一―五一七七

＊明治大学刑事博物館
〒101-8301　千代田区神田駿河台一―一　大学会館三階　(電)〇三―三二九六―四四三〇　(交)ＪＲ中央線、地下鉄丸の内線お茶の水駅から徒歩五分

明治大学考古学博物館
〒101-8301　千代田区神田駿河台一―一　大学会館四階　(電)〇三―三二九六―四四三二　(F)〇三―三二九六―四三六四　(交)同前　(開)午前一〇時～午後四時三〇分（土曜は午後〇時三〇分まで）　(休)日曜、祝日　(利)無料　(複)不可　全国の発掘・埋蔵文化財調査報告書類。

明治大学商品陳列館
〒101-8301　千代田区神田駿河台一―一　大学会館三階　(電)〇三―三二九六―四四三三　(F)〇三―三二九六―四三六四　(交)同前　(開)午前一〇時～午後四時三〇分（土曜は午後〇時三〇分まで）　(休)日曜、祝日　(利)無料　(複)不可　商品学、商品生産・流通・消費に関する各種文献・実態調査資料。

明治大学図書館和泉図書館
〒168-0064　杉並区永福一―九―一　(電)〇三―五三〇〇―一一八三　(F)〇三―五三〇〇―一二〇四　(H)http://www.lib.meiji.ac.jp　(交)京王線・京王井の頭線・都営新宿線明大前駅より徒歩五分　(開)午前八時三〇分～午後八時（土曜は午後七時まで）　(休)日曜、祝日　(利)限定　(複)可　日本近代文学文庫（昭和戦前期の文学書の初版本コレクション）。

＊明治大学図書館中央図書館
〒101-8301　千代田区神田駿河台一―一　(電)〇三―三二九六―四二四二

(株)名簿図書館
〒105-0004　港区新橋四―四―四高徳ビル　(電)〇三―五四七三―八二〇〇　(F)〇三―五四七三―八二〇五　(H)http://www.meibo.com　(交)ＪＲ山手線新橋駅下車徒歩四分　(開)午前一〇時～午後五時

㊡日曜・祝日　㊙入館料二〇〇〇円　㊫可　あらゆる種類の名簿を専門に収集。蔵書数五〇〇〇冊、人名データ一億五〇〇〇万人分を所蔵。

＊目黒寄生虫館
〒153-0064　目黒区下目黒四―一―一　㊇〇三―三七一六―一二六四

目黒区区政資料室
〒152-0001　目黒区中央町二―四―五　㊇〇三―三七一五―一一一一（内二一八二～四）　Ⓕ〇三―五七二二―九三二二　㊣東急東横線学芸大学駅徒歩一〇分　㊐午前九時～午後五時　㊡土曜、日曜、祝日　㊙可　㊫可　目黒区の行政資料や郷土史資料。和図書約一七〇〇冊。和雑誌四〇種、和新聞九種等。

目黒区守屋教育会館郷土資料室
〒153-0053　目黒区五本木二―二〇―一七　㊇〇三―三七一五―一五三一　Ⓕ〇三―三七一五―二八四六　㊣東急東横線祐天寺駅徒歩一〇分　㊐午前九時～午後五時　㊡月曜、祝日　㊇無料　㊎可　㊫可　昭和四六年開館。目黒区内社寺の文書、旧家（角田、鏑木、加藤家など）の地方文書、絵図、役場文書などを収蔵・展示。ほかに富岡丘蔵文庫がある。目録に『郷土資料室目録』（1）～（3）（昭四六～五二）、『郷土資料室所蔵史料目録』一～四（昭五八～平二）等がある。

＊目黒区守屋図書館
〒153-0053　目黒区五本木二―二〇―一五　㊇〇三―三七一一―七四六五

目白学園総合図書館
〒161-0032　新宿区中落合四―三一―一　㊇〇三―五九九六―三一四〇　Ⓕ〇三―五九九六―三二四八　㊣西武新宿線中井駅より徒歩一〇分。地下鉄東西線落合駅より徒歩一二分　㊐午前九時～午後五時五〇分　㊡土・日曜、祝日　㊙限定　㊫可

文部省統計数理研究所図書室
〒106-0047　港区南麻布四―六―七　㊇〇三―三四四六―一五〇一　Ⓕ〇三―三四四六―一六九五　㊣地下鉄日比谷線広尾駅徒歩一〇分　㊐午前一〇時～午後五時一五分　㊡土曜、日曜、祝日　㊙可

(複)可　主に統計数理・理論関係の図書・雑誌を中心に、社会・人文科学関係の分野のものも集める。和図書四万冊、洋図書二万八千冊、和雑誌一三二〇種、洋雑誌七八〇種。

***文部省図書館**

〒100-0013　千代田区霞が関三―二―二　(電)〇三―三五八一―四二一一（内二二六八～九）

***山崎記念中野区立歴史民俗資料館**

〒165-0022　中野区江古田四―三―四　(電)〇三―三三一九―九二二一

ヤマハ音楽振興会資料室

〒153-8666　目黒区目黒三―二四―二二　(電)〇三―三七一三―七三〇四　(H)http://www.yamaha-mf.or.jp/lib/zlib-i.html　(交)JR山手線目黒駅下車徒歩一二分　(開)午前一〇時～午後五時（正午～午後一時休）　(休)土・日曜・第二水曜・最終木曜午前　(利)会員登録制　(複)不可　楽譜二万九〇〇〇点、図書六〇〇〇冊ほか、ポピュラーを中心としたLP、CD、LDを四万三〇〇〇点所蔵。

山脇学園短期大学図書館

〒107-8371　港区赤坂四―一〇―三六　(電)〇三―三五八五―三四五一　(交)営団地下鉄赤坂見附駅又は赤坂駅より徒歩七分　(開)午前九時三〇分～午後五時（土曜は午後二時まで）　(休)日曜、祝日　(利)限定　(複)可

***郵政省図書館**

〒100-0013　千代田区霞が関一―三―二　(電)〇三―三五〇四―四一五五

㈶ユネスコアジア文化センター

〒162-0828　新宿区袋町六（日本出版会館内）　(電)〇三―三二六九―四四四六　(F)〇三―三二六九―四五一〇　(H)http://www.accu.or.jp　(交)JR総武線・地下鉄有楽町線・南北線飯田橋駅下車徒歩七分、営団地下鉄東西線神楽坂駅下車徒歩七分　(開)午前一〇時～午後五時　(休)土・日曜・祝日・四月二八日　(利)可　(複)可　アジア・太平洋地域の教育、文化に関する図書、児童書、ユネスコ出版物等三万点を所蔵。

吉田秀雄記念広告図書館
〒104-0061　中央区銀座七―四―一七（電通銀座ビル地下一階）　（電）〇三―三五七五―一三八五　Ⓕ〇三―五五六八―四五二八　Ⓗhttp://www.dentsu.co.jp/DHP/DOG/yoshida/-lib.html　（交）地下鉄銀座線・丸の内線銀座駅下車徒歩三分　（開）午前一〇時～午後四時三〇分　（休）土・日曜・祝日　（利）可　（複）可　電通四代目社長吉田秀雄を記念して昭和四〇年に創立。マーケティング、広告の研究開発のための文献を収集。和書九〇〇〇冊、洋書二〇〇〇冊を所蔵。

四番町歴史民俗資料館
〒102-0081　千代田区四番町一　（電）〇三―三二二三八―一一三九　（交）ＪＲ・地下鉄市ケ谷駅徒歩五分　（開）午前九時～午後七時（土曜日は午後五時まで）　（休）月曜（第二月曜は除く）　（入）無料　（複）限定可　昭和六一年九月開館。生活用具関係六千点、諸職用具一千。芸能・娯楽関係一千点、商業関係資料、遺物関係五万点、その他三八〇点。書目に『千代田区立四番町歴史民俗資料館収蔵資料目録』（平九）がある。

ライブラリー・アクア
〒107-0062　港区南青山一―二四―三（TOTO乃木坂ビル五階）　（電）〇三―三四九七―一〇一〇　Ⓕ〇三―三四〇二―四〇八五　Ⓗhttp://www.toto.co.jp/aqua/　（交）地下鉄千代田線乃木坂駅下車徒歩一分　（開）午前一一時～午後七時　（休）日曜・第三木曜・祝日　（利）可　（複）可　TOTO（株）が文化活動の一環として昭和六二年に開設。くらしに関わる水についての図書一万冊を所蔵。

ラテン・アメリカ協会資料室
〒150-0001　渋谷区神宮前二―六―一四（第二神宮前ビル三階）　（電）〇三―三四〇三―二六六一　Ⓕ〇三―三四〇三―二六六二　（交）地下鉄銀座線外苑前駅下車徒歩一〇分、ＪＲ原宿駅下車徒歩一五分　（開）午前一〇時～午後五時（正午～午後一時休）　（休）土・日曜・祝日　（利）可（会員制）　（複）可　中南米の政治、経済、社会関係図書四〇〇〇冊を所蔵。

立教女学院短期大学図書館

〒168-8626　杉並区久我山四―二九―二三　(電)○三―三三三四―七○二九　Ⓕ○三―三三三二―三二八八　(交)京王井の頭線三鷹台駅より徒歩二分、JR中央線・総武線荻窪駅又は西荻窪駅より関東バス、立教女学院前下車、徒歩五分　(開)午前八時三○分～午後六時（土曜は午後○時三○分まで）　㊡日曜、祝日　(利)限定　(複)可　福田清人文庫（児童文学、日本文学）二四七八冊。

立教大学アジア地域研究所

〒171-8501　豊島区西池袋三―三四―一　(電)○三―三九八五―二五八一　(交)JR山手線池袋駅より徒歩八分　(開)午前九時三○分～午後四時三○分　㊡土・日曜、祝日　(利)限定　(複)不可　アジア、太平洋諸島、アフリカ地域の地理、文化資料

立教大学アメリカ研究所

〒171-8501　豊島区西池袋三―三四―一　(電)○三―三九八五―二六三三　(交)同前　(開)午前一○時～午後四時三○分　㊡土・日曜、祝日　(利)限定　(複)不可　アメリカ研究の外国雑誌、基本文献、資料。

立教大学観光研究所

〒171-8501　豊島区西池袋三―三四―一　(電)○三―三九八五―二五七七　(交)同前　(開)午前九時三○分～午後五時（土曜は午後一時まで）　㊡日曜、祝日　(利)限定　(複)不可　国内外の観光・レジャー産業と関連事業の資料。

＊立教大学図書館

〒171-8501　豊島区西池袋三―三四―一　(電)○三―三九八五―二六二三

＊立教大学図書館法学部図書室

〒171-8501　豊島区西池袋三―三四―一　六号館五階　(電)○三―三九八五―二五五五

立教大学ラテンアメリカ研究所

〒171-8501　豊島区西池袋三―三四―一　(電)○三―三九八五―二五七八　(交)同前　(開)午前一○時～午後五時　㊡火・木・日曜、祝日　(利)限定　(複)不可　ラテンアメリカおよび関連分野の図書、文献、資料。

＊立正大学大崎図書館

〒141-8602　品川区大崎四―二―一六　(電)〇三―三四九二―六六一五

＊林野庁図書館（林野図書資料館）

〒100-0013　千代田区霞が関一―二―一（合同庁舎第一号館）　(電)〇三―三五〇二―八一一一（内六〇九三）

＊労働省図書館

〒100-0013　千代田区霞が関一―二―二（中央合同庁舎第五号館）　(電)〇三―三五九三―一二一一（内五二七七）

ワールドマガジンギャラリー

〒104-8003　中央区銀座三―一三―一〇（マガジンハウス一階）　(電)〇三―三五四五―七二二七

Ⓗhttp://www.magazine.co.jp/general/exhibition/home.html

(交)地下鉄日比谷線・浅草線東銀座駅下車徒歩三分　(開)月～金曜　午前一一時～午後七時　(休)土・日曜・祝日　(利)可　(複)可　世界五五ヶ国、九〇〇種の最新雑誌を開架。ニュース、ファッション、スポーツ、マンガなどいろいろな分野の雑誌がある。

早稲田大学會津八一記念博物館

〒169-0051　新宿区西早稲田一―六―一　(電)〇三―五二八六―三八三五　Ⓕ〇三―五二八六―一八一二　(交)地下鉄東西線早稲田駅より徒歩八分　(開)午前一〇時～午後五時（土曜は午後二時まで）　(休)日曜、祝日　(利)無料　(複)不可　會津八一収集の古美術品類。

早稲田大学インターナショナルセンターライブラリー語学教育研究所図書室

〒169-8050　新宿区西早稲田一―六―一　(電)〇三―五二八六―九七三四　Ⓕ〇三―三二〇三―六一五九

Ⓗhttp://www.waseda.ac.jp/ilt/japan/library.htm

(交)同前　(開)午後五時閉館（土曜は午後二時まで）　(休)日曜、祝日　(利)限定　(複)可

早稲田大学インターナショナルライブラリー（国際教育センター図書室）

〒169-8050　新宿区西早稲田一―六―一　(電)〇三―五二八六―九七三四　Ⓕ〇三―三二〇三―六一

五九
Ⓗhttp://www.waseda.ac.jp/cie/international-j/icl-j.html
(交)同前 (開)午後六時閉館 (休)日曜、祝日 (利)限定

早稲田大学教育学部教員図書室
〒169-8050 新宿区西早稲田一—六—一 (電)〇三—三二〇三—四一四一 (交)同前 (開)午後五時閉館（土曜は午後二時まで） (休)日曜、祝日 (利)限定 (複)可

早稲田大学現代政治経済研究所
〒169-8050 新宿区西早稲田一—六—一 四号館六階 (電)〇三—三二〇四—八九六〇 Ⓕ〇三—三二〇四—八九六一 (交)同前 (開)午前九時~午後五時（土曜は午後二時まで） (休)日曜、祝日 (利)限定 (複)可

早稲田大学材料技術研究所図書室
〒162-0051 新宿区西早稲田二—八—二六 (電)〇三—三二〇三—四一四一 (交)同前 (開)午後五時閉館（土曜は午後二時まで） (休)日曜、祝日 (利)限定 (複)可

早稲田大学システム科学研究所資料室
〒169-0051 新宿区西早稲田一—二一—一 早大西早稲田ビル七階 (電)〇三—三二〇〇—二四三六 (交)同前 (開)午後五時閉館（土曜は午後二時まで） (休)日曜、祝日 (利)限定 (複)可

早稲田大学社会科学研究所
〒169-0051 新宿区西早稲田一—六—一 (電)〇三—五二七二—四五三一 (交)図書館に同じ (開)午前九時~午後四時三〇分（土曜は午後〇時三〇分まで） (休)日曜、祝日 (利)限定 (複)可 『早稲田大学社会科学研究所蔵書目録 東南アジア関係の部』（昭四八）。

早稲田大学社会科学部教員図書室
〒169-8050 新宿区西早稲田一—六—一 (電)〇三—三二〇四—八九五三 Ⓗhttp://www.socs.waseda.ac.jp/ilb/faculty/index-j.html (交)同前 (開)午前九時~午後九時（土曜は午後八時まで） (休)日曜、祝日 (利)限定 (複)可

早稲田大学商学部教員図書室産業経営研究所図書室
〒169-8050 新宿区西早稲田一―六―一 (電)〇三―五二八六―一八二四 (交)同前 (開)午後五時閉館（土曜は午後二時まで） (休)日曜、祝日 (利)限定 (複)可

早稲田大学政治経済学部教員図書室
〒169-8050 新宿区西早稲田一―六―一 (電)〇三―三二〇七―五六四七 (交)同前 (開)午後五時閉館（土曜は午後二時まで） (休)日曜、祝日 (利)限定 (複)可

早稲田大学体育局図書室
〒162-8644 新宿区戸山一―二四―一 (電)〇三―三二〇三―四三五一 (F)〇三―三二〇三―三四〇一 (交)同前 (開)午後五時閉館（土曜は午後〇時三〇分まで） (休)日曜、祝日 (利)限定 (複)可

早稲田大学大学史資料センター
〒169-8050 新宿区西早稲田一―六―一 (電)〇三―三二〇三―四一四一 (F)〇三―五二八六―一八一五 (H)http://www.waseda.ac.jp/archives/ (交)図書館に同じ (開)午後五時閉館（土曜は午後二時まで） (休)日曜、祝日 (利)限定 (複)可

早稲田大学大学問題研究資料室
〒169-0071 新宿区戸塚町一―一〇四

早稲田大学高田早苗記念研究図書館
〒169-0051 新宿区西早稲田一―六―一 (電)〇三―五二八六―一八五一 (F)〇三―三二〇三―七〇六〇
(H)http://www.wul.waseda.ac.jp/takata/index-j.html
(交)図書館に同じ (開)午前九時～午後一〇時 (休)日曜、祝日 (利)限定 (複)可

***早稲田大学坪内博士記念演劇博物館図書室**
〒169-8050 新宿区西早稲田一―六―一 (電)〇三―三二〇四―三三四六

***早稲田大学図書館**
〒169-8050 新宿区西早稲田一―六―一 (電)〇三―三二〇三―四一四一

早稲田大学戸山図書館
〒162-0052 新宿区戸山一―二四―一 (電)〇三―五二八六―三五二八 (F)〇三―五二八六―三五三

九　㊋同前　㊐午前九時〜午後一〇時（土曜は午後九時まで）　㊡日曜、祝日　㊒限定　㊓可

早稲田大学比較法研究所

〒169-0051　新宿区西早稲田一―六―一　㊋図書館に同じ　福島文庫（ソビエト法関係図書六九八点）。

早稲田大学文学部教員図書室

〒169-0051　新宿区西早稲田一―六―一　㊋同前　清水文庫（清水泰次旧蔵の東洋史関係和漢書一三〇〇冊）。津田文庫（津田左右吉旧蔵の歴史・文学関係和漢書一万冊、洋書七五〇冊）。

早稲田大学文学部東洋美術研究室

〒169-0051　新宿区西早稲田一―六―一　㊋同前　会津文庫（会津八一旧蔵の美術、歴史、仏教関係の和漢書六〇〇〇冊）。

早稲田大学法律文献情報センター

〒169-8050　新宿区西早稲田一―六―一　九号館四階　㊂〇三―五二八六―一八〇五　Ⓕ〇三―五二八六―一八四六　㊋同前　㊐午前九時〜午後五時（土曜は午後二時まで）　㊡土・日曜、祝日　㊒限定　㊓可

早稲田大学理工学部図書館

〒169-8555　新宿区大久保三―四―一　㊂〇三―三二〇三―四一四一

Ⓗhttp://www.waseda.ac.jp/library/

㊋ＪＲ山手線ほか鉄道各線の高田馬場駅より徒歩八分　㊐午前九時〜午後九時（土曜は午後七時まで）　㊡日曜、祝日　㊒限定　㊓可

あとがき

レファレンス業務の現場で、四〇余年間携わっていると、図書館員、あるいは図書館学を学んでいる学生らから、レファレンス・ワークの実用的技術・知識や経験等について、質問を受けることがよくある。手短かに答えるには、なかなか大変だ。今では、入館時、先輩達からよく聴かされていたレファレンス・ライブラリアンとしての日常業務上の心得といったものを紹介することにしている。

まず既刊書については、自館所蔵の資料を中心に知識を深め、さらに近隣・類縁図書館の所蔵・コレクションの構成・特色についての広い知識をもつことが必須条件である。そして、解題付き文献目録を作成し、作成過程中で学習した図書資料に関するさまざまな知識・技術等を、レファレンス・サービスに具体的に役立てるよう心掛けることである。

本編は、そういう意図のもとに、東京都区内に所蔵する各種図書館、博物館、美術館等に所蔵されている図書館資料（記録文献資料）・特殊コレクションの全容を可能なかぎり追求し調査して紹介したものです。その願いを本書から汲みとって、活用していただければ幸甚です。大学・短大関係は飯澤、法人・私立関係は古川、国・都区関係は馬場が担当した。

二三区編は、既刊の多摩編につづいて、当初、平成九年刊行を予定し、編集作業を進め、原稿も完成していたが、発行元の三一書房の労使紛争により、刊行を断念せざるをえなくなった。利用者に対し、大変ご迷惑をおかけしましたことをお詫びいたします。

今回、湖北社の久源太郎氏の格別のお計らいによって、刊行の運びとなったことにつき深謝申上げます。また、本書作成に当たり、ご多忙のところ、快く対応してくださった館員の方、ならびに原稿・資料を提供して下さった各機関には厚くお礼申し上げる次第です。ただ、執筆段階での資料・データ不備等により、誤記・欠落等が生じたり、紙幅の都合上割愛した機関、コレクションもあったりするかと思いますが、何卒ご容赦を賜わりたい。多くの方々のご批判、ご叱正をいただいて、今後の訂正・増補に向けてゆきたいと思っております。

終わりに、出版を快くお引き受けくださいました東京堂出版に厚くお礼申し上げたい。

二〇〇〇年八月

馬場萬夫

に

ぬ

ね

の

は

た

ち

つ

て

す

せ

そ

こ

さ

く

け

き

お

か

う

え

文庫・コレクション索引

馬場　萬夫（ばば・かずお）
1934年東京生れ。法政大学文学部卒業後、専門図書館協議会を経て、国立国会図書館、同元古典籍課長。現在、武蔵大学図書館研究情報センター勤務。著書に、『日本人名情報索引改訂増補版』『参考調査の中の書誌サービス』ほか

飯澤　文夫（いいざわ・ふみお）
1949年長野県辰野町生れ。中央大学経済学部卒業。現在、明治大学図書館勤務。著書に、『はだか武兵衛－長野県辰野町に伝わる疫病除け伝承』（共編著、ほたる書房発売）ほか。

古川　絹子（ふるかわ・きぬこ）
1966年埼玉県川越市生れ。武蔵大学人文学部卒業。現在、武蔵大学図書館研究情報センター勤務。

東京都の図書館　23区編

2000年９月20日　初版印刷
2000年９月30日　初版発行

著　者©　馬場萬夫　飯澤文夫　古川絹子
発行者　大橋信夫
印刷所　株式会社フォレスト
製本所　渡辺製本株式会社

発行所　株式会社**東京堂出版**
東京都千代田区神田錦町３－７〔〒101-0054〕
電話　東京3233-3741　振替00130-7-270

ISBN4-490-20415-9 C0000
Printed in Japan